Allers simples

Aventures journalistiques en Post-Soviétie

Allers simples est le trente-troisième titre publié par La Peuplade, fondée en 2006 par Mylène Bouchard et Simon Philippe Turcot.

ISBN 978-2-923530-46-8

Dépôts légaux :
Bibliothèque et Archives nationales du Québec, 2012
Bibliothèque et Archives Canada, 2012

Œuvre en couverture et carte géographique : © Suana Verelst
Graphisme et mise en page : Jason Milan Ghikadis
Révision linguistique : Pierrette Tostivint
Correction d'épreuves : Aimée Verret

Imprimé au Québec

Distribution pour le Canada :
Diffusion Dimedia
539, boul. Lebeau,
Ville Saint-Laurent (Québec), Canada, H4N 1S2
La Peuplade
415, rue Racine Est, suite 201,
Chicoutimi (Québec), Canada, G7H 1S8

Conseil des Arts du Canada   Canada Council for the Arts   SODEC Québec

Nous remercions le Conseil des Arts du Canada de l'aide accordée à notre programme de publication, ainsi que la Société de développement des entreprises culturelles (SODEC).

Frédérick Lavoie

Allers simples

Aventures journalistiques en Post-Soviétie

récit

Œuvre en couverture et carte géographique de Suana Verelst

La Peuplade

À tous ceux et celles qui m'ont ouvert les portes de leur existence et ont partagé avec moi leur parcelle d'humanité.

À mes parents Réjean et Michèle, qui m'ont donné cet aller simple pour la vie et m'ont appris à en faire usage avec simplicité, humilité et passion.

Post-Soviétie : Ensemble géopolitique non officiel regroupant douze des quinze républiques qui formaient l'Union des républiques socialistes soviétiques (URSS) de 1922 à 1991. Ces États sont répartis dans trois régions : le Caucase (Arménie, Azerbaïdjan, Géorgie), l'Europe (Biélorussie, Moldavie, Russie, Ukraine) et l'Asie centrale (Kazakhstan, Kirghizstan, Ouzbékistan, Tadjikistan, Turkménistan). Les pays de Post-Soviétie sont notamment unis par une *lingua franca* (le russe), une tendance politique dominante (l'autoritarisme) et des problèmes socio-économiques communs (lourde bureaucratie, corruption endémique, forte économie informelle). Leurs habitants partagent ainsi une mentalité et une réalité plus ou moins similaires, forgées par des années de soviétisme.

AVANT-PROPOS

C'est apparu comme une évidence. Au milieu de la torpeur alimentée par la fatigue de deux mois de galère en Asie centrale, sur cette route solitaire traversant le plat désert de Karakoum, dans une vieille *marchroutka** pré-choc pétrolier, aux côtés d'une généreuse babouchka** qui venait de m'inviter chez elle après cinq minutes de conversation ; ça a sonné, puis résonné comme une évidence.

Le livre s'intitulera *Allers simples*.

Pour tous ces billets aller simple que j'ai pris afin de laisser l'instinct décider du moment et de l'itinéraire du retour. Pour toutes ces chances données au hasard de m'entraîner sur ses chemins inattendus.

Allers simples aussi, pour la simplicité de ma marche dans les dédales de l'humanité. Pour ces petits souliers remplis de l'humilité de l'errant avec lesquels j'ai abordé les peuples sur ma route, en évitant les grands sabots naturels du journalisme.

J'ai voyagé avec une tête de reporter, un sac à dos de bourlingueur, un cœur naïf, parfois exténué et distant malgré lui, parfois fonceur et avide de découverte. J'ai voyagé pour m'étirer l'âme, la remplir de ce que je ne suis pas, à m'en déchirer les paradigmes. Pour devenir meilleur et pour comprendre le pire.

J'ai parcouru la Post-Soviétie à petit budget. Par choix plutôt que par nécessité. Pour stimuler ma débrouillardise et mettre à l'épreuve mes nerfs et ma tolérance.

Mon plus grand luxe était le temps. Celui que j'arrachais à la dictature de la vitesse d'un monde à la course. Ce temps qu'on ne se

---

* Voir glossaire post-soviétique, p. 375.

donne pas assez souvent, d'autant moins en journalisme. Je l'ai pris, parce qu'on ne peut jamais savoir combien de jours il nous faudra pour apprivoiser un paysage humain ; parce qu'il vaut la peine d'être pris, pour que le vernis exotique des altérités s'écaille et qu'ainsi se dévoilent les quotidiennetés étrangères dans leur plus simple expression. Je me suis forcé à le prendre, comme un investissement pour mes réflexions futures. Pour donner la chance aux secondes et aux jours sacrifiés au hasard de devenir des événements fondateurs, des exemples de plus d'une réalité ou des anecdotes révélatrices permettant de mieux étoffer des hypothèses journalistiques ou existentielles.

J'ai eu à combattre mes goûts d'urgence. L'urgence dictée par le métier et ma propre urgence de vivre. Celle du fils d'une génération de l'instantané, constamment sur la pointe des pieds, toujours prêt pour de nouveaux départs à peine les valises déposées, toujours tenté de quitter les épisodes avant la fin devant les appâts tentaculaires du possible. J'ai cherché à modérer ma fougue de jeunesse pour aiguiser ma sagesse.

Au-delà des grands événements qui font l'actualité, les sociétés vivent et se façonnent au rythme du quotidien. J'ai voulu suivre la marche du monde dans ses moments extraordinaires et – plus encore – ordinaires.

J'ai longtemps hésité à me lancer dans l'écriture de ce livre. Même si je savais qu'il finirait inévitablement par naître. Il m'habitait au creux du ventre depuis des années. Il fallait simplement le laisser mûrir. Trouver le bon ton. Rendre cohérente cette suite chaotique d'aventures. Rassembler les vécus. Amalgamer les réflexions sur cette humanité dont j'explore les contours chaque jour à travers mon travail et ma vie de journaliste à l'étranger. Marquer une césure avant d'aller plus loin.

Ce livre prend sa source dans des centaines de pages de notes, jetées sur papier le plus souvent à la fin de longues journées de découverte en terre nouvelle. Il est le fruit de centaines de rencontres, de milliers de kilomètres, de millions d'émotions.

Un jour d'automne, de retour d'un voyage épuisant dans le Caucase, je me suis senti prêt à faire le point sur mes allers simples et leur complexité.

Premier chapitre

Biélorussie

La révolution engeôlée

(mars-avril 2006)

Espoirs révolutionnaires
Minsk, 19 mars 2006

Ils arrivent par petits groupes pour donner un courage collectif à leur peur individuelle. Il y a trois jours, le KGB biélorusse les a avertis : s'ils descendent dans les rues pour contester le résultat de l'élection présidentielle, ils seront considérés comme des terroristes. Ils seront accusés de fomenter un coup d'État.

Ils s'approchent et jettent des coups d'œil autour d'eux. Ils cherchent à éviter les policiers qui sillonnent le secteur. Les premiers arrivés découvrent une place beaucoup trop grande pour leurs ambitions. En l'absence d'une masse dans laquelle se fondre, ils restent de longues minutes distants les uns des autres, nerveux, comme pour faire croire qu'ils ne font que flâner. Malgré la menace, ils sont venus. Le rendez-vous avait été donné par les deux candidats de l'opposition à la présidentielle, Aleksander Milinkevitch et Aleksander Kozouline : place d'Octobre, vingt heures. Et ils y sont.

Les bureaux de vote viennent de fermer. Le décompte des voix n'a pas encore commencé, mais ceux qui sont sortis affronter la tempête de neige tardive de la mi-mars et défier le pouvoir sont déjà convaincus : l'élection est frauduleuse. Vote falsifié ou non, ils le sauront plus tard. Ce qu'ils savent déjà, c'est qu'une élection ne se joue pas seulement le jour du vote. Depuis douze ans, la télévision biélorusse ne montre qu'un seul homme : le président Aleksander Loukachenko. Cette campagne n'a pas été une exception. Aux yeux du Biélorusse moyen, qui s'abreuve à son téléviseur pour connaître la vérité – comme la plupart des citoyens du monde –, l'opposition n'existe pas. L'information est pourtant disponible. Il y a Internet, quelques journaux d'opposition, des télévisions étrangères par satellite. La Biélorussie n'est pas un régime totalitaire. Mais nul besoin que toute critique soit censurée pour contrôler la majorité de l'opinion publique. Du pain, des jeux et une propagande bien en vue suffisent généralement à apaiser la masse et à lui faire croire que sa stabilité en vaut l'arbitraire.

Lorsque la minorité arrive sur la place d'Octobre, un écran géant diffuse un reportage de la télévision d'État. La narration est inaudible, mais les images valent mille mots : ce sont celles de la violente « révolution des Tulipes », coup d'État pseudopopulaire au Kirghizstan l'année précédente, et des pillages qui l'ont accompagnée. Puis suivent celles de machines imprimant des billets verts à un rythme effréné. Le message lancé aux téléspectateurs en cette soirée électorale est clair : l'opposition biélorusse, comme la kirghize, compte prendre le pouvoir par la force. Et pour cela, elle bénéficie du financement des Américains. Elle veut mettre le pays à feu et à sang, puis le vendre à des étrangers. Les opposants sont des traîtres et des terroristes.

L'écran s'éteint. La place d'Octobre se remplit. Lentement, puis de plus en plus rapidement. Les groupuscules sont absorbés par la foule naissante. Les espaces vides disparaissent et, au même rythme, la méfiance se transforme tout naturellement en solidarité. De tous les côtés de la place, les manifestants affluent. Ils arrivent de derrière le palais de la République, principale salle de concert de la capitale, passent devant la patinoire qui accueillait encore des patineurs il y a quelques heures, ou sortent du métro Koupalovskaïa. Ils viennent de l'avenue de l'Indépendance, l'artère principale de Minsk, que les nationalistes appellent toujours Frantsisk Skorina, grand scientifique et auteur biélorusse du XVIᵉ siècle dont elle portait le nom jusqu'à ce que le président en décide unilatéralement autrement l'année précédente. Au-dessus du musée de la Grande Guerre patriotique qui jouxte la place, l'inscription en lettres géantes datant d'une autre époque les appelle à se tenir debout : « Les exploits du peuple vivront éternellement. » En ce froid dimanche de fin d'hiver, la place d'Octobre semble idéale pour une révolution. Ils sont maintenant quelques milliers à s'y masser. Cinq ou dix, peu importe. Ils sont suffisamment nombreux pour se sentir momentanément puissants, portés par le sentiment de sécurité que procure une masse humaine ayant un objectif commun. Les drapeaux blanc-rouge-blanc se mettent à flotter dans les airs, malgré leur interdiction officielle[1]. Sur les marches du palais de la Culture des syndicats, les deux candidats d'opposition et d'autres leaders anti-Loukachenko se relaient au porte-voix pour dénoncer les irrégularités du scrutin.

---

[1] Lors d'un référendum contesté en 1995, le président Loukachenko fraîchement élu a rétabli les symboles de la Biélorussie soviétique, dont le drapeau, amputé de la faucille et du marteau. Le blanc-rouge-blanc historique, à nouveau en usage depuis l'indépendance en 1991, a été banni sous prétexte qu'il a également été utilisé durant l'occupation nazie.

En un instant, l'opposition morcelée, faible et discréditée par la propagande constante du régime, devient une force réelle, palpable. Les agents en civil du KGB, peu subtils avec leur attitude sévère et leurs vêtements sombres presque identiques, filment les manifestants avec leur lourde caméra d'une autre époque. Mais ce soir, les opposants n'en ont rien à faire. Au milieu de la foule, le simple manifestant est enveloppé d'un espoir de changement. Il a l'impression que le sort du pays entier se joue sur les quelques centaines de mètres carrés de la place d'Octobre ; que le régime tremble ; que le pays entier se tient à ses côtés dans la neige et le froid, avec la même détermination que lui d'aller jusqu'au bout. Une impression bien illusoire. Mais qui servira pour quelques jours de carburant au rêve fou des opposants d'en finir avec l'oppression.

⋆   ⋆   ⋆

Ce soir-là, tout le monde est rentré chez soi, hormis les quelques dizaines de personnes arrêtées sur le chemin du retour par des policiers restés sagement en retrait, à l'ombre de la manifestation. La peur instaurée par le régime a perdu la première bataille. Les forces de l'ordre n'ont pas mis leur menace de répression à exécution. Pas encore. Mais il ne s'agit que d'un repli stratégique. Le pouvoir sait que le mouvement finira par s'essouffler et les caméras étrangères, par partir. Il pourra alors porter le coup fatal aux espoirs.

Et c'est précisément ce que je suis venu observer.

Compte tenu du rapport de force inégal entre le régime et ses détracteurs, les grandes lignes du scénario étaient écrites d'avance : l'élection serait falsifiée pour garantir une majorité incontestable au président. Directement par lui, ou par les sous-fifres de son régime qui voudraient, par ce geste, lui démontrer leur entière loyauté. Les opposants sortiraient ensuite dans la rue pour réclamer l'annulation de l'élection. Comme les Géorgiens et les Ukrainiens, qui avaient réussi tour à tour en 2003 et en 2004 à chasser du pouvoir leurs vieilles élites politiques corrompues par des manifestations pacifiques, les Biélorusses en colère essaieraient de fomenter leur propre « révolution colorée », pacifiste et pro-occidentale. La révolution biélorusse avait même déjà un nom, hérité d'une anecdote survenue quelques mois plus tôt : durant une manifestation, un militant s'étant fait confisquer par la police son drapeau blanc-rouge-blanc avait brandi à bout de bras sa veste de jean. Ce serait le nouveau symbole de la lutte. Après la révolution des roses géorgienne et la orange ukrainienne, il y aurait la révolution du jean biélorusse[2].

Sauf qu'en Biélorussie l'opposition faible et sans chaîne de télévision pour l'appuyer – contrairement aux oppositions géorgienne et ukrainienne – n'avait à peu près aucune chance de renverser son régime. Tôt ou tard, les forces de l'ordre mettraient fin au mouvement d'une manière plus ou moins violente. L'avortement de la révolution biélorusse était ainsi largement prévisible. Je venais la voir échouer de mes propres yeux, à la fois pour comprendre les raisons de son échec, les nuances de la lutte de pouvoir et, surtout, pour sentir toutes les émotions d'un peuple qui prend son courage à deux mains et va brandir sa dignité dans un combat de rue pacifique contre un régime autoritaire.

J'étais arrivé en Biélorussie douze jours avant le scrutin, via l'Ukraine, avec une petite liste de contacts en poche. Dans le train de nuit Lviv-Minsk, j'avais feint de ne pas parler russe pour éviter les questions et les fouilles. «Mais qu'est-ce qui peut bien attirer un touriste chez nous ?» s'était interrogé à voix haute le douanier biélorusse en feuilletant mon passeport pour tamponner mon visa d'invité[3].

J'avais pesé les deux options : aller couvrir l'élection sans accréditation journalistique, ou demander l'assentiment du pouvoir biélorusse et m'exposer soit à un refus, soit à une possible – quoique peu probable – surveillance de mes faits et gestes une fois sur place. J'avais choisi la première. Dans ce cas, je savais que je risquais des démêlés avec les autorités, peut-être une courte détention ou une déportation. La mort était dans la colonne des événements improbables et sa possibilité était trop faible pour qu'elle me fasse hésiter à partir.

Pendant quelques jours, je serais au centre d'un monde en effervescence. J'existerais aux côtés de l'Histoire qui s'écrit. Une toute petite histoire dans la grande, que le reste du monde suivrait du

---

[2] Finalement, le denim demeurera un symbole marginal durant les manifestations postélectorales.

[3] J'avais obtenu ce type de visa grâce à l'inscription de l'adresse de mon ami Tolik dans une case du formulaire.

coin de l'œil compte tenu de sa portée géopolitique limitée. Mais l'Histoire quand même. Celle d'un peuple et de ses fractures qui s'ouvrent au grand jour. J'en serais témoin, et je pourrais la raconter. À mes premiers balbutiements en tant que reporter international, je sentirais la richesse de ce métier, qui permet à la fois d'assouvir ce besoin personnel d'émotions et de justifier sa présence passive dans l'Histoire en partageant son témoignage avec ceux qui ne peuvent assister à son déroulement.

★   ★   ★

Le lendemain de la première manifestation, les opposants sont revenus sur la place d'Octobre. Cette fois, c'était pour y rester. Faute de vouloir ou de pouvoir utiliser la violence, ils comptaient avoir le régime à l'usure. Comme sur Maïdan – la place principale de Kiev – un an et demi auparavant, les tentes ont commencé à pousser sur le pavé enneigé de la place centrale de Minsk. Quelques dizaines à peine, entourées de centaines, parfois de milliers de manifestants ; un système de son bancal relayait des discours réchauffe-foule, des « *Jivié Biélarous !* » (« Vive la Biélorussie ! ») à répétition ; des jeunes hommes montaient la garde ; des jeunes filles épluchaient des pommes de terre, coupaient du saucisson, préparaient des sandwichs et servaient du thé ; des grands-pères et des grands-mères apportaient sous le manteau de la nourriture aux manifestants, essayant d'éviter les contrôles des policiers autour de la place.

Durant quatre jours et quatre nuits, les opposants ont testé les limites de leur courage. Pour pouvoir se regarder fièrement dans le miroir au cours des cinq prochaines années. Quand le régime avait voulu prouver sa légitimité populaire par un scrutin frauduleux, ils étaient descendus dans les rues pour démontrer qu'il mentait. Durant quatre jours et quatre nuits, en marge du village de tentes, le régime et ses policiers ont rongé leur frein. Le jour, les manifestants étaient trop nombreux pour qu'un coup de force rapide et fatal soit tenté sans risquer un affrontement violent devant les caméras occidentales qui y faisaient le pied de grue. Tous savaient donc que l'assaut – parce qu'il était inévitable – aurait lieu la nuit, alors qu'il ne resterait plus que deux ou trois centaines de militants sur la place.

Je me devais d'y passer une nuit blanche. Pour voir le mouvement dans toute sa vulnérabilité, pour témoigner de la tension et du rapport de force entre le pouvoir et ses détracteurs. Le journal *La Presse*, qui suivait avec intérêt les événements en Biélorussie, m'avait donné le feu vert pour un reportage. Ce serait dans la nuit du 23 au 24 mars, la quatrième de l'existence de «l'îlot de liberté», comme avait été baptisé le village de tentes par certains de ses habitants. Mais mon témoignage irait plus loin que je ne l'avais imaginé. Car cette nuit-là, les autorités ont décidé d'en finir avec la résistance, arrêtant sans discernement manifestants, journalistes et simples passants.

Malgré moi, je découvrirais le régime biélorusse de l'intérieur. Entre les quatre murs de ses geôles.

★ ★ ★

L'arrestation
Nuit du 23 au 24 mars 2006

Trois heures du matin. Les militants resserrent les rangs. Bras dessus, bras dessous, ils forment une chaîne humaine autour de leur village de tentes. Les forces de l'ordre viennent de débarquer. Après cinq jours de manifestations, le jeu tire à sa fin.

Au mégaphone, un policier ordonne à la douzaine de reporters présents de s'éloigner. «Nous avons besoin de journalistes à l'intérieur!» crie au contraire un militant. C'est le moment clé. Je suis à l'orée du village. Je choisis d'y entrer. Une décision rapide, instinctive. «Je suis journaliste!» Les protestataires font une brèche et me laissent passer.

Je suis au centre du village. Au centre de l'événement. D'une main frigorifiée, je sors mon enregistreur et appuie sur le bouton rouge.

★ ★ ★

(Premier enregistrement)

«Ensemble! Ensemble! Ensemble! Vive la Biélorussie! La police avec le peuple!»

L'air est lourd, tendu comme un arc. L'euphorie des derniers jours se dissipe et laisse place à la crainte. Je décris maladroitement ce que je vois. « Il y a sept camions. On a enlevé toutes les caméras, tous les journalistes. Je suis l'un des seuls encore au milieu. Je vais probablement me faire arrêter moi aussi. »

Une femme à la voix aiguë prend le micro. En arrière-fond, la génératrice qui permet aux haut-parleurs de fonctionner tourne à plein régime, imitant le bruit d'un moteur de chaloupe. « Je suis une mère. Je suis Valentina Polevikova, déléguée du candidat Aleksander Milinkevitch. Directrice de son bureau électoral de Minsk. N'utilisez pas la force, s'il vous plaît. Je vous le demande encore une fois. Et les gens sur la place, n'ayez pas peur. N'ayez peur de personne. Nous sommes tous du même pays. Un jour, ils auront honte de cela ! »

Ils, les policiers, procèdent aux premières arrestations. Ils agrippent les maillons extérieurs de la chaîne humaine et les entraînent, plus ou moins brutalement selon la résistance, dans les fourgons.

Un homme prend le micro. Il appelle les manifestants à s'asseoir par terre.

Tous savaient que ça se terminerait ainsi. Mais drapés dans l'illusion de la force populaire concentrée sur la place centrale du pays, ils n'avaient pas osé imaginer la fin. Ni comment y réagir. Une question de décence envers le mince espoir de victoire. Penser à l'échec et à des portes de sortie aurait été reconnaître qu'il était inévitable.

« Allumez-moi le microphone ! » Une femme anonyme à la voix éraillée s'empare du leadership. « Messieurs des services spéciaux. Si vous estimez que la loi vous permet d'entreprendre quelques actions que ce soient, venez le jour, comme cela se fait dans tous les pays civilisés, et non pas la nuit. » L'argument est faible. C'est le désespoir qui réfléchit et appelle à la clémence.

Valentina P. : « Les gars, je vous en prie. N'utilisez pas la force. Ici se trouvent de très bonnes personnes. »

Je sors mon téléphone. J'appelle la Radio suisse romande, avec laquelle je collabore depuis mon arrivée en Biélorussie. À deux heures du matin, heure suisse, il n'y a qu'un technicien en poste. Il ne peut rien pour moi. Il dit de rappeler plus tard. « D'accord, comme vous

voulez. Si je ne suis pas en prison. Je serai peut-être arrêté. Au revoir. »
J'appelle mes parents. Ils seront les premiers à s'inquiéter. Si je pouvais
au moins les rassurer avant. Pas de réponse.

La femme à la voix éraillée s'empare de nouveau du microphone.
« Est-il vraiment possible que vous ayez peur de ces enfants ? » demande-
t-elle aux policiers. Puis, implicitement, elle reconnaît la défaite : « Les
gens sont prêts à se disperser ! Arrêtez, les gens s'en vont ! » C'est
l'instinct maternel qui parle. La femme a raison. Sur la place, il n'y a
pratiquement que des ados et des jeunes adultes[4].

Valentina P. : « Dites-nous quoi faire, nous allons créer un corri-
dor et partirons par nous-mêmes. Vous m'entendez ? S'il vous plaît !
Pourquoi faites-vous cela, c'est grossier ! » Les arrestations continuent.
L'ordre a été donné. La discussion n'est pas une option. Les débris au
sol sont écrasés par les bottes des policiers, puis remués par les corps
des militants traînés jusqu'aux fourgons. Des jeunes filles crient.

« Nous nous levons, nous répondons à vos exigences ! Ne nous
touchez pas ! » lance la dame enrouée, en désespoir de cause.

Le micro tombe et roule au sol.

Les mains des policiers s'approchent de moi. Je suis le prochain. Le
désespoir me prend aussi. Je cherche une sortie. « Je suis journaliste !
Désolé, mais je suis journaliste ! »

Désolé ? Je ne trouve pas d'autres mots. Je m'excuse pour sauver
ma peau.

— Où est votre badge ? me demande un agent, utilisant étonnamment le vouvoiement de politesse.

— Je n'en ai pas. Mais je vais vous montrer mon passeport.

Un deuxième policier nous interrompt.

— Vassia, compte le nombre de personnes ! Toi [moi], va un peu
plus loin. On regardera tout ça plus tard.

— Tous les journalistes sont là-bas. Ma place est là-bas !

Je montre du doigt le palais de la Culture des syndicats, à côté duquel
se trouvent les reporters qui ont suivi l'ordre de la police plus tôt.

— On regardera tout ça plus tard. Elle est où, ton accréditation ? Où ?

---

[4] Les mineurs seront d'ailleurs relâchés la nuit même.

— Je n'ai pas d'accréditation. Je vais vous montrer mon passeport.

— Allez, montre-le-moi !

Je le sors de ma poche. Je n'ai pas le temps de l'ouvrir. On me pousse vers le panier à salade.

(Fin du premier enregistrement)

★　★　★

(Deuxième enregistrement)

« Merde. » Sur la bande-son, le mot solitaire ondule. C'est moi qui le prononce, la voix tremblotante, en français. Je me parle. Dans un premier moment de retour à moi, je prends conscience que je suis dans un sale pétrin. Dans le feu de l'action, j'avais oublié ma propre vulnérabilité. J'avais rapidement compris que je serais arrêté, mais ma priorité n'avait pas été d'essayer de m'en sortir. Quand les policiers ont encerclé la place d'Octobre, mon premier réflexe a été de démarrer mon enregistreur.

Nous sommes dans un panier à salade depuis quelques minutes. En état d'arrestation. Des policiers gueulent. Un garçon essaie de rassurer des jeunes filles qui pleurent.

En franchissant la porte du fourgon, je suis entré dans l'engrenage. Celui d'un système autoritaire, version diluée de l'Union soviétique, mais qui en conserve l'arbitraire.

« Les gars, levez-vous et laissez les filles s'asseoir ! » Le garçon à côté de moi, écharpe au cou, n'a rien perdu de sa dignité et de ses convictions. Sa voix est éteinte comme celles de dizaines d'autres militants qui ont trop scandé de « *Jivié Biélarous* ! », « À bas Loukachenko ! », « Liberté ! » et d'autres slogans. Mais il se tient admirablement debout. Au sens propre comme au figuré. L'arrestation l'indiffère presque. Sauf qu'il est frustré. « Ils enlèveront les tentes, filmeront et diront que nous sommes partis de nous-mêmes. Puis ils jetteront des bouteilles de vodka et diront que nous en buvions. Voilà, c'est ça qu'ils feront[5]. »

---

[5] La suite des choses lui donnera raison. Dans les jours qui suivront, c'est précisément ce que rapportera la télévision d'État : les manifestants étaient au mieux des fauteurs de trouble alcooliques, au pire des narcomanes payés par les Américains pour fomenter une révolution.

— Bon, allez. Je vais vous compter, annonce l'un des policiers dans le fourgon.

— Il fait froid…

Je grelotte. En arrière-fond, des bruits de walkies-talkies.

— Peut-être ai-je pris la mauvaise décision…

Je pense à voix haute. Et je tremble encore plus fort[6].

Un policier compte.

— 20, 22, 24, 25, 26, 27… 35… 40… 60…

Une jeune fille se plaint.

— J'ai de la difficulté à respirer.

Le garçon à l'écharpe rassure.

— Les filles, ne pleurez pas. Tout va bien, les amis. Nous sommes ensemble.

Une autre jeune fille s'enthousiasme.

— Allez, chantons!

La première se plaint de nouveau.

— Ça fait mal!

Un policier aboie.

— Fermez vos gueules! Qui ne comprend pas ça, putain?!

Un deuxième garçon, d'une voix claire et chaude, me demande si je suis journaliste. Comme l'autre, il ne dégage aucune crainte. Il est serein. «Ils ont arrêté tout le monde. Je regrette vraiment d'avoir laissé mon sac avec mon passeport sur la place. Je n'ai pas réussi à l'agripper.»

Je me retourne vers le garçon à l'écharpe. Pour une raison que j'ignore, je le vouvoie.

— Vous n'avez pas peur?

— Dans quel sens?

Je répète la même question, sans plus de précisions. À lui de me définir la peur, celle qu'il ressent ou non, constamment ou à ce moment précis.

— Je n'ai pas peur.

---

[6] En réécoutant la bande par la suite, j'ai longtemps été convaincu que mes tremblements étaient dus au froid. Je comprendrais quelques années plus tard – lors d'autres épisodes où mon avenir serait remis malgré moi entre les mains étrangères de policiers ou de bureaucrates – qu'ils étaient provoqués par la peur. Une peur sournoise, instinctive, subconsciente, que je n'arrivais même pas à reconnaître. Je sentais bien les réactions de mon corps, mais me méprenais sur leur origine.

— Ce n'est pas la première fois qu'on vous arrête ?

— De cette façon, c'est la première fois. Je n'ai pas peur parce que je savais où j'allais et que, de toute façon, on aurait fini par m'arrêter tôt ou tard.

Le deuxième garçon s'immisce dans la discussion.

— Nous savions que ça se terminerait comme ça à un moment ou à un autre. Mais nous ne savions pas quand.

— Où nous emmènent-ils maintenant ?

Le garçon à l'écharpe se charge de répondre à ma question naïve.

— En prison. On nous a arrêtés.

Derrière nous, un policier s'énerve.

— Si quelqu'un m'écrase le pied, je le tue, putain, tout de suite !

— Nos policiers ne jurent jamais, relève avec ironie une jeune fille. Ils nous disent toujours qu'ils ne jurent jamais. Mais nous, quand on le fait, ça tombe sous l'article 156 : proférer des blasphèmes dans un endroit public.

Le garçon à la voix claire et chaude veut se convaincre que cette répression ne restera pas sans conséquences pour le régime.

— Il y aura une réaction internationale.

Moi, je n'écoute déjà plus que mon corps.

— Je suis transi de froid...

— Mais la Russie, elle, appuiera certainement tout ça.

Un policier s'approche. Il empoigne l'écharpe du garçon à la voix enrouée et tire sur les deux extrémités.

— Ne m'étrangle pas !

— Pourquoi tu gémis ?

— Mais tu m'étrangles !

— Ce Batman, on va s'en occuper séparément, dit l'étrangleur à ses collègues.

— C'est bon, je me tais.

— Question pour tous : qui a un bout de papier ? demande l'agent responsable du décompte des détenus.

Pendant ce temps, l'étrangleur serre toujours les deux extrémités de l'écharpe. Le garçon continue de gémir.

— Format A4.

Le policier ouvre mon sac à dos. Il s'empare d'un cahier. Il a trouvé son «bout de papier»: mon carnet de voyage. Du même coup, il me prive d'une partie de mon passé. Il vient de dérober la pièce à conviction de mes pérégrinations.

C'est heureusement la première et seule fois – au moment d'écrire ces lignes – que la mémoire écrite d'un de mes voyages aura disparu. Tous les autres cahiers à moitié déchirés, usés d'avoir été trop trimballés, trop ouverts, refermés, raturés, sont conservés bien en sécurité chez moi. Ils ne voyagent jamais par la poste, ni dans une soute à bagages. Car pour un voyageur, il n'existe aucun objet plus précieux, plus irremplaçable, que son errance sur papier. Ces cahiers lui permettent de faire revivre le passé et les sentiments lorsque ceux-ci commencent à s'estomper. Ils lui permettent de déjouer la mémoire sélective, de retrouver ce qu'il a été, de revoir par où il est passé, ce qui a écarquillé ses horizons et nuancé ses jugements. Tous ensemble, ils constituent l'aide-mémoire de son évolution.

J'apercevrai par la suite au moins à trois reprises ce policier avec mon passé dans sa poche de chemise. Sans pouvoir rien y faire.

— Désolé, mais je suis étranger! C'est mon journal!

(Fin du deuxième enregistrement)

★   ★   ★

Le procès

Nous sommes plusieurs dizaines à nous tenir debout dans le couloir étroit du rez-de-chaussée du poste de police. «Enlevez vos ceintures et vos lacets!» Un gardien coupe les élastiques de mon manteau. Je proteste, mais ça ne sert à rien. Les agents ont ordre de confisquer tout ce qui pourrait nous servir à nous pendre dans notre future cellule. On nous fait monter à un étage supérieur. Nous attendons maintenant dans une file pour nous faire enregistrer en tant que détenus. Nos téléphones cellulaires ne nous ont pas encore été confisqués. Subtilement, je réussis à envoyer un texto à mon frère à Montréal, où il fait encore jour: «jesuisentauletoutestok». Ces quelques mots écrits sans espaces pour économiser quelques clics lui suffiront pour enclencher la réaction officielle à ma détention.

«Je suis citoyen canadien! Ce sera un gros scandale international si vous ne me relâchez pas tout de suite!» Je m'indigne à répétition auprès des agents. Pas de réponse. Au mieux, quelques rires. J'essaie naïvement de faire peur. Mais je ne m'adresse pas à des hommes. Je parle aux rouages déresponsabilisés d'un système autoritaire qui ne se connaît pas d'erreur. Moi non plus je ne suis plus personne. Je ne suis qu'un nom dans un appareil bureaucratique sans nuances.

Derrière moi dans la file, Vassia a aussi perdu le contrôle de son destin. Mais il ne pense pas autant à son sort qu'à la mort de ses espoirs. «Et voilà! Dans une semaine tout sera oublié et tout reviendra à la normale pour encore cinq ans.»

Dans une salle, des dizaines de policiers recopient à la main le même acte d'accusation. Code administratif, article 167: participation active à une manifestation non autorisée et scansion de slogans antigouvernementaux. Ensuite, un autre rouage du système ajoute machinalement sur chaque exemplaire un nom, un numéro de passeport et une date de naissance.

Une fois bureaucratisés, nous sommes enfermés dans une première grande cellule. J'essaie de dormir sur le grillage de fer d'un lit superposé sans matelas. Des heures passent. Je ne sais combien. On vient finalement nous chercher pour nous transporter par autobus jusqu'au tribunal. Dans les cellules exiguës du sous-sol, chacun attend l'appel de son nom pour se rendre à son procès.

Mes codétenus temporaires me rassurent. La peine maximale pour une violation du code administratif est de quinze jours. Mais les autorités n'oseront jamais condamner un étranger à une peine aussi longue, croient-ils. Encore moins un Occidental. «Au pire, tu feras trois ou cinq jours et ils te déporteront.»

Les premiers jugés reviennent. Quinze jours pour tous, sauf ceux avec des enfants à charge, qui ont droit à une diminution de peine.

On m'appelle. Je passe une première fois devant la juge. Non, madame la juge, je n'ai pas besoin de traducteur. J'ai faim et je suis fatigué. De toute façon, me dis-je, je risque d'être expulsé du pays rapidement. À quoi bon faire durer le processus? La juge m'offre une avocate, payée par l'État biélorusse. Mais elle me refuse l'assistance consulaire. «Votre pays n'a pas de représentation diplomatique en Biélorussie.» L'ambassade canadienne la plus proche se trouve en effet à Varsovie, en Pologne voisine. Je lui rappelle que, dans ce cas, l'ambassade britannique se charge d'assister les citoyens canadiens. Elle refuse. Pas d'ambassade canadienne, pas d'assistance consulaire[7].

En attendant l'avocate, je fraternise avec un gardien. Il a la jeune quarantaine. «Alors, comment vit-on au Canada?» Comme de nombreux Biélorusses et autres ex-Soviétiques, il y émigrerait bien, me confie-t-il. Un de ses amis s'y est d'ailleurs installé récemment. Je lui demande ce qu'il pense de la révolution avortée. «Tu sais, plus jeune, j'aurais probablement participé moi aussi. Mais maintenant, j'ai compris qu'il y a des choses plus importantes dans la vie : la famille, le travail...» Il est marié et a des enfants. «*Tam khorocho gdié nas niet*», dit-il. L'herbe est toujours plus verte chez le voisin.

L'avocate arrive. Nous retournons devant la juge. Je mens. «Je suis étudiant en sociologie. J'étais venu sur la place pour rencontrer des gens. Oui, à trois heures du matin. J'étais bien sur la place, mais je n'ai jamais scandé de slogans antigouvernementaux ni participé activement à la manifestation!» Ça, c'est la vérité.

Mon calcul n'est probablement ni bon ni mauvais. Journaliste, étudiant, quelle différence. Ce n'est pas un procès, c'est une formalité. La juge me regarde froidement, avec une totale indifférence. «Peu importe. Quinze jours, comme les autres.»

Je sens mes espoirs être aspirés vers l'intérieur. Je suis vide, vidé de recours. Pour la première fois de ma courte vie, je ne suis plus un être libre.

Retour dans la cellule exiguë. Tous sont étonnés par la durée de ma peine. Le régime est encore moins lucide qu'ils le croyaient. Visiblement, personne dans la machine ne s'est questionné sur les conséquences internationales de l'arrestation et de la condamnation d'un étranger lors d'une manifestation politique, alors que la «dernière dictature d'Europe» est déjà au ban de l'Occident.

★ ★ ★

---

[7] J'apprendrai plus tard qu'en vertu de la convention de Vienne sur les relations consulaires (1963), dont la Biélorussie est signataire, j'avais bel et bien droit à cette assistance. Les autorités biélorusses étaient tenues «d'avertir sans retard le poste consulaire de l'État d'envoi». Ils ont violé cette convention.

Si j'avais dû me mettre à croire en Dieu, ç'aurait été précisément à ce moment de mon existence. Dans cette étroite cellule biélorusse, alourdi d'une sentence de non-liberté, je suis confiné aux derniers retranchements de ma force mentale. Je suis démuni comme jamais auparavant.

Mes codétenus temporaires, eux, sont calmes. Presque sereins. Plusieurs d'entre eux sont de fervents croyants, fidèles d'églises protestantes auxquelles le régime mène la vie dure, car le chef de l'État ne jure que par l'Église orthodoxe russe. Pour eux, Dieu décidera ultimement de leur sort. S'ils sont coincés dans cette épreuve, il doit y avoir une raison divine, donc inévitable. Dans mon monde rationnel, le seul « Être suprême » qui pourrait influer sur mon sort s'appelle Aleksander Loukachenko, président autoritaire de la Biélorussie depuis douze ans.

À travers ces êtres illuminés par la certitude de la foi, je suis solitude, angoisse et impuissance.

* ⋆ *

Nous nous tenons en rangs dans la cour de la prison. Il fait froid. Le jour est terminé. Depuis notre arrestation, le soleil s'est levé, puis recouché. Nous sommes désormais des détenus en bonne et due forme, jugés et condamnés. Pas des criminels, selon la loi. De simples contrevenants au code administratif d'un pays qui emprisonne pour la moindre infraction. Mais les gens autour de moi se considèrent autrement : à leurs yeux, ils sont des prisonniers politiques. Moi, je ne suis ni l'un ni l'autre. Je suis une erreur statistique de la répression.

Nous n'avons pas mangé depuis près de vingt-quatre heures ni réellement dormi depuis la veille. Bientôt, on nous assignera une cellule. Le sort qui nous est réservé pour les quinze prochains jours prendra une forme concrète. Pour ceux qui, comme moi, n'ont jamais séjourné en prison, certaines appréhensions se concrétiseront, d'autres se dissiperont.

Mon nom retentit. On ne m'entraîne pas dans une cellule, mais dans le bureau du directeur adjoint du centre de détention provisoire d'Akrestina (du nom de la rue où il se situe, dans le sud-ouest de

Minsk). S'y trouvent deux dames. La vice-consule britannique et son interprète. «Nous vous avons cherché toute la journée...»

J'existe. À la suite de mon message texte, mon frère Jérémi a alerté l'ambassade du Royaume-Uni.

Le directeur adjoint, plus mal à l'aise que méchant, exige que notre entretien se déroule en russe pour qu'il puisse comprendre. Par hasard, mon frère appelle la vice-consule à ce moment. Je lui crie que je vais bien, mais le directeur adjoint m'interdit de prendre le téléphone.

La vice-consule ne peut rien de plus pour moi. Elle me remet de la nourriture, une couette, et promet de revenir. L'entretien est terminé.

La prison m'attend.

★ ★ ★

Cellule 22

La lourde porte d'acier de la cellule 22 s'ouvre. Une demi-douzaine de têtes se retournent. Un sourire chaleureux s'esquisse sur chacun des visages. Je me présente, Frédérick, journaliste canadien. Ils éclatent tous de rire et se présentent à leur tour. L'accueil est amical, l'atmosphère détendue. C'est certainement la dernière chose à laquelle on s'attendrait en entrant dans une cellule de prison. Mais pas ici, pas maintenant, pas dans ces circonstances. Les détenus devant moi sont des êtres soulagés. Soulagés par leur emprisonnement. C'est que la liberté, c'est aussi l'absence d'attente dans la peur. L'absence d'appréhension. Durant plus d'une semaine, chaque fois qu'ils se rendaient sur la place d'Octobre ou en revenaient, les protestataires risquaient l'arrestation. Leur liberté était constamment menacée. Maintenant qu'ils l'ont perdue, ils n'ont plus de raisons d'avoir peur. Leur arrestation les a libérés du poids de l'incertitude.

Je leur raconte mon histoire. Ils rient encore. Rien de bien extraordinaire. Si ce n'est que le protagoniste est un «*grajdanine Kanady*», un citoyen du Canada. Ce statut deviendra mon surnom. Il nous servira d'argument ironique lorsque nous réclamerons des traitements de faveur de la part des autorités carcérales, prétextant qu'un Occidental devrait être mieux traité qu'un Biélorusse ou qu'un autre citoyen post-soviétique en tant « qu'invité » qui n'a pas l'habitude des coutumes locales.

Me voici donc au bout du voyage de la liberté à la non-liberté, après une journée presque complète de trimballement de fourgon en tribunal, de cachot en cachot, jusqu'au cul-de-sac de la cellule 22. Elle est glauque, certes – comme doit l'être par définition une cellule de prison –, mais irradiée par l'enthousiasme inextinguible d'une bande de jeunes apprentis révolutionnaires.

★   ★   ★

Au cours de mon séjour dans la cellule 22, je croiserai huit destins postélectoraux parmi des centaines d'autres. Ils sont Biélorusses, Russes, Ukrainiens, Polonais ou Géorgien ; ils sont des opposants ou, comme moi, des victimes de leur audace et du manque de discernement du régime :

Andreï Kim, 20 ans, Biélorusse. Militant chrétien. Interpellé en marge des manifestations. Deux ans plus tard, après une énième arrestation, il deviendra l'un des trois derniers prisonniers politiques du régime biélorusse[8]. Il est libéré le lendemain de mon arrivée, non sans m'avoir aidé à contester ma détention. Ensemble, nous écrivons une lettre au procureur général de Biélorussie. Mesure vaine, mais qui permet un court moment de penser que ma lutte pour une libération prématurée n'est pas désespérée.

Slava, 28 ans, Biélorusse. Commerçant dans un marché. Opposant de cœur. Un soir, des amis lui ont demandé de leur apporter une tente sur la place d'Octobre. En chemin, il a été intercepté par des policiers. Article 156 : acte de délinquance légère (blasphèmes proférés dans un endroit public). Peu importe que l'accusation soit fondée ou non, c'est la parole de l'accusé contre celle des agents de l'ordre. Et dans le système judiciaire biélorusse, la deuxième a automatiquement préséance.

Denis, 20 ans, Biélorusse. Militant de la première heure. Arrêté presque au même moment que Slava pour les mêmes raisons. Il se dit prêt à revenir derrière les barreaux autant de fois qu'il le faudra.

---

[8] En août 2008, alors que les relations avec Moscou se refroidissent, le président Loukachenko embauche le député relationniste britannique Lord Bell pour améliorer son image en Occident. Avant les législatives de septembre, les derniers prisonniers sont libérés, dont Andreï. Il purgeait depuis sept mois une peine d'un an et demi de pénitencier pour avoir prétendument frappé un policier de la route lors d'une manifestation. Après une période d'accalmie, les arrestations d'opposants reprendront et le contrat de Lord Bell ne sera pas renouvelé.

« C'est l'avenir de notre pays qui se décide. » En sortant de prison, il sera exclu de l'Université d'État de Biélorussie. Comme plusieurs autres. Il recommencera ses études à zéro à Varsovie, grâce à une bourse d'études du gouvernement polonais.

Liocha, la vingtaine (âge précis inconnu), Russe. Étudiant dans un séminaire baptiste de Minsk. Pas du tout militant. Simplement religieux et serviable. Il apportait sur la place d'Octobre des couvertures pour ses amis, peu conscient du risque qu'il prenait. C'était la première fois qu'il s'y rendait. Des agents en civil l'ont interpellé et ont exigé qu'il ouvre son sac tout en l'insultant. À son procès, un homme a témoigné contre lui. Il le voyait pour la première fois. Liocha a été condamné à dix jours pour avoir menacé et injurié des policiers. Article 156, encore une fois. L'article passe-partout pour neutraliser les présumés opposants. Lorsque Liocha a finalement pu rencontrer le consul russe après le procès, celui-ci lui a demandé ce qu'il avait fait pour être reconnu coupable de « participation active à une manifestation non autorisée ». Quoi ? Entre le procès et la rédaction finale de la sentence, l'accusation avait changé. Peut-être s'était-on rendu compte qu'il était peu probable qu'un étudiant d'un séminaire baptiste utilise un langage grossier...

Andriy, 19 ans, Ukrainien. Poète érotique, étudiant et journaliste. Il se vante d'avoir des amantes dans plusieurs villes d'Ukraine. En 2004, il a participé à la révolution orange dans son pays. Il a passé des journées et des nuits entières sur Maïdan (place de l'Indépendance), jusqu'à ce que le pouvoir cède et que le candidat orange Viktor Iouchtchenko remporte le nouveau scrutin qu'il exigeait. Andriy est venu en Biélorussie pour participer à une reprise du scénario révolutionnaire. « Je voulais goûter à nouveau à ce sentiment qui t'envahit lorsque tu attends la victoire et que tous les gens autour de toi ressentent la même chose. L'énergie de la foule heureuse. Une révolution donne à chaque personne qui y participe l'impression qu'elle en est à l'origine. Chacun a le sentiment d'être la personne la plus importante et la plus puissante sur Terre. Je ne pourrai plus jamais vivre sans ça. » Le lendemain de l'élection, il a été arrêté avec des amis en sortant d'un café qui se situe dans un parc à cinq cents mètres de la place d'Octobre. Les policiers les ont battus (il en porte encore quelques marques), transportés vers la prison et battus à nouveau. Article 167 : participation active à une manifestation non autorisée.

Artur, 21 ans, Ukrainien. Ex-révolutionnaire orange lui aussi. La veille de l'élection biélorusse, il est parti de son petit village avec cent soixante-dix hryvnias (moins de quarante dollars) en poche. Il est venu se « sentir en vie ». « L'euphorie de la révolution, c'est d'avoir le sentiment d'aider les gens. » Artur et moi sommes arrivés dans la cellule 22 à quelques minutes d'intervalle. Il a lui aussi été arrêté dans la nuit du 23 au 24 mars lors de la rafle sur la place d'Octobre. Nous passerons la totalité de notre peine ensemble.

Gogi, 30 ans, Géorgien. Caméraman pour la télévision d'État géorgienne. Le lendemain de la descente nocturne, il est venu filmer devant Akrestina une manifestation spontanée de mères réclamant la libération de leurs enfants. Des policiers lui ont demandé ses papiers. Puis ils l'ont emmené vers d'autres policiers. Puis vers d'autres. Il s'est finalement retrouvé devant un tribunal et a été condamné à quinze jours pour avoir insulté des policiers. Article 156. « Si j'avais voulu les injurier, je l'aurais fait en géorgien, pas en russe ! Les salauds ! » Il avait bien spécifié à la cour qu'il était marié et père d'une fillette. Avec un enfant à charge, il aurait en théorie dû bénéficier d'une réduction de peine. Or, la mention avait disparu lors de l'énoncé de la sentence. Il était devenu célibataire.

Piotr, 24 ans, Polonais. Étudiant en langue et culture biélorusses. Par son origine – la Pologne est le principal refuge européen de l'opposition biélorusse – et par son choix d'apprendre la langue nationale de son voisin – dont l'utilisation équivaut pratiquement à un acte de dissidence au pays du russifiant et russifié président Loukachenko –, il est un sympathisant naturel de l'opposition. Piotr a été arrêté dans la rue avec des amis opposants quelques jours après l'élection. À sa sortie de prison, il sera banni du pays pour cinq ans. Dure punition pour quelqu'un dont la vie est liée à la Biélorussie, d'où sont originaires sa copine et plusieurs de ses meilleurs amis.

Tous ensemble, entassés sur nos quelques mètres carrés, nous composons l'un des tableaux imposés de l'Akrestina postélectorale.

Nous ne nous sommes pas choisis, mais tacitement, nous avons choisi l'entraide et la bonne entente devant l'adversité.

Les journées sont longues dans la cellule 22, au troisième étage du vieux bâtiment du centre de détention. Mais au moins, la solitude est partagée.

* * *

Quinze jours. Trois cent soixante heures. Les chiffres tourbillonnent dans ma tête. Quinze jours pour quoi?

Un criminel repentant trouve certainement une utilité à son passage en prison. Cela lui donne du temps pour expier, demander pardon, se refaire une raison. La cellule devient un purgatoire.

Un criminel impénitent, lui, peut voir son emprisonnement comme le cours naturel des choses. Il a volé, violé, tué et il n'a pas su brouiller les pistes ou se sauver à temps. Il a perdu une manche contre son ennemi, la justice.

Pour un militant, le passage dans les geôles d'un régime autoritaire est un élément de preuve. Les injustices qu'il n'a cessé de dénoncer prennent une forme concrète. Il se transforme en victime, voire en martyr de sa cause. En prison, s'il possède la force mentale nécessaire, ses convictions ne feront que grandir. Il en ressortira plus fort que jamais.

Et moi? J'ai certes transgressé certains règlements, mais la peine qui m'a été infligée n'a rien à voir avec les infractions mineures que j'ai commises. Je ne croupis pas ici pour avoir travaillé sans accréditation dans le pays. Pour cela, on m'aurait simplement expulsé. Ni pour être demeuré à Minsk malgré l'expiration – trois heures avant mon arrestation – de mon papier d'enregistrement dans la ville. Cette infime infraction – que les autorités biélorusses ont brandi après coup pour justifier ma détention, même si elle n'avait aucun lien avec ma condamnation – aurait dû me valoir une amende équivalente à quelques dollars. Et non pas quinze jours de taule.

Un jour, dans la torpeur de l'après-midi, alors que nous somnolons côte à côte, rangés comme des sardines, Gogi me raconte l'histoire de son père. Sous l'Union soviétique, il a fait quatre ans de prison «pour rien». Gogi ne donne pas plus de détails. De toute façon, c'était chose commune à l'époque. Et encore aujourd'hui en Post-Soviétie, on peut se retrouver en prison pour peu ou pour rien. Dans le doute, on réprime.

Pour peu ou pour rien. C'est pour cela aussi que lui et moi sommes aujourd'hui dans cette cellule. Les espoirs de libération précoce s'étant vite évanouis – les autorités biélorusses ont bien fait comprendre qu'elles ne céderaient pas aux pressions diplomatiques canadiennes –, il me faut trouver une raison d'y exister quinze jours. Pour garder le moral et pour donner un sens à cette perte de temps.

Lorsque j'apprends au quatrième jour de mon incarcération, via un diplomate canadien, que mon arrestation fait la une des journaux au Québec, je suis transporté par un élan d'idéalisme. J'écris alors dans mon journal que «si j'ai pu attirer l'attention sur la Biélorussie, j'en suis satisfait. Tout le monde sera au courant des injustices qui ont lieu ici, particulièrement envers les citoyens biélorusses». J'étais naïf, certes. Le jeune journaliste «bien de chez nous» emprisonné dans une dictature intéresse beaucoup plus les médias et le public québécois que le sort d'un peuple dont peu connaissaient l'existence jusqu'à ce jour. Mais pour que l'absurdité soit supportable et significative, je dois lui trouver un sens.

Le sens de mon emprisonnement sera de témoigner. En m'enfermant, le régime biélorusse donne un accès privilégié à son système répressif à un représentant de la presse occidentale. Je me sens ainsi investi du devoir de révéler ses mécanismes et sa réalité au monde extérieur. Ou, du moins, c'est ce que je veux croire. C'est pourquoi, dès que j'ai pu avoir accès à du papier et à un stylo, je me suis mis à l'écriture d'un journal.

Mes quinze jours de détention dans des conditions sanitaires plutôt acceptables se comparent difficilement au calvaire de ceux qui, aux quatre coins du monde, passent des années dans des geôles infectes où on les soumet à la torture. Mais sur le plan personnel, tout passage en prison laisse inévitablement des traces. Certains en ressortent grandis, d'autres brisés ou traumatisés. La plupart de mes camarades et moi-même faisons partie de la première catégorie. Même Liocha, l'un des moins coupables et des plus démoralisés d'entre nous, a eu un jour cette phrase : « Chaque grand homme est passé par ce genre d'épreuve un jour ou l'autre. » S'il est emprisonné pour rien, il veut au moins se convaincre qu'il pourra remplir de sens ce vide de justice.

⋆ ⋆ ⋆

En temps normal, Akrestina accueille principalement des sans-abris et des ivrognes, accusés d'avoir troublé l'ordre public. Mais en cette période postélectorale, le centre de détention est bondé d'opposants. Pour éviter les conflits, les autorités se sont abstenues de mélanger les différents types de détenus. C'est pourquoi notre cellule, comme bien d'autres, ne renferme que des gens arrêtés en lien avec les manifestations (selon la rumeur qui court entre les murs de la prison, plusieurs clochards habitués de l'endroit ont été libérés afin de faire de la place pour les prisonniers politiques).

Par l'une de ces sombres journées perdues à l'ombre, j'entreprends de dessiner – maladroitement – le plan de notre cachot et de noter méticuleusement ses dimensions, ses caractéristiques et les objets qui s'y trouvent.

Au plus, nous serons sept à nous partager les quatorze mètres carrés de la cellule (5,5 m de longueur par 2,5 m de largeur, selon mon calcul). La majorité de notre vie carcérale s'écoulant à l'horizontale, un huitième camarade aurait été de trop. La plateforme de faux bois qui occupe plus de la moitié de la cellule ne pourrait accueillir un autre corps allongé qu'au prix de fortes concessions sur l'espace vital déjà étroit des sept autres. On ne descend que rarement de cette plateforme brune, surélevée d'une cinquantaine de centimètres. On y dort, on y mange, on y lit, on y chante, on y rit, on y prie, on y espère et on y désespère.

Quand je suis étendu de tout mon long (1,75 m), mes pieds flottent dans le vide. Du côté mural de la plateforme, une pente à quarante-cinq degrés d'une trentaine de centimètres sert d'oreiller à ceux qui n'ont pas assez de vêtements de rechange pour offrir à leur tête le luxe d'un support douillet. Pour nous recouvrir, nous nous partageons difficilement la seule couette que nous avons, celle apportée par la vice-consule britannique à mon arrivée. Nos manteaux et autres vêtements nous servent d'oreillers et de couvertures. Lorsque nous en avons en quantité suffisante, nous les glissons sous nos corps allongés afin d'assouplir un tant soit peu notre surface de sommeil. Les autorités carcérales biélorusses ne fournissent ni matelas, ni draps, ni oreillers. Et c'est certainement mieux comme cela. Nous évitons ainsi les poux et autres vermines de lit qu'auraient pu nous léguer nos prédécesseurs.

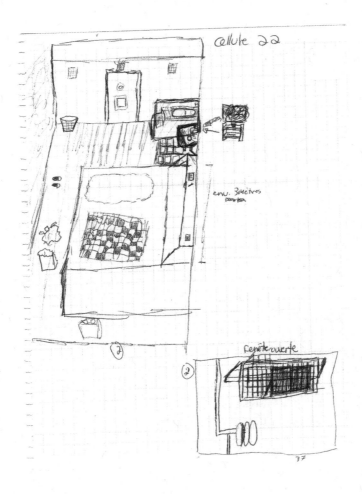

La plateforme est complétée par un rebord d'une douzaine de centimètres qui vient rejoindre le mur et nous sert de surface de rangement et de bibliothèque.

Au cinquième jour de détention, lors de sa première visite, le consul canadien de Varsovie m'apporte de mauvais romans policiers en anglais. Heureusement, j'ai pu auparavant obtenir deux livres précieux qui traînaient dans mon sac à dos, resté dans la maison où je logeais avant mon arrestation. Premièrement, *L'homme rapaillé* de Gaston Miron, recueil phare qui me suit partout depuis déjà quelques années. À voix basse, j'en lis des passages à répétition, seul dans un coin de la cellule. C'est ma façon d'entretenir mon espoir et ma dignité.

Le deuxième est *Le Maître et Marguerite*, rocambolesque chef-d'œuvre de Mikhaïl Boulgakov qui raconte l'arrivée du diable à Moscou et les bouleversements que ce visiteur étranger et étrange provoque dans la vie soviétique. C'est sans surprise le livre préféré de plusieurs Russes. Autre ouvrage dans notre bibliothèque : un carnet de prière en géorgien, que Gogi feuillette dans ses moments les plus sombres.

Hors de la plateforme, peu de salut. Le vieux plancher de bois qui recouvre le reste de la cellule se fait rare. Il laisse à peine l'espace à quelques pas de dégourdissement. Le plafond blanc s'élève à trois mètres. Il est assez haut et clair pour ne pas nous oppresser encore plus que nous ne le sommes déjà.

Au-dessus de la massive porte d'acier verte, une ampoule entourée d'un grillage éclaire la pièce jour et nuit. Pour dormir, mieux vaut se couvrir les yeux d'un morceau de vêtement. La porte est traversée d'un judas à sens unique. Une trappe carrée d'une vingtaine de centimètres permet de glisser de la nourriture dans la cellule sans avoir à ouvrir la porte. Lorsque nous avons une demande à formuler au gardien, nous frappons vigoureusement sur la carcasse d'acier. La réponse vient assez rapidement, mais elle est la plupart du temps négative, nébuleuse ou trompeuse. Un son est aussi constant que l'éclairage de l'ampoule : celui de l'eau qui coule dans la toilette turque. Un muret de céramique turquoise sépare le trou d'aisance surélevé du reste de la cellule, nous laissant un minimum d'intimité pour faire nos besoins. Une visite impromptue d'un gardien rompt toutefois abruptement la solitude de la toilette, puisque celle-ci donne directement sur la porte. Au pied de la marche qui mène au trou traîne un petit linge gris. Il n'a visiblement jamais vu de machine à laver de toute sa longue existence.

Jouxtant le muret, un lavabo blanc nous donne accès à de l'eau potable en permanence. Au-dessus, une tablette en bois permet de disposer nos brosses à dents et autres rares accessoires de toilette que nous ont transmis nos proches ou nos représentants consulaires. Pour économiser le peu de plancher à notre disposition, nous rangeons nos souliers sur les quelques carreaux de céramique installés sous l'évier.

Les murs jaune pâle de la cellule sont faits de ciment granuleux. Lorsqu'il réussit à subtiliser une cuillère après un repas, Artur l'utilise pour frapper sur les murs au rythme bien connu de tous du « *Ji-vié Bié-la-rous !* » (♩♩♫♩). À chaque coup, le matériau s'effrite. Malgré l'épaisseur des murs, le message de solidarité se rend étonnamment à la cellule voisine, qui répond à son tour. Artur utilise aussi les cuillères pour envoyer des bouteilles à la mer carcérale. Il cogne doucement sur les tuyaux du système de chauffage central, toujours au rythme du « *Jivié Biélarous !* » Généralement, en quelques secondes, il reçoit une réponse. D'où ? Impossible de le déterminer. Mais peu importe. Ce qui compte, c'est que nous ne sommes pas seuls.

En fait, mes camarades ont imaginé plusieurs moyens de communication pour relier notre cellule aux autres et au monde extérieur. Grâce aux deux bouches d'aération disposées de chaque côté de la porte, nous pouvons discuter avec les occupants des autres cellules de l'étage. Nous avons été bien surpris un jour d'obtenir un retour d'appel de la cellule 19, qui se situe à l'autre bout du couloir. Cette voie de communication a toutefois ses limites : puisqu'il faut crier pour être entendu, les gardiens sont rapidement alertés et viennent mettre fin au manège. Avec un peu de chance, nos communications peuvent aussi passer directement par la porte. L'un des hommes qui sert la soupe, un détenu avec les mains bandées et sales, transmet parfois nos bouts de papier à d'autres cellules en échange de *papyrossy*, des cigarettes soviétiques sans filtre au mauvais tabac. L'un des gardiens a aussi accepté un soir de remettre un exemplaire du journal nationaliste d'opposition *Nacha Niva* à nos camarades de la cellule voisine.

Mais la palme du moyen de communication carcéral le plus ingénieux revient certainement à la boîte d'allumettes accrochée à un fil de laine qui nous permet d'envoyer des messages à nos voisins du dessous, puis d'en recevoir en retour. C'est l'idée de Slava et d'Artur. Lorsque la missive est prête, les détenus du dessous la placent dans la boîte et tirent sur le fil pour nous informer que nous pouvons la remonter. Un soir, un exemplaire de *BelGazeta*, un autre journal d'opposition, a suivi ce parcours jusqu'à notre cellule, accroché au fil de laine, juste assez compacté pour pouvoir passer par la fenêtre grillagée.

Dans une cellule de prison, la fenêtre – lorsqu'il y en a une – a une importance primordiale. Je n'ose imaginer une peine dans une salle sans jour ni nuit, sans air, privée du plus infime regard sur le monde qui continue de tourner. En se tenant en équilibre sur le calorifère, à travers le grillage on peut entrapercevoir la liberté. Au fil des jours, nous regardons fondre la dernière neige et le printemps prendre forme. En dépit de quelques arbres et d'un drapeau biélorusse rouge et vert flottant au loin, l'ensemble du paysage reste morne. Gris utilitariste, gris sinistre : une caserne militaire à quelques dizaines de mètres, une usine aux longues cheminées sur la droite et d'innombrables immeubles résidentiels soviétiques pour couvrir le reste de l'horizon.

Ce qui ressemble le plus à la liberté, c'est le petit chemin qui mène à l'entrée – et à la sortie – de la prison. Il se déroule devant notre fenêtre, trois étages plus bas. C'est par là que passent les visiteurs venus transmettre de la nourriture et d'autres (rares) biens autorisés à leurs proches détenus. Pour nous, ce chemin est un fil de nouvelles. Nos montres nous ayant été confisquées dès notre incarcération, nous demandons régulièrement l'heure aux quelques passants, question de garder une notion du temps. Un jour, Denis a pu parler au journaliste Pavel Cheremet, bête noire du régime biélorusse[9], qui marchait sous notre fenêtre. Il nous a notamment appris que des centaines de personnes avaient été arrêtées lors d'une autre manifestation deux jours après la rafle sur la place, dont le candidat à la présidence Aleksander Kozouline.

De temps à autre, les gardiens nous engueulent et nous somment de descendre du calorifère ballottant.

---

[9] Journaliste pour différents médias russes, il est l'auteur de l'essai *Président par hasard* (*Sloutchaïny prezident*, 2005) sur Aleksander Loukachenko. Le livre a été mis à l'index en Biélorussie. En mars 2010, Cheremet a été déchu de sa nationalité biélorusse.

Même grillagée et entrouverte d'à peine une quarantaine de centimètres, la fenêtre constitue l'un des éléments essentiels à la préservation de notre santé mentale. Et physique aussi, pour ma part. C'est qu'Artur et Gogi fument comme des cheminées. Malgré mes appels répétés pour qu'ils expirent leur fumée en direction de la fenêtre, ma prière est rarement exaucée. Au nom de la bonne entente, j'endure le plus souvent sans dire un mot.

Dans les moments les plus déprimants, je grimpe sur le calorifère pour prendre de grandes respirations. C'est qu'en Biélorussie, les peines administratives sont en un point – un seul probablement – pires que les peines criminelles : aucune promenade dans une cour n'est prévue durant toute la durée de l'emprisonnement. Si personne n'a affaire à vous, vous ne mettez en principe les pieds hors de la cellule que lors des rares passages sous la douche. Les étrangers, comme Gogi, Piotr et moi, peuvent heureusement compter sur les quelques visites de nos représentants consulaires pour sortir de la cellule, même si c'est pour rester entre les murs de la prison.

Les jours de douche sont jours de fête pour tout le monde. Pendant une heure ou deux, nous quittons nos quatorze mètres carrés pour une balade. Nous aurons dû attendre une semaine et ma plainte auprès du vice-directeur de la prison pour qu'on nous permette finalement de nous laver une première fois sous un jet d'eau chaude. Les gardiens nous emmènent dans l'antichambre de la salle des douches. D'imposantes machines d'acier s'y dressent. « C'est pour désinfecter les vêtements des sans-abris » qui occupent habituellement nos cellules, expliquent les camarades, voyant mes yeux en points d'interrogation. Sur un mur, un graffiti nous fait éclater de rire : « Loukachenko sera bientôt ici ! » À côté, on remarque les signatures récentes de membres des organisations de jeunesse d'opposition ukrainienne Pora (l'un des moteurs de la révolution orange) et russe Oborona (marginale, comme le reste de l'opposition russe), aussi arrêtés lors des manifestations. Et, bien sûr, il y a l'inévitable « *Jivié Biélarous !* » inscrit à quelques endroits.

À la vue de ce livre d'or mural, les yeux de Denis s'illuminent. Pour lui, être à Akrestina est une consécration. « Tous les grands opposants biélorusses ont séjourné ici plusieurs fois. Tous mes amis ont passé du temps dans cette prison. Pour être un vrai opposant, il est presque obligatoire de faire du temps à Akrestina ! » Même s'il milite depuis quelques années déjà, Denis n'avait jamais été incarcéré. Désormais, il pourra lui aussi dire qu'il a souffert pour la liberté de la patrie. Il sortira d'Akrestina en vrai révolutionnaire.

Pour nous, les étrangers, les conséquences de l'emprisonnement seront différentes. Elles dépendront en bonne partie de la position politique de notre pays. « Nous allons tous être des héros en rentrant chez nous ! » assure Gogi. Dans son cas, c'est vrai. À son retour en Géorgie, il sera reçu par le président Mikhaïl Saakachvili, héros de la révolution des roses pro-occidentale de 2003, qui le décorera d'une médaille pour avoir défendu la démocratie[10]. De mon côté, je serai l'objet de débats sur ma démarche journalistique. Mais je recevrai aussi l'appui de politiciens, de plusieurs collègues à titre personnel et d'organisations de défense des journalistes. Bref, un accueil plutôt chaleureux. « Moi, je serai considéré comme un criminel, un voyou. Ici comme en Russie. » C'est Liocha qui parle. Quelques jours plus tôt, le ministre russe des Affaires étrangères, Sergueï Lavrov, a déclaré qu'il appuyait la réaction du pouvoir biélorusse face aux « manifestations illégales » de ses opposants. Liocha sait qu'il sera renvoyé du séminaire baptiste de Minsk et qu'il risque de devoir retourner à Smolensk, sa ville natale en Russie.

La douche se libère. C'est notre tour. Comme ailleurs en Post-Soviétie, l'eau – chaude ou froide – est dépensée sans compter. Nous chantons, crions, le poète Andriy plus fort que les autres, comme il nous y a habitués. Un petit moment de liberté. Les bondes ne fournissent plus et la salle est vite inondée. Mais ce n'est pas notre problème. Nous sommes libérés de la crasse accumulée durant la première semaine de détention. Plus légers, moins emprisonnés.

En retournant à la cellule, nous croisons une fille. Elle n'est ni jolie ni laide. Mais elle porte en elle la tendresse dont nous aurions tous besoin. Hypnotisé, j'esquive de peu le cadre de porte dans lequel je fonçais la tête tournée.

*   *   *

---

[10] En juillet 2010, le même Mikhaïl Saakachvili donnera toutefois une longue interview à la télévision biélorusse pour appuyer Loukachenko, contre qui Moscou vient de lancer une guerre médiatique. Il le remerciera notamment de ne pas avoir cédé aux « pressions » du Kremlin, qui souhaitait que Minsk reconnaisse l'indépendance des républiques séparatistes géorgiennes d'Ossétie du Sud et d'Abkhazie. Comme le veut le dicton, les ennemis de nos ennemis sont nos amis...

Quotidien carcéral

Chaque matin, vers six heures, la porte de notre cellule s'ouvre. Un clochard-détenu entre avec un sac de jute. Celui d'entre nous qui a été désigné la veille pour être «de service» se lève, vide la poubelle dans le sac et se recouche. Les autres sont déjà replongés dans leur sommeil, s'ils en étaient sortis. Une heure plus tard (selon l'approximation de mon horloge biologique), la porte s'ouvre à nouveau. Un gardien tend un court balai de paille, un seau et un bâton. Notre homme de service doit encore s'arracher à ses rêves. Il tasse les provisions et autres sacs de vêtements qui jonchent le sol pour le balayer. Il remplit ensuite le seau, y trempe le linge gris dégueulasse qui traîne au bas des marches de la toilette, puis l'étend au sol. Avec le bâton, il improvise une serpillière et nettoie le peu de plancher dont nous disposons.

L'homme de service est réveillé une troisième fois, probablement entre huit et neuf heures. La *kacha* matinale est prête. Ce mot russe définit bien le repas qu'on nous sert en prison. Au sens propre, la *kacha* est un gruau à base de céréales ou de riz. Au sens figuré, elle signifie un mélange peu agréable d'ingrédients, d'idées, de sentiments ou de n'importe quoi d'autre. Un clochard-détenu fait passer par la trappe de la porte des tranches de pain noir et de pain blanc, puis les cuillères et les bols en étain remplis de *kacha*. Lorsqu'il nous reste encore des provisions de nos ambassades, nous évitons d'ingurgiter cette bouillie douteuse. Terminés ou non, sont rendus les bols. Vient alors le thé. Ou, plutôt, une boisson à peine infusée et sans goût que les autorités carcérales appellent thé. Comme celle du repas, sa température varie de brûlante à froide selon l'ordre de distribution du jour.

Un homme en uniforme passe prendre les présences. Parfois, on nous fait sortir dans le couloir pendant que les gardiens fouillent la cellule. Ils y trouvent au mieux une cuillère qu'Artur avait subtilisée à la fin d'un repas. Nous avons peu ou rien à cacher.

La journée commence. Nous nous recouchons. Le temps est une denrée inutile lorsque vous ne disposez pas des moyens de l'utiliser à votre guise. Mieux vaut dormir que de subir ce silence matinal insupportable, qui vous rappelle à chaque instant que cette journée toute neuve est perdue d'avance.

Un matin, dans la torpeur, j'entreprends de rembobiner ma vie. Je me remémore ces moments heureux et ces gens qui sont passés trop vite ou trop bien pour que je réalise le bonheur qu'ils m'apportaient. Réapparaissent aussi des passages de ma biographie qui semblent insignifiants, mais qui sont pourtant gravés avec précision dans ma mémoire, attendant peut-être que je comprenne leur importance. Repasser le fil des événements remet l'existence en perspective. Chaque souvenir nous replace dans le contexte d'une époque, dans la maturité – ou non – d'alors et dans des modes de pensée qui se sont inévitablement transformés avec les années. Dans ce vide carcéral, devant ce temps à perdre, je me rappelle qui je suis, qui j'ai été, pour mieux comprendre qui je pourrai devenir. La prison se présente comme une clairière dans une longue marche en forêt : il n'y a rien à y faire, rien à y voir, mais c'est l'endroit idéal pour retracer le chemin parcouru, reprendre son souffle et déterminer par où il vaudrait mieux s'engouffrer de nouveau.

Ces quinze jours m'auront ainsi servi à confirmer mon orientation pour les années à venir : loin d'être effrayé par l'infortune qui m'a conduit ici, je suis plus que jamais certain de vouloir être reporter international. Pour sentir, comprendre, puis raconter des réalités étrangères à mes semblables. À commencer par le passage entre les quatre murs de cette geôle de l'autre bout du monde.

★   ★   ★

Lorsque nous sommes lassés du sommeil ou de la torpeur, nous nous asseyons, mangeons et buvons. Saucisson, pain, fromage, chocolat, sucreries. Tout ce que nos consuls et proches ont pu nous transférer. De l'ail aussi, beaucoup d'ail, pour tuer les microbes.

Je suis celui qui reçoit le plus de nourriture de l'extérieur, grâce aux visites plutôt fréquentes du consul canadien[11]. Mais personne n'a à me demander la permission pour piger dans les réserves. Les règles n'ont jamais été établies. En contexte carcéral, elles sont évidentes.

---

[11] Nourriture que je devrai rembourser au gouvernement canadien dès ma sortie de prison, comme les autres objets qui m'ont été fournis par ses représentants.

Dans des conditions extrêmes, comme celles des camps de travaux forcés soviétiques, les impératifs de survie doivent certainement pousser les détenus à mettre au rancart ces principes de partage et de solidarité. Au goulag, les hommes n'étaient plus des hommes. Ils devenaient des bêtes en lutte pour leur survie, qui pouvait dépendre de quelques grammes de pain moisi. Ventre affamé n'a plus de loi. Mais nous, nous sommes gavés. Nous mangeons tout le temps. Nous avons le luxe de pouvoir rester humains.

Une bonne journée est entrecoupée d'une visite du consul. On m'emmène alors dans le bureau du vice-directeur de la prison. Le consul de Varsovie, unilingue anglophone, s'y trouve avec la traductrice russophone de l'ambassade britannique et le vice-directeur. Il m'explique les démarches entreprises. « Nous avons demandé que tu sois libéré pour des raisons humanitaires. » C'est qu'après quelques jours en prison mes poumons fragiles ont mal réagi aux courants d'air du printemps naissant et à la fumée des cigarettes de mes camarades. J'ai attrapé froid et développé une toux creuse. La médecin de la prison m'a conseillé d'aller à l'hôpital pour passer des examens approfondis. Or, selon le code administratif biélorusse, le temps à l'hôpital n'est pas comptabilisé dans la peine. L'horloge des trois cent soixante heures s'arrête, pour repartir lors du retour en cellule. Ne me sentant pas encore à l'article de la mort, je refuse d'y aller.

En fait, je ne m'inquiète pas outre mesure pour moi-même. Ceux pour qui je me fais du mauvais sang se trouvent à six mille quatre cents kilomètres de moi. Et eux, ignorant ma condition réelle, s'inquiètent.

*   *   *

« Ils t'ont libéré ? » À l'autre bout du combiné, ma mère a la voix brisée de la trop longue attente. Comme si elle respirait pour la première fois depuis mon arrestation, cinq jours plus tôt. La corde sensible de son instinct maternel a été atteinte. Son fils était en danger. Danger minime, mais dont elle ne pouvait juger de la teneur et du degré. L'inquiétude est généralement la chasse gardée de mon père. Du moins, dans les mots dits. Mais l'emprisonnement, la distance et le manque d'information ont eu raison de la sérénité habituelle de ma mère face à mes aventures.

« Non, maman, ils ne m'ont pas libéré. Et il est peu probable que ça arrive avant la fin des quinze jours. Mais il n'y a rien de grave. Tout va bien ici. Je mange à ma faim, je suis en bonne santé. C'est comme si j'étais dans un hôtel avec des amis. Mais sans la liberté. J'ai déjà dormi dans des hôtels pires qu'ici, tu sais. » Elle est soulagée, mais pas rassurée. Elle sait bien que, même si j'allais mal, mon père et elle seraient les dernières personnes à qui je l'avouerais.

Je ne me sens pas coupable d'avoir enfreint les lois du régime autoritaire biélorusse. Mon seul sentiment de culpabilité, le seul que je ne peux assumer sans remords, est l'angoisse causée à mes parents et à mes proches. L'inquiétude parentale n'a pas d'âge. Que des degrés. Et elle ne se comprend probablement entièrement que le jour où on a soi-même des enfants et que la chair de notre chair est menacée. Je m'en veux aussi pour tous les soucis causés à mon frère Jérémi, qui a mené sans relâche une campagne pour que le gouvernement canadien exige périodiquement ma libération et pour s'assurer que je ne tombe pas dans l'oubli médiatique.

À la fin de notre première rencontre, le consul canadien m'offre une édition du *International Herald Tribune* et du magazine français *Le Point*. Le *IHT* fait sa une avec la répression des opposants en Biélorussie et la falsification des élections. Le vice-directeur de la prison hésite à me laisser l'emporter dans la cellule. « Mais quoi, la Biélorussie est un pays démocratique, avec une liberté d'expression, non ? » lui dis-je avec une pointe d'ironie. Il feuillette les deux publications dans ces langues qu'il ne comprend pas, puis, à court d'arguments, me les remet.

* * *

Retour dans la cellule. Gogi raconte une autre de ses aventures rocambolesques. Il a suivi le président géorgien Saakachvili dans plusieurs pays. Mais ses moments les plus forts, il les a vécus lors de la révolution des roses à Tbilissi et de la révolution orange en Ukraine, alors que l'intensité du soulèvement populaire se mélangeait à celle des parfums de femmes. Du deux en un : une révolution et des amourettes.

Gogi a besoin de parler, de briser le silence qui, sans cela, régnerait dans la pièce. Pour ne pas devenir fou. À genoux, Piotr prie son Dieu catholique. Lorsqu'il termine le récit de ses infidélités, Gogi s'incline à son tour devant le sien, orthodoxe. Avec toute l'ardeur qui accompagne le désespoir.

Andriy saute, chante, crie, répète en boucle nos noms. Sans raison, si ce n'est pour lui aussi briser le silence insupportable. En milieu d'après-midi, quelques camarades dorment ou se laissent emporter par la torpeur. D'autres jouent aux dames avec des jetons faits de morceaux de pain noir et blanc durcis. Moi, je lis, j'écris, je m'étends. Je récite à voix basse un poème de *L'homme rapaillé*.

Dans la cellule souvent enfumée, entre les délires de mes camarades et mes propres démons, je prends sur moi de ne pas m'emporter. J'essaie de m'habituer à cette compréhension post-soviétique du respect de l'autre, qui consiste à faire et à laisser faire. Ici, dans l'espace public, chacun est libre de se comporter comme il le souhaite. Les agissements individuels sont accueillis par la tolérance et l'indifférence collectives. Là d'où je viens, cette compréhension est diamétralement opposée. Le respect est dans la privation. Chacun se retient de déranger, s'excuse s'il enfreint le droit à la tranquillité d'autrui et s'estime justifié de se plaindre lorsque la sienne est rompue par les actions des autres. Aucune des deux approches n'est probablement meilleure que l'autre. Mais il peut être difficile d'intégrer celle qui n'est pas nôtre quand on doit y faire face. D'autant plus lorsque, emprisonné, quitter la scène pour éviter l'affrontement des mœurs n'est pas une option.

★   ★   ★

À une heure très variable, nous recevons le deuxième et dernier repas officiel de la journée. Une soupe, suivie de la *kacha*, surmontée d'une boulette de viande suspecte, souvent froide[12]. Nos provisions nous permettant habituellement de ne pas risquer l'empoisonnement, nous la mangeons très rarement et jamais en entier. Ensuite vient le simili-thé. Pour le reste, nous puisons de nouveau dans nos propres réserves. À un moment, lorsqu'elles viendront à manquer, nous constaterons que la seule nourriture fournie quotidiennement par la prison est loin de pouvoir repaître un homme.

Après le dîner-souper ne reste plus qu'à laisser passer les heures. Le soleil finit par disparaître péniblement. Nous retenons le sommeil

---

[12] Si je décris en détail le contenu de nos repas, c'est qu'à ma sortie de prison les questions concernant mon alimentation reviendront chez presque tous mes interlocuteurs. Une preuve, s'il en fallait une, que la faim et la soif sont largement plus craintes que la privation de liberté en soi.

jusqu'à tard. La noirceur est plus supportable que la clarté. Plus on s'endormira loin dans la nuit, plus court sera le jour suivant.

Un gardien passe. Comme le matin, nous signons la feuille des présences. Nous faisons le deuil d'un autre jour de liberté. Nous essayons d'enterrer cette rage que provoque l'impuissance devant notre propre sort. Vivement le long sommeil. On a moins l'impression de rater la marche du monde lorsqu'il est au repos.

⋆   ⋆   ⋆

Des bas et des hauts

Un matin, très tôt, la Borisovna ouvre la porte d'acier et nous somme de ramasser tous nos effets personnels.

La Borisovna. Un personnage singulier de notre univers carcéral. Objet de peurs et de rires. Grosse gardienne. Entre 40 et 60 ans, difficile à dire. Son visage est imprégné de hargne plutôt que d'âge. Elle jure comme un bûcheron, menace de nous péter la gueule, de baiser notre mère… À bien y penser, il y a en elle quelque chose de rassurant : son attitude humaine, quoique négative, dans un monde pénitentiaire déshumanisé. C'est la seule dont nous connaissons une parcelle d'identité, soit son patronyme : Borisovna, fille de Boris.

« Ramassez tout ! Et que ça saute, putain ! » On s'apprête à nous changer de cellule. C'est ce que tous mes camarades en déduisent. Durant une fraction de seconde, je pense plutôt qu'on nous libérera. Je commence à séparer nos vivres en parts égales, au cas où nous atterririons dans des cellules différentes. Ma prévoyance est accueillie par l'indifférence. Tous sont déjà recouchés.

La veille, nous nous étions foutus de la gueule de la Borisovna. Elle avait alors menacé de nous envoyer avec les *bomji*, les clochards. « C'est un acte de vengeance », raisonnent maintenant mes camarades. À travers le mur, nous entendons nos voisins crier « *Zastaïemsia* ! » – « Nous restons ! » – à répétition. Ils ont reçu le même ordre. Et il ne leur plaît pas à eux non plus. Vraiment, il se passe quelque chose.

À neuf heures, changement de garde. La Borisovna rentre chez elle. L'homme qui vient prendre les présences nous intime de ramasser les écales de graines de tournesol qui recouvrent le plancher. «Des questions?» Non. Il repart. Fausse alerte. Nous resterons ensemble.

J'ai eu peur de l'inconnu. Moi qui ai toujours foncé vers lui, tête la première, à l'extérieur de ces murs. J'en retiens que, lorsque notre liberté d'oser, d'avancer et de reculer ne nous appartient plus, toute condition connue et acceptable, même mauvaise, est mieux que l'inconnu.

Après ce bref événement, le sommeil est long à revenir. J'ai chaud, froid, puis chaud de nouveau. Des idées noires. Finalement, en état second, un rêve m'apparaît. On nous transfère dans une grande cellule. Nos consuls viennent passer une soirée avec nous. Puis la cellule se transforme en une gigantesque maison luxueuse avec une douche, un foyer, une cuisine. Nous recevons des invités à profusion. Ils doivent même payer un prix d'entrée à des portiers. La fête se déroule dans un grand jardin.

Je rêve de liberté.

★   ★   ★

La porte de la cellule s'ouvre. Le gardien nous remet un immense gâteau d'anniversaire. Nous sommes le 1er avril. Piotr a 25 ans aujourd'hui. Le consul polonais a pu négocier une faveur de la part des autorités carcérales. Comme cadeaux, Piotr reçoit des journaux polonais. Des étudiants biélorusses de langue polonaise lui ont aussi confectionné des cartes pour lui souhaiter bon courage et lui rappeler que «la Biélorussie, ce n'est pas seulement Akrestina». Nous chantons des chansons de dissidents polonais et biélorusses, reprises en écho par la cellule voisine.

Arrache aux murs les dents des barreaux
Brise les chaînes, casse le fouet
Et les murs vont tomber, tomber, tomber
Pour ensevelir le monde ancien[13] !

Et encore :

---

[13] *Mury* («Les murs», 1980), du barde polonais Jacek Kaczmarski. Hymne non officiel du syndicat Солидарность.

Pour aimer la Biélorussie, notre mère adorée
Il faut visiter différents pays
C'est ainsi que tu comprends que sous tes pieds
Se tiennent trois éléphants immobiles

Hey, la-la-la-laï, n'attends rien, il n'y aura pas de surprise
Hey, la-la-la-laï, personne n'attend et tu ne dois pas attendre[14] *!*

Nous passons notre plus belle soirée carcérale.

★   ★   ★

L'interrogatoire

«Lavoie!»

Le gardien m'appelle hors de la cellule. Aucune idée du pourquoi. Mais le simple fait de sortir est toujours une bénédiction. Cette fois, ce n'est ni le consul canadien ni la vice-consule britannique qui vient me rendre visite. Ce sont deux hommes qui ne prennent pas la peine de s'identifier, dans la plus pure tradition des services de renseignement. En Biélorussie, ils portent d'ailleurs toujours l'appellation soviétique de KGB (Comité de sécurité d'État) et le régime Loukachenko n'a jamais cru bon de les renommer pour les dissocier de la terrifiante réputation communiste de l'organisme.

Les deux KGBistes* me sourient, me serrent la main et m'entraînent dans une salle bleu poudre à quelques mètres de la cellule 22. Pour seuls meubles, la salle compte une table en bois et des chaises. Sur un trépied, une caméra me fixe, lumière rouge allumée. J'ai droit à un interrogatoire en règle. Ils disent m'interroger à propos de l'accusation criminelle qu'ils ont lancée contre les organisateurs des manifestations. Je réponds à leurs questions avec précaution. Je répète que mon arrestation et ma détention sont illégales. «Mais vous avez menti. Vous avez dit que vous étiez étudiant et touriste, alors que vous faisiez du journalisme!» Je réponds qu'à mon sens une accréditation ne sert qu'à participer aux événements officiels, ce que je ne comptais pas faire. Je suis un brin arrogant. Les agents sortent un dossier. J'y aperçois

---

[14] *Try Tcharapakhi* («Trois tortues», 2000), du groupe engagé N.R.M. («*Niezalejnaïa respoublika mroïa*» – «La république indépendante du rêve»). Hymne non officiel de l'opposition biélorusse.

la photo de Tolik, mon ami biélorusse qui m'a aidé à obtenir mon visa et mon enregistrement. Dans quelques jours, il doit émigrer au Canada, après des années de démarches. Si je lui ai causé des problèmes, je ne me le pardonnerai pas[15]. L'un des agents pose finalement une question qui révèle au grand jour leurs intentions. « Vous êtes au courant des manifestations et des troubles en France ? (Au cours des derniers jours, les syndicats et étudiants français sont sortis dans les rues pour dénoncer les contrats première embauche instaurés par le gouvernement de Villepin. Les manifestants ont notamment occupé la Sorbonne avant d'en être délogés par les forces de l'ordre.) Croyez-vous que c'est cela, la démocratie ? » Je jette un coup d'œil à la caméra. La lumière rouge est toujours allumée. Les KGBistes ne sont pas seulement des agents des services de sécurité. Ils sont aussi « journalistes ». Je souris. « Je n'ai pas d'opinion à ce sujet, je suis journaliste. Et de toute façon, même si j'en avais une, je n'ai pas envie de voir mes propos déformés à la télévision d'État, alors je préfère ne pas répondre ! » Ils sursautent. Ils jurent que la vidéo n'est que pour usage interne. À la fin de l'interview-interrogatoire, comme de vrais reporters télé, ils me demandent de résumer en quelques mots ma déposition. Ils ont besoin d'une séquence de quelques secondes, plus facile à diffuser.

Le lendemain, les deux KGBistes me convoquent à nouveau. Ils ont préparé une déclaration « basée sur notre discussion de la veille » qu'il ne me reste plus qu'à signer. Je la lis. Selon le texte, je reconnais avoir violé la loi biélorusse. Je l'ai fait « pour l'avancement de ma carrière » de jeune journaliste et « j'affirme n'avoir rien vu d'antidémocratique en république de Biélorussie », est-il écrit. Je refuse bien sûr de signer. Les agents me proposent d'apporter mes propres modifications au texte. « Il y en a trop à faire. De toute façon, j'aimerais voir mon consul avant de signer. » Ils sont pris au dépourvu. « Quoi, vous ne voulez pas collaborer ? » lance rhétoriquement l'un des KGBistes. « Ça pourrait vous aider à sortir d'ici plus rapidement. » Je rétorque avec ironie qu'on m'avait pourtant assuré que la durée de ma peine ne dépendait que du système judiciaire (qui n'avait jamais donné suite à l'appel de mon jugement). La veille, les agents m'avaient également informé qu'à ma

---

[15] Tolik émigrera finalement sans problème au Canada. Durant mon incarcération, il a reçu à deux reprises la visite de KGBistes, mais n'a eu qu'à répondre à quelques questions à mon sujet.

sortie je serais exclu du pays pour une période pouvant varier de un à dix ans, la durée dépendant du contenu de mes articles précédents sur la Biélorussie! Visiblement, ils n'ont pas reçu la permission de me menacer ou de me faire chanter. L'entretien se termine sur cette impasse. Avant de me quitter, ils m'offrent un cadeau incongru : un litre de jus de tomate et deux pommes. Mes camarades et moi ne nous risquons pas à les goûter.

Quelques jours plus tard, un gardien m'annonce, sourire en coin, que je suis désormais une « star » de la télé biélorusse : l'émission politique *Panorama*, sur la première chaîne étatique BT, a présenté un extrait de mon interrogatoire : « Je suis venu couvrir l'élection présidentielle parce que je parle russe. » C'est la seule citation qu'ils ont pu tirer de l'interrogatoire. Le narrateur spécifiait que j'avais été arrêté lors des troubles postélectoraux, sans accréditation, et que le gouvernement biélorusse ne comptait pas céder aux pressions du Canada qui exigeait ma libération.

* * *

Liberté retrouvée
6 avril 2006

Quatorzième jour de détention. Nous ne sommes plus que trois dans la cellule 22. Gogi, Artur et moi. Les autres camarades ont déjà été libérés. Les dernières journées ont été pénibles. La liberté est si proche que son manque fait de plus en plus mal. En début d'après-midi, un fonctionnaire responsable des déportations d'étrangers vient me chercher. Pour la première fois en deux semaines, je quitte les murs de la prison et goûte au grand air. Je n'ai ni menottes ni escorte. En franchissant la lourde porte qui mène de l'enceinte d'Akrestina au monde extérieur, je pourrais m'évader. Le geste serait insensé, irrationnel, mais combien enivrant après toutes ces journées où mon sort n'était plus entre mes mains.

Nous nous dirigeons vers la Direction des affaires intérieures (OuVD) du district Moskovski. Durant ma détention, mon visa est venu à échéance. Pour sortir du pays, je dois obtenir une extension et la payer.

Dans la voiture, je redécouvre un monde oublié. Le printemps s'est installé sur Minsk. Les paysages m'étourdissent. Après deux semaines à ne jamais regarder à plus de cinq mètres devant moi, mes yeux n'arrivent plus à faire la mise au point sur l'horizon.

En attendant dans les couloirs de l'OuVD, je fais les cent pas. J'ai les jambes ankylosées et les genoux rouillés. Dans notre petite cellule, il était impossible d'avancer de plus de trois pas sans devoir faire demi-tour. Je me réhabitue à voir et à marcher.

J'ai ainsi droit à un avant-goût du retour à la liberté qui m'attend. Le sentiment est étrange. Après toutes ces journées à en rêver, le monde extérieur paraît presque menaçant. En prison, la vie est régulée. Les quatre murs forment un cocon qui nous assure une protection. Le danger est circonscrit. Les facteurs de risques sont connus et, le plus souvent, toujours à portée de vue. Fraîchement en liberté, on se sent nu. L'espace sans limites autour de nous est une possibilité infinie de menaces. Celui qui a connu la prison et en est ressorti comprend mieux les pleurs du bébé naissant, privé de la protection du ventre maternel.

On m'appelle. Prise d'empreintes digitales. Un agent me filme sous tous les angles. Le même traitement que pour un criminel de droit commun. Comme le meurtrier et le voleur, je serai fiché. En Biélo-russie, je resterai un récidiviste potentiel dont il vaut mieux garder la trace. « Au revoir ! » me lance le jeune agent à ma sortie de son bureau de fichage. Il n'a vraisemblablement pas jaugé le sens premier de ces mots. Sourire en coin, je réponds du tac au tac : « J'espère que non ! » Nous éclatons de rire.

Autre bureau. Le responsable des déportations m'informe qu'on me laissera quitter le pays par moi-même, sans escorte. Le consul canadien s'assurera de me mettre dans un train pour Kiev quelques heures après ma libération. Je serai *persona non grata* en Biélorussie pour trois ans. Le fonctionnaire me remet un visa vert dépliable. En regardant de plus près, je remarque qu'il s'agit d'un visa de sortie de... l'Union soviétique. Quinze ans après la chute de l'empire, la Biélorussie continue d'écouler son vieux stock.

★ ★ ★

À sa libération, au lendemain de mon arrivée dans la cellule 22, Andreï Kim s'est fait confisquer tous les papiers qu'il avait sur lui, dont des lettres que nous lui avions confiées. Pour éviter que mon journal de prison ne connaisse le même sort, je dois planifier sa sortie.

Lors d'un entretien avec le consul canadien, je lui demande si je peux subtilement lui remettre mes écrits pour qu'il en assure le passage à la liberté. Impossible. Même s'il a affaire à un régime dont son propre gouvernement remet en cause la légitimité[16], le fonctionnaire canadien respecte les règles établies. Pas question de sortir quoi que ce soit de la prison à l'insu des autorités autoritaires.

Conscient de la flexibilité des règles en Post-Soviétie, le consul géorgien, lui, se montre beaucoup plus téméraire. Gogi, le caméraman, raconte qu'à deux reprises durant des entretiens dans le bureau du vice-directeur d'Akrestina, la journaliste avec qui il faisait équipe a profité de l'accès au téléphone cellulaire du consul pour parler en direct à la télévision géorgienne! Officiellement, elle s'entretenait avec sa famille.

Le fonctionnaire canadien me propose plutôt de mettre dans une enveloppe mes feuilles de notes détachées, puis de les déclarer au vice-directeur de la prison en tant que «lettres à mes parents». Les quelques pages restantes sortiront des murs d'Akrestina blotties dans les semelles de mes chaussures[17].

* * *

7 avril 2006

Ayant été arrêté à trois heures du matin, je devrais en principe être libéré à la même heure, quinze jours plus tard, comme le prévoit la loi. Cette heure approche.

En fin de soirée, Gogi et moi, maintenant seuls dans la cellule 22, sommes transférés dans la cellule 19, à l'autre bout du couloir. Quelques jours auparavant, c'est avec ses habitants que nous avions conversé par l'entremise des bouches d'aération. Parmi eux se trouve Alies, 25 ans, l'un des adjoints du candidat Kozouline. Il a entamé une grève de la faim et ne boit que de l'eau sucrée pour s'hydrater. Durant

---

[16] Le Canada a condamné l'élection présidentielle «entachée d'irrégularités» et a restreint les relations bilatérales.

[17] Le subterfuge aura finalement été inutile. À ma sortie, je ne serai l'objet d'aucune fouille.

sa détention, Alies a cousu ses poches de pantalon et de veston. Il craint que, tout juste avant sa sortie, des agents n'essaient d'y dissimuler un petit sachet de cannabis. «C'est un moyen commode pour nous neutraliser durant quelques années.» En Biélorussie, la possession d'une infime quantité de stupéfiants est passible de plus de huit ans de colonie pénitentiaire.

Peu avant minuit, la porte d'acier de la cellule s'ouvre et se referme une dernière fois derrière moi. Je suis libre.

★   ★   ★

Amour prisonnier

Avant de quitter moi-même Akrestina, j'ai vu plusieurs camarades être libérés. Leur réaction variait entre l'indifférence et la joie contenue, question de garder une certaine décence devant les copains qui, eux, n'avaient pas fini d'écouler leur sablier carcéral. Mais pour Artur, le grand Ukrainien à la longue tignasse brune, libération rimait avec déportation et séparation. Elle représentait un clou de plus enfoncé dans le cercueil de ses amours. C'est qu'en parallèle avec la révolution avortée, Artur a développé une magnifique histoire d'amour avec une Biélorusse nommée Genia. Le genre d'idylle prisonnière digne d'un roman, dans laquelle les amoureux sont un jour séparés par des barreaux et le lendemain, par une frontière. Mais comme dans toute bonne histoire d'amour, le dénouement est aussi étonnant qu'heureux...

Ils se sont rencontrés dans le village de tentes de la place d'Octobre. Lui, pauvre Ukrainien révolutionnaire, venu appuyer les frères biélorusses dans leur lutte pour la démocratie, avec assez d'argent pour l'aller, mais pas pour le retour. Elle, Biélorusse, militant nuit et jour pour défendre ses droits après une présidentielle frauduleuse. Dans la nuit du 23 au 24 mars, après une semaine complète à dormir moins de deux heures par nuit, ils ont été arrêtés lors de la rafle policière sur la place, comme plus de deux cents personnes. Arrêtés et séparés.

Elle passera son vingt et unième anniversaire de naissance à Akrestina. Par l'entremise de camarades libérés quelques jours plus tôt, il lui envoie une lettre en guise de cadeau. Il met une journée entière à l'écrire. Elle se termine par les deux avant-dernières phrases de «La marche à l'amour» de Gaston Miron, que je lui ai traduites en russe : «Je n'attends pas à demain, je t'attends / Je n'attends pas la fin du monde, je t'attends.»

Mais aucun moyen ensuite de savoir si elle a bien reçu la brûlante missive. Artur ne peut qu'espérer.

Dès sa sortie, après cinq jours de détention – lui il en a quinze à purger –, elle lui fait parvenir de la nourriture. C'est ainsi que, par un après-midi ordinaire dans la cellule 22, une voix vient briser la rumeur silencieuse qui nous parvient habituellement de la fenêtre ouverte. «Artuuuuur !» Au même moment, la porte de la cellule s'ouvre. «Kovaltchouk !» Artur est sommé d'aller chercher les provisions.

Lorsqu'il revient, elle est déjà repartie. Il passe plusieurs minutes, debout sur le calorifère, à bramer son nom par la fenêtre. «Geeeeenia !» En vain.

Nous déballons les vivres. Dissimulée dans un rouleau de papier hygiénique, une première lettre. Entre deux tranches de pain, une deuxième. Et une troisième dans une boîte de biscuits. Elles ont toutes échappé à la vigilance des gardiens lors de la fouille.

Nous entamons à grandes bouchées le saucisson frais qu'a envoyé Genia pour Artur. Lui, il se plonge dans les lettres. «Je n'ai pas faim», répond-il lorsque nous l'appelons à se joindre à notre casse-croûte impromptu. Je souris. «Chez moi, on appelle ça vivre d'amour et d'eau fraîche !»

Elle a bien reçu sa lettre d'anniversaire, apprend-il dans l'une des missives. «Elle m'aime !» Chaque fois qu'elle relit le poème ukrainien qu'il lui a retranscrit, elle ne peut s'empêcher de pleurer. Elle pense à lui chaque matin à son réveil. Mais impossible de savoir s'ils pourront se revoir.

Les jours passent. Aucune autre nouvelle. Les transferts de provisions sont de plus en plus complexes au centre de détention d'Akrestina. Sans raison, on refuse de transmettre aux prisonniers les paquets apportés par leurs proches.

La veille de sa libération, Artur reçoit finalement des nouvelles de Genia. Le billet est court, mais tranchant : la télévision biélorusse a annoncé qu'il serait déporté vers l'Ukraine dès sa sortie de prison. Ce qu'il faut lire : ils ne pourront pas se revoir.

Lorsque les gardiens viennent le chercher, la joie de la libération est totalement engloutie sous la tristesse du destin tragique de cet amour déchiré. Il donnerait tout pour rester encore un peu entre les quatre murs d'Akrestina, dans l'espoir de revoir Genia ne serait-ce que quelques secondes par la fenêtre.

Avant d'être séparés, Artur et moi nous fixons rendez-vous pour dimanche à treize heures sur la place de l'Indépendance – «Maïdan» – de Kiev. Ni l'un ni l'autre ne savons si nous pourrons tenir notre promesse.

Le lieu est symbolique : un an et demi plus tôt, c'est là qu'Artur a vécu sa première expérience révolutionnaire sous une marée orange.

★　★　★

Dimanche, Maïdan. J'y suis, comme prévu. Avec une dizaine de minutes d'avance même. «*Svaboda !*» Liberté ! Je lève les yeux pour découvrir l'origine du cri. Artur ! Nous nous enlaçons, comme de vieux amis qui se retrouveraient après des décennies. Comme si la distance entre les mondes qui séparent les circonstances de nos rencontres s'était convertie en années sans se voir. Nous avions passé plus de trois cent quarante heures dans la même cellule, mais pour la première fois nous respirions ensemble l'air de la liberté.

Artur n'est pas seul. «Fred, je te présente Genia.» Quoi ? Quelle Genia ? LA Genia ? «Oui, LA Genia !» C'est elle.

À sa sortie de prison, Artur a pu l'appeler depuis l'ambassade d'Ukraine. Elle s'est empressée de le rejoindre à la gare. *Alea jacta est.* Le sort en est jeté. Elle a décidé de partir avec lui à Kiev pour deux jours, malgré les risques.

Après notre journée de balade dans la capitale ukrainienne, l'heure est venue pour Genia de repartir pour Minsk. Nous l'accompagnons à la gare. Elle est très nerveuse. «Il paraît qu'un ordre a été donné d'arrêter une deuxième fois tous ceux qui l'ont été lors des manifestations», dit-elle. La crainte est naïve (la rumeur est infondée), mais le sentiment d'avoir pris un grand risque au nom de l'amour est bien réel.

★　★　★

Quatre ans plus tard, je reçois un message d'Artur. Premières nouvelles depuis notre rencontre sur la Maïdan. Après un an de fréquentation, le plus souvent loin l'un de l'autre, Genia et lui se sont séparés. « C'était difficile de se voir si rarement. Récemment, elle s'est mariée. J'étudie maintenant à l'École d'économie de Kiev... et Genia aussi ! Nous sommes donc tout de même ensemble. Le destin... »

⋆   ⋆   ⋆

L'ombre et la lumière

En juin 2007, j'ai retrouvé Piotr et Denis à Varsovie. Ensemble, nous avions connu l'ombre. Mais ce qui nous en restait, c'était la lumière. Non pas celle de l'ampoule allumée jour et nuit au-dessus de l'épaisse porte de la cellule 22, mais cette lumière entretenue par la solidarité de nos solitudes ; cette lumière qui n'a jamais pu s'éteindre, même dans les moments les plus difficiles de notre passage à Akrestina ; celle qui nous rendait plus forts que la répression, que l'arbitraire, car nous croyions profondément que c'étaient eux, les « engeôleurs », qui avaient tort. Le régime n'avait jamais pu nous enlever notre liberté la plus essentielle : celle de penser.

Aux jeunes militants comme Denis – il avait 21 ans lors de son arrestation –, la prison aura permis de faire mûrir leur vision du militantisme. Pour faire comprendre à ses concitoyens la nécessité de la démocratie, Denis se montre maintenant plus subtil, plus posé que lorsqu'il sortait dans les rues minskoises pour des manifestations éclair visant à irriter le pouvoir. Aujourd'hui, il veut faire du journalisme, parler des faits, pour éveiller les consciences.

Depuis sa sortie de prison, son expulsion et son bannissement de Biélorussie pour cinq ans, Piotr le Polonais est retourné une fois dans le pays. Et ce, malgré les peines sévères qui se seraient comptées en années s'il s'était fait arrêter sur le territoire biélorusse sans visa. Profitant de l'absence de contrôle des passeports à la frontière russo-biélorusse, il a pu se rendre à Minsk avec son seul visa russe. « Mon cœur battait très fort en entrant dans le pays. »

La dictature n'aura pas réussi à l'effrayer assez pour qu'il respecte ses règles. Au contraire. Lorsqu'on a connu sa répression et qu'on y a survécu, on a du même coup vaincu la peur que le régime veut nous coller à la peau.

★ ★ ★

Quelques semaines avant nos retrouvailles polonaises, j'avais rencontré au Maroc un ex-détenu politique des «années de plomb», cette période du règne du roi Hassan II marquée par une répression féroce.

Driss Bouissef Rekab a passé près de quatorze ans en prison. Contrairement à mes codétenus et à moi, il a goûté à la torture, la vraie. Et durant toutes ces années, qu'est-ce qui lui a fait le plus mal? «De penser à Lucille (sa copine) et de ne pas pouvoir la rassurer, lui parler.»

Les seules séquelles qu'il garde de la prison, dit-il, sont physiques. Il n'éprouve pas de haine envers ses tortionnaires. «Nous savions déjà à quoi nous attendre du régime.» Ses camarades et lui, chacun dans leur solitude, et encore plus ensemble, étaient plus forts que le système répressif. La dictature était même devenue un acteur de second rang dans leur malheur.

Sa lutte quotidienne, Driss Bouissef Rekab la menait contre lui-même, pour devenir une meilleure personne. À l'ombre, il a construit sa lumière, en dépit d'une dictature qui voulait lui faire broyer du noir. En dépit de la dictature, ou peut-être même un peu grâce à elle.

Je ne me suis jamais considéré comme un prisonnier politique. Par la force des choses, j'ai néanmoins connu ce profond sentiment d'injustice qui vous happe lorsque, après un moment de liberté imaginée, les quatre murs de la geôle réapparaissent subitement pour vous rappeler votre condition de captif. Et comme pour Piotr, Denis et Driss Bouissef Rekab, ce qu'il m'en reste, ce n'est ni la rancune, ni la haine envers un régime qui, finalement, fait pitié à voir, lui qui est contraint d'enfermer ses opposants pacifiques pour survivre à son propre manque de légitimité. Ce qu'il m'en reste, c'est une lumière. Celle qu'on se rapièce au fond de l'âme à partir de toutes nos étincelles éparpillées, pour tenir bon dans les grandes épreuves. Cette lumière ne nous quitte plus jamais tout à fait par la suite.

Driss Bouissef Rekab termine son livre *À l'ombre de Lalla Chafia*, écrit entièrement en prison, par cette phrase: «Si, pour arriver à ce que je suis, il me fallait recommencer, je recommencerais. » Il résume ainsi tout l'enseignement de la prison politique : dans chaque recoin d'ombre, on réussit toujours à trouver une lumière pour nous convaincre que tout cela en valait la peine.

Deuxième chapitre

Abkhazie

Le pays qui n'existait pas

(mars 2008 et août 2010)

Entrée illégale
17 mars 2008, poste frontalier russo-abkhaze

Djon ralentit à peine et salue de la main les gardes-frontières abkhazes. Assis sur la banquette arrière, je m'étonne. C'est tout? « Oui, tu es en Abkhazie maintenant ! » Je viens d'entrer illégalement dans une république illégale. Et ce sont les douaniers russes qui m'y ont incité.

Nous sommes en mars 2008. Aucun pays ne reconnaît encore l'Abkhazie en tant qu'État indépendant[18]. Officiellement, je suis dans une région de la Géorgie. Mais dans les faits, le gouvernement indé-pendantiste contrôle tout le territoire abkhaze, une mince ligne de terre s'étendant sur deux cent treize kilomètres le long de la mer Noire. Le poste frontalier d'Adler-Psou est le seul où des douaniers abkhazes font face à d'autres douaniers, russes en l'occurrence. Aux autres postes, ceux avec la Géorgie, la ligne imaginaire n'existe que d'un côté. Pour les Géorgiens, il n'y a pas de frontière. Que la conti-nuité de leur territoire.

Dans ce contexte juridique flou, le concept de légalité devient relatif et malléable. Déjà qu'en Post-Soviétie, enfreindre les lois est souvent une nécessité. Devant les contradictions bureaucratiques et la corruption, l'illégalité est parfois la voix de l'honnêteté et de la raison. Pour arriver à ses fins, il y a toujours moyen de se faufiler entre les failles du système. Grâce à la ruse ou à l'argent, l'impossible devient possible. En bon citoyen occidental habitué à ce que les structures de l'État œuvrent au bien-être de la société, j'essaie toujours de m'en tenir à la légalité. C'est ainsi que, quelques minutes avant mon entrée « illégale » en sol abkhaze, j'avais tenté un premier passage réglemen-taire dont l'échec m'était totalement attribuable. Mais, par une suite étonnante d'événements et de rencontres, l'impossible est encore une fois devenu possible.

★　★　★

En ce début de printemps, le poste d'Adler est peu achalandé. Il y a bien des porteurs transfrontaliers qui poussent leurs vieux chariots rouillés d'un pays à l'autre, mais il fait encore trop froid pour que les

---

[18] En août 2008, la Russie reconnaîtra l'Abkhazie et l'Ossétie du Sud à l'issue d'une guerre éclair avec la Géorgie (voir le troisième chapitre). Elle sera suivie par le Nicaragua, le Venezuela, la microscopique île de Nauru et l'archipel des Tuvalu.

touristes russes viennent leur faire concurrence dans la course aux insuffisants guichets de contrôle des passeports. Documents tamponnés côté russe, je traverse le pont piétonnier qui enjambe la rivière Psou. Profonde d'à peine quelques centimètres, elle constitue une frontière naturelle entre la Russie et l'Abkhazie. En plein *no man's land*, des chauffeurs de taxi courtisent de possibles clients. De l'autre côté, à peine une personne sur deux prend la peine de montrer son passeport à l'agent abkhaze indolent planqué dans sa petite cabane. La plupart des passants sont des habitués. Chaque jour, ils sont des dizaines à traverser sans relâche la frontière avec quelques sacs de jute bourrés de produits abkhazes ou russes. En faisant passer les marchandises par petites quantités, ces porteurs évitent aux commerçants des frais de douanes exorbitants. Vers la Russie, ils transportent surtout des agrumes, des melons et d'autres produits agricoles abkhazes. Vers l'Abkhazie, ils font transiter tous les biens de consommation indisponibles dans la petite république, pour laquelle la Russie est la seule porte d'entrée et de sortie terrestre officielle vers le monde extérieur.

Le douanier connaît le visage des porteurs et leurs intentions, d'où sa nonchalance. Je n'ose pas jouer les innocents en passant avec l'assurance d'un habitué. Je présente mon passeport. « Avez-vous la lettre d'autorisation ? » me demande l'agent. « Lettre d'autorisation ? De quoi parlez-vous ? » Après plusieurs minutes au téléphone avec ses supérieurs, il revient vers moi. « Malheureusement, vous ne pouvez pas entrer. Il vous faut un visa. » J'insiste un peu. N'y aurait-il pas moyen de l'obtenir ici, à la frontière ? Après tout, l'Abkhazie n'a aucune ambassade, pas même à Moscou, malgré le soutien officieux de la Russie aux indépendantistes. Ou n'y aurait-il pas moyen de « s'arranger » ? Peut-être, me dis-je, l'interdiction n'est-elle qu'artificielle et ne constitue, en ces terres corruptibles, qu'une façon pour le douanier sous-payé de soutirer de l'argent à un étranger ? Non, vraiment, impossible. L'agent consciencieux applique les règles de son « État », même s'il y a quelques secondes, en s'adressant à ses supérieurs, il ne semblait pas vraiment les connaître.

Étonné, frustré de ma négligence qui ne m'a pas fait vérifier les conditions d'entrée en Abkhazie, je prends le chemin du retour vers la Russie. L'étonnement des gardes russes est encore plus grand que le mien. «Un visa? Pas besoin de visa pour entrer en Abkhazie, voyons, c'est ridicule!» Décontenancés par le sort de cet étranger non-ex-soviétique que je suis, ils conservent durant un long moment mon passeport. Finalement, un agent en civil, probablement du FSB (services de sécurité), s'en empare et m'entraîne dans un bureau. Devant mon insistance, il se présente comme étant Vadim, agent frontalier. Il me pose des questions sur mes intentions, mon métier, mon passé, tout en feuilletant sans trop regarder les pages de mon passeport. Il ne sait visiblement pas quoi faire de moi. Il joue l'agent sérieux, mais n'a aucune raison de me soupçonner d'un quelconque méfait. En même temps, il ne peut se convaincre de me laisser partir comme si de rien n'était. Il cherche l'anguille sous la roche.

Un grand garde-frontière en uniforme entre dans le bureau. Il a retrouvé une photocopie d'un visa abkhaze. Ils existent donc vraiment, après tout, ces visas. La logique du refus de mon entrée en Abkhazie ne l'impressionne pas pour autant. «Hé, pourquoi on ne l'assoit pas tout simplement dans une voiture?» lance-t-il à voix haute à Vadim.

À quoi jouent-ils? Le but ne peut pourtant pas être de simplement se débarrasser de moi. Tôt ou tard, je reviendrai en Russie par cette même frontière, qui demeure ma seule option pour sortir d'Abkhazie[19]. Et mes papiers russes sont en règle.

Depuis le début, je jouais franc jeu. J'avais bien dit au premier douanier abkhaze à la frontière piétonne mon identité et mes intentions. Journaliste, reportage. Maintenant, des représentants des forces de l'ordre russes m'incitent à mentir. Mais pourquoi? Je ne peux comprendre cette soudaine volonté d'«aider» de la part de fonctionnaires russes habituellement peu portés sur l'altruisme. Seule hypothèse: ils veulent railler leurs vis-à-vis, protecteurs d'un pays qui n'existe pas et ne subsiste que grâce au soutien russe. En fait foi la condescendance avec laquelle ils parlent d'eux.

Sur le coup, je demeure sceptique devant le plan tordu qui m'est proposé. «Je ne suis pas certain que ce soit une bonne idée...» Le garde qui l'a concocté me rassure. «Tout ira bien.» Nous marchons ensemble vers le poste-frontière routier russe, qui se situe à une

---

[19] Pour les autorités géorgiennes, la frontière russo-abkhaze est illégale. À leurs yeux, ceux qui l'empruntent entrent illégalement en Géorgie. Passer ensuite de l'Abkhazie à la Géorgie expose donc à une arrestation et à des poursuites criminelles.

centaine de mètres du poste piéton. Un douanier appose un tampon dans mon passeport pour annuler mon retour en territoire russe quelques minutes plus tôt. Vadim me dicte son numéro de téléphone. «Appelle-moi, s'il y a un problème.» Il me recommande aussi de ne pas dire aux autorités abkhazes que je suis journaliste et d'éviter de leur montrer mon visa russe, sur lequel ma profession est inscrite. Le grand garde s'approche du conducteur d'une Audi noire en train de présenter son passeport au douanier. Ils échangent quelques mots. Le garde me fait signe d'approcher. «Allez, embarque avec lui.» Au pire, me dis-je, les douaniers abkhazes du passage routier me refuseront à leur tour l'accès et je reviendrai pour de bon en Russie. Au mieux, je pourrai profiter de leur incompétence. Peut-être ne prendront-ils pas la peine de vérifier si un citoyen canadien peut entrer sans visa dans leur État bancal, où l'application des lois semble aléatoire? Je m'assois à l'arrière.

⋆   ⋆   ⋆

Nous sommes de l'autre côté de la frontière lorsque Djon et sa femme s'enquièrent de mon identité. L'ambiguïté du caractère juridique de mon entrée en Abkhazie ne les émeut guère. Ils passent si souvent par ici que la frontière a presque cessé d'exister pour eux. Après quelques kilomètres de route sinueuse, Djon immobilise la voiture. Il laisse sa femme prendre le volant. Elle n'a pas de permis de conduire. Mais nous sommes en Abkhazie. Paradoxalement, les voir se permettre sans état d'âme une violation d'une règle aussi élémentaire me rassure. «Elle est belle, notre route, n'est-ce pas?» lance Djon, désormais passager. «C'est Vladimir Poutine qui nous l'a donnée!»

Djon est Abkhaze, mais comme presque la totalité des deux cent cinquante mille citoyens de la république non reconnue, il possède un passeport russe. Il travaille comme «simple chauffeur» à Sotchi, la future ville olympique, qui se situe à quelques kilomètres de la frontière, côté russe. Le luxe de sa voiture en ferait douter, si je ne connaissais déjà la propension des Caucasiens à investir dans l'ostentation et à pallier leur maigre salaire par différentes combines et petits boulots pour, justement, se payer des voitures du genre.

Sa femme est Russe. Ils ont un fils de 15 ans, né durant la guerre d'indépendance de 1992-1993. «Nous l'avons appelé Djony aussi, puisque nous ne savions pas si son père allait revenir vivant», explique la mère. C'est que, comme la plupart des hommes abkhazes en âge de se battre, Djon a pris les armes dès le déclenchement des hostilités. Nous sommes alors à l'époque des nationalismes post-soviétiques. Des extrémistes veulent une «Géorgie aux Géorgiens», quitte à déclarer la guerre à certaines minorités qui refusent de se soumettre. En 1992, l'autonomie dont jouit l'Abkhazie dans la Géorgie soviétique est abolie. En réponse, l'Abkhazie déclare unilatéralement son indépendance. La guerre éclate. Bien que minoritaires dans leur propre république[20], les Abkhazes chassent les Géorgiens grâce au soutien d'autres peuples venus de Russie combattre à leurs côtés: Tchétchènes, Tcherkesses, Cosaques, Ossètes, Kabardes... Certains sont venus défendre les intérêts de Moscou, alors que d'autres voient leur participation au conflit comme un geste de solidarité envers une minorité caucasienne menacée. À leur tour, les Abkhazes expulsent et tuent des civils géorgiens.

Aujourd'hui, Djon et sa famille partagent leur vie entre l'Abkhazie et la Russie. Comme plusieurs Abkhazes. «Ici, la nourriture et les hôtels sont moins chers», dit sa femme, pour expliquer l'affluence des touristes russes sur les plages de galets abkhazes. «Et les femmes aussi sont moins chères!» ajoute Djon, sourire en coin.

Le couple me dépose à Gagra, première station balnéaire de la côte. Je ferai la centaine de kilomètres qu'il reste jusqu'à la capitale, Soukhoum, en autobus.

★ ★ ★

Soukhoum(i)

Soukhoum, en abkhaze. Ou Soukhoumi, en géorgien. Le «i» final est politique. Le journaliste ne peut y échapper: employer «Soukhoumi» ne reflète pas l'appellation en usage dans les rues de la ville; écrire «Soukhoum» est considéré par les Géorgiens comme une légitimation du gouvernement indépendantiste.

---

[20] Avant la guerre, les Abkhazes ne représentaient que 18 % de la population de l'Abkhazie. Maintenant que plus de deux cent mille Géorgiens, Russes et autres ont fui, les Abkhazes seraient toujours environ le même nombre – quatre-vingt-quatorze mille – mais compteraient pour 44 % des habitants de la république.

Vers 1910, le photographe Sergueï Prokoudine-Gorski, délégué par le tsar Nicolas II pour immortaliser l'empire sur pellicule, s'est rendu à Soukhoumi. Grâce au procédé d'impression à trois plaques monochromes (rouge, verte et bleue) qu'il avait développé, il a ramené une rare image en couleur de la capitale abkhaze. Sur la photo de Prokoudine-Gorski, deux paquebots et de nombreux bateaux et barques de pêcheurs voguent près du port. Des édifices blancs immaculés au toit rouge bordeaux et de coquettes petites maisons s'alignent sur des rues quadrillées bordées d'arbres massifs. À l'époque, Soukhoumi était une ville paisible et prospère de l'empire russe. Le développement économique était assuré par l'essor de la culture du tabac et une route venait d'être construite pour relier toutes les villes de la côte de la mer Noire, dont la capitale abkhaze.

Un siècle plus tard, la vue panoramique de Soukhoum a étonnamment peu changé. La ville conserve son charme de petite capitale de province. Mais en y regardant de plus près, ses souffrances apparaissent au grand jour. La mer est vide d'embarcations. Au moins le tiers des édifices du centre-ville sont abandonnés. Plusieurs portent les cicatrices de rafales de mitraillettes. D'autres ont été amputés d'un étage par un obus. Quinze ans après la fin de la guerre, le «pays» n'a toujours pas été reconstruit.

Près de la gare maritime décrépite, la vitalité de la ville est personnifiée par quelques vieux jouant au backgammon en plein air. Anatoli, 75 ans, m'aborde. Spécialiste retraité d'un sanatorium, il flâne chaque jour avec ses copains près de la mer. Il porte fièrement la chemise et la cravate, comme l'homme d'affaires qu'il n'a jamais été. Le sujet glisse rapidement vers l'indépendance. Comme toutes les discussions dans cette république. Même si les Abkhazes assurent l'avoir obtenue à l'issue de la guerre, sans reconnaissance ils ne peuvent la vivre pleinement. L'indépendance est une obsession.

Anatoli a combattu et il n'a pas peur de le dire. «J'ai tué des ennemis», annonce en haussant la tête l'énergique petit moustachu. Il avait pourtant déjà près de 60 ans lorsque la guerre a éclaté. «Ce n'est pas moi qui suis allé chez eux. C'est eux qui sont venus envahir ma maison», justifie-t-il.

En bon Caucasien, Anatoli parle de la guerre avec une fierté non dissimulée. Il s'enorgueillit d'appartenir à une région du monde où l'homme prend encore les armes pour défendre sa patrie contre les peuples qui l'entourent. Pour lui, la guerre fait partie du cours naturel des choses. Elle est le symbole du mode de vie caucasien, rythmé par la tradition de la « vengeance par le sang », la loi du talion.

Dans le Caucase, on ne se bat pas contre un ennemi anonyme. Les guerres n'y ont rien à voir avec les duels des puissances occidentales contre des insurgés irakiens ou des talibans afghans. Ici, les mœurs de chacun des protagonistes ne diffèrent pas assez pour déshumaniser l'ennemi aux yeux du fantassin. Dans les guerres caucasiennes – comme celles des Balkans – le soldat improvisé d'en face était hier encore celui qui mangeait à la table voisine de la vôtre ; celui à qui vous achetiez votre viande, ou même votre beau-frère. Et pour Anatoli et des milliers d'autres Caucasiens, pouvoir vivre avec la constante éventualité de la mort en héros tombé pour la patrie donne un sens honorable à l'existence. Un sens que ne pourrait donner la paix.

À l'Université d'État de Soukhoum, les étudiants ne pensent pas différemment. Dans la *marchroutka* qui monte péniblement la côte abrupte jusqu'à l'institution, je rencontre Sergueï. Il propose d'emblée de me faire visiter le bâtiment bien mal en point, où étudient cinq mille jeunes. Il s'excuse du délabrement. « Comme tu peux voir, notre économie n'est pas en très bonne santé. Mais nous avons des spécialistes qui se forment. » Il a 21 ans, mais son discours est le même que celui du vieil Anatoli. Lui aussi, au besoin, il se battra pour « l'honneur de la patrie ».

Son ami Badra, étudiant en histoire, cherche à me convaincre que l'Abkhazie a droit à son indépendance. « Nous avons encore plus de raisons historiques et légales d'être indépendants que le Kosovo ! » Un mois plus tôt, les Albanais kosovars ont déclaré leur souveraineté par rapport à la Serbie. Realpolitik oblige, plusieurs pays occidentaux l'ont reconnue. Les Abkhazes – non sans fondement – y voient une application sélective du « droit des peuples à disposer d'eux-mêmes » que garantit la Charte des Nations Unies.

«Je n'ai rien contre les Géorgiens. Il n'y a jamais eu d'intolérance envers eux. Nous avons simplement été contraints de défendre notre patrie», explique Badra, pour justifier la guerre passée et les constantes tensions depuis. L'argumentaire du jeune historien est sérieux, mais il fait sourire. C'est que les Géorgiens utilisent exactement les mêmes mots pour légitimer leur agressivité envers les républiques séparatistes et prouver leur bonne foi. Eux aussi, même s'ils n'ont «rien contre les Abkhazes», disent avoir été «contraints de défendre la patrie».

Dans ma chambre d'hôtel, j'allume le téléviseur. Sur l'une des rares chaînes locales, des jeunes font des blagues et chantent des chansons. À propos de quoi? De l'indépendance, bien sûr. Sur une autre chaîne, un annonceur lit son bulletin de nouvelles les yeux rivés sur ses feuilles. Il n'y a ni reportage ni images pour soutenir ses propos. La télé abkhaze n'a pas de moyens. La plupart des sujets portent sur l'indépendance. L'obsession de l'indépendance. Encore et toujours. Ou plutôt, l'obsession de la reconnaissance. Parce que, dans les faits, les Abkhazes sont souverains : leur gouvernement contrôle ses frontières, perçoit des impôts et offre quelques services publics. L'État n'existe pas, mais il fonctionne.

★　★　★

Sur les conseils d'une employée de l'ONU qui s'inquiétait de me voir en situation irrégulière dans cette république irrégulière, je me rends au ministère des Affaires étrangères. Le vice-ministre Maxime Goundjia me reçoit. Un jeune homme intelligent à l'anglais impeccable. «Au Québec, l'indépendance, c'est une question de conservation de la langue et de l'identité culturelle. Pour nous, c'est une question de survie. Nous aimerions bien mener une lutte politique nous aussi, mais on nous a imposé la guerre», argue-t-il. Lors de ma deuxième visite deux ans plus tard, je le retrouverai dans la chaise de ministre. Mais pour le moment, c'est lui qui s'occupe des visas.

«Vous n'avez pas rempli le formulaire avant d'entrer dans le pays? Bon, la prochaine fois, remplissez-le.» Goundjia fait partie de la famille des réalistes. Tant que le reste du monde ne reconnaîtra pas l'Abkhazie, mieux vaut se montrer conciliant. Visa en main, j'obtiens ensuite mon accréditation de journaliste à l'agence officielle Apsny Press. En quelques minutes à peine, me voilà en règle. Et heureusement. La même journée, alors que je m'apprête à monter à bord d'un autobus pour quitter le «pays», des agents en civil m'interpellent et contrôlent mes papiers. Je leur montre fièrement mon beau visa abkhaze vert scintillant de tout son hologramme et mon accréditation, un bout de papier photocopié et complété à la main.

★ ★ ★

Rencontre présidentielle

Deux ans plus tard, je retourne en Abkhazie. La république et sa capitale ont quelque peu changé. À l'issue de la guerre éclair russo-géorgienne pour le contrôle de l'Ossétie du Sud, la Russie a reconnu les deux régions séparatistes. Internationalement parlant, les Abkhazes existent un peu plus.

Soukhoum compte maintenant des dizaines de feux de circulation. Il y a deux ans, il n'y en avait qu'un. Les piétons peuvent même se fier aux bonshommes lumineux alternativement rouges et verts pour traverser la rue. La circulation automobile demeure toutefois assez faible sur les chaussées mal en point de la capitale. Les lampadaires sont toujours rares et la ville s'éteint tranquillement avec le soleil chaque soir. Mais dans l'ensemble, il y a eu du progrès.

Assis à la réception de l'administration présidentielle, je regarde les citoyens défiler. La veuve d'un douanier, drapée de noir, le visage triste, s'adresse à la secrétaire. Un homme bedonnant à la chemise à carreaux rouges et jaunes vient déposer les documents nécessaires pour obtenir un passeport abkhaze. Une femme a un problème de logement. Un homme à l'œil recouvert d'un pansement vient s'adresser au président. «Cabinet 27!» leur indique la secrétaire. La plupart ne se rendront jamais jusqu'au chef de l'État. Mais dans leur tête, il est leur espoir. Le pays est si minuscule que le président est appelé à régler directement tous les problèmes, petits et grands.

La secrétaire me fait signe. «Le président vous accueillera bientôt. Mais ce n'est pas très respectueux de le rencontrer les pieds nus!»

J'avais bien remarqué ses grands yeux à la vue de mes sandales. Mais c'est tout ce que j'avais à me mettre aux pieds. En pleine canicule, alors que la Russie brûlait à grand feu, j'avais choisi le confort pour mes trois semaines de voyage prévues dans le Caucase. De toute façon, dans mes reportages, je rencontre rarement des officiels de haut rang. Les gens de la rue et le temps passé à les côtoyer m'apportent généralement les informations nécessaires pour comprendre les pays et les villes que je visite. Mais voilà, la veille, j'avais demandé et obtenu un entretien avec le président abkhaze dans les vingt-quatre heures. Sergueï Bagapch avait un pays à vendre à la presse étrangère. Il avait intérêt à me voir, autant que moi à lui parler. Sandales ou pas.

«Mon respect se reflète dans mes mots plus que dans mon habillement», rétorqué-je poliment à la secrétaire. Je consens tout de même à enfiler les socquettes noires qui traînent au fond de mon sac, même si les pieds nus me semblaient plus près du respect vestimentaire...

Mon accoutrement inquiète beaucoup plus les employés que le président lui-même. Il m'accueille dans son bureau sans même poser le regard sur mes pieds.

En poste depuis 2005, Sergueï Bagapch a la prestance d'un homme d'État[21]. Diplomate, il parle le langage que veut entendre l'Occident. S'il était chef d'un pays géopolitiquement acceptable, il pourrait sans gêne s'asseoir à la table d'un président américain. Mais l'Europe et l'Amérique ne peuvent se permettre de perdre l'appui de la Géorgie de l'ultra pro-occidental Mikhaïl Saakachvili. Pour l'instant, les seules visites officielles auxquelles a droit le président abkhaze sont celles qu'il vient d'effectuer chez les très anti-américains présidents vénézuélien Hugo Chavez et nicaraguéen Daniel Ortega. En échange d'une aide militaire et économique offerte par la Russie, ces deux alliés inusités ont reconnu quelques mois plus tôt les deux républiques séparatistes géorgiennes.

«Le plus important, c'est de construire un État de droit, démocratique et respectable, pour que la communauté internationale comprenne que nous voulons la paix et la stabilité, non la guerre, et donc qu'il faut nous reconnaître.» Sergueï Bagapch assure que l'Abkhazie n'a pas l'intention de supplier qui que ce soit pour une reconnaissance.

---

[21] Ou plutôt avait. Sergueï Bagapch est décédé le 29 mai 2011 dans une clinique de Moscou d'un cancer du poumon – tenu secret jusqu'à son dernier souffle. Il avait 62 ans. Trois mois plus tard, le vice-président Aleksander Ankvab, chef de l'État par intérim, a remporté la présidentielle anticipée au premier tour.

Dans sa tête, l'Abkhazie est déjà un pays. Un jour, la communauté internationale ne pourra que le reconnaître.

Le président a presque raison. Sur la majorité du territoire abkhaze, l'indépendance est un fait accompli. Sur la majorité, mais pas l'entièreté. Il fallait que je me rende à Gali pour le constater.

★ ★ ★

Gal(i)

Sur la route depuis Soukhoum, le vieil autobus déglingué klaxonne à tous les villages pour annoncer son passage. À l'entrée de l'un d'eux, des drapeaux abkhazes flottent aux côtés des tombes des combattants de la guerre d'indépendance et des carcasses de maisons abandonnées. Plus on descend vers le sud, plus le « pays » s'appauvrit. Les plages achalandées du nord, bien entretenues et bondées de touristes russes, laissent place à un bord de mer quasi désert, fréquenté par les seuls habitants du coin.

Gali. Ou Gal. Mais plutôt Gali, puisqu'ici habitent presque exclusivement des Mingréliens, un sous-groupe ethnique géorgien. Le gouvernement abkhaze contrôle la ville, mais pas les cœurs.

À l'entrée de la municipalité, je retrouve le président Bagapch, entouré d'enfants, sur un grand panneau publicitaire. Son image nargue les hommes de la ville, recyclés en chauffeurs de taxi. Assis sur des morceaux de carton, ils grillent des cigarettes en attendant d'improbables clients. Parmi eux, il y a Gouram, la cinquantaine bedonnante. Il se vante d'avoir été membre du Politburo (bureau politique) du Parti communiste géorgien. Par son ton ironique-amer, il est difficile de savoir s'il blague ou non. Mais lorsqu'il parle du « merveilleux président Bagapch » en levant les yeux au ciel, il n'y a plus de doute. « Pourquoi aurais-je un passeport géorgien ? Je suis citoyen de la république d'Abkhazie ! Un État reconnu par, attention, la Russie et trois autres pays ! » Sa langue se délie tranquillement. Le sarcasme laisse place à l'indignation ouverte. « En vingt ans, ils n'ont même pas réussi à retaper quinze kilomètres de route ! » Il montre la chaussée trouée qui relie la ville à la côte de la mer Noire et au reste de l'Abkhazie. « Tu es déjà allé en Géorgie ? » J'acquiesce. « Là-bas, c'est magnifique. Et les routes ! Tu as vu les routes ? ! » Gouram part en rêve dans sa patrie perdue.

La chaleur est intense. J'avale une gorgée d'eau. Il jette un œil à ma bouteille. « Tu bois de l'eau russe ? » Oui, vous en voulez ? « Ah non ! Moi je ne bois que de la Borjomi ! » Son corps balance vers l'arrière, comme pour bomber le torse en signe de fierté. En Post-Soviétie, la Borjomi, ce n'est pas de la rigolade. Lorsque la Russie a interdit cette eau de source légendaire un brin sulfureuse en 2006 – officiellement pour des « raisons sanitaires » qui avaient toutefois plus à voir avec les tensions politiques croissantes –, la diaspora géorgienne a vécu cela comme un drame. En Abkhazie aussi, la Borjomi est illégale. Mais les habitants de Gali ont développé plusieurs moyens pour faire passer par la forêt des caisses de cette eau bénite, au su ou à l'insu des gardes-frontières abkhazes, qui comprennent bien qu'il en va de la tranquillité de la population locale. Comme si la survie des Galiens – plus psychologique que physique – dépendait de l'accès à la Borjomi.

Gouram explique que la vie est mauvaise à Gali ces dernières années. Lui-même a longtemps été réfugié en Géorgie. A-t-il combattu les indépendantistes abkhazes ? Je ne pose pas la question. Je comprends qu'il vaut mieux ne pas aborder ce sujet sensible. De toute façon, il relève de l'évidence. À son âge, ne pas prendre les armes contre les séparatistes aurait été un déshonneur.

« Avant, la ville était animée, les gens se baladaient », soupire Gouram. Y a-t-il encore des tensions ? « Comment n'y aurait-il pas de tensions lorsque des hommes se baladent dans les rues avec des mitraillettes ? » Et ces hommes, ils sont soit russes, soit abkhazes. Un seul des policiers de la ville en est originaire. Les Galiens vivent sous occupation. Du moins, ceux qui restent.

Avant la guerre, la ville comptait environ seize mille habitants. Au mieux, il n'en reste que quelques milliers. Gali est un village qui doit vivre avec les infrastructures d'une ville ravagée. Ses souliers urbains sont désormais trop grands à chausser. Des centaines de maisons et d'immeubles tombent en ruine. Près de deux décennies après le conflit, la plupart de leurs propriétaires sont toujours réfugiés en Géorgie. Au-dessus d'une porte en bois bloquée par des fils barbelés, l'enseigne d'une pharmacie abandonnée est l'un des derniers écriteaux en géorgien à tenir le coup. Même si la vendeuse ambulante de crème glacée comprend à peine le russe, tout comme plusieurs autres Géorgiens locaux, les inscriptions dans l'idiome de «l'ennemi» sont interdites. Pas officiellement, mais tous les Galiens savent qu'ils ne s'attireraient que des problèmes en affichant en géorgien. Idem pour l'enseignement. Géorgien interdit. Pour qu'ils apprennent leur langue maternelle, les parents envoient leurs enfants à l'école de l'autre côté de la «frontière».

De toute façon, la ville n'a rien d'inspirant pour une enfance heureuse. Et ce, même si l'unique infrastructure neuve est un complexe de jeux multicolores – gracieuseté d'une ONG internationale – installé dans un parc mal entretenu. Le seul chantier en cours à Gali donne une meilleure idée de l'avenir prévu : un abri anti-bombes, construit par les Russes.

Sur ce qui devait ressembler autrefois à une rue principale, quelques commerçantes vendent leurs produits dans des échoppes surchargées. Dans une autre vie, Fatima était médecin. C'était avant la chute de l'URSS. Avant la guerre. Depuis, il y a eu les violences, la fuite vers la Géorgie, puis celle vers la Russie et, finalement, le retour à Gali en 2002, lorsque la situation semblait revenir à la normale. Sa maison était toujours sur pied, mais avait été totalement pillée. «À l'intérieur, il n'y avait même plus une boîte de conserve, même vide!»

Fatima était déterminée à revenir. Pour vivre et mourir là où elle est née. Dans cette perspective, les conditions misérables devenaient acceptables. «Je veux vivre ici. Les Abkhazes ne m'ont jamais fait de remarques désobligeantes. Je ne me sens pas menacée, donc je reste ici.» Au fil des années, Fatima a accumulé les nationalités. Question de ne jamais être prise au dépourvu. Grâce au passeport abkhaze, les autorités locales la laissent vivre et commercer en paix. Le passeport géorgien, qu'elle cache aux douaniers abkhazes, lui permet d'aller voir ses enfants à Tbilissi et son mari qui y fait pousser des noix. Le passeport russe, c'est pour la pension de retraite et les autres services offerts par l'héritier du système soviétique, plus riche que les autres petites républiques, donc plus généreux. Et si jamais la guerre reprend, elle pourra toujours retourner en Russie.

«Bien sûr que je voudrais que nous réintégrions la Géorgie.» Notre conversation dure depuis plusieurs minutes lorsque Fatima finit par laisser tomber cette phrase. La confiance est longue à gagner à Gali. Les habitants sont sur leurs gardes. Surtout que les policiers abkhazes ne sont jamais loin. Ni les militaires russes, «défenseurs» de l'indépendance abkhaze.

Dans un café, des soldats russes vont chercher eux-mêmes les bouteilles de vodka dans le frigo. La tenancière fraternise avec eux. Par obligation professionnelle, probablement. L'histoire ne dit pas si les soldats paieront la note en partant. À une table, des hommes du village, ceux qui conduisent des taxis par défaut, grommellent en géorgien au passage des Russes.

Les cœurs galiens demeureront géorgiens.

*   *   *

Le nationaliste

Pour retourner à Soukhoum, je dois emprunter une combinaison de deux *marchroutki*. L'escale est à Otchamtchyry, ville de la côte sud. Devant la mairie, sur l'accotement de la route principale du pays, une vache broute paisiblement. Le chauffeur de *marchroutka* m'indique qu'il partira dans une vingtaine de minutes. En attendant, nous nous asseyons sur les chaises de plastique d'un kiosque près de l'arrêt d'autobus. Un soldat abkhaze de 27 ans arrive. Il tutoie tout le monde, de la tenancière du kiosque à une vieille dame, en passant par le chauffeur.

Il reconnaît le chauffeur. La veille, c'est avec lui qu'il a fait la route. Et il avait omis de le payer. «J'étais tellement en colère contre ces Mingréliens qui ne parlent pas abkhaze que j'ai complètement oublié!» Le chauffeur lui dit de ne pas s'en faire. La note est effacée.

Le soldat transpire la mauvaise foi. Il commande une bière et un café, puis se lance dans un discours nationaliste. «Nous sommes en Abkhazie, il faut parler abkhaze!» dit-il en russe, en vantant ses racines «purement» abkhazes et son appartenance aux forces de l'air de la république. La vieille dame l'interrompt. «J'ai habité toute ma vie en Abkhazie et je ne parle malheureusement pas abkhaze.» Le soldat lève le nez et poursuit dans le nationalisme étroit, fier de sa supériorité revendiquée. La tenancière hoche la tête. «Je suis certaine que tu finiras par épouser une Mingrélienne. Et ce sera bien fait pour toi!» Le chauffeur de *marchroutka* essaie lui aussi de tempérer le jeune soldat. «Il n'y a pas de mauvais peuple, il n'y a que des mauvaises personnes.» En pays de tensions ethniques, la phrase revient à tout coup chez les plus modérés. «Je les déteste! Qui a commencé la guerre? Dites-le-moi! Ils ont coupé en morceaux des femmes enceintes!» s'enflamme le soldat. En pays de tensions ethniques, la phrase revient à tout coup chez les plus extrémistes. La tenancière le traite de «fasciste». La vieille dame éloigne sa chaise en hochant la tête. «C'est comme ça que commencent les guerres fratricides…»

Le soldat abkhaze repart en chantant. En russe.

★　★　★

Ces aventures abkhazes sont le parfait reflet de mes allers simples ordinaires. Généralement, ils prennent naissance sur un coup de tête doublé d'un coup de cœur (syndrome que j'ai baptisé «caucasite aiguë» quand c'est le Caucase qui m'appelle). Ils mijotent quelques jours ou semaines, jusqu'à ce que l'idée du départ devienne aussi attirante que rationnelle. Le crâne bourré de noms, d'histoires, de routes probables, de reportages réalisables, je remplis mon sac à dos de l'essentiel. Puis, je prends mon courage à deux mains pour sauter dans cet inconnu qui, chaque fois, fait peur malgré les expériences qui s'accumulent. Le hasard et l'instinct s'occupent du reste: remplir les jours de péripéties qui permettent de vivre et de comprendre le sujet initial de la quête.

Le plus important demeure le saut. Celui qu'il y a tant de raisons de ne pas faire, mais sans lequel il n'y a rien. Il faut s'extirper de cette routine qui nous tient en esclave et de cette actualité qu'on attend les bras croisés, de peur de la rater, alors qu'il y a tant d'histoires muettes à faire parler.

Et chaque fois – ou presque –, je finis par partir. Chaque fois, je reviens à la simplicité intrinsèque du voyage et à toutes les aventures et reportages qui en découlent : après tout, le possible n'est jamais qu'à un billet d'avion, de train ou d'autobus.

Troisième chapitre

Ossétie du Sud / Géorgie

La première victime de la guerre

(août 2008)

« *The first casualty when war comes, is truth*[22]. »

(« La première victime de la guerre est la vérité. »)

---

[22] Hiram Johnson, sénateur californien, lors de l'entrée des États-Unis dans la Première Guerre mondiale en 1917.

Guerre éclair
Vladikavkaz, Ossétie du Nord, 12 août 2008

L'avion atterrit sur la piste. Mes paupières lourdes s'entrouvrent péniblement. Par le hublot, j'aperçois des avions et des hélicoptères de l'armée russe stationnés sur le tarmac. Enfin arrivé. Chicoutimi-Montréal-Zurich-Moscou-Vladikavkaz. Déjà tant de kilomètres. Et ce n'est que le début. Il reste une guerre à couvrir.

Aucune réservation d'hôtel, pas de plan précis, beaucoup de fatigue et des premiers reportages à envoyer dans quelques heures. Mais j'y suis, à l'orée du conflit.

À la sortie de l'aéroport, un officiel russe note à la main dans un cahier les coordonnées de tous les journalistes étrangers qui descendent de l'avion. Des dizaines de reporters, rappelés de leurs vacances en plein milieu du mois d'août pour plusieurs, néophytes de la région envoyés par défaut pour d'autres.

À côté de moi se tient Alex Matchievski. Avant de monter à bord de l'avion à Moscou, il me disait être employé de la chaîne de télévision Russia Today. Maintenant, il révèle qu'il est plutôt au service du gouvernement russe, chargé des voyages de presse pour les journalistes étrangers. « Parfois, il vaut mieux ne pas tout dire en même temps. » Il reçoit un bref appel. « Le président Medvedev vient de mettre un terme à l'opération. »

Officiellement, la guerre vient de se terminer. Le soulagement se mêle à un brin de frustration. Soulagement que le danger soit passé et que la paix soit plus ou moins revenue. Mais frustration d'avoir manqué le conflit dans sa phase active. Les vérités observables sont passées. Nous devrons maintenant essayer de les déceler dans les tissus de mensonges des protagonistes.

★   ★   ★

Cinq jours plus tôt, le 7 août, à 23 h 10 heure locale, l'armée géorgienne lançait une attaque aérienne-surprise sur Tskhinvali (ou Tskhinval, en ossète), la capitale de l'Ossétie du Sud. Nom de l'opération : « Champ libre ». Objectif : « Rétablir l'ordre constitutionnel » dans la région séparatiste et en finir avec les indépendantistes qui la contrôlent *de facto* depuis seize ans.

En début de soirée, le président géorgien Mikhaïl Saakachvili assurait pourtant aux Sud-Ossètes dans un message télévisé que, malgré les tensions grandissantes des dernières semaines, il ne comptait pas utiliser la force pour chasser du pouvoir les séparatistes. Il était prêt à la discussion.

Le premier mensonge de guerre avait été prononcé. Les hostilités pouvaient débuter.

Alors que les bombes commencent à pleuvoir sur Tskhinval(i), je me trouve à plus de huit mille kilomètres de là, à Chicoutimi. Pour l'été, je suis revenu aux sources, couvrir les faits divers et autres nouvelles locales pour le journal *Le Quotidien*. Après des mois à essayer de comprendre les Post-Soviétiques, je retrouve les miens, leurs problèmes et leurs enjeux. Je prends plaisir à user du regard neuf sur mon environnement natal qu'apporte le fait d'en avoir été séparé durant longtemps. Mais avec cette guerre qui éclate soudainement dans le Caucase, le sentiment de ne plus être à ma place chez moi prend le dessus. Le goût de l'aventure et l'impression de pouvoir être plus utile ailleurs, dans cette région en ébullition que je commence à bien connaître, deviennent trop forts.

J'appelle *La Presse*, pour qui je fais régulièrement des piges depuis mon installation à Moscou sept mois plus tôt. «Je suis prêt», leur fais-je savoir d'emblée. Je le suis. Autant qu'on peut l'être pour plonger dans l'inconnu de la guerre pour la première fois.

Le journal n'a jamais envoyé un pigiste dans une zone de conflit. Les patrons hésitent. Or, je suis le seul à posséder un visa russe. Nous sommes vendredi après-midi, le conflit dure depuis à peine vingt-quatre heures. Impossible pour les journalistes réguliers du journal d'obtenir un visa avant la semaine prochaine. Côté géorgien, où un visa n'est pas nécessaire, le passage est devenu presque impossible. Les Géorgiens ont certes conquis l'Ossétie du Sud durant les premières heures du conflit, mais rapidement ils ont dû battre en retraite : la puissante armée russe était entrée en guerre en appui aux Ossètes. L'armée géorgienne a été mise en déroute. Pour se rendre à Tskhinvali, il faudra y aller aux côtés de l'armée victorieuse. Et l'issue du conflit ne fait plus de doute : les Russes ne feront qu'une bouchée des Géorgiens. Après avoir repris Tskhinvali, ils dépassent maintenant les «frontières» sud-ossètes et se positionnent en territoire géorgien. Mais jusqu'où iront-ils?

★   ★   ★

Je sors de l'aéroport. Le temps file. Ma mission du jour est de rencontrer des réfugiés sud-ossètes en Ossétie du Nord[23]. Les chauffeurs de taxi alléchés offrent leurs services aux journalistes étrangers pressés. Je n'ai nulle part où aller et pas question de me laisser extorquer. Mon budget est limité. Lors d'un précédent voyage à Vladikavkaz, j'avais pu prendre certains repères. Je sais que, si j'arrive à me rendre à la route principale, à quelques kilomètres de l'aéroport, je pourrai y attraper un autobus pour le centre-ville.

Une famille tout juste réunie par l'atterrissage passe. «Pardon, savez-vous comment je peux rejoindre la route principale?» Après un moment d'hésitation et quelques explications, ils me font une place dans leur voiture. Inga et ses deux fils reviennent de Perm, à mille cinq cents kilomètres à l'est de Moscou. Son père est venu les chercher à l'aéroport. Toute la famille a fui l'Ossétie du Sud lors de la première guerre d'indépendance de 1991-1992. Inga raconte l'histoire de son déclenchement : «Un beau jour de 1991, un homme traversait un pont en direction de l'Ossétie du Sud. Dans son coffre arrière, il transportait le cercueil de sa mère de 92 ans, tout juste décédée. Il voulait l'enterrer sur sa terre natale. Les extrémistes de Zviad Gamsakhourdia (le président géorgien de l'époque) ont répandu la rumeur que l'homme, un Ossète, transportait des armes dans le cercueil. Ils en ont fait une preuve que les Ossètes se préparaient à lancer une attaque. Ça a été leur prétexte pour déclencher la guerre. L'événement a été rapporté par les médias géorgiens, puis par les médias internationaux. C'est par le nom de cet homme qu'a commencé la première guerre. Et cet homme, il est à côté de vous.»

Derrière son volant, le vieux père silencieux hoche légèrement la tête, avec l'air modeste de celui qui a toujours souhaité une vie sans histoires. Qui est donc cet homme-étincelle qui, malgré lui, aurait

---

[23] La république d'Ossétie du Nord fait partie de la Fédération de Russie, alors que l'Ossétie du Sud sécessionniste est officiellement une région de la Géorgie.

mis le feu aux poudres à de vieilles querelles refoulées de peuples frères ? Quel est ce nom qui aurait été le prétexte à la mort de trois mille personnes ? Le père fait une grimace. Il ne veut pas répondre.

À mon retour, je chercherai en vain des traces de cette anecdote de début de guerre. La scène a-t-elle réellement eu lieu ? Ou n'est-ce qu'un mythe familial ? Vrai ou faux, le récit d'Inga et de son père est du moins plausible. Combien de conflits ont été déclenchés par une rumeur ou carrément par un mensonge ? Les armes de destruction massive inexistantes en Irak en 2003 ? Les bébés soi-disant jetés hors des incubateurs par l'armée irakienne au Koweït en 1990 ? Le charnier gonflé de Timisoara qui a mené au renversement du régime Ceaucescu en Roumanie en 1989 ? Tant de conflits au détonateur fictif.

Inga croit que les Géorgiens ont utilisé la même tactique pour rejeter le blâme sur son peuple : les échanges de coups de feu des dernières semaines prouvaient que les Ossètes se préparaient à la guerre, plaide Tbilissi. Donc l'armée géorgienne était dans l'obligation de réagir.

Le vieux père s'arrête à l'intersection de la route principale. C'est ici que nos chemins se séparent. La famille retourne à ses retrouvailles, à ses mythes et à ses souvenirs.

Le minibus pour Vladikavkaz s'arrête. Je m'assois à l'avant, dos à la route. En face de moi, une demi-douzaine de femmes de différents âges n'attendent que de faire connaître leur avis sur la guerre. « Ce sont des fascistes ! » s'emporte l'historienne Zina, la soixantaine, à propos des Géorgiens. « C'est un génocide ! » lancent d'autres, qui ne s'entendent pas pour dire s'il s'agit du troisième ou du quatrième que subissent les Ossètes.

Génocide. Le mot est lancé. À tort et à travers. Il symbolise l'injustice ultime. Partout dans le monde, des peuples crient qu'on veut les exterminer. Massacre, tuerie, extermination, guerre totale. Aucun mot n'arrive à égaler la force de « génocide ».

Génocide. Du grec *genos*, « naissance », « genre », « espèce » et du latin *caedere*, « tuer », « massacrer ». Le génocidaire veut exterminer l'essence même de votre être. Les idées politiques, les amitiés et les valeurs sont relatives, sujettes à changement. Pas les gènes. Vouloir exterminer quelqu'un pour ce dont il a hérité malgré lui ne peut qu'être fondamentalement mal et injuste, argue la victime. S'il attaque les bases de l'humanité, l'ennemi est inhumain. Il est l'ennemi de l'humanité. L'ennemi ultime, intrinsèquement mauvais ou, devrait-on dire, génétiquement mauvais.

Au début des hostilités, le premier ministre russe Vladimir Poutine a lui aussi qualifié l'attaque géorgienne de « génocide ». Il pouvait ainsi plus facilement justifier l'implication de son armée : les Russes n'intervenaient pas pour préserver leurs intérêts stratégiques dans la région, mais bien pour sauver un peuple de l'extermination. L'intervention était « humanitaire » et non militaire.

Marina, l'une des passagères du minibus, est médecin. Elle me propose de visiter un hôpital qui se trouve sur notre route et où sont traités des réfugiés sud-ossètes. Me lancer tête la première dans l'errance aura finalement facilité et accéléré mon travail. La meilleure des planifications n'aurait pu égaler le hasard de ce coup de dés.

★   ★   ★

Paroles de réfugiés

« Ils sont entrés dans les sous-sols et ont tué des femmes enceintes et des enfants ! Il y a tellement de corps qu'il est impossible de les compter ! » Les réfugiés sont enragés. Les témoignages en forme de réquisitoire fusent de partout dans les chambres d'hôpital. Les accusations sont prononcées avec l'assurance de ceux qui savent. Et pourtant, les réfugiés ne savent pas. Ou si peu.

Ce qu'ils savent, c'est qu'une bonne nuit des obus ont commencé à leur tomber sur la tête. Ils savent qu'ils ont dû fuir, le plus loin possible, la vue restreinte par les œillères que la peur leur a accolées dès la première bombe. Le reste, les ennemis, le nombre de morts, l'ampleur de la destruction, on leur a raconté. « La ville est totalement détruite ! » Dans leur exil forcé, ils n'ont pu apporter pour seuls bagages que la terreur et des impressions furtives de leur monde qui s'écroulait. La propagande et les rumeurs se sont chargées de remplir les vides dans leur besoin de comprendre comment le sort a pu s'acharner sur eux.

De manière générale, le réfugié est une mauvaise source d'information pour le reporter. Son témoignage est à écouter avec la plus grande précaution. Le réfugié trompe sans même le savoir. Le plus souvent, il semble de bonne foi, derrière sa vulnérabilité. Ses yeux disent vrai. Il vous raconte les horreurs de la guerre, la cruauté de l'ennemi, les morts, les viols, les bâtiments en feu. Il vous raconte la destruction de sa vie quotidienne telle qu'il l'a ressenti. Ressentie, mais rarement vécue. Car le réfugié n'a souvent pratiquement rien vu. S'il est réfugié, c'est qu'il a préféré sauver sa vie à de voir sa mort.

Lorsque le gouvernement indépendantiste affirme que mille six cents personnes sont mortes dans les premiers bombardements, le réfugié n'essaie pas de raisonner. Il ne trouve pas étrange que dans son minuscule «pays» de moins de soixante-dix mille âmes, tissé serré comme une seule famille, aucun de ses proches ou amis n'ait été porté disparu. Il croit. La guerre est terrible et tout est possible.

«Ils sont entrés dans les sous-sols et ont tué des femmes enceintes et des enfants! Écrivez!» Le réfugié tape du doigt sur votre carnet de notes pour que vous y inscriviez chaque parcelle de son témoignage. «Vous l'avez vu de vos yeux?» demande le reporter. Le réfugié recule d'un pas, marmonne quelques mots, puis reconnaît que non. Il est le dixième de la journée à vous répéter la même accusation. Et le dixième qui n'a rien vu. «Quelqu'un vous a raconté ce qu'il a vu?» Le réfugié baisse les yeux. Non plus. Il ne connaît aucun cas précis. Il ne sait pas. Mais il a entendu dire que. Et c'est bien assez pour alimenter sa peur et son besoin de croire en l'inhumanité de l'ennemi, celui qui a mis son monde en pièces.

Souvent, alors que la zone de conflit est inaccessible, le réfugié demeure durant des jours ou des semaines la seule source de témoignage oculaire. En dehors des belligérants, bien sûr. Pas dans cette guerre-ci, par contre. Le lendemain de mon arrivée, l'armée russe organisait un voyage de presse en Ossétie du Sud. J'allais pouvoir vérifier les mensonges et les vérités qui m'avaient été racontés jusque-là par ceux qui avaient si peu vu et tellement cru.

*   *   *

Le chemin de la guerre
13 août 2008, entre Vladikavkaz et Tskhinvali

Le minibus sillonne les derniers kilomètres avant la frontière entre les Osséties. Les capitales nord et sud-ossètes Vladikavkaz et Tskhinvali ne sont distantes que d'un peu plus de deux cents kilomètres, mais en temps de guerre, le voyage prend près de cinq heures.

Sur le bord de la route cabossée, le fleuve Terek, avec ses airs de ruisseau, creuse son chemin dans les montagnes escarpées pratiquement dénuées de végétation. À intervalles irréguliers, des petits villages viennent s'accrocher au paysage. Un paradis aux portes de l'enfer, pourrait-on dire en hyperbolisant à peine. Si ce n'était de la guerre et de l'instabilité chronique, les touristes pourraient certainement se régaler de la nature ossète.

Les montagnes se traversent dans des tunnels d'une autre époque, mal aérés et envahis par les vapeurs de monoxyde de carbone.

La frontière. Arme en bandoulière, des soldats et gardes frontaliers russes et sud-ossètes fument des cigarettes à la chaîne et grignotent des graines de tournesol – inévitables dans le Caucase – en remplissant nonchalamment leurs tâches. Nos passeports sont vérifiés, mais pas tamponnés. Les gardes semblent eux-mêmes se demander si leur poste marque réellement une frontière.

Il y a vingt ans, les deux Osséties faisaient partie du même pays, l'Union soviétique. Aujourd'hui, celle du Nord est en Russie et celle du Sud est – officiellement – une région de la Géorgie. Mais l'indépendance *de facto* de l'Ossétie du Sud par rapport à la Géorgie et son rattachement – toujours *de facto* – à la Russie (et donc à l'Ossétie du Nord) empêchent de qualifier de frontière en bonne et due forme le point de passage entre les deux Osséties.

Ossétie du Sud. Devant nous, un serpentin d'asphalte se déploie dans une vallée. La route est encombrée de dizaines de camions du ministère russe des Situations d'urgence, transportant de l'aide pour les victimes ossètes de la guerre. Les Russes veulent prouver au reste du monde le caractère principalement humanitaire de leur intervention. Mais pour se garantir le monopole de la vertu, ils s'assurent d'être les seuls sauveurs : depuis le début du conflit, ils bloquent l'accès vers l'Ossétie du Sud à plusieurs organisations humanitaires prêtes à s'y rendre.

Le premier tunnel après la frontière a des allures d'étable. Des vaches y squattent tranquillement l'accotement, faisant peu de cas des bruyants engins de guerre et autres camions qui passent à quelques centimètres d'eux.

Nous nous engouffrons ensuite dans le très stratégique tunnel de Roki. Percé en 1985 par l'armée soviétique, ce trou de 3,7 km permet de briser la frontière montagneuse naturelle entre les Osséties. Avant sa construction, les contacts entre Ossètes du Nord et du Sud avaient été grandement limités durant des siècles. Si bien que la langue ossète s'était développée différemment des deux côtés de la montagne.

Sans le tunnel de Roki, il n'y aurait pas eu de guerre. Ou, du moins, les Russes n'auraient jamais pu intervenir aussi rapidement et massivement. Alors pourquoi la première action militaire des Géorgiens n'a-t-elle pas été de le bombarder pour en bloquer l'accès aux chars russes ? se demandent les analystes militaires. S'agit-il d'une bête erreur de calcul stratégique, d'un manque de ressources, ou est-ce que le gouvernement de Tbilissi misait réellement sur une non-intervention russe dans le conflit ? Seuls les responsables géorgiens le savent.

De l'autre côté du tunnel, un vieil homme dans un champ fauche son herbe à la faucille. Le conflit n'a rien changé à son existence. Il vit au rythme habituel de son quotidien. À une vingtaine de kilomètres des premières bombes, la guerre n'est qu'une rumeur.

Plus loin, un soldat, mitraillette à ses côtés, dort tranquillement sur un tank immobilisé au bord de la route. Son camarade grille une cigarette. Sur des véhicules blindés, d'autres soldats avachis, sales, sont plongés dans une torpeur postadrénaline. La guerre est un souvenir récent, mais déjà un souvenir. Qu'est-ce qui trotte dans la tête de ces hommes, encore dans la jeune vingtaine, qui ont peut-être connu aujourd'hui le combat pour la première fois ? La peur, l'horreur, l'excitation perverse du combat, la satisfaction du devoir accompli ?

Sous un vieil abri de bois, des vieux discutent assis sur un banc. Ils regardent passer les engins de guerre en levant à peine les yeux. Et eux, de quoi parlent-ils ? Accoudé au bord de la fenêtre du minibus, je les imagine se rappeler les conflits précédents. Je ne les imagine pas tenir des propos sages. Il y a peu de sagesse dans la guerre et les vies qu'elle brise. Il y a les accusations aveugles ; il y a les blâmes rejetés sur l'autre pour ne pas les porter sur soi ; il y a les années qui amplifient les certitudes sur la barbarie de l'ennemi.

Entassés sur leur banc, ces vieux ont l'air de gérants d'estrade de la guerre.

Tout juste après le bidonvillage de Djava, nous arrivons au dernier poste russo-ossète. Le minibus s'arrête. Après ce point, le conflit commence. Un commandant nous avertit des dangers. Nous montons à bord de véhicules blindés. Certains collègues, comme ceux de la BBC, enfilent leur gilet pare-balles et leur casque. Le service public britannique ne laisserait jamais partir ses journalistes en zone de guerre sans un entraînement préalable et un équipement adéquat. Je sors de ma poche ma seule protection : des bouchons pour les oreilles. J'en passe une paire à un collègue de l'agence Bloomberg. Nous rions. Au moins, nous serons protégés contre le danger le plus audible et le plus immédiat : le bruit assourdissant du véhicule blindé.

Les derniers kilomètres avant Tskhinvali sont bordés par quatre villages à majorité géorgienne. Malgré son indépendance de fait, l'Ossétie du Sud n'a jamais pu contrôler entièrement le territoire qu'elle revendique. Il y a six jours encore, presque chaque voyage à travers la république signifiait un passage en terre sous contrôle géorgien. La guerre aura permis aux Sud-Ossètes de chasser les derniers habitants géorgiens et de se créer une unité territoriale. Plus besoin de passer chez l'ennemi-voisin pour aller chez soi.

Les militaires russes nous racontent que des tireurs isolés géorgiens sont toujours postés dans les quatre hameaux. Ceux-ci ne sont pas encore totalement « sécurisés ». Nous passons en trombe, enfermés dans l'habitacle suffocant du véhicule. Au retour, en jetant un coup d'œil par le minuscule hublot, nous comprendrons la réelle raison de cette « précaution » : les villages géorgiens brûlent. Par mesure de représailles contre l'attaque de l'armée géorgienne, les milices ossètes ont mis le feu aux maisons des habitants géorgiens de la région. Sourire en coin, plusieurs le reconnaissent à demi-mot. Pour l'assouvissement d'une soif de vengeance, les civils sont une cible beaucoup moins dangereuse et beaucoup plus facile à atteindre pour des soldats que l'armée adverse[24]…

★ ★ ★

Tskhinval(i)

Tskhinval(i). Le nerf de la guerre. Le contrôle de la capitale et de quelques édifices clés qui s'y trouvent a un rôle déterminant dans toute guerre ou révolution. Qui occupe le palais présidentiel et l'édifice de la radio-télévision dirige le pays, au moins symboliquement.

Les troupes géorgiennes n'ont pas fait long feu à Tskhinvali. En fait foi le tank calciné en plein centre-ville. Un commandant russe répond aux questions des journalistes étrangers devant le cadavre de l'appareil, exhibé comme un trophée de guerre. Les caméras sont ravies. L'image est parfaite.

En dépit des avertissements des soldats russes, qui nous interdisent strictement de nous éloigner du groupe, j'entre dans une cour d'immeubles résidentiels à quelques pas du tank abattu. Mis à part les tirs sporadiques qui sifflent au loin, la situation est calme. Les soldats ne sont pas nerveux. Au pire, je risque d'être grondé.

Un obus a partiellement ravagé l'un des édifices. Un retraité qui y habitait est mort, raconte Elena, l'une de ses voisines, rencontrée dans la cour. L'Ossète de 60 ans insiste pour me faire visiter son appartement dévasté. Sa chambre a été éventrée par les bombardements. Elle a la rage au cœur et veut que le reste du monde le sache. Son mari, blessé par des éclats d'obus, a failli y passer. « Nous sommes restés dans le sous-sol durant cinq jours et cinq nuits. Nous étions onze habitants de l'édifice, avec des provisions d'eau et de pain. Le sang coulait. Nous n'avons pu sortir mon mari qu'après deux jours, lorsque nos forces de maintien de la paix sont arrivées ! » crie-t-elle.

« Nos » forces. Elle fait référence aux Russes, évidemment. Les Sud-Ossètes se sont battus pour leur indépendance face aux Géorgiens,

---

[24] L'année suivante, lorsque je m'entretiendrai avec le président sud-ossète Edouard Kokoïty, il rejettera le blâme de l'incendie des villages sur les civils géorgiens. « Plusieurs de ces gens, en sachant que la Russie a pris cette décision [d'intervenir], ont eux-mêmes mis le feu à leur maison afin qu'elle ne revienne pas à des Russes ou à des Ossètes. Aujourd'hui, ils portent eux-mêmes la responsabilité de cela. Ce ne sont pas des réfugiés. Ce sont des gens qui se sont battus et qui ont perdu. »

un peuple trop proche du leur – dans les coutumes et le mode de vie – pour qu'ils se laissent dominer par lui. Mais dépendre des Russes est acceptable aux yeux de la majorité des Sud-Ossètes. De toute façon, cela fait des siècles que l'empire tsariste, puis soviétique, contrôle le Caucase, agitant souvent le bâton, rarement la carotte. Mieux vaut dépendre de la justice arbitraire d'un père que de celle d'un frère, se disent les Ossètes.

«Seuls la Géorgie et Saakachvili peuvent faire ça au XXIe siècle! Je ne veux plus rien savoir de cette nation!» s'époumone Elena. C'est la rage qui parle et non la raison. La Géorgie n'a bien sûr pas le monopole de l'action militaire contre les populations civiles. Pas même ici, durant ce conflit. À quelques kilomètres de là, alors que j'écoute les accusations d'Elena, des milices ossètes sont en train de se venger en brûlant et en pillant des maisons géorgiennes. Des civils géorgiens sont victimes de leur courroux.

Pour Elena, toute réconciliation est impossible. Et elle en est presque soulagée. La guerre aura éclairci l'avenir: l'Ossétie du Sud a désormais une raison morale de revendiquer son indépendance. Puisque la Géorgie a essayé de la soumettre par la force, quitte à faire des victimes civiles, jamais plus elle ne pourra lui faire confiance et croire en ses messages de paix.

★   ★   ★

Les soldats nous somment de reprendre place dans les véhicules blindés. La visite continue. Ce n'est pas le premier voyage de presse organisé par les Russes depuis le début du conflit. Visiblement, ils savent quoi montrer aux journalistes.

Ils nous amènent dans le «quartier juif». Autrefois, des Juifs y habitaient réellement. Mais il n'en reste plus qu'une seule, une vieille dame, racontent les résidents. La plupart ont pris la route d'Israël à la chute de l'empire. Les autres se sont installés dans les grandes villes russes. Le quartier est dévasté. Sur le moment, je ne me pose pas trop de questions sur l'origine des destructions. Mais à mon retour l'année suivante, je comprendrai qu'une partie des dommages dataient de la guerre précédente et d'années de délaissement. Je regretterai alors d'avoir écrit que Tskhinvali a été «détruite en majeure partie» par les bombardements géorgiens du 7 août.

Les bombes ont néanmoins réellement touché le secteur au cours des derniers jours[25]. Les Russes veulent nous le prouver. Ils frappent à la porte de Rouslan. L'homme de 55 ans est habitué aux journalistes étrangers. Les groupes précédents de reporters ont aussi eu droit à une visite de sa cour. C'est là qu'il a inhumé sa voisine, une quadragénaire enceinte tuée par des fragments d'obus dès la première nuit de bombardements. La tombe de fortune n'est en fait qu'un amas de plaques de bois et de pièces de tôle empilées. «Après deux jours, elle commençait à sentir mauvais. Et puisque les balles volaient partout, nous l'avons enterrée ici», raconte Rouslan aux caméras, microphones et calepins devant lui.

Encore une fois, l'image est parfaite. Sur les écrans de télé et dans les journaux, l'effet sera amplifié. Le cas précis de Rouslan et de sa voisine se transformera en pluriel, directement par la plume du reporter, par sa narration, ou carrément par la force d'imagination du lecteur: à Tskhinvali, on enterre les corps dans les cours, pensera-t-on. L'effet est pratiquement inévitable. Comme les protagonistes et les journalistes, le public cherche des explications. Il veut comprendre le conflit et tente de s'en faire une idée générale, quitte à fausser la proportion des drames.

Une équipe sanitaire arrive. Elle vient exhumer le corps. La femme enceinte sera enterrée dans un endroit plus décent. Son sort est une tragédie, un exemple de plus de l'absurdité de la guerre. Mais pour comprendre ce conflit et les conflits de manière générale, on ne peut se laisser emporter par l'émotion de chaque vie perdue. Il faut mettre en perspective les drames concrets avec des chiffres et des tendances générales, afin de saisir les intentions et les logiques de l'œuvre destructrice de chaque belligérant. Pour le journaliste, c'est le seul moyen de voir clair et juste dans le non-sens intrinsèque de la violence entre les hommes.

★　★　★

---

[25] En 2009, un responsable de la reconstruction m'affirmera que quatre cent vingt édifices de Tskhinval ont été détruits durant le conflit.

L'hôpital républicain est notre prochaine escale. La médecin-chef adjointe nous fait visiter. Lioudmila Kelekhsaïeva a les traits tirés. Elle n'a pas quitté l'hôpital depuis le début des combats. Dès les premières heures du conflit, deux missiles ont frappé le bâtiment. Tous les patients ont dû être transférés dans le sous-sol désaffecté et insalubre. « C'était mieux que de les laisser mourir dans la rue », justifie presque la médecin.

L'électricité a été coupée dès le premier soir. L'hôpital avait bien une génératrice, mais pas de diesel pour la faire fonctionner. Durant deux jours, les médecins ont dû opérer à l'aveuglette, alors que les blessés affluaient. Puis l'électricité est revenue. Le sous-sol est maintenant éclairé par quelques petites ampoules pendantes. Le plancher est un amas de poussière et de débris dus non pas au conflit, mais à des années de négligence dans l'entretien d'un endroit qui ne devait jamais plus servir.

À l'arrivée des forces russes au deuxième jour, les deux cent quatre-vingts patients ont tous été évacués vers Vladikavkaz. « Personne n'a eu le temps de mourir ici », souligne Mme Kelekhsaïeva. Ne restent plus aujourd'hui que les lits en métal vides, surmontés d'un mince matelas et installés près des murs en béton froid. Le matériel médical traîne toujours sur les tables.

Tous les blessés ossètes de la guerre ont été accueillis dans cet hôpital, explique la médecin. Et tous les cadavres qui pouvaient y être transportés au travers des fusillades. Quarante-quatre corps au total, précise-t-elle à ma demande. Quarante-quatre seulement ? La propagande du gouvernement ossète parlait pourtant d'un improbable décompte de mille six cents victimes dès les premières heures du conflit[26]. Lorsque je remets le chiffre en question, la médecin devient politique. « C'est peut-être même plus ! » Comme ses collègues, elle a fait preuve d'un courage digne de son serment d'Hippocrate durant les pires heures du conflit. Mais elle ne peut s'empêcher de prendre parti pour son peuple, lorsque vient le temps de diaboliser l'ennemi. Logiquement, s'il y avait eu autant de victimes, la petite capitale aurait été jonchée de cadavres à tous les coins de rue. Et les troupes russes se seraient fait un devoir de nous conduire aux charniers, eux

---

[26] En entrevue un an plus tard, le président sud-ossète Edouard Kokoïty reconnaîtra que le bilan final était plutôt de cent soixante-huit morts, civils et combattants.

qui cherchaient de toutes les façons à nous démontrer la cruauté des agresseurs géorgiens.

Nous montons aux étages touchés par les bombardements. Quelques chambres ont été éventrées, la plupart des vitres ont été soufflées par les explosions, mais le bâtiment pourra rapidement être remis sur pied avec l'aide adéquate. «Ils ont intentionnellement frappé l'hôpital et d'autres édifices importants. Même les fascistes ne tiraient pas sur les hôpitaux!» s'emporte la médecin Kelekhsaïeva. Je photographie les débris de missiles. À Tbilissi, le gouvernement géorgien cherche à convaincre les journalistes étrangers que les Russes ont eux-mêmes bombardé Tskhinvali pour ensuite la «libérer». L'accusation paraît absurde. Mais les Géorgiens savent jouer du préjugé favorable des Occidentaux à l'égard de leur gouvernement et de celui défavorable envers l'«ours russe» impérialiste et machiavélique, suspect habituel dans la région. Les Géorgiens sèment le doute pour mélanger les vérités. Si je peux retrouver l'origine des missiles, je pourrai déterminer qui a bombardé l'hôpital. Or, mes connaissances limitées en matière de matériel militaire et l'absence d'inscription quelconque sur les débris retrouvés m'empêcheront de découvrir leur provenance.

En fin d'après-midi, nous prenons le chemin du retour vers la Russie. Le voyage de presse organisé par l'armée russe se déroule sans accroc... jusqu'à ce que notre véhicule blindé surchauffe au milieu de la route. Nous avons tout juste le temps de quitter l'habitacle avant qu'il ne soit entièrement envahi de fumée. Les jeunes soldats sont désemparés. Leur manque de préparation est aussi patent que la vétusté des appareils militaires russes. Nous ferons les quelques kilomètres qui restent sur le capot bondé d'un deuxième char. À la russe.

* * *

La guerre de l'écran

«Pourquoi mentez-vous? Pourquoi dites-vous que c'est la Russie qui a attaqué en premier?» Peu importe l'interlocuteur, l'accusation est la même. À Vladikavkaz, elle est jetée au visage des journalistes étrangers comme une évidence, sans même qu'ils aient encore prononcé un seul mot. Parfois avec un sourire, d'autres fois avec la rage de celui qui se sent victime d'une injustice. Depuis des jours, la télévision russe fait ses choux gras d'extraits de reportages erronés ou partiaux de médias occidentaux : sur CNN, des images montrent une ville détruite «géorgienne», victime des «bombardements russes», alors qu'il s'agit en fait de Tskhinvali ; sur Fox News, une fillette «ayant fui l'invasion russe» corrige le présentateur en précisant que l'agresseur était géorgien, avant d'être interrompue par une soudaine pause publicitaire...

La télévision russe a en partie raison. Plusieurs médias occidentaux ont une forte tendance à présenter la Russie comme l'agresseur et la Géorgie comme la victime innocente de son impérialisme. Elle se trompe toutefois sur les raisons de ce biais occidental. Pour la télé russe, étroitement contrôlée par le Kremlin, tout est logique. Comme elle, les médias américains et européens se font dicter leur contenu par les dirigeants de leur pays. Ce serait donc la Maison-Blanche qui souffle à CNN sa ligne éditoriale sur le conflit et, dans la même logique, le 24, promenade Sussex qui s'assure que mes textes dans *La Presse* concordent avec la position du gouvernement canadien. Il n'en est rien, bien sûr. Personne n'a besoin d'imposer une ligne éditoriale à quiconque pour que celle-ci soit trompeuse. Le biais est culturel et circonstanciel. Après avoir discuté avec plusieurs reporters dans les mois suivant le conflit, j'en arriverai à la conclusion que le problème ne se trouvait pas tant du côté des journalistes sur le terrain que de celui des rédactions et de leur perception de ce conflit éloigné.

Durant la guerre, j'ai précisé dans tous mes articles que les hostilités avaient été déclenchées par une attaque massive des Géorgiens sur l'Ossétie du Sud, suivie d'une riposte et d'une invasion de la Géorgie par les Russes. Tout comme le faisaient plusieurs agences de presse et d'autres collègues. Quelques semaines plus tard, je lirai pourtant dans l'une des publications qui avait imprimé mes écrits une banale allusion à «l'offensive russe» du 7 août... Dans la tête de l'auteur lointain, la responsabilité russe était une évidence.

Un collègue suisse qui a couvert la guerre côté géorgien me racontera aussi avoir dû corriger un présentateur en ondes pour les mêmes raisons. Les *a priori* sont tenaces et difficiles à déboulonner. Surtout quand la machine de propagande de la petite Géorgie, huilée à l'occidentale, sait les utiliser à fond pour obtenir l'appui des chancelleries européennes et américaines. Durant tout le conflit, le président Mikhaïl Saakachvili, anglophone parfait et très bon francophone, était au moins une fois par jour en direct sur CNN pour faire valoir «sa» vérité. Après avoir annoncé l'opération pour restaurer l'ordre constitutionnel en Ossétie du Sud le soir du 7 août, il changea soudainement son récit des événements quelques jours plus tard pour rejeter le blâme du déclenchement du conflit sur les Russes. «Aussi surhumaines que soient vos forces militaires, si vous n'avez pas préparé l'attaque depuis des mois et des mois, pour l'amour de Dieu, comment pouvez-vous mobiliser mille chars en quelques heures pour les envoyer dans un autre pays?» plaidait-il désormais sur CNN, parlant d'une «attaque préméditée» contre son pays.

Quelle fut la réplique russe à ces accusations? Un silence radio-télé quasi total. Aucune contre-propagande en direct à destination des foyers américains et européens. Ce n'est qu'au cinquième jour que le Kremlin enverra finalement son ministre des Affaires étrangères, Sergueï Lavrov, lui aussi parfait anglophone, présenter la position russe sur CNN. Mais il était trop tard. Le silence russe avait déjà été interprété comme un silence coupable.

★　★　★

Géorgiens d'Ossétie

En temps de conflit, chaque peuple en guerre se recroqueville sur les vérités que lui offre sa propagande. Mais que faire lorsque nos appartenances sont partagées de part et d'autre de la ligne de front?

Robert Tsindeliani, 59 ans, est Géorgien. Il est né en Russie, a étudié en Géorgie et habite l'Ossétie du Nord depuis vingt ans. Il est vice-directeur d'une usine de réparation de wagons de train. Grâce à son antenne satellite, il a accès aux chaînes russes et géorgiennes. Il comprend tout ce qu'on y raconte dans les deux langues. Les chaînes russes accusent les Géorgiens de perpétrer un génocide contre les Ossètes. Il entend d'ailleurs les mêmes accusations dans les bribes de discussion qu'il capte dans les rues et les cafés de Vladikavkaz. Les chaînes géorgiennes, elles, accusent les Russes d'impérialisme, de vouloir conquérir et soumettre les Géorgiens. Sa famille et ses amis en Géorgie lui disent la même chose.

Qui croire?

Les Géorgiens, il les connaît bien. C'est le sang qui lui coule dans les veines. Impossible qu'ils soient assoiffés du sang des autres comme le prétend la télé russe. Les Russes aussi, il les connaît. Impossible qu'ils aient déclenché la guerre. Ils n'avaient pas intérêt à se battre. Le *statu quo* en Ossétie du Sud leur convenait très bien. Ils pouvaient y maintenir leur influence tout en évitant d'irriter les Occidentaux, qui soutiennent officiellement l'intégrité territoriale de la Géorgie.

Par son sang, Robert Tsindeliani est un ennemi en Ossétie du Nord. Mais sa tête raisonne autrement. Il habite ici, y est heureux et souhaite y rester. Il ne veut pas être un ennemi.

C'est dans les dédales d'un vieux bâtiment de l'avenue de la Paix, à Vladikavkaz, que nous tombons sur M. Tsindeliani. Avec Greg, mon collègue de l'agence Bloomberg, nous sommes sur la trace des Géorgiens d'Ossétie. Ils seraient dix mille, selon M. Tsindeliani. Le nombre est probablement exagéré, mais ils sont assez nombreux pour avoir leur propre association, Ertoba, dont Robert Tsindeliani est le directeur.

Ertoba a été fondée en 1989. À l'époque, les tensions ethniques commençaient à refaire surface en URSS. En pleine perestroïka gorbatchévienne, l'identité soviétique s'effritait un peu plus chaque jour et chaque peuple de l'empire redécouvrait ses vieilles rancunes historiques envers ses voisins ou cohabitants. L'ethnicité redevenait un facteur de séparation. « *Ertoba* » veut dire « unité » en géorgien. Le but de l'association est de faire connaître la culture géorgienne, mais surtout d'éviter les conflits interethniques. Et nous voici en pleine guerre.

À notre arrivée, M. Tsindeliani est craintif. Des journalistes étrangers? La télé russe lui raconte qu'ils mentent. Mais comme plusieurs leaders, il préfère parler à se taire, qu'il apprécie ou non ses interlocuteurs. « Le peuple géorgien est désinformé, manipulé! Saakachvili n'est que l'exécutant. C'est Bush, ce sont les Américains qui ont fait ça ! Les États-Unis ont profondément fait mal à la Géorgie ! » plaide-t-il. Ce qu'il faut comprendre : le sang dans ses veines n'est pas coupable. Les vrais coupables, ce sont les Américains, le grand allié du pro-occidental Saakachvili. S'ils ont commencé la guerre, les Géorgiens ne sont dans le fond que des victimes manipulées par des étrangers et leur pantin local. Même les soldats. « Certains ont été drogués. Un homme normal, d'autant plus dans le Caucase, ne toucherait jamais à une femme », soutient M. Tsindeliani, en rappelant les exactions soi-disant commises par les soldats géorgiens contre des femmes enceintes et des enfants.

Après quelques minutes à discuter dans le couloir, nous entrons dans le minuscule local d'Ertoba. Une dizaine de bénévoles trient des vêtements usagés, des couvertures et d'autres dons. « C'est pour les réfugiés. Les réfugiés ossètes », précise l'une des volontaires. Par leur aide, les Géorgiens d'Ossétie veulent prouver leur allégeance. Ils sont peut-être Géorgiens, mais ils sont avant tout des habitants de l'Ossétie du Nord. Et ils ne sont surtout pas les représentants des autorités géorgiennes. Seule Lali Kavtaradze ne peut s'empêcher de se sentir malgré tout coupable de son origine. Elle est institutrice. Dans quelques semaines, le 1er septembre, elle sera debout, face à ses élèves ossètes. « Pour la première fois en vingt-cinq ans d'enseignement, j'ai honte. Ce sera difficile de regarder les enfants dans les yeux lorsque les classes recommenceront. Je sens que j'aurai toujours besoin de me justifier, de m'excuser des actions du gouvernement géorgien. »

Robert Tsindeliani reprend la parole. Il parle fort, comme pour donner de la vigueur à l'espoir qu'il veut entretenir que ses peuples d'origine et d'adoption se réconcilieront un jour. « Nous sommes tous chrétiens[27]. Et, de toute façon, toutes les guerres finissent en paix. »

★   ★   ★

Durant tout le conflit, les autorités nord-ossètes n'ont pas relevé – ou du moins révélé – d'incidents à caractère ethnique à l'encontre de la communauté géorgienne. Ce qui ne signifie pas une absence de tension.

---

[27] Les Géorgiens sont chrétiens orthodoxes. Les Ossètes le sont aussi en majorité, mais une minorité en Ossétie du Nord est musulmane.

Avec Greg, nous nous rendons en taxi à Nijnaïa et Verkhnaïa Balta (basse et haute Balta), deux villages près de la frontière géorgienne. Nous frappons à la porte d'une maison. Un peu brusquement, notre chauffeur demande à l'homme qui répond si des Géorgiens y habitent. Sans plus d'explications. «Non, pas de Géorgiens ici.» Nous reprenons la route. Les rues sont désertes. Sur l'accotement, une femme seule marche. Nous nous arrêtons pour lui parler. Ira est née d'un père arménien et d'une mère géorgienne. «Les familles mixtes sont celles qui souffrent le plus. Ma patrie est ici, en Russie. Mes enfants sont ici. On ne peut pas me demander de les séparer, d'en envoyer un se battre du côté géorgien et de garder l'autre ici.» Soudain, une voiture de police arrive à toute vitesse et s'arrête près de notre taxi. Les agents qui sortent sont nerveux. Tendus plus qu'irrités. «Qu'est-ce que vous faites? Vous êtes en train de faire peur à tous les habitants! Ils ne veulent plus sortir de chez eux maintenant!» Les policiers ont reçu un appel. Probablement de l'homme qui nous a refoulés lorsque nous avons frappé à sa porte plus tôt.

Ils nous conduisent au poste de police. Un buste argenté de Staline trône devant l'entrée. Le poste date d'une autre époque. Tout comme l'agent assis derrière un vieux bureau de bois pour examiner nos accréditations de journalistes. Au-dessus de sa tête, le portrait de Félix Dzerjinski – fondateur en 1917 de la Tchéka, première police politique du nouveau régime bolchévique – semble le superviser avec un regard sérieux. Le policier nous gronde. Il nous ordonne de nous éloigner de la frontière et de retourner à Vladikavkaz. Nous n'avons commis aucune infraction, mais nous avons touché la corde des relations interethniques, sensible en ces temps de conflit.

★ ★ ★

Les accusations génériques

Après l'Ossétie du Sud, l'épicentre de la guerre se déplace au fil des jours vers la Géorgie, désormais sous occupation russe. Je quitterai donc bientôt l'Ossétie pour aller observer l'autre côté de la guerre. Je feuillette une dernière fois mon carnet de notes ossète. Des phrases cohérentes, d'autres incomplètes, certains mots qui ne veulent plus rien dire hors de leur contexte, des guillemets, parfois suivis d'un nom, parfois non.

« Historiquement, nous avons toujours été liés à la Russie. Nous vivons avec la Russie depuis trois mille ans. Et ce sera ainsi jusqu'à la fin des temps. » Cette citation, par exemple. Elle est attribuée à un certain Taïmouraz, 62 ans. Je crois l'avoir rencontré dans la rue Staline, artère principale de Tskhinvali, près des camions-citernes du ministère des Situations d'urgence russe qui venaient ravitailler la ville en eau. Un homme aux cheveux gris, sentant l'alcool, qui insistait pour me faire un cours d'histoire. Était-ce bien lui ? Ou ai-je oublié le visage de Taïmouraz et notre lieu de rencontre ? Peu importe, la citation est générique. Durant ma semaine en Ossétie du Nord et du Sud, j'ai entendu des dizaines de variations du même argument. En cherchant dans les livres d'histoire, chacun peut trouver une date et un événement pour justifier le droit de son peuple sur une terre, pour prouver des alliances soi-disant immortelles ou des ennemis jurés de tout temps.

Sur une autre page, j'ai noté les mots d'un certain « Valera, la soixantaine », aussi de Tskhinvali : « On nous élimine comme des bêtes. C'est une guerre, je veux bien, mais battez-vous comme il se doit ! Bombarder des citoyens paisibles, ce n'est pas honnête. Une guerre doit avoir des règles. Les Géorgiens se battent sans règles. » Encore une fois, l'argument est générique. L'ennemi est de mauvaise foi, n'a pas d'honneur, alors que nous, nous combattons dignement.

Taïmouraz, Valera et les autres anonymes de Tskhinvali n'habitent qu'à un jet de pierre de cet ennemi qu'ils stigmatisent. Avec un vent favorable, leurs mots pourraient presque atteindre les oreilles géorgiennes. Ils en parlent avec la haine dans la voix, laissant présager que la réconciliation sera longue et douloureuse. Si jamais elle a lieu. Ils l'ont pourtant côtoyé toute leur vie, cet ennemi. Ils ont ri et pleuré avec lui. Mais aujourd'hui, il est l'incarnation du mal. La guerre les a séparés, dans leurs têtes et leurs cœurs. Et même si Tskhinvali n'est qu'à cinq cents mètres de la « frontière » avec la Géorgie et à cent kilomètres de sa capitale Tbilissi, la méfiance a creusé entre les deux peuples un large fossé.

Pour l'entretenir, les frontières ont été fermées à double tour. Seules les troupes peuvent traverser la ligne imaginaire entre l'Ossétie du Sud et la Géorgie. Au lieu de marcher entre les deux pays, je devrai ainsi faire un détour de milliers de kilomètres pour rejoindre Tbilissi, via Vladikavkaz, Moscou et Kiev.

★   ★   ★

L'envers du miroir

« Ce n'est pas une terre ossète, c'est la nôtre ! C'est l'Histoire qui le dit. Il y avait très peu d'Ossètes à Tskhinvali avant que Staline les y envoie ! » rage Ekaterina Kokosadze, une réfugiée géorgienne. « Nous comprenons que c'est la guerre et qu'ils tuent des soldats. Mais pourquoi des civils ? Les Ossètes et les Russes se préparaient depuis longtemps à la guerre ! » s'insurge Tea Bagousidze, un autre réfugié géorgien.

Je connais cette haine. Je connais cette souffrance. Je connais ces vérités tordues et ces mensonges flagrants. Oui, ce sont les mêmes que j'ai entendus il y a quelques jours en Ossétie, de l'autre côté de la guerre. La ligne de front est un miroir qui reflète de part et d'autre les mêmes absurdités en les déformant à peine.

Ossétie / Géorgie. Taïmouraz / Ekaterina. Valera / Tea.

Leurs visages se sont perdus au milieu de dizaines d'autres dans ma mémoire. Ne restent que des prénoms, des phrases et des étiquettes ethniques. Et les mots de chacun, qui résonnent en écho à ceux des autres.

Valera et Tea pourraient pratiquement entonner à l'unisson leur complainte sur la cruauté de l'ennemi et le malheur de leur pauvre peuple. La seule dissonance surviendrait au moment de nommer les coupables et les victimes. « Ce sont les Ossètes qui ont fait ça aux Géorgiens ! » bramerait Tea. « Ce sont les Géorgiens qui ont fait ça aux Ossètes ! » braillerait Valera.

Le rythme serait le même : celui du bruit des bottes qui frappent le sol et des bombes qui tombent pour briser leur quotidien paisible.

Le chagrin dans la voix serait identique.

Si la première victime de la guerre est la vérité, la deuxième est certainement le simple citoyen. Et pourtant, il est le premier à cautionner l'usage de la violence contre l'Autre, au nom de sa propre sécurité. Il a rarement la conscience tranquille. Il est souvent encore plus belliciste que ses leaders. Pour un chef d'État, la guerre demeure le plus souvent un concept abstrait. Il la déclare, commande ses troupes, bouge des pions. Mais tout cela reste un jeu. Le simple citoyen, lui, habite sur l'échiquier. Il voit la guerre entrer dans sa maison, détruire sa vie, le forcer à fuir. Au départ, il essaie de se convaincre que c'est l'Autre qui a commencé. C'est pour cela, par exemple, que les Géorgiens veulent faire remonter la genèse du conflit aux échanges de coups de feu précédant leurs bombardements de Tskhinvali et qu'ils arguent que les tanks russes étaient en route pour les attaquer avant même leur première offensive sur la capitale sud-ossète. Pour régler la question morale, le blâme de la première pierre doit revenir à l'ennemi : c'est lui qui a commencé, il a donc tort. À partir de là, toute action pour le neutraliser est justifiée. Et lorsque des femmes, des enfants et des vieillards «ennemis» meurent, le simple citoyen détourne le regard. La seule sympathie qu'il peut se permettre est celle envers ses propres morts. Pour légitimer ces «dommages collatéraux», il rappelle les cadavres tout aussi innocents qui gisent de son côté de la tranchée. Il en revient à la logique babylonienne de la loi du talion : œil pour œil, dent pour dent. Il en revient à cet instinct primaire qu'est la vengeance.

Lorsque le simple citoyen se sent menacé, il prend ses craintes pour des réalités. Il absorbe tous les mensonges et demi-vérités que lui fournit la propagande de ses élites pour leur donner une forme concrète. Il souffre, mais ne voit qu'une issue pour apaiser son malheur : faire souffrir l'Autre. Il est à la fois victime et caution morale des bourreaux de son camp.

★　★　★

Je déambule dans les couloirs de l'école 195 de Tbilissi. Depuis la réplique russe et l'avancée de son armée en territoire géorgien, l'établissement a été reconverti en centre pour réfugiés. Y sont entassés des Géorgiens d'Ossétie du Sud, mais aussi de Gori, la ville de naissance de Staline, bombardée par les Russes au deuxième jour du conflit.

À l'entrée de l'école, un épouvantail à la tête en ballon de soccer accueille les visiteurs. Sur sa poitrine, il porte un écriteau en russe : « Poutine ». Autant dire le diable pour les Géorgiens en guerre, qui accusent le premier ministre et homme fort de la Russie d'avoir déclenché et orchestré le conflit. Sur une valise au sol, un bol a été déposé pour faire de l'épouvantail un mendiant. Poutine, un mendiant ? Le sens de l'installation pseudoartistique est flou. « Ce sont les enfants qui l'ont fait », explique fièrement un habitant de l'école. Logique enfantine, donc. Les enfants ont voulu recréer cet ennemi démoniaque dont parlent toute la journée leurs parents. Pour l'humilier, ils ont utilisé l'image la plus simple qu'ils connaissent de l'homme sans honneur et sans dignité, celle du clochard contraint à quémander pour survivre.

Dans les salles de classe, les réfugiés ont installé leurs pénates. Ils n'y sont que depuis quelques jours, mais on pourrait croire que leur séjour se compte en mois tellement ils ont su s'approprier l'endroit.

On dit que la guerre fait ressortir le pire chez les hommes, mais aussi le meilleur. Les réfugiés peuvent ainsi compter sur l'aide des résidents du quartier Saburtalo, où se trouve l'école 195. Ceux-ci leur fournissent couvertures, mobiliers, vêtements, nourriture et les invitent dans leur appartement le temps d'une douche.

Lorsqu'ils apprennent qu'un journaliste étranger est en visite, les réfugiés se précipitent à ma rencontre. Tous veulent être porte-parole de la souffrance ambiante.

Il y a Maya, deux fois réfugiée. En 1992, elle a dû quitter sa maison d'Ossétie du Sud pour s'installer à Gori avec sa famille. Elle pensait y être en sécurité. Puis, avec cette nouvelle guerre, elle a dû fuir à nouveau.

Il y a sa tante Lucia, 73 ans, qui, aux premières bombes, a quitté son village mixte d'Ossétie du Sud, peuplé d'Ossètes et de Géorgiens. Elle est aujourd'hui convaincue que sa maison n'est qu'un tas de cendres, même si elle n'en a aucune preuve. « Une semaine avant le début de la guerre, les femmes et les enfants ossètes ont quitté les villages. Seuls les hommes sont restés. J'ai été surprise, mais ensuite (au déclenchement des hostilités) j'ai compris pourquoi ! »

La vieille dame voit un complot là où il y a une évidence. Durant les semaines qui ont précédé le conflit, les échanges de coups de feu entre l'armée géorgienne et les milices ossètes avaient fait fuir les plus craintifs. Des Ossètes, mais des Géorgiens également. Certains des voisins géorgiens de Lucia ont probablement quitté les lieux avant le début des hostilités à grande échelle. Elle a dû voir dans leur départ une précaution. Par contre, à ses yeux injectés de méfiance, celui des civils ossètes ne pouvait être que la mise en marche d'un plan machiavélique.

Quelques jours plus tôt, de l'autre côté du front, des réfugiés sud-ossètes avançaient d'ailleurs les mêmes théories à propos du départ «mystérieux» d'habitants géorgiens de leur village tout juste avant les premières bombes. Les accusations symétriques des deux parties laissent présumer que la fuite de civils n'était pas orchestrée, mais plutôt motivée par l'instinct de survie de chacun, indépendamment de son appartenance ethnique. Il y a en l'humain cette tendance perverse à se croire constamment le sujet d'une vaste conspiration qui expliquerait tous les maux qu'il subit et le placerait toujours en situation de victime. Et en tant que victime, il se sent le droit d'être haineux envers l'Autre.

Les réfugiés géorgiens de l'école 195 n'ont plus l'intention d'habiter avec les Ossètes. Dans leur tête, il n'y a de la place que pour la supériorité d'un peuple sur l'autre, le leur de préférence.

À l'école 11, c'est tout le contraire. Lorsque j'y entre, personne ne se jette sur moi. Les réfugiés feignent plutôt de ne pas parler russe, pour que nous ne puissions pas discuter. Ils arrivent d'Ossétie du Sud. Plusieurs sont issus de familles mixtes. Un jour, espèrent-ils, le retour sera possible. Ils veulent éviter les représailles et craignent de faire trop de vagues. Ils ne se sentent pas les bienvenus à Tbilissi, avec leur sang mêlé. L'élan de solidarité envers les réfugiés ne les a pas atteints avec la même ferveur que les réfugiés «purement» géorgiens. Durant leurs neuf premiers jours à l'école 11, ils ont dû dormir par terre, sans matelas. L'un d'eux, Aleksander, finit par se confier. «Au bazar de Tskhinvali, nous marchandions et mangions ensemble avec les Ossètes. Et ce sera encore comme ça lorsque les Russes partiront d'Ossétie du Sud. » Sa femme est Ossète. À ses yeux, ce ne peut donc pas être eux les coupables. Lui, il est Géorgien. Ne restent donc plus que les Russes pour être venus briser une harmonie qu'il vivait au quotidien lorsqu'il allait vendre ses pêches au marché de Tskhinvali.

* * *

À l'extérieur des centres pour réfugiés, la vie suit son cours à Tbilissi. La capitale a été épargnée par la guerre. L'avancée des chars russes à quelques kilomètres à peine de la capitale ne s'est jamais soldée par une invasion. Les Russes n'ont pas osé[28]. Dans les rues, seules les caricatures du président et du premier ministre russes dépeints en fascistes viennent rappeler que le pays est en guerre. Dans le luxueux hall du Marriott, les officiels du gouvernement géorgien s'assurent que les journalistes étrangers ne manquent de rien. Et surtout pas d'information. Leur information. Des spécialistes en relations publiques européens sont venus prêter main-forte à la machine de propagande géorgienne et parlent aux reporters occidentaux dans leurs langues. Le président Saakachvili est disponible pour les chaînes de télévision à quelques heures d'avis. Contrairement aux Russes, les Géorgiens sont transparents, ou du moins en ont l'air. Depuis ce hall d'hôtel, à coups de conférences de presse et de « confidences » complices, le gouvernement géorgien met à profit le préjugé favorable de l'Occident à son égard. À la guerre comme à la guerre, il désinforme sous couvert d'informer. Et puisque le théâtre de guerre est difficilement accessible, les Géorgiens peuvent façonner l'image du conflit à leur guise.

Selon les officiels géorgiens, la ville de Gori, à soixante-seize kilomètres à l'ouest de Tbilissi, serait ainsi « complètement rasée ». Les Russes qui occupent la ville ne laisseraient pas passer l'aide humanitaire et les rares citoyens qui y sont restés seraient sur le point de mourir de faim.

---

[28] Deux ans plus tard, un vétéran russe de la guerre d'Afghanistan me fera remarquer que la décision de ne pas envahir la capitale géorgienne avait certainement à voir avec l'échec afghan de l'Armée rouge durant la décennie 1980. « Nous aurions facilement pu conquérir Tbilissi. Mais nous ne l'avons pas fait. Parce qu'à ce moment nos cerveaux ont commencé à fonctionner. Et nous nous sommes rappelé la leçon afghane », m'a expliqué Aleksander Razoumov, président de l'Union panrusse des vétérans d'Afghanistan. Que la « leçon afghane » soit ou non la raison de la « retenue » russe en Géorgie, il est toutefois clair que les Russes ne comptaient pas s'embarquer une nouvelle fois dans l'occupation à long terme d'un pays (désormais) étranger. Les Géorgiens argueront que les Russes occupent déjà l'Abkhazie et l'Ossétie du Sud, mais puisque la population locale est presque entièrement favorable à leur présence et qu'ils n'ont pas à faire face à leur hostilité, « l'occupation » n'est pas ressentie comme telle et n'est donc pas aussi risquée que le serait celle de la Géorgie entière.

Tôt le matin du 20 août, c'est vers cette ville qu'on décrit comme l'enfer que je m'embarque avec Anzor, un étrange chauffeur de taxi géorgien.

★ ★ ★

Briser la censure
20 août 2008, entre Tbilissi et Gori

Les deux mains accrochées à son volant, Anzor conduit à un rythme excessivement lent. Chaque fois qu'il veut me raconter une histoire, il ralentit encore. Comme s'il devait compenser l'énergie dépensée à parler en jetant du lest sur la pédale. Ses réflexes bizarres ne sont pas très rassurants. Mais à Tbilissi, les chauffeurs prêts à aller à Gori ne sont pas légion. Anzor s'y est rendu il y a quelques jours avec une équipe de la télévision polonaise. La ville n'était alors pas encore totalement «sécurisée». C'était peu après la fin des raids aériens russes.

Il y a une semaine encore (le 12 août), le caméraman néerlandais Stan Storimans, un habitué des zones de conflit, a été tué par une roquette à sous-munitions[29] russe en plein centre-ville de Gori. L'armée géorgienne était alors en déroute. Un collègue suisse avait vu de pauvres soldats géorgiens prendre leurs jambes à leur cou pour quitter la ville. Par manque de moyens de transport militaires, certains menaçaient même des civils – tout aussi géorgiens – à la pointe de leur mitraillette pour qu'ils les conduisent jusqu'à Tbilissi. Aujourd'hui, selon la rumeur et les témoignages non officiels qui en sortent, Gori serait entièrement sous le contrôle des Russes. Personne ne menaçant plus leur hégémonie, la ville serait plus calme.

★ ★ ★

Quelques kilomètres après notre sortie de la capitale, nous passons le dernier poste encore sous contrôle géorgien. Ce sont des policiers et non des militaires qui le surveillent. Rien à signaler, l'atmosphère est presque détendue. Si jamais ils décidaient d'avancer plus loin, c'est pourtant par ici que les Russes devraient passer. Mais il serait peu probable qu'ils se heurtent à une quelconque résistance. Les Géorgiens ont compris qu'ils ne font pas le poids face aux troupes russes.

---

[29] La Convention sur les armes à sous-munitions adoptée à Dublin en mai 2008 interdit leur usage, mais la Russie ne l'a pas signée.

Quelques mètres de *no man's land*, puis un poste russe. Les soldats ont à peine vingt ans. Ils blaguent avec nous et se plaignent de ne pas avoir été ravitaillés en cigarettes. Anzor, dans toute son étrangeté, me demande de le photographier avec les soldats d'occupation. Ils acceptent... en échange de cigarettes. Sur la photo, Anzor prend une pose de collabo, fraternisant avec les militaires jusqu'à lever un poing victorieux comme s'il faisait lui-même partie du peuple vainqueur. Les trois jeunes soldats tiennent nonchalamment leur mitraillette, le regard indifférent, assis sur des pneus et des blocs de béton. «Ils sont gentils, hein?» dis-je lorsque nous remontons dans la voiture. Anzor redevient subitement Géorgien. «Ça dépend des ordres qu'on leur donne en haut lieu. Là, tout est calme. Mais si on le leur ordonne, ils peuvent se transformer en bêtes», répond-il, convaincu.

Deuxième poste. Sur un véhicule blindé stationné en bordure de la route flotte le drapeau russe. Au-dessus de ce qui ressemble à un abribus flotte un autre drapeau, frappé d'un «MC». C'est celui de la Force de maintien de la paix. Au départ, soit après la première guerre de 1991-1992, elle comptait à parts égales des soldats russes, sud-ossètes et géorgiens. Mais au cours des dernières années, avec la méfiance croissante entre les peuples, les Géorgiens s'en sont distanciés. La Force est devenue partie prenante de cette deuxième guerre aux côtés de l'armée russe régulière et des milices ossètes. Plus question de maintenir la paix.

«Je suis désolé, nous avons reçu l'ordre de ne pas laisser passer les journalistes», nous explique un soldat. En écho, une voix émanant de son walkie-talkie répète ce même commandement. Le soldat blond décoche un sourire. Il est sincèrement désolé. J'en suis perturbé. Depuis quand les militaires en service, russes de surcroît, laissent-ils transparaître des émotions autres que la sévérité ou l'indifférence devant le commun des mortels? D'autant plus en zone de guerre! Et moi qui croyais me diriger vers l'enfer...

Des voitures bondées de Géorgiens et de vivres passent au poste. Elles sont sommairement inspectées, mais peuvent ensuite poursuivre leur route, vers Tbilissi ou Gori. Le calme du poste est parfois interrompu par le passage de chars russes, qui se dirigent dans les deux directions, ne laissant transparaître aucune stratégie de retrait ou d'avancée.

Anzor et moi restons en plan sur le bord de la route, impuissants. Un convoi de voitures officielles et de semi-remorques d'aide humanitaire passe en trombe, sans être ennuyé par les soldats. Programme alimentaire mondial, Vision mondiale, UNHCR, ambassade d'Allemagne, consulat norvégien. Gori n'est pas sous blocus, comme le prétendent les autorités géorgiennes. Un autre mensonge s'écroule partiellement sous mes yeux. Reste à vérifier ce qu'il advient de cette aide une fois arrivée dans la ville occupée. Mais pour cela, il faudra trouver une ruse pour percer la vigilance russe et entrer dans Gori.

Le temps passe. D'autres journalistes arrivent pour être refoulés tout autant que nous. Aujourd'hui, pas de médias. Les jours précédents, le droit de passage était plus aléatoire, expliquent des collègues. Mais ce matin, pour une fois, le règlement est clair. Je réfléchis. Si les civils géorgiens, les officiels et les humanitaires sont admis, il suffirait de se faire passer pour l'un de ces groupes pour aller plus loin. Les militaires du poste nous ont trop vus pour que nous réussissions à les berner. Il faudrait attendre un changement de garde. À moins qu'il y ait une autre route d'accès? Anzor réfléchit. Bien sûr, il y a cette vieille route cahoteuse qui mène à la ville par le sud (notre route initiale nous faisait entrer par le nord). Discrètement, nous repartons. Partager l'idée avec les collègues risquerait d'amener une marée de journalistes à l'entrée sud et d'ainsi compromettre nos chances de succès.

En chemin, j'achète quelques paquets de cigarettes. Pas pour moi, mais pour les soldats. Peut-être pourrai-je les soudoyer pour obtenir mon passage jusqu'à la ville, un paquet à la fois? Après une heure de nids-de-poule et de paysages ruraux en ruine – non pas à cause de la guerre, mais à cause de la pauvreté –, nous arrivons à l'orée de Gori. Au bord de la route, deux vieilles dames transportent de lourds sacs en direction de la ville. Nous les faisons monter dans la voiture. Par civisme, mais aussi dans l'espoir que les soldats au poste nous prendront tous pour des locaux. Pas de chance. Au poste de contrôle, la voiture devant nous est bondée de photographes étrangers. Avec leur regard sérieux et leur keffieh au cou, ils ont l'air plongés à fond dans le romantisme de la couverture de guerre. Ils sont rapidement repérés. Ils essaient le truc du paquet de cigarettes. Rien à faire. Ces soldats ne manquent de rien et ne semblent pas prêts à prendre le risque de fermer les yeux sur l'ordre reçu. C'est notre tour. Le soldat se penche. Il veut voir les papiers d'Anzor. Il regarde de plus près les autres occupants de la voiture. Avec mon t-shirt blanc et mes lunettes rondes, silencieux sur le siège du passager, je n'ai pas suffisamment l'air d'un Géorgien. « Pas de journalistes. » Grillé. Encore une fois, le soldat s'adresse à nous poliment. Décidément, il y a quelque chose qui cloche avec les soldats russes ces jours-ci. Est-ce l'ivresse de la victoire qui leur monte à la tête ?

Devant nous, de l'autre côté du poste, s'étale la large avenue Staline, l'artère principale de Gori. La ville est à portée de vue. Mais inaccessible. Si près du but...

Faute de pouvoir entrer, je me résigne à aborder les quelques habitants qui franchissent le poste de contrôle. Eux n'ont aucun problème à faire le va-et-vient entre la ville et la campagne. Je devrai faire mon portrait de Gori à quelques mètres d'elle, en me fiant aux yeux des autres.

Un vieillard marche difficilement en direction du poste russe. Il s'appelle Artchil Tchilatchidze, 83 ans. À le voir, son âge ne fait aucun doute. Les rides sur son visage sont le fruit de 42 ans d'enseignement dans des écoles. Alors, comment est la vie à Gori ces jours-ci ? « Ça va. Nous n'avons pas manqué de pain une seule minute, explique M. Tchilatchidze. Une boulangerie est restée ouverte durant tous les combats. » Le pain. Le vieillard ne demande rien de plus. En temps normal, c'est ce qui constitue de toute façon la base de son alimentation. Avec sa pension de retraite de cinquante-cinq laris (environ trente-cinq dollars), il ne peut pas vraiment se permettre autre chose. La distribution de l'aide humanitaire est toutefois chaotique et injuste, dénonce-t-il. « Certains en prennent pour cinq personnes, alors que d'autres n'ont rien. Aujourd'hui, ils m'ont dit de revenir demain (parce qu'ils avaient écoulé les rations), mais j'ai répondu qu'un homme malade ne peut pas revenir tous les jours ! » Je sursaute d'incrédulité. La situation à Gori ne serait donc pas aussi catastrophique que l'insinuaient les Géorgiens et des collègues journalistes ? Les relations entre les citoyens eux-mêmes seraient-elles plus acrimonieuses que celles avec les soldats russes ?

Deux autres dames me tiennent à peu près le même discours. Mais je conserve un doute. Ces témoignages, plutôt positifs compte tenu des circonstances, seraient-ils motivés par une peur de représailles de la part des soldats russes à quelques mètres de nous ? Je dois vérifier. Mais pour cela, je devrai trouver un moyen d'entrer dans la ville.

J'aperçois à une centaine de mètres du pont routier un autre pont, plus étroit, pour les piétons. Au bout, deux soldats montent la garde près d'un char d'assaut. J'enlève mes lunettes, vide mes poches, ne gardant que mon passeport et quelques laris. Je demande à Anzor d'attendre mon retour. C'est ma dernière chance. Je ne risque qu'un refus de plus et, sinon, la réussite de mon reportage. J'avance sur le pont piétonnier sans faire de bruit, avec l'assurance simulée de celui qui veut montrer qu'il sait où il va. Sur le char d'assaut, un soldat roupille. Son camarade, mitraillette en bandoulière, se penche près du garde-fou pour contempler la rivière et sentir des fleurs sauvages. Je poursuis ma marche, le pas un peu plus rapide. Quelques secondes de bonne fortune. Le succès d'une aventure dépend souvent de la chance qu'on donne au risque de réussir. Les deux soldats sont maintenant derrière moi. Quel coup de chance, ils n'ont rien vu ! J'ai déjoué la censure russe. Je suis entré dans Gori l'occupée.

★ ★ ★

Dans Gori l'occupée

Le pont donne sur la rue Samepo. En temps normal, au moins mille personnes habitent dans les maisonnettes et les immeubles de cette artère résidentielle. Il n'en reste plus qu'une poignée. Un dépanneur est ouvert. À l'intérieur, quelques clients y font des achats. Étonnamment, les étagères sont plutôt bien garnies. « Nous n'avons rien reçu de frais depuis le début de la guerre. Mais j'avais des réserves », explique le propriétaire. Sur le comptoir, je trouve une pile de cahiers d'écolier verts. « Тетрадь » – « cahier » – est-il inscrit en russe sur les couvertures. Au verso, je remarque que ces cahiers ont été fabriqués à Rostov-sur-le-Don, en Russie. Chez l'ennemi. Mais si le Russe est ennemi en Géorgie, sa langue, elle, ne l'est pas. Pas encore, du moins. Comme ailleurs en Post-Soviétie, elle est ici une langue usuelle. On ne la parle pas seulement avec les Russes, mais avec les Azerbaïdjanais et les Arméniens voisins, ou avec les Ouzbeks et les Kazakhs lointains. Encore aujourd'hui, c'est la langue qui unit les ex-Soviétiques. Dans leur passé, mais aussi dans leur présent. Et c'est justement pourquoi le président Saakachvili a entrepris d'angliciser les jeunes générations. Il veut voir disparaître le russe comme langue seconde, afin d'extirper pour de bon son pays de l'emprise de la Russie, de ses réflexes soviétiques et post-soviétiques. Tant que les Géorgiens parleront russe, Moscou demeurera leur ouverture sur le monde ; ils liront *Kommersant* plutôt que *The Guardian*, *Argoumenty i Fakty* plutôt que *Paris Match* ; les ambitieux continueront de s'installer à Moscou lorsque la Géorgie leur semblera trop petite pour la grandeur de leurs rêves, plutôt qu'à Londres, à Paris ou à New York.

Saakachvili a compris que le meilleur moyen de changer d'axe, de vision du monde, est d'empêcher les jeunes générations de penser en russe. Lorsqu'ils devront passer par un idiome neutre – comme l'anglais – pour communiquer avec les Russes, les Géorgiens leur parleront d'égal à égal, et non plus dans une logique de dominant-dominé. Mais pour que le russe s'efface et, avec lui, cet inévitable sentiment d'infériorité du peuple trop longtemps sous le joug de l'autre, il faudra du temps. Lorsque ce jour viendra, les cahiers d'écolier verts russes disparaîtront des étagères de Gori.

« C'est combien ? » Le commerçant refuse mes laris pour le cahier et un stylo. « C'est cadeau. » Je suis maintenant équipé pour témoigner. En vidant mes poches pour passer incognito devant les soldats russes sur le pont, j'avais oublié que ma mémoire n'arriverait pas à elle seule à se rappeler les noms géorgiens aux sonorités peu familières à mon oreille.

Deredjan Tvarelidze. Non, Daredjan. Le « a » est noirci par-dessus le « e » dans mon cahier vert, en haut de la première page. Nous nous sommes rencontrés au dépanneur. La dentiste de 53 ans a d'emblée proposé de me faire visiter la ville.

Le stoïcisme de Daredjan est sidérant. En même temps, il reflète parfaitement celui des autres clients du petit commerce et de son propriétaire. La ville n'est pas prise de panique. « Tout est calme. » L'état d'esprit des habitants de Gori sous occupation contraste avec la détresse des réfugiés rencontrés à Tbilissi la veille, qui provenaient pourtant de la même ville. C'est que les réfugiés n'ont vu que le pire de la guerre. Ils n'ont pas vu le calme revenu, ils n'ont pas vu les troupes étrangères se comporter avec une impressionnante civilité envers les habitants demeurés sur place. Bien sûr, la vie est difficile à Gori et tout le monde voudrait voir les Russes partir. Mais ce qui étonne surtout Darejdan, c'est le manque de solidarité de ses concitoyens. « Chacun se bat pour lui-même. » Elle l'a particulièrement observé au comptoir de distribution d'aide humanitaire, où elle se rend à l'occasion pour prêter main-forte. Chacun veut obtenir plus que sa part, quitte à laisser l'autre dans le besoin. Ses mots sonnent en écho à ceux du vieillard Tchilatchidze, rencontré à l'entrée de la ville. Et les Russes ? « À ce que je sache, ils ne tuent pas. Mais ils contrôlent toutes les rues. Ça agit sur la psyché des gens, bien sûr. Nous avons peur de ce que les soldats peuvent faire durant les heures de couvre-feu. » La nuit dernière, par exemple, Daredjan a entendu des rafales de tirs, sans pouvoir vérifier leur provenance. « Il y a notre prêtre aussi, qui s'est fait voler sa voiture. » La rumeur à Gori veut toutefois que les pilleurs ne soient pas des Russes, mais plutôt des Ossètes venus se venger pour la destruction de leur capitale, raconte Daredjan. Il y aurait aussi des Tchétchènes, toujours perçus comme faisant le sale boulot dans le Caucase, à tort ou à raison[30].

Daredjan m'amène devant un immeuble éventré par un obus, près du théâtre dramatique. « Il y a eu huit morts. » Les édifices autour sont presque tous intacts. Dans le centre-ville, c'est le seul impact d'obus visible.

Place Staline. La statue du fils prodige de la ville trône au centre, près des immeubles aux vitres soufflées par les secousses des bombardements. Un fil électrique coupé traîne sur le bord de la place. Mais là non plus, pas de destruction massive. Les fenêtres et les portes du

---

[29] Un bataillon tchétchène a en effet pris part à la riposte russe, mais impossible de dire s'il est réellement responsable des pillages. Idem pour les milices ossètes. L'année suivante à mon retour à Tskhinvali, je visiterai toutefois un Sud-Ossète qui disait être allé « flinguer du Géorgien » à Gori. Dans le salon de son appartement délabré, il possédait une belle télévision à écran plat neuve qui ressemblait drôlement à un souvenir de guerre...

musée Staline ont été barricadées. Le conservateur est introuvable. Le musée est fermé, pour cause de guerre.

Un groupe de femmes passe dans la rue. J'entame la discussion. Alors, c'est la faute de qui tout ce bordel? Vladimir Poutine, bien sûr, qui «n'aime les Géorgiens qu'à sa botte». Et Saakachvili? Ah non, lui, c'est un «homme juste et bon pour son peuple» tout comme... Joseph Staline. Cinquante-cinq ans après sa mort, le dictateur soviétique jouit toujours de la popularité d'une star de rock dans sa ville natale. «Staline n'a pas voulu que nous érigions un culte de sa personne, mais nous en faisons un quand même! Si les Russes ne veulent pas de son corps, nous allons le prendre, nous!» lancent les dames, à propos d'une rumeur qui voudrait que les Russes essaient de se débarrasser de la dépouille de leur héros, enterré au pied d'un mur du Kremlin[31].

Je poursuis mon tour de la ville, en m'assurant à chaque coin de rue de ne pas croiser de soldats russes. Plus je me promène, plus l'hyperbole s'effrite. Gori est loin d'être «complètement rasée». Daredjan me fait comprendre qu'elle n'ira pas plus loin. «Les destructions, c'est par là», m'indique-t-elle, avant que nous nous quittions.

★ ★ ★

Un homme agenouillé enlace le cadavre de son frère en hurlant son chagrin à pleins poumons. Derrière le mort et le vivant brûle le toit d'un immeuble. Le reste du paysage n'est que ruines: éclats de ciment, trous de balles, carcasses de fer déformées. La photo prise le 9 août par l'Ukrainien Gleb Garanich, photographe de Reuters, est rapidement devenue l'image la plus connue de la guerre russo-géorgienne[32]. Elle reflète tout le désarroi d'un humain devant l'absurdité de la guerre. La mort injuste d'un innocent, la destruction de l'homme par l'homme, la tristesse, l'impuissance.

Me voici les deux pieds dans les débris, à l'endroit même où Garanich a immortalisé la mort de Zviad Razmadze, 33 ans, onze jours plus tôt. Les flammes sont éteintes, mais les destructions sont telles quelles. Sous un certain angle, qui équivaut à la largeur d'un champ de vision humain, Gori est en ruine. Or, en effectuant une rotation de

---

[31] Deux ans plus tard, le gouvernement géorgien déboulonnera la statue de Staline à Gori. L'opération de déstalinisation tardive aura lieu en pleine nuit, pour éviter les protestations de ses admirateurs locaux. Le monument sera remplacé par un mémorial en l'honneur des victimes de la guerre éclair d'août 2008 et de la répression stalinienne.

[32] Elle vaudra d'ailleurs à son auteur le troisième prix du World Press Photo 2009 dans la catégorie «Spot news single».

cent quatre-vingt degrés sur lui-même, le spectateur voit une image totalement différente. Celle d'une ville paisible qui semble ne jamais avoir connu la guerre.

Tout est une question de point de vue. Le photographe a logiquement choisi le plus percutant, celui qui puait la guerre d'un bout à l'autre du cadrage. L'image est honnête. Mais malgré elle, par sa force, elle a déformé le tableau global du conflit. La douleur de Zaza, vendeur de pièces de voitures usagées, face à la mort de son frère est venue mettre un visage précis à un événement aux ramifications trop complexes et aux implications trop grandes pour être simplifiées. Elle a du même coup éclipsé les centaines d'autres chagrins vécus d'un côté et de l'autre de la ligne de front. Par sa perfection, une photographie honnête est devenue perverse. Le reporter peut ensuite essayer par mille moyens de nuancer les pertes, de comparer les malheurs des peuples et de répartir les torts, son public aura toujours en tête Zaza et Zviad au milieu des ruines.

Une mort violente ne peut être rationalisée. Le meurtre d'un innocent n'est pas cent fois moins dramatique que celui de cent innocents, puisque chaque mort est en soi la pire des tragédies. Mais la compréhension de la logique d'un conflit ne peut passer par les émotions. Dans tous les camps, il y aura toujours un Zaza au chagrin infini avec qui compatir. Et sa volonté de vengeance envers l'ennemi nous semblera parfaitement compréhensible et justifiée.

* ★ *

Je regarde les trois immeubles résidentiels détruits devant moi. Mais pourquoi les Russes les ont-ils bombardés ? Visaient-ils réellement des civils ? Un petit homme s'approche. « Tout juste à côté, il y a une garnison de tanks de l'armée géorgienne. C'est ça qu'ils voulaient détruire. Maintenant, les Russes occupent la base. » Bagrad Khikhalachvili habite tout près. Son discours surprend. Sa maison a failli être bombardée et il garde la tête froide ? Bagrad transpire l'humanisme. Pas un soupçon de haine dans ses paroles. « Les Russes n'ont pas été vulgaires avec nous. Ils ont même voulu donner de l'argent aux gens, pour aider. Mais personne n'a accepté. Que voulez-vous, nous sommes un peuple comme ça », dit-il avec un brin de fierté. Depuis le début du conflit, il n'a pas quitté la ville. « Pendant les bombardements, nous étions une soixantaine de personnes cachées dans l'abri de mon voisin. Je ne mange que très rarement depuis. Je préfère donner ma nourriture aux plus démunis. Je ne bois qu'un café le matin. » Bagrad sourit. Je ne peux vérifier ses dires, mais sa bonne foi compense ses possibles exagérations.

Mon téléphone sonne. Anzor, enfin ! Quelques minutes auparavant, j'avais essayé de l'appeler à plusieurs reprises, mais sans réponse. Mon chauffeur m'aurait-il fait faux bond avec tout mon matériel, m'étais-je demandé sans réellement y croire. Anzor était peut-être étrange, mais il semblait fiable. Et j'avais raison. Sauf qu'au bout du fil, Anzor est paniqué. « Viens me rejoindre ! » Sans nouvelles, il a pris l'initiative d'entrer dans la ville. Puisqu'il est citoyen géorgien, les Russes l'ont laissé passer sans problème. Mais voilà qu'en roulant comme une tortue à ma recherche, sa voiture a été emboutie par une autre. Elle roule toujours, mais le pare-chocs arrière est défoncé. Anzor pleure. « C'est mon gagne-pain ! » Le conducteur en faute lui promet de le dédommager. Anzor n'en croit pas un mot. Personne n'a d'assurance auto par ici. Pour obtenir justice, il sait qu'il devra se battre longtemps. Et que le combat n'en vaudra pas la peine.

Nous sommes en pleine guerre, et c'est l'instabilité de tous les jours qui vient de rattraper Anzor. Celle de la vie dans un État encore boiteux où le filet social n'arrive pas à amortir les chutes malheureuses de ses citoyens.

Après un dernier tour en voiture pour photographier les réalités de Gori, nous reprenons la direction de Tbilissi. J'aurai réussi à déjouer les Russes. Pourtant, ils auraient tout intérêt à laisser entrer les journalistes étrangers à Gori. La situation y est beaucoup moins catastrophique que ce qu'en dit la propagande géorgienne. En ouvrant la porte aux reporters, ils auraient désarçonné la propagande. Mais le silence est le meilleur ami du régime autoritaire. Du moins celui-ci le croit-il. Les dirigeants russes, héritiers du mode de pensée soviétique, estiment encore qu'aucune vérité n'est bonne à dire ou à montrer, à moins qu'elle ne les présente sous un jour parfait. En Géorgie, la nouvelle élite qui a pris le pouvoir après la révolution des roses de 2003 a été en bonne partie éduquée en Occident. Elle a compris que, plutôt que de laisser libre cours à l'imagination farfelue du peuple, il vaut mieux lui montrer la réalité et le convaincre de l'analyser à travers ses lunettes. L'élite géorgienne comprend que les mensonges sont plus susceptibles d'être crus que les silences lorsque tout le monde est à la recherche d'explications.

★   ★   ★

À la sortie de Gori, nous croisons une trentaine de véhicules blindés et de camions de transport russes immobilisés sur le bord de la route. J'interpelle un groupe de soldats, assis peinards sur le toit d'un char. «Hey les gars! Vous rentrez à la maison?» Sourire en coin, ils acquiescent, sans plus de détails. Le retrait russe est sur le point de débuter.

Deux jours plus tard, le 22 août, les derniers soldats russes quittent définitivement Gori. Le 26, le président russe Dmitri Medvedev reconnaît l'indépendance de l'Ossétie du Sud et de l'Abkhazie.

★   ★   ★

Au final, la Géorgie et son président Mikhaïl Saakachvili auront perdu la guerre sur le terrain, mais largement gagné celle de l'information et de l'opinion publique. Si on menait aujourd'hui un sondage en Occident avec pour seule question «Qui de la Russie ou de la Géorgie a déclenché le conflit qui les a opposées en août 2008?», il est à peu près sûr que la Russie, le suspect habituel, serait montrée du doigt comme l'agresseur par une majorité. Une vérité n'a pas toujours besoin d'être vraie pour être perçue comme telle.

Quatrième chapitre

Asie centrale

Sur la route des « ...stan »

(septembre-décembre 2008)

Crise d'enracinement
30 septembre 2008, train Moscou-Astana

Je me réveille en sursaut au milieu de la nuit. À quelques centimètres de mon visage, le plafond de la couchette m'oppresse. Je transpire. Je cherche ma respiration. Les ronflements intermittents de mon voisin et les claquements à intervalles réguliers du wagon sur les rails viennent me rappeler où je suis. Dans un train, loin de la maison, entouré d'étrangers, en route vers l'ailleurs.

Je connais cette angoisse. C'est celle que je ressens chaque fois que je repousse mes limites d'un grand coup. De mémoire, j'avais cinq ans la première fois qu'elle m'a frappé. C'était durant une excursion avec ma classe de maternelle, dans un chalet du lac Pouce. Première nuit seul hors du cocon familial, hors de mes repères émotifs. J'étais à peine à vingt-cinq kilomètres de la maison, mais si loin pour le petit garçon à sa maman. Puis à dix-sept ans, dans une auberge de jeunesse de Paris. Première nuit outre-mer. La même angoisse étouffante. Une angoisse irrationnelle, qui vient rappeler que l'éloignement et l'errance ne sont pas dans l'ordre des choses pour l'enraciné profond.

48° 25' Nord, 71° 04' Ouest. Ce sont les coordonnées précises de mes racines. Si on me demande d'où je viens, je peux prendre une carte et, sans hésiter une seule seconde, pointer mon lieu d'origine. Chicoutimi, Québec, Canada. Avec la même certitude, je peux ensuite parler de mes parents, de mes frères, de ma langue, des particularités de mon peuple, de celles des habitants de ma région, de ma ville, de mon quartier, de ma rue. Je peux discourir des qualités et des défauts qui m'ont été légués par cet environnement précis qui m'a vu et fait évoluer durant les vingt années les plus cruciales de mon existence. Puis, je peux glisser mon doigt vers Québec, où j'ai étudié, puis Moscou, où j'habite. Je peux poursuivre en retraçant les trajets de mes pérégrinations, en marquant les villes que j'ai visitées, celles où j'ai habité quelques semaines ou quelques mois. Mais, malgré tous ces déracinements, toutes ces errances, jamais mon point de départ ne fait de doute dans ma tête : Chicoutimi, Québec, Canada. Tout le reste n'est qu'escales. Ma destination est inconnue, mais peu importe.

Lorsqu'on sait d'où l'on vient, on peut se permettre de ne pas savoir où l'on va. Parce que, en cas d'erreur, il existe toujours l'option du retour à la case départ, du retour aux racines.

Ce constant besoin de partir semble prendre sa source dans une soif de vivre insatiable, qui m'accompagne depuis mes premières secondes en ce monde. Des premières secondes qui auraient aussi pu être mes dernières, si les médecins n'avaient finalement réussi à faire respirer ce bébé bleuté qui n'arrivait pas à avaler ses premières bouffées d'air par lui-même.

Et me voici, à 25 ans, dans ce train de bout du monde, à chercher encore une fois mon air. Il y a l'angoisse d'un déracinement de plus, vers cette Asie centrale post-soviétique où je n'ai jamais mis les pieds ; le vertige devant ce nouveau grand défi professionnel : un long reportage radiophonique par semaine durant dix semaines de périple « sur la route des "...stan" », avec une quasi-carte blanche sur l'itinéraire et le contenu. « Fais-nous découvrir les pays en "stan" », m'a simplement mandaté la réalisatrice de l'émission *Vous êtes ici* à *Radio-Canada* ; puis il y a ce fardeau que je me suis imposé en voulant voyager à la dure, à moindre coût, afin de laisser le hasard et l'instinct me guider vers les aventures que je partagerais ensuite avec les auditeurs.

* * *

Cinquante-neuf heures trente-cinq minutes. Moscou → Astana. Trois mille cent cinq kilomètres à travers la Russie et le Kazakhstan, d'une capitale à l'autre. Pour quelques dizaines de dollars de plus, j'aurais pu prendre l'avion, y être en quelques heures. Mais je voulais descendre le temps de son piédestal. Je voulais m'obliger à écouter le quotidien de mes *spoutniki**, mes compagnons de route. Trop souvent, j'interromps les discussions avec un inconnu lorsque j'estime lui avoir soutiré l'essence de son être, ou lorsque nos lieux communs sont épuisés. C'est que le temps file si vite, il y a tant à faire, tant de gens à rencontrer. Mais en laissant le temps au silence de trouver des mots, d'approfondir les relations, on se donne la chance de mieux comprendre les misères et les bonheurs de ceux avec qui, en temps normal, on n'échangerait que quelques banalités.

Si je prends le train, c'est aussi pour sentir la distance entre l'Europe et l'Asie. Je veux prendre le long chemin, le difficile. Parce que si je retiens une chose de tous mes voyages précédents, c'est qu'on apprend autant en chemin – sinon plus – qu'une fois arrivé à destination. D'autant plus que la route que j'emprunte est imprégnée d'Histoire. À l'époque impériale, ce fut celle des conquêtes russes, de la soumission à la volonté du tsar des sultans, des nomades et de tous ces peuples «barbares» (d'un point de vue russe, bien sûr). La route de la gloire. Puis durant la période soviétique, ce fut celle des déportations de peuples entiers (Tchétchènes, Ingouches, Kalmouks, Balkars, Karatchaïs, Tatars de Crimée, Allemands de la mer Noire et de la Volga...) et d'autres «ennemis du peuple» dans des wagons à bétail. La route de la disgrâce. Aujourd'hui, elle est surtout parcourue en sens inverse, de l'Asie vers la Russie. Des centaines de milliers de jeunes Ouzbeks, Kirghiz, Tadjiks et Turkmènes l'empruntent dans l'espoir de trouver un gagne-pain sur les chantiers de construction ou dans les marchés de Russie. C'est leur route de l'eldorado.

Pour moi, ce sera la route d'une longue aventure journalistique vers cette partie oubliée et négligée de la Post-Soviétie. Celle qui n'a jamais eu son mot à dire lorsque, à la fin de l'année 1991, sous l'impulsion des républiques européennes de l'empire, l'Union soviétique a cessé d'exister.

Presque du jour au lendemain, le Kazakhstan, le Kirghizstan, le Tadjikistan, l'Ouzbékistan et le Turkménistan ont dû se créer une raison d'être. Ils ont aussi – et surtout – dû trouver un moyen de survivre au départ du grand frère colonial russe qui leur tournait le dos, préoccupé par son propre avenir incertain, emportant avec lui son savoir et son respirateur artificiel économique.

★ ★ ★

Les *spoutniki*

Le jour se lève, quelque part entre Moscou et Astana. Par la fenêtre, les paysages russes défilent. Des forêts sans fin, des hameaux de maisonnettes de bois pourri. Une dizaine de vendeurs ambulants passent dans le wagon qui se réveille lentement. Ils se heurtent à nos petits yeux découvrant avec peine la lumière du jour. Jeunes hommes, vieilles femmes, ils vendent des vases en pseudo-cristal, des appareils pour mesurer la pression artérielle et une panoplie d'autres babioles incongrues qu'ils ont pu obtenir à bas prix en gros, espérant en retirer un mince profit.

Je voyage en troisième classe. Chaque wagon *platzkart* des trains russes est constitué d'un grand dortoir de cinquante-quatre lits. Dans chacun des neuf compartiments ouverts, deux couchettes superposées font face à deux autres, séparées par une table. De l'autre côté de l'étroit couloir qui s'étend d'un bout à l'autre du wagon, deux autres couchettes complètent chaque compartiment.

Au fil de la journée, la communauté de wagon prend forme. Le vivre-ensemble se forge. Mes *spoutniki* se lancent dans des discussions sur la santé, le travail, les chèques de retraite, le coût des aliments, la météo, etc. Ils parlent de vie quotidienne, comparent leurs malheurs et leurs bonheurs. Je serais n'importe où sur la planète que les sujets varieraient peu, puisque ces thèmes universels se résument en une quête éternelle : celle d'une vie meilleure. Ou comme le dit si bien cette vieille dame dans le train : « L'humain est comme un poisson. Il navigue toujours à la recherche de l'endroit où il fait le mieux vivre. » Elle-même, Russe d'origine, voudrait déménager du Kazakhstan vers la Russie.

Lorsque la confiance mutuelle est gagnée, je sors mon micro pour dresser le portrait de ce monde qui m'entoure. Il y a Otto, le ronfleur chronique qui a toujours le mot pour faire rire. Il me parle de hockey à travers ses dents d'argent. Fils d'Allemands déportés en Asie centrale, Otto a passé toute sa vie dans l'est du Kazakhstan à travailler en usine. Puis un jour, à 63 ans, il a décidé de déménager à Kaliningrad, enclave russe au bord de la mer Baltique, où le climat est plus clément. Il se rapprochait ainsi de son frère, qui a pu facilement immigrer en Allemagne et obtenir la citoyenneté, sans parler un mot d'allemand, grâce à son bagage génétique. Mais du même coup, il s'est éloigné de son autre frère, resté au Kazakhstan. C'est d'ailleurs pour lui présenter sa nouvelle flamme, Liouba, qu'il y retourne quelques semaines. Ensemble, Liouba et Otto ont cette complicité du couple formé sur le tard, mais juste à temps pour se soutenir dans la vieillesse qui avance. En bonne babouchka, Liouba a tôt fait de me materner. Elle m'offre sans cesse de la nourriture et s'assure que je sois bien protégé des courants d'air durant la nuit.

Il y a aussi Asiema, qui revient d'un programme *Work & Travel* aux États-Unis. Durant quatre mois, elle y a travaillé comme serveuse dans un restaurant. À 19 ans, elle a été frappée de plein fouet par la mentalité américaine, qu'elle croyait pourtant bien connaître grâce à tous ces films hollywoodiens qui trouvent leur chemin jusqu'au Kazakhstan. Pour se protéger du choc culturel, elle a dû se recroqueviller sur ses racines. Elle revient ainsi avec un amour redécouvert pour sa patrie et sa famille. «J'ai compris que je ne pourrais pas quitter le Kazakhstan trop longtemps.»

Il y a également Tatiana, la *provodnitsa*★, ou responsable de wagon. Il y a quinze ans elle a quitté son emploi dans un institut de géodésie. On ne lui versait plus de salaire depuis la chute de l'URSS. À 42 ans, mère monoparentale, Russe en terre kazakhe, elle s'est enrôlée dans les chemins de fer. Depuis, elle déteste son travail qui n'est «pas fait pour les femmes» et l'oblige à être loin de la maison six jours sur onze. «C'est sale, il faut travailler la nuit, chaque passager a son caractère, il y a des ivrognes, ça se bat, ça drague, ça vomit.» Mais pour Tatiana, c'était le sacrifice à faire pour pouvoir inscrire ses deux filles à l'université. Et elle a réussi. Or, la nouvelle réalité post-soviétique kazakhe est venue rattraper ses filles. Malgré leurs multiples diplômes, elles n'arrivent à dégoter que de petits boulots. L'une d'elles travaille dans un magasin de meubles. Leur «handicap», c'est qu'elles sont d'ethnie russe. Avec ce nationalisme retrouvé, pour espérer obtenir un haut poste administratif au Kazakhstan, il faut être Kazakh et parler kazakh. Tatiana est amère. La chute de l'empire a bouleversé sa vie, comme celle de millions d'autres. «Au mieux, on vit jusqu'à la retraite et ensuite, *auf wiedersehen*, au cimetière!»

Après cinquante-neuf heures trente-cinq minutes exactement sur les rails – les trains de Post-Soviétie ne sont presque jamais en retard –, nous arrivons à la gare d'Astana. Dès que nous mettons le pied hors du wagon, notre micro-société s'évapore.

★   ★   ★

Kazakhstan

Le Polygone
Abaï, 10 octobre 2008

Erjan a tué un mouton hier en prévision de mon arrivée. Nous ne nous connaissons pourtant pas. Nous ne nous sommes même jamais rencontrés. Mais c'est la tradition locale. Et surtout, Asima, une employée de l'ONU, lui a demandé de bien m'accueillir. « Il nous en doit plusieurs », m'avait-elle confié avant mon départ pour Abaï. Après tout, c'est grâce à une subvention onusienne qu'Erjan a pu rénover récemment son hôtel de cinq chambres, dans l'espoir fou d'attirer des touristes dans sa ville de trente mille habitants, perdue au milieu des steppes de l'est du Kazakhstan.

J'arrive à Abaï en fin d'après-midi. « Nous t'attendons depuis dix heures ! » m'annonce d'emblée Erjan. Sa femme Goulmira et lui m'accueillent avec un large sourire qui laisse paraître une rangée de dents plaquées or. Ils m'entraînent au sous-sol. Sur une longue table couverte d'une nappe en plastique s'étale un festin royal. Fruits secs et frais, salades, viandes, fromages, brioches, légumes, friandises et, surtout, une assiette de *beshbarmak*, plat traditionnel kazakh à base de mouton et de pâte. Tout a l'air délicieux. Il n'y a qu'un seul problème : les aliments sur la table sont tous potentiellement radioactifs.

Abaï se situe à cent vingt kilomètres du Polygone de Semipalatinsk. De 1949 à 1989, le pouvoir soviétique a effectué quatre cent cinquante-six essais nucléaires sur ce territoire de dix-huit mille kilomètres carrés. À l'insu de la population, bien sûr. En fait, tout le monde se doutait bien qu'il se passait quelque chose chaque fois que la terre tremblait. Mais quoi ? Personne n'osait demander. Les citoyens soviétiques étaient habitués à être maintenus dans l'ignorance par leurs dirigeants. Dans un pays où poser une question pouvait vous valoir des années de goulag – sans même qu'on prenne la peine de vous expliquer en quoi votre question était une menace à la sécurité d'État –, le silence était le moins pire ennemi de l'homme. Il faut dire qu'en pleine course aux armements, même les démocraties américaine, française et britannique cachaient les conséquences de leurs essais nucléaires à leurs citoyens. Partout, la domination du monde justifiait les moyens pris, même l'irradiation de son propre peuple. Les leaders soviétiques n'avaient de toute façon rien à craindre eux-mêmes. Le Polygone kazakh était à plus de trois mille kilomètres du Kremlin et de leur famille. Et même si le peuple apprenait son existence, muselé et apeuré il ne dirait rien.

En 1953, Praskoïa Kolaskova travaillait dans le Polygone. Une simple employée d'entretien, loin du secret des dieux du Kremlin. « Habituellement, les essais avaient lieu à 8 h 45 du matin. Ils annonçaient à la radio qu'il fallait fermer les portes et les fenêtres et sortir dans la rue. Lorsque ça explosait, c'était comme si un intense flash d'appareil photo traversait les murs de ma chambre. En sortant dehors, je pouvais voir le champignon. J'étais pourtant à cent kilomètres de là ! Ensuite, le champignon se dispersait et nous respirions son nuage. Personne ne nous a jamais dit que c'était néfaste pour la santé. Ils envoyaient les célibataires travailler dans le Polygone et tous les autres qui pouvaient. Nous avons tous été affectés. »

Après son retour à la ville, Praskoïa Kolaskova a eu deux garçons. L'un est mort à 49 ans, l'autre à 44 ans. Seul son fils né avant son séjour au Polygone est toujours vivant. Pour elle, il n'y a pas de doute : le Polygone lui a volé deux fils et est aujourd'hui responsable de ses migraines chroniques. Mais comment le prouver ?

Les statistiques lui donnent raison. L'est du Kazakhstan est la seule région du pays où le cancer est la cause principale de décès. Ailleurs, ce sont les maladies cardiovasculaires. Plus d'un million et demi d'habitants de la région – la moitié de sa population – auraient développé des problèmes de santé liés au Polygone. Les doses de radiation libérées durant les quarante années d'activité du site seraient des centaines de fois supérieures à celles dégagées lors de l'accident à la centrale nucléaire de Tchernobyl, en Ukraine, en 1986.

Ainsi, avant de devenir *beshbarmak*, le mouton d'Erjan a passé toute sa vie dans des pâturages irradiés. Je demande à mes hôtes s'ils n'ont pas un peu peur de manger cette viande tous les jours. « Bien sûr que non, c'est notre viande ! » répond Erjan en souriant, comme si le fait que l'animal ait vécu sur la terre où il respire toujours était un gage de qualité suffisant. « Nous n'en avons plus peur maintenant. Nous craignons bien plus la viande des Chinois, qui envahissent nos marchés avec leurs mauvais produits. »

Goulmira est moins rassurée et moins rassurante. Enseignante de physique à l'école secondaire, elle sait bien que les radiations dans les sols ne se dissipent pas avant des milliers d'années. « Mais que faire, il faut bien manger ! »

À Abaï et dans le reste de la région, la panique liée aux radiations a été très brève. En 1989, alors que le pays se réveillait après sept décennies d'un silence de fer, des voix ont commencé à profiter de la liberté de parole naissante pour exiger la fin des essais nucléaires, devenus un secret de Polichinelle. Des premières manifestations ont eu lieu à Semipalatinsk, la principale ville de la région. Une pétition a recueilli plus de deux millions de signatures en quelques mois. Les habitants ont même développé des liens de solidarité avec les Américains du Nevada, aussi victimes des essais secrets de leur gouvernement. Le 29 août 1991, quarante-deux ans jour pour jour après l'explosion de la première bombe dans le polygone de Semipalatinsk, le premier secrétaire du Parti communiste Noursoultan Nazarbaïev a ordonné la fermeture du Polygone. Victoire !

Or, maintenant que le problème était reconnu, il fallait le régler. Des milliers d'hectares avaient été irradiés. Ceux qui y habitaient mouraient à petit feu des conséquences d'années d'indifférence criminelle à l'égard de leur santé. Soudainement, des dizaines de scientifiques et d'employés d'agences internationales d'aide humanitaire ont afflué dans la région. Les sols ont été étudiés minutieusement. À Abaï, l'aide alimentaire a pris la forme de petits sacs jaunes sous vide. Pour la première fois depuis longtemps, les habitants pouvaient manger de la nourriture non contaminée. Des dosimètres ont été installés sur la rue principale d'Abaï. Chacun pouvait aller y calculer son niveau de radiation. Et chacun se rendait compte qu'il était élevé. Puis le temps a passé. La menace impalpable est retournée dans son monde abstrait. La panique s'est dissipée, la vie quotidienne a repris ses droits. En quelques mois, les sacs jaunes de rationnement ont disparu, et, à leur tour, les dosimètres de la rue principale. Les experts partis, plus personne ne parlait des dangers des radiations aux habitants d'Abaï. La situation avait dû s'améliorer, ont raisonné ceux-ci. Les clôtures qui délimitaient les frontières du Polygone ont également disparu. Elles n'avaient évidemment jamais empêché les radiations d'aller au-delà de la zone officiellement interdite, mais au moins, les animaux ne pouvaient pas aller brouter sur les terres les plus contaminées, près de l'épicentre des explosions. Les hommes aussi ont commencé à s'aventurer dans le Polygone. Des ferrailleurs sont allés y cueillir des pièces de métal abandonnées pour ensuite les revendre dans les marchés de la région. Ce n'était certainement pas un danger invisible qui les empêcherait de faire quelques tengués (la monnaie kazakhe) en ces temps difficiles ! Il y avait des bouches à nourrir !

Les radiations ont cela de beau et de terrible à la fois qu'elles agissent sournoisement, sans faire de bruit. Elles vous bousculent l'intérieur, modifient votre ADN au fil des jours, sans même que vous vous en aperceviez. Il y a bien toutes ces statistiques sur papier qui vous prédisent une mort prématurée, mais au quotidien, le malheur radioactif se fait absent. Et vous vivez heureux jusqu'à ce que, plus tôt que tard, l'une de ces maladies tranquilles qui semblent presque appartenir à l'ordre naturel des choses vienne vous faucher.

La mort lente, silencieuse et lointaine n'a rien pour attirer l'aide internationale. À chaque catastrophe naturelle, le dossier des irradiés retourne au-dessous de la pile des priorités. Les victimes d'inondations, de tremblements de terre et de guerres ont besoin d'une aide urgente. Même les affamés, dans leur mutisme de bout de force, ont une mort plus criante que les irradiés. D'autant plus que les victimes du nucléaire ressentent rarement le besoin d'appeler au secours. Ils se plaisent plutôt à croire que tout va pour le mieux dans le meilleur des mondes.

C'est ainsi que, depuis la chute de l'URSS, l'aide internationale pour les victimes du Polygone n'a atteint que quelques dizaines de millions de dollars. Selon le président autoritaire kazakh Noursoultan Nazarbaïev, il faudrait au moins un milliard de dollars pour décontaminer la région et la remettre sur pied. Or, lui-même a préféré investir les profits de la manne pétrolière et gazière de son pays dans l'extravagance et l'ostentation de sa nouvelle capitale, Astana. Nazarbaïev y a notamment fait construire une pyramide, une grande tour décorative et le musée du premier président du Kazakhstan, c'est-à-dire lui-même.

★ ★ ★

À Semeï (autrefois Semipalatinsk), au pied du monument dédié aux victimes du nucléaire, des nouveaux mariés se font photographier avec leurs invités. Comme le veut la tradition soviético-russe, le couple dépose une gerbe de fleurs près du monument et libère quelques colombes, achetées à un vendeur qui passe ses journées à attendre les clients et à recapturer ses oiseaux envolés. Le monument consiste en un haut mur de carrelage déchiré sur toute sa hauteur d'un champignon atomique à la longue tige, surmonté d'une boule métallique symbolisant l'atome. Si les mariés en font une escale obligée de leur tournée nuptiale, ce n'est pas tant en mémoire des victimes que parce qu'il s'agit tout simplement du plus imposant monument de Semeï. C'est aussi l'une des seules infrastructures neuves de cette ville moribonde de trois cent mille habitants, à l'économie rendue en bonne partie inutile par la chute de l'URSS, comme pour tellement d'autres villes de l'empire déchu. La dévastation apparente de Semeï n'est donc pas attribuable au drame radioactif en premier lieu, mais au désastre du passage d'un système communiste ruiné à une économie de marché sans pitié. À l'œil nu, l'épais nuage de fumée de charbon qui plane sur la ville par temps froid semble une plus grande menace à la santé que les radiations.

Pour trouver les impacts visibles des quatre décennies d'essais nucléaires, je me rends à la Maison de l'enfant. Cet orphelinat se situe dans un édifice de deux étages, caché au milieu de tours d'habitation soviétiques. Les bambins qui y vivent sont de vrais monstres. Au sens médical du terme.

Oleg, cinq mois, a un morceau de chair semblable à un doigt qui lui pendouille derrière la tête. Sur ses mains, quelques doigts fonctionnels sont perdus au milieu d'amas de chair molle. Sa lèvre supérieure est renfoncée vers le haut, lui créant un long bec-de-lièvre qui vient déformer son nez. Malgré tout, il arrive à rire et à sourire.

Timour, lui, 3 ans à peine, est né avec une partie du lobe frontal manquante. Son cerveau a ainsi pris de l'expansion dans son front, jusqu'à lui aplatir le nez et à pousser ses yeux aux deux extrémités de son visage. Malgré tout, il arrive à pleurer.

Avec la neuropathologue Symbat Abdikarimova, nous entrons dans la chambre d'Adil. À 2 ans, il n'a jamais pu sortir de son lit. Sa large tête d'eau l'empêche de bouger. «Il peut respirer, manger et son cœur bat, puisqu'il a une moelle épinière. Mais il ne pourra jamais parler ni penser.» Adil se met à gémir et à crier. La docteure Abdikarimova lui caresse la tête pour le rassurer, comme la mère qu'il n'a jamais eue.

Les dix enfants handicapés mentaux et physiques lourds de la Maison de l'enfant ont tous été abandonnés à la naissance par leurs parents, explique son directeur Erbol Ibraïmov. Ce sont eux, donc, les mutants du Polygone? «On ne peut pas dire à 100% que le Polygone est directement la cause de toutes ces maladies, mais il a certainement eu une influence», nuance-t-il.

En 2002, une étude britannique a prouvé que les mutations génétiques étaient deux fois plus nombreuses dans l'est du Kazakhstan que dans les autres régions du pays. Toutes ne sont pas aussi évidentes que la tête d'eau d'Adil, le visage difforme de Timour ou le doigt sur la tête d'Oleg. L'ennemi préfère rester discret. Mais il accompagne bel et bien les frontaliers du Polygone dans chacun de leurs gestes quotidiens. Il se terre dans l'air qu'ils respirent, dans l'eau qu'ils boivent, dans la nourriture qu'ils mangent. Il s'accumule en eux pour affaiblir leur existence. Et ainsi en sera-t-il, pour des siècles et des siècles.

★   ★   ★

Kirghizstan

Marchands de dieux
Fin octobre-début novembre, Bichkek

Dieu *a été mort* durant sept décennies, puis il est ressuscité. Nikolaï Kim a appris son retour il y a quelques années de la bouche d'un ancien militaire devenu pasteur. « Avant, j'étais athée. Imaginez, à l'université, ma matière préférée était le communisme scientifique ! Je me rappelle même avoir écrit une dissertation expliquant pourquoi l'existence de Dieu est scientifiquement impossible et donc que les capitalistes sont fous d'y croire. Puis j'ai rencontré cet homme, un Kazakh. Il avait terminé l'École du Parti communiste. Longtemps, il avait été un athée convaincu comme moi. J'ai été intéressé par son histoire. J'étais surpris qu'une personne comme lui en arrive à la conclusion que Dieu existe. » Nikolaï Kim investit désormais temps et argent dans l'église protestante de Bichkek qu'il fréquente. Il a non seulement commencé à croire en Dieu, mais aussi au pouvoir du capitalisme. Il est devenu homme d'affaires. Avec la chute de l'URSS, son univers entier a été renversé. Un système de croyances dans lequel il avait une confiance aveugle a été remplacé par un autre presque du jour au lendemain. Comme ce fut le cas pour des dizaines de millions de fidèles du communisme à travers l'empire. Dans les rues comme dans les têtes, Lénine a été déboulonné.

Bien sûr, plusieurs avaient depuis longtemps cessé de croire en la suprématie idéologique et spirituelle de Lénine, de Staline et des autres demi-dieux du Parti communiste. Et plusieurs n'y avaient jamais cru. Ils avaient passé des années à cacher leur statut « d'infidèle » derrière une croyance de façade ou une carte du Parti, pour éviter la répression ou profiter du système. D'autres avaient continué à se nourrir de religion, à consommer l'« opium du peuple », comme la qualifiait Marx. Ils le faisaient le plus souvent en secret, ou du moins discrètement. Car la tolérance de la foi religieuse était aléatoire en URSS. Un jour, le pouvoir craignait l'influence des prêtres, des rabbins et des imams sur leurs disciples. Alors, il les réprimait, exécutait les têtes fortes et détruisait les temples. Puis, le lendemain, il les tolérait, les laissait prêcher et prier plus ou moins librement.

Néanmoins, officiellement, Dieu n'existait plus en Union soviétique. Il n'y avait qu'une seule croyance officielle, celle en le communisme. Il n'y avait qu'un seul parti, le Parti communiste. Il n'y avait qu'un seul leader, le secrétaire général du Parti communiste. Il n'y avait pratiquement qu'une seule marque de bière, la *Jigouliovskoïe*.

Puis est arrivée l'économie de marché, avec sa loi de l'offre et de la demande. Des dizaines de sortes et de variétés de bières sont apparues. Et des dizaines de dieux aussi. Dans chaque peuple de l'empire déchu, la majorité a renoué avec la religion de ses ancêtres, celle qui avait été maintenue en vie durant toutes ces décennies par quelques poignées de fervents. Les Russes ont restauré leurs églises orthodoxes ; les Kirghiz, Tatars, Tchétchènes et autres musulmans ont bâti de nouvelles mosquées ; les Kalmouks et les Bouriates ont retapé leurs temples bouddhistes ; les juifs, leurs synagogues. Pour parler en termes capitalistes, la plupart des consommateurs se sont tournés vers la « marque originale », celle en laquelle ils pouvaient avoir confiance sans trop se poser de questions. Il y avait tellement d'autres problèmes sans avoir à se chercher un Dieu ! Celui proposé par la majorité ferait très bien l'affaire pour remplir le vide spirituel laissé par la mort de l'idéal communiste.

Plusieurs églises ont malgré cela senti qu'il y avait un marché pour les brebis égarées et les nouveaux croyants qui voudraient un Dieu plus adapté à leurs besoins spécifiques. Des missionnaires d'Europe, d'Asie, mais surtout des États-Unis ont déferlé en Post-Soviétie pour y vendre leur Dieu. Une fois qu'ils ont eu recruté une masse critique de nouveaux convertis, ceux-ci ont poursuivi le travail de vente.

Un beau jour, alors qu'elle sortait du bureau de poste, Nadejda Fiodorovna a appris la véritable identité du Seigneur. « J'étais assise sur un banc et une dame m'a abordée. C'était une Russe du Kirghizstan. Elle m'a demandé si je connaissais le nom de Dieu. J'ai dit : "Bien sûr, il s'appelle Jésus-Christ." Mais elle m'a répondu : "Non, Jésus-Christ, c'est le fils de Dieu. Lui, il s'appelle Jéhovah." Je lui ai répondu à mon tour : " Je vous en prie, écrivez-le-moi sur un papier, sinon j'aurai oublié une fois rendue à la maison ! " » Lorsque j'ai rencontré Nadejda Fiodorovna, 82 ans « et demi », elle distribuait la parole de Jéhovah sur un trottoir de la rue Sovietskaïa, dans le froid naissant de l'automne de Bichkek. Sans sa rencontre avec la dame sur un banc, elle aurait continué d'aller à l'église orthodoxe et de prier le Dieu que sa mère et sa grand-mère lui avaient présenté comme une évidence. Mais désormais, elle est convaincue d'avoir trouvé mieux que la « marque originale ». Avec Jéhovah, la Bible est plus vraie que jamais !

★ ★ ★

À Bichkek, aucun endroit ne représente mieux le mariage du capitalisme et de la religion que l'Église de Jésus-Christ. C'est la plus grosse église d'Asie centrale. Avant d'être un temple de Dieu, l'édifice de béton gris aux deux larges colonnes grecques a longtemps été un temple du communisme. C'était la Maison de la culture Lénine, institution présente dans pratiquement chaque ville et chaque village soviétiques. Les jeunes y apprenaient à devenir de bons petits communistes, mais aussi à danser, jouer de la musique, peindre, etc.

Mardi midi. Dans le hall, des fidèles sont placés en cercle, les paumes ouvertes vers le ciel (ou plutôt vers le plafond). D'une voix forte et assurée, la leader du groupe récite une prière, reprise en écho par les chaînons du cercle. « Nous te remercions Seigneur / de nous aider à régler nos problèmes commerciaux / de faire fructifier nos entreprises... » Ce n'est qu'une prière de réchauffement avant le vrai service.

La messe se déroule dans un grand auditorium. Sur scène, un groupe de musique enterre ses louanges du Seigneur sous des décibels de batterie, clavier et guitares. « Jésus est vivant ! » entonnent en chœur le prêcheur et ses choristes. Les fidèles lèvent les bras au ciel et chantent eux aussi les airs, qui leur sont bien connus.

Chez les évangéliques charismatiques, la foi se vit dans le bruit. Et dans la richesse. Les dix mille fidèles de l'Église sont fortement encouragés à verser 10 % de leur salaire à l'organisation. « S'ils veulent que Dieu les aide à faire plus d'argent, c'est pour ensuite pouvoir en donner plus à Dieu », m'explique mon amie Natacha, qui a brièvement été disciple de l'Église de Jésus-Christ avec sa mère. « J'ai arrêté de venir ici parce que c'était trop bruyant, les messes étaient trop longues et c'était loin de chez moi. » Natacha n'a pas aimé les méthodes charismatiques, développées par le prêcheur américano-britannique Derek Prince. Insatisfaite, elle s'est donc magasiné un autre lieu de culte. Elle fréquente désormais une église baptiste, qui a l'avantage de ne se trouver qu'à quelques pas de son appartement. Là-bas, les chants sont accompagnés d'une douce guitare acoustique et le service dure beaucoup moins longtemps que les trois heures des messes charismatiques.

Natacha n'est pas la seule à magasiner son Dieu pour qu'il convienne non seulement à ses croyances, mais à son mode de vie et à son horaire. En fait, la plupart des nouveaux convertis que j'ai rencontrés dans les différentes églises de Bichkek avaient fréquenté d'autres lieux de culte avant d'atterrir là où ils priaient désormais.

Magomed, par exemple. Son prénom est la version russe de Mahomet, prophète de l'islam. Il a pourtant été baptisé par sa mère dans une église orthodoxe. Mais puisque son père est Karatchaï (l'un des nombreux peuples du Caucase), il porte un prénom musulman. Durant neuf ans, il a fait sa prière cinq fois par jour dans une mosquée de Bichkek. Puis ses voisins lui ont parlé de l'Église de Jésus-Christ. Il y est allé une première fois, mais n'a pas aimé. Trop bruyant. Ses voisins ont continué à lui parler du Christ sauveur. Ils l'ont convaincu de retourner à l'église. Cette fois, ça a cliqué. En délaissant l'islam, il a perdu beaucoup d'amis. «J'ai arrêté de leur parler, parce qu'ils ont arrêté de m'écouter. » Puis il s'est vite refait une vie à l'église. D'autant plus qu'il a réussi à convertir la plupart des membres de sa famille, qui assistent désormais aux messes «endiablées» – si vous me permettez l'expression – de l'Église de Jésus-Christ.

Dans une autre église évangélique, petite celle-là, je tombe sur le pasteur Kaïrbek Manabaïev. Parcours spirituel classique en Post-Soviétie : ancien agnostique, sa vie a changé lorsqu'il a rencontré un toxicomane réhabilité qui lui a parlé de Dieu. Le pasteur Manabaïev explique que le gouvernement kirghiz n'est pas très chaud à l'idée de laisser pousser des églises protestantes partout dans le pays. Il a d'ailleurs eu de la difficulté à obtenir la permission pour la construction de la sienne. Mais le vrai problème est ailleurs. « Le danger de la conversion, c'est l'ostracisme. Dans la famille, au travail et dans la communauté. Dans un village du sud du pays, une musulmane qui s'est mariée à un chrétien et a adopté sa religion s'est fait dire par un imam que quatre hommes de sa famille iraient en enfer à cause d'elle ! Moi-même, je me suis déjà fait tabasser en allant voir des paroissiens dans un village », raconte le père Manabaïev.

Après tout, pour la majorité kirghize, le Kirghizstan est terre d'islam. Va pour la minorité russe et son orthodoxie, mais les musulmans devraient au moins le rester, se disent les Kirghiz. Pourtant, le Kirghizstan est loin d'être une république islamique. La première chose qui m'a frappé à mon entrée à Bichkek, ce sont les multiples petits casinos, les offres d'achat à crédit et l'usine d'arak et de vodka. Le jeu de hasard, le crédit et l'alcool : trois interdits du Coran. Le porc est consommé en plein jour, les femmes voilées sont rares. Mais alors que le pays est en recherche de sa propre identité, plusieurs aimeraient bien que l'islam devienne un facteur incontestable d'unité nationale, ne serait-ce que pour les apparences.

Les missionnaires étrangers ne sont donc pas vraiment les bienvenus. Officiellement, il y en aurait moins de quatre cents. « Mais ils sont au moins cinq à dix fois plus nombreux », assure le député Zaïnidine Kourmanov, l'un de ceux qui souhaitent un meilleur encadrement de la liberté religieuse dans le pays. Selon lui, les missionnaires illégaux cachent aux autorités leur véritable intention – propager la Bonne Nouvelle – en venant au pays avec un emploi de façade.

Vraiment ?

J'ai longtemps été sceptique quant à ces accusations. Jusqu'à ce que je rencontre Heini et Alissa.

Heini est installé à Bichkek depuis cinq ans avec sa famille. Officiellement, il est infirmier. Mais il se considère surtout comme un missionnaire. Heini est craintif. Il me demande de ne pas révéler son origine. « Je ne parle pas vraiment de ma foi en public. J'essaie simplement de la vivre au quotidien en aidant les autres. » Alissa est plus directe. « J'enseigne le coréen dans une université. En tant que professeure, je peux développer des relations avec les étudiants et, à travers cette relation, leur transmettre l'amour de Jésus-Christ. » Elle cible surtout les Kirghiz d'origine coréenne, descendants des quelque cent soixante-dix mille Coréens déportés de l'Extrême-Orient russe vers l'Asie centrale lors des grandes purges de 1937 (Staline craignait que certains d'entre eux soient ou ne deviennent des agents japonais). Alissa n'a toutefois encore réussi à convertir aucun de ses étudiants.

Le député Kourmanov avait raison. Les missionnaires sont déterminés à vendre Jésus-Christ, quitte à vivre dans la clandestinité pour le faire. Cela dit, le député et le reste de la classe politique kirghize ne craignent pas seulement le christianisme. L'islam radical est également une menace, comme ailleurs en Asie centrale. Les Tadjiks voisins ont vu les islamistes déclencher une guerre civile (1992-1997) et les Ouzbeks sont toujours sous la menace du Mouvement islamique d'Ouzbékistan, un groupe armé considéré comme une organisation terroriste par plusieurs pays, dont le Canada. Les mosquées kirghiz sont donc surveillées de près. Pour l'élite du pays, mieux vaut que l'islam reste un symbole un peu creux de l'identité nationale plutôt qu'une vraie croyance susceptible d'encourager le fanatisme et, par extension, l'instabilité.

C'est ce qui se dégage de la mosquée centrale de Bichkek. L'islam y est un héritage culturel qu'on connaît plutôt mal. Dans la cour, Abdulazzim, barbichette blanche, se lance dans une métaphore pour me convaincre de la suprématie de sa croyance. «L'islam, c'est comme une voiture neuve. Mahomet est le dernier prophète à être venu sur terre. Il nous a légué une religion dernier modèle, celle avec la mécanique la plus contemporaine!» Abdulazzim ne s'inquiète pas outre mesure de l'afflux des missionnaires chrétiens et de la conversion de certains Kirghiz. Après tout, pas plus de 2 ou 3 % de la population auraient opté pour l'une des diverses formes de protestantisme nouvellement sur le marché kirghiz. «Ceux qui ont adopté une autre religion ont simplement été trompés. Et maintenant, ils sont comme une voiture qui essaie d'avancer sans roues!»

★   ★   ★

Tadjikistan

Un lundi à Douchanbé
Douchanbé, 3 novembre 2008

Jusqu'à ce que les Soviétiques en fassent une ville dans les années 1920, Douchanbé n'était guère qu'un petit village. Durant des siècles, chaque lundi, les habitants de la région environnante s'y retrouvaient pour le grand marché hebdomadaire. D'où son nom « Douchanbé » – ou anciennement « Dyouchambé » – qui signifie « deuxième jour » en persan[33].

Lundi, 3 novembre 2008. La ferveur du marché d'antan a disparu depuis longtemps. Dans la capitale tadjike, lundi n'est plus que le premier jour de la semaine, comme l'imposent les Russes et leur calendrier grégorien (dans le calendrier musulman, la semaine débute le dimanche). C'est le jour où la machine bureaucratique de la capitale se met en marche. Un jour ordinaire, propice à toutes les aventures extraordinaires qu'offre au voyageur le quotidien d'une nouvelle ville à découvrir et à comprendre.

*   *   *

9 h. À l'entrée du chantier de construction d'un chic complexe hôtelier, cinq hommes, mains dans les poches, se tiennent patiemment à une dizaine de mètres de la barrière d'accès et de son gardien de sécurité. Ils attendent leur bonne fortune. Qui sait, peut-être qu'aujourd'hui quelques travailleurs réguliers ne se présenteront pas au boulot. La firme turque qui exploite le chantier ne voudra certainement pas laisser le projet prendre du retard. Elle devra donc embaucher un ou deux remplaçants pour la journée, qui se risqueront sur les échafaudages sans casque protecteur, en échange de quelques somonis, la monnaie tadjike.

Cette situation me rappelle une histoire que racontait mon grand-père paternel. C'était dans le Québec des années 1930-1940. Le jeune William avait abandonné l'école en troisième année du primaire. Il n'avait que son cœur à l'ouvrage à offrir. « Nous allions attendre sur

---

[33] Le tadjik est une langue presque identique au persan, hormis qu'elle s'écrit en alphabet cyrillique et compte beaucoup d'emprunts au russe.

le bord de la route, des camions passaient et ils embarquaient des travailleurs pour la journée. Le lendemain, nous revenions en espérant qu'ils nous embauchent pour une autre journée. » C'était bien sûr avant les luttes syndicales et l'établissement de normes assurant une certaine protection aux travailleurs.

Le Tadjikistan est encore loin de tout ça. Le paradis artificiel des prolétaires est mort avec l'Union soviétique. Aujourd'hui, les emplois sont pratiquement inexistants. À moins d'avoir un poste dans l'appareil administratif, le seul moyen de gagner un salaire décent est de partir pour la Russie. C'est d'ailleurs ce que font la plupart des hommes en âge de travailler. À tout moment de l'année, environ un million de Tadjiks se trouvent quelque part dans la vaste Fédération russe, légalement ou non. C'est la moitié de la population active du pays. En 2007, les Tadjiks à l'étranger ont transféré l'équivalent de deux milliards de dollars à leur famille, ce qui équivaut à 60 % du produit intérieur brut du pays. Ils y accomplissent les basses besognes que les Russes ne veulent plus faire eux-mêmes, parce que mal payées ou trop dures. Ils lavent des planchers, balayent les rues, grattent la neige, cognent des clous, vendent des fruits au marché, des *chaourmas* (kebabs) dans des casse-croûte, tissent dans des ateliers de misère sans aération et sans lumière du jour, transportent des marchandises lourdes. Et c'est ainsi que, à des milliers de kilomètres de la maison, ils peuvent soutenir leur famille et leur pays, le plus pauvre de Post-Soviétie.

* * *

10 h 30. Me voici devant l'ambassade du Turkménistan. J'espérais bien arriver avant, mais trouver quoi que ce soit dans une ville où plusieurs habitants ne connaissent pas le nom de la rue principale est laborieux. Plus tôt, j'avais erré durant de longues minutes autour de l'ancien emplacement de la représentation diplomatique turkmène avant de trouver quelqu'un qui se rappelait que l'ambassade existait, mais avait déménagé depuis longtemps. Dans la rue de la nouvelle ambassade, il aura fallu au moins une demi-douzaine de personnes interrogées avant que j'obtienne des indications qui menaient dans la bonne direction. Une fois sur place, je m'inscris sur la liste d'attente.

Le gardien de sécurité m'interroge candidement sur mon origine. Je feins de ne parler que quelques mots de russe. Le Turkménistan est l'un des pays les plus fermés de cette planète. Il est sous l'emprise d'une dictature aussi loufoque que cruelle. Les journalistes n'y ont pratiquement jamais accès, hormis pour des conférences sur l'industrie pétrolière et gazière. Je dois jouer au touriste naïf. Je veux mettre toutes les chances de mon côté pour obtenir un laissez-passer vers la «Corée du Nord d'Asie centrale».

À chaque question du gardien, je retourne dans mon passé, à mes premières journées à Moscou, lorsque mon vocabulaire russe n'atteignait pas les cent mots. Quel mot comprenais-je alors? Quel mot pouvais-je prononcer? Les postulants pour le visa passent au compte-goutte. Une personne toutes les vingt minutes. J'attends mon tour comme les autres hors des murs de l'ambassade, sur un banc de l'autre côté de la rue. Le profil type d'une représentation diplomatique. Un endroit où on vous fait toujours sentir que vous n'êtes rien. L'avenir de vos voyages est à l'intérieur, mais vous devez patienter en silence, impuissant, à l'extérieur. S'il pleut, il pleuvra. S'il neige, il neigera. À ce moment, j'ai une pensée pour tous ces gens aux quatre coins du globe qui font le pied de grue aux portes des consulats nord-américains et européens, parfois durant des jours. Pour eux, ce qui se trouve à l'intérieur, c'est l'espoir d'une vie meilleure. Je prends mon mal en patience.

11 h 45. J'ai l'honneur de pouvoir entrer avant la pause du dîner, qui dure deux heures. Je remplis le formulaire. Dans cinq jours, je saurai si le ministère des Affaires étrangères du Turkménistan me donnera le droit de transiter par son territoire[34].

★ ★ ★

14 h. Le lundi bureaucratique se poursuit. Puisque je ne suis pas logé à l'hôtel mais chez des humanitaires suisses, je dois aller enregistrer mon lieu de résidence temporaire à l'OVIR (Section des visas et enregistrements). C'est le bureau qui règle – ou plutôt complique – la paperasserie pour les citoyens étrangers. En théorie, la procédure ne devrait rien avoir de bien complexe. Mais la «bureaucratite aiguë»

---

[34] J'obtiendrai finalement mon visa sans problème.

dont souffrait l'URSS et dont souffrent toujours la plupart de ses héritiers rend toute opération fastidieuse, inefficace et inutile. Inutile, mais obligatoire. À force d'empiler les règlements et procédures, le système a tellement perdu de vue sa fonction première – assurer l'ordre et l'application de la loi – qu'il en vient à forcer l'honnête citoyen à le tromper pour espérer être en règle. C'est ainsi qu'un cuisinier que je voyais pour la première fois, ami d'une connaissance, m'a refilé la photocopie du passeport d'un de ses amis, que je n'avais jamais rencontré, mais qui avait le grand avantage de posséder un appartement, et donc une adresse où je pourrais m'enregistrer. Photocopie en main, je remercie Ikrom le cuisinier, croise les doigts et prends la route des bureaux de Kafka.

J'arrive à l'OVIR en début d'après-midi. «Vous vous trompez. Pour les demandes individuelles, il faut aller à l'autre OVIR, à l'autre bout de la ville», me dit le gardien, après une longue consultation (parce que, bien sûr, il ne savait rien). «Justement, c'est là que je vais», l'interrompt un fonctionnaire bien sapé qui capte notre conversation. «Viens, je t'emmène. » Je monte dans sa voiture. Une belle voiture étrangère. Trop belle pour un fonctionnaire qui ne doit officiellement gagner pas plus de cent dollars par mois. Une jeune femme prend place sur le siège avant. Elle discute avec le fonctionnaire à voix basse. Elle finit par lui donner son passeport et une somme d'argent indéterminée. La jeune femme descend à l'intersection suivante. «Ce sera prêt dans quelques jours. Je vous appellerai», lui lance le fonctionnaire avant que la portière ne se referme. Le mystère de la voiture de luxe du pauvre fonctionnaire vient de s'éclaircir sous mes yeux. Tout en conduisant, le fonctionnaire regarde mes papiers. «Ça ne fonctionnera pas. Il faut que le propriétaire de l'appartement soit présent avec toi pour signer les papiers d'enregistrement. » Je crois voir clair dans son jeu. Il est en train d'ériger devant moi ce mur légal, nécessaire à la corruption. Ensuite, lui, fonctionnaire tout-puissant, pourra magnanimement le faire disparaître d'un coup de baguette magique, en échange d'une poignée de billets. «Mon ami (le propriétaire que je n'ai jamais vu) ne peut pas venir. Il travaille. Il doit bien y avoir un autre moyen, non? » Je viens de lancer la perche pour sauter par-dessus l'anarchie légale tadjike. Le fonctionnaire murmure une phrase que je crois avoir comprise comme « on trouvera bien un moyen ». Je poursuis le jeu. « Puisqu'il n'y a rien à faire, alors mieux vaut me laisser ici. Je n'ai plus de raisons d'aller à l'OVIR. » Il me dépose. J'anticipe une phrase du genre : « Attends, tu sais... » Mais non. Il repart. J'étais seul à jouer. Mon problème reste donc entier.

Guichet numéro cinq de l'OVIR. « Impossible », me dit l'homme derrière le comptoir, qui semble le plus haut gradé de l'endroit, venu en renfort à un premier préposé ignorant quoi faire de moi. J'insiste. Il doit bien y avoir un moyen... « Va remplir les formulaires dans le vestibule et reviens me voir. » Un commis m'y accueille avec un grand sourire. Il me dit de remplir moi-même le formulaire directement sur son ordinateur. Tous les objets de la pièce portent une étiquette indiquant leur nom en anglais et en russe. Le commis apprend l'anglais, chose étonnante ici.

« Tu sais ce qu'est *Watchtower* ? » Euh, oui je sais ce qu'est une « tour de garde », mais je ne suis pas certain de comprendre où il veut en venir... Le commis prend un livre épais à la couverture anonyme noire. Il l'ouvre, me le montre furtivement, puis le referme. J'ai le temps de lire le titre en russe, *Les paroles sacrées*, et le mot « Jéhovah » quelque part. La Watchtower Bible and Tract Society of New York est la maison d'édition qui publie les brochures, magazines et autres livres des Témoins de Jéhovah.

Un Témoin de Jéhovah. Le mouvement a justement été interdit par la cour tadjike quelques semaines auparavant pour avoir importé et distribué illégalement sa littérature religieuse.

Le commis insiste pour me laisser son numéro de téléphone. « Appelle-moi, nous discuterons. » Il refuse toutefois de falsifier la signature de mon « ami-propriétaire », dont j'ai besoin pour espérer me sortir au plus vite de la bureaucratie. « Vous, mademoiselle, venez signer s'il vous plaît », lance-t-il à une Russe blonde qui patiente dans la pièce. « Moi, je suis croyant, alors je ne peux pas mentir. » Un brin offusquée, la Russe accepte. Après quelques coups de pratique, elle signe le document.

Je retourne au guichet numéro cinq. Le fonctionnaire haut gradé me dit d'aller payer les frais d'enregistrement à la caisse et exige que je ramène le reçu. « Revenez demain à dix heures ! » J'aurai finalement réussi à éviter toute corruption pour régulariser ma présence au Tadjikistan, alors même que j'étais prêt à y recourir pour sortir de l'enfer bureaucratique.

*   *   *

16 h. La bureaucratie tue. J'ai besoin d'une balade sur Roudaki, l'artère principale de Douchanbé. Comme dans plusieurs fausses démocraties, la richesse des bâtiments officiels et des monuments du centre-ville de la capitale est inversement proportionnelle à celle du pays. Je m'arrête devant la gigantesque statue d'Ismoïl Somoni, fondateur de la grande dynastie persane des Samanides à la fin du IXe siècle. Derrière la statue, une arche dorée surmontée d'une couronne tout aussi dorée vient compléter l'installation. Durant des décennies, Ismoïl Somoni a été relégué aux oubliettes de l'Histoire. Le Tadjikistan était un fier membre de l'Union soviétique. Les héros nationaux s'appelaient Lénine, Staline, Frounzé, Joukov... Avant d'être Tadjik, Kirghiz ou Biélorusse, on était *homo sovieticus*. Après le démantèlement de l'empire, chaque peuple est retourné dans son coin, avec son avenir incertain et le vague souvenir d'un passé pré-soviétique. Pour combler le vide et se rebâtir une identité nationale, chacun a dû monter au grenier pour dénicher ses vieux livres d'histoire poussiéreux. Il fallait se trouver des héros, et vite !

En Asie centrale, où les frontières nationales avaient été dessinées et remaniées à souhait par Staline, le besoin de justifier son intégrité territoriale et son indépendance était particulièrement criant. Sur les places centrales, Lénine déboulonné devait être remplacé. En feuilletant les pages de leur histoire, chacun s'est arrêté à la plus glorieuse.

Sous la dynastie samanide, l'empire perse – donc tadjik – a vécu son âge d'or en Asie centrale. Ismoïl Somoni (849-907) deviendrait alors la figure emblématique de la nation, celui dont le visage ornerait les timbres et la nouvelle monnaie du pays.

En Ouzbékistan, le sanguinaire conquérant Tamerlan (1336-1405) a retrouvé ses lettres de noblesse, tout comme son descendant Babour, fondateur de la dynastie moghole. L'Ouzbékistan ayant été créé de toutes pièces par le pouvoir soviétique, les deux guerriers serviraient de caution historique à l'existence actuelle du pays. La nation ouzbèke était grande, avant même d'exister !

Les Kazakhs aussi ont déterré de grands guerriers pour meubler leurs squares. Ablaï Khan (1711-1781), unificateur des trois tribus principales du pays et donc d'un embryon d'État kazakh centralisé, a ainsi été coulé dans le bronze. D'autres grands khans (dirigeants militaires) et chefs de tribu sont réapparus, question de faciliter la comparaison avec le président actuel, Noursoultan Nazarbaïev[35].

Au Kirghizstan, le pouvoir post-soviétique s'est tourné vers Manas, héros mythique des contes transmis de bouche à oreille durant des siècles par les nomades. Le personnage imaginaire, symbole de l'indépendance des Kirghiz face aux Chinois et aux Mongols, a notamment donné son nom à l'aéroport de Bichkek, à une université, à la plus haute distinction du pays et à bien d'autres choses.

Au Turkménistan, le problème identitaire s'est réglé d'une façon plus contemporaine. Ayant décrété que le pays vivait son «siècle d'or», le président-fou Saparmourat Niazov (1940-2006) a magnanimement pris sur ses épaules le poids de la déification. Il a fait produire des centaines de statues, de bustes et d'autres affiches à sa gloire. Ce «poids» a été repris à sa mort par son successeur.

Je sors mon appareil photo pour immortaliser la grandeur de la dynastie samanide. Le policier chargé de surveiller le monument siffle et me fait signe de m'approcher plus près. Bien sûr que je peux photographier, me rassure-t-il. Mais je serais mieux côté gauche, non, côté droit, pour éviter le contre-jour. L'agent me suit partout. Il sourit et joue au guide touristique. Je commence à avoir des soupçons sur ses réelles intentions. Je le remercie de son aide en lui serrant la main et m'apprête à tourner les talons lorsqu'il m'interpelle. « *Brat, brat !* » Mon frère, mon frère ! «Tu n'aurais pas un petit quelque chose? Pour un café...» Il ne me demande pas un pot-de-vin. Il ne cherche pas à utiliser les pouvoirs qui lui ont été conférés pour m'intimider. Pire, il quémande. L'État lui a donné un uniforme, un salaire de crève-la-faim et une tâche sommaire. À lui maintenant de s'organiser pour survivre. Avec moi, il n'a pas osé l'extorsion. Par peur ou par honnêteté. Dans sa condition, elle aurait pourtant été pleinement compréhensible. Je m'éloigne en m'excusant.

---

[35] En 2010, Nazarbaïev sera officiellement désigné par le parlement kazakh comme *Elbasy*, ou «leader de la nation». Il obtiendra un droit de regard à vie sur les grandes orientations du pays. Son titre et ses pouvoirs s'apparentent ainsi à ceux des khans anciens.

Quelques mètres plus loin, dans le parc adjacent, mon téléphone sonne. C'est Oumed. Oumed? Ah, oui. Le jeune Ouzbek qui m'a abordé plus tôt dans la rue. « *Hello, where are you from?* » m'avait-il demandé, avec un accent anglais étonnamment potable. Grâce à ses cheveux stylisés, sa peau fine et ses vêtements colorés loin du terne de ceux du Centrasiatique moyen, j'avais tout de suite deviné qu'Oumed était un garçon hors-norme. Il m'avait dit être un étudiant de 23 ans de Tachkent, en visite chez sa grand-mère à Douchanbé. « Je m'ennuie ici. Est-ce que je peux me balader avec toi? » m'avait-il demandé. Trop occupé par mes soucis bureaucratiques, je lui avais refilé mon numéro de téléphone en lui disant de m'appeler un autre jour. Il m'a rappelé le jour même...

« Où es-tu? Que fais-tu? Quand seras-tu libre? » Sa voix laisse transparaître un soupçon d'anxiété. Après un court silence, il laisse tomber ce qu'il voulait me dire depuis le début : « Je suis gai. » Pas moi, mais nous pourrions nous rencontrer à nouveau pour discuter, lui proposé-je. Il est déçu, mais accepte. « Moi, j'aime les hommes. Et je voulais que... tu sais... »

Personne dans l'entourage d'Oumed ne connaît son orientation sexuelle. Ni sa famille, ni même ses meilleures copines, avec qui il court les magasins. Et personne ne s'en doute. Chez nous, les manières efféminées d'Oumed soulèveraient rapidement des questions sur son orientation sexuelle. Mais dans son très conservateur Ouzbékistan natal (et dans les autres pays de la région), l'homosexualité est tellement inconcevable pour la majorité des gens qu'Oumed passe inaperçu. Pas besoin de se draper d'une fausse virilité pour éviter les remarques – ou attaques – homophobes. Oumed ne connaît que deux Ouzbeks gais, mais les forums Internet lui confirment qu'il y en a beaucoup plus.

Je l'ai finalement revu deux jours plus tard. Barack Obama venait d'être déclaré vainqueur de la présidentielle américaine, un événement historique qui soulevait peu les passions dans ce coin du monde, qui regarde encore vers Moscou. Oumed, lui, rêve de partir aux États-Unis. Pourtant, il n'a qu'une vision floue de ce lointain pays. Ce qu'il sait de l'« *Amerika* », il l'a appris de Mauricio, son amant américain.

Sauf que celui-ci a récemment quitté l'Ouzbékistan, emportant avec lui ses seules expériences homosexuelles. Le père d'Oumed, un riche neurochirurgien dans une clinique privée, a promis de l'envoyer aux États-Unis pour poursuivre ses études, ignorant bien sûr les réelles aspirations de son fils.

Je lui raconte que Montréal, San Francisco et d'autres villes nord-américaines sont certainement ce qu'il y a de plus près du paradis pour les homosexuels. « Il y a même des quartiers gais. » Oumed s'étonne. Il n'arrive pas à comprendre totalement ce dont je parle. Pour lui, tout cela relève de l'inimaginable.

★ ★ ★

En fin d'après-midi, j'arrive devant le palais présidentiel. C'est là qu'habite Emomali Rahmon. Depuis 1992, il dirige le Tadjikistan à sa guise. Les seules richesses du pays – le coton, l'aluminium et l'électricité – sont sous le contrôle de sa famille. Depuis qu'il a remporté la guerre civile contre les islamistes et quelques clans libéraux (1992-1997, entre cinquante et cent mille morts selon les estimations), son emprise sur le pouvoir est totale.

Je sors mon appareil photo. Les gardiens du palais présidentiel me font signe. « Pas de photos ! » Un groupe d'étudiants passe au même moment. « C'est interdit », me lance l'un d'eux gentiment. « Interdit ? Mais ce palais a été payé avec votre argent, non ? » rétorqué-je avec une pointe de cynisme, question de leur tendre une perche politique. « Reviens le soir, le palais est entièrement illuminé et les gardiens sont moins attentifs. » En effet, la nuit, le palais présidentiel brille de tous ses feux. Pourtant, même si le pays a un énorme potentiel hydroélectrique, il reste sous-développé et les pénuries de courant sont fréquentes. L'année précédente, des centaines de milliers de Tadjiks avaient souffert des coupures d'électricité en plein cœur de l'hiver. Même dans la capitale, elles pouvaient durer des heures. Dans les villages montagnards isolés, elles se comptaient parfois en jours. Pour ajouter au malheur, les mauvaises récoltes résultant de la sécheresse de la saison précédente avaient créé une pénurie de nourriture à l'échelle du pays. Selon le bilan officiel, trois cents personnes sont mortes de froid cet hiver-là. D'après les organisations humanitaires internationales, c'est plutôt par milliers que se chiffreraient les morts. Durant tout ce temps, le palais présidentiel – comme le président – a continué de briller.

Je dis aux étudiants que je suis journaliste. « Aviez-vous l'électricité l'hiver dernier ? » Ils hésitent. « Non », marmonne l'un d'eux. « Oui oui, nous en avions », l'interrompt un autre, blond à la peau foncée. Il esquisse un sourire nerveux, jaune. Il baisse la tête, comme en signe de soumission au pouvoir autoritaire. « Tout va bien ici, tout est en ordre. »

Nous poursuivons notre chemin, chacun de notre côté, dans ce lundi qui s'achève.

★   ★   ★

Un mariage et une circoncision
Région de Pendjikent, 8 novembre 2008

Tout de blanc vêtus, les mariés se tiennent sur le podium, têtes basses, l'air grave, devant une montagne de présents. Autour, dans la cour intérieure, les invités festoient et dansent sur une musique pop assourdissante.

Nous sommes dans le *kichlak* (« village », en ouzbek et en tadjik) de Kamartoch, près de Pendjikent, dans l'ouest du Tadjikistan. Pur produit du découpage stalinien des frontières, Kamartoch est de population presque exclusivement ouzbèke, tout en se situant du côté tadjik de la frontière, à quelques kilomètres de l'Ouzbékistan.

Pour leur mariage, Askardjon et Zarnigorkhon ont dû inviter non seulement leurs familles respectives, mais pratiquement tout le village. Tradition oblige. Si les mariés ont presque l'air tristes en ce jour qui devrait être le plus heureux de leur vie, c'est que, là aussi, la tradition leur dicte des règles de conduite. Un mariage, ce n'est pas de la rigolade. Il faut montrer qu'on prend l'engagement au sérieux.

Askardjon aurait tout de même une bonne raison d'avoir l'air grave. En trois jours de noces, il aura dépensé toutes ses économies des trois dernières années, durement gagnées sur les chantiers de construction en Russie. L'équivalent d'environ huit mille dollars. Non par choix, mais par obligation sociale.

Ce soir, après la fête, Askardjon et Zarnigorkhon dormiront séparément. Lui dans la chambre des hommes, elle dans celle des femmes. Ils n'auront droit à leur nuit de noces que demain. Et bientôt déjà, Askardjon devra repartir. Désormais marié – et à nouveau sans le sou –, il retournera travailler en Russie. Cette fois, son salaire sera investi dans la construction d'une maison pour sa future famille. Il reviendra quelques semaines par année et repartira chaque fois en laissant Zarnigorkhon enceinte – *inch Allah* – avec le nécessaire pour vivre. Et ainsi de suite durant des années.

C'est Abdoufato qui me raconte l'avenir prévisible de son ami et voisin Askardjon. Abdoufato lui-même n'est pas encore marié. Il sait toutefois que son avenir risque de ressembler à celui d'Askardjon. Il le sait, parce qu'il a déjà tenté de déjouer le poids des traditions. Sans succès. Il y avait cette fille qui lui plaisait énormément. À leur première rencontre sous un pont, il lui a déclaré son amour. « Elle sentait si bon. Et ses mains et ses ongles étaient si propres ! » se remémore Abdoufato, avec toute l'expressivité qui fait son charme. À sa grande surprise, la jeune fille, un peu plus vieille que ses 18 ans à lui, a voulu consommer leur amour naissant. Un sacrilège en ce monde de virginité prénuptiale obligatoire pour la femme (l'homme, lui, peut toujours avoir recours discrètement à des « professionnelles » pour faire ses classes sexuelles). Malgré l'amour réciproque, la relation était impossible. Le père de la jeune fille l'avait déjà promise et fiancée à un autre, un garçon d'une famille respectable avec qui il entretenait de bons rapports. Aujourd'hui, elle est mariée. En secret, elle continue tout de même à envoyer des textos à Abdoufato et à l'appeler. C'est lui qu'elle aime. Mais Abdoufato ne répond plus. Non pas que ses sentiments se soient éteints. « C'est que je ne veux pas, je ne peux pas, briser son mariage. Son mari a investi tellement d'argent pour ses noces et pour fonder sa famille... » explique-t-il, résigné.

Abdoufato se console en se rappelant que le poids des traditions engendre des destins amoureux encore plus tragiques que le sien. Il raconte l'histoire d'une jeune fille d'un village voisin que le père a donnée en mariage à un homme alors qu'elle en aimait éperdument un autre. « Le lendemain du mariage, elle s'est suicidée. »

À Kamartoch et ailleurs en ces terres traditionalistes, ils sont rares à oser – ou même à vouloir – affronter les mœurs millénaires. Lorsque la survie quotidienne est votre préoccupation principale, l'avenir n'est pas une chose à laisser entre les mains du hasard et de l'amour. La sécurité et la prévisibilité de la vie offertes par le cocon des traditions sont beaucoup plus attirantes. Goulchiera, la voisine d'Abdoufato, en est l'exemple type. Un jour, il y a vingt-cinq ans, un garçon du village est venu demander sa main à ses parents. Ils la lui ont donnée. Et elle n'a rien eu à dire. De toute manière, elle se comptait chanceuse. Au moins, elle connaissait vaguement le garçon. Lorsque je lui demande s'il y a une quelconque once d'amour dans son mariage, elle répond sans ambages que non. Pas qu'elle déteste son mari, elle est même plutôt bien tombée. L'amour n'a simplement jamais été un facteur dans sa relation. Est-elle heureuse ? La question la surprend. Comme si elle ne se l'était jamais posée. Goulchiera finit par laisser tomber un « oui », sans grande conviction, comme réponse par défaut. Si je ne suis pas malheureuse, ce doit être que je suis heureuse, non ? semble-t-elle se dire. Il y a du pain sur la table, mon mari est travaillant et respectueux, j'ai donné naissance à quatre enfants, je suis en santé...

Les réponses de Goulchiera me ramènent aux récits que ma mère m'a faits du Québec rural de son enfance, dans les années 1960. À l'époque, pour les adultes autour d'elle, les mariages de raison étaient la norme. La femme cherchait un homme courageux qui lui assurerait une subsistance et lui permettrait de remplir son devoir face à l'Église, celui d'une descendance nombreuse. L'homme, lui, avait besoin d'une ménagère efficace qui le nourrirait bien pour ses longues journées de travail. Elle enfanterait des garçons – de préférence – pour l'aider sur la ferme et, ultimement, assurer la « suite du monde[36] ». Puis, avec l'amélioration des conditions de vie et l'urbanisation du Québec, la subsistance a petit à petit laissé place à l'existence. Le risque d'une vie meilleure est devenu possible. Le jeune homme et la jeune fille n'avaient plus à se contenter du petit pain pour lequel leurs parents étaient nés et dont ils se satisferaient jusqu'à leur mort. Ils avaient le droit de rêver.

---

[36] L'expression est d'un personnage de *Pour la suite du monde*, documentaire de Michel Brault et Pierre Perrault de 1963. Un coloré pêcheur y évoque la nécessité de transmettre les traditions aux jeunes générations pour assurer la « suite du monde ».

C'est ainsi que, naturellement, le carcan protecteur des traditions a été balayé par la Révolution tranquille jusqu'au fin fond des campagnes. Ma mère serait de la première génération à avoir la chance – ou le «luxe» – de se marier en premier lieu par amour. Peut-être les enfants d'Askardjon et de Zarnigorkhon seront-ils de cette première génération tadjike à se libérer du poids des traditions? Si c'est le cas, ils devront aussi vivre avec la perte de repères qu'entraîne le sabordage des mœurs millénaires. Pour l'instant, rien ne laisse présager un changement dans le pauvre Tadjikistan. Mais les révolutions arrivent souvent brusquement, après une longue gestation. Il ne suffit parfois que de quelques brisures de tabous pour faire voler en éclats un cadre social qui semblait à première vue indestructible.

★ ★ ★

Abdoufato lève son verre de cognac. Avec son grand sourire d'enfant, il pose son regard sur Mathieu et moi. Mathieu, c'est mon vieil ami prince-édouardien qui travaille pour une ONG allemande à Pendjikent. Nous avions étudié le russe ensemble quatre ans plus tôt à Moscou, où nous formions un duo musical infernal spécialisé dans les chansons russes traditionnelles.

Lorsque Mathieu a rencontré Abdoufato peu après son arrivée au Tadjikistan, il a été étonné par l'ambition bien placée de ce jeune orphelin brillant, qui a rapidement absorbé les quelques notions d'anglais qu'il lui a enseignées.

Abdoufato entame son toast. «Merci d'être venus! Les gens de notre *kichlak* sont très honorés de votre présence. Nous espérons vous voir au prochain mariage!» Par respect, Mathieu et moi, peu portés sur l'alcool fort, prenons une petite gorgée et laissons les autres invités faire culsec. La culture traditionnelle musulmane est peut-être forte ici, mais les Soviétiques ont réussi à la corrompre à coups de bouteilles de vodka et d'autres alcools. Pour éviter les beuveries matinales, Mathieu a d'ailleurs imaginé une ruse qui lui permet de ne pas brusquer l'hospitalité locale durant ses tournées dans les villages, tout en conservant sa sobriété. Lorsqu'un habitant lui offre un verre de vodka qu'il «ne peut refuser», il répond avec sa phrase magique: «Non merci, je suis musulman!» Son interlocuteur, pris en flagrant délit religieux, cesse subitement d'insister...

Quelques heures avant le mariage à Kamartoch, notre tournée des cérémonies traditionnelles avait commencé à Riazan Bolo, un autre *kichlak* à l'autre bout de la région de Pendjikent. Pour y accéder, il faut rouler longtemps sur des routes cahoteuses et sinueuses, bordées de montagnes multicolores qui semblent l'œuvre d'une main divine de grand talent.

À peine mettons-nous le pied hors de la jeep que les *salam aleïkoum* fusent de partout. Des étrangers à Riazan Bolo, ça n'arrive pas tous les jours. La fête non plus. Aujourd'hui, on célèbre la circoncision prochaine d'un des plus jeunes villageois. Le couperet des traditions ne tombera sur le bambin que l'année prochaine, mais au *kichlak*, on fête lorsqu'on a l'argent pour le faire. Et comme le mariage, la circoncision doit être célébrée en grand.

« Cinquante kilos de viande, dix kilos de carottes, dix kilos d'oignons et dix litres d'huile. » Sous une fine pluie, le cuisinier du village brasse son ragoût qui mijote dans une énorme casserole de plus d'un mètre de diamètre, posée sur un foyer en terre cuite. « Avec ça, nous pourrons nourrir de cinq à six cents personnes », ajoute-t-il en distribuant les premières assiettées. Autour, les villageois font le va-et-vient entre la rue et les quelques maisons transformées en salles à manger et cuisines communautaires. Dans celle où l'on nous conduit, réservée aux hommes, les victuailles sont étalées sur de longues nappes de plastique étendues sur le tapis. Les *nans* (galettes de pain) y côtoient les fruits secs, les noix, les viandes et les bouteilles de boissons gazeuses d'une marque locale. Un festin qui aurait des allures d'excès dans une cérémonie du genre – si elle existait – chez nous.

Le président tadjik lui-même trouve d'ailleurs ces célébrations excessives. En 2007, il a fait adopter une loi pour limiter le nombre d'invités lors des grandes fêtes : pas plus de cent cinquante personnes pour un mariage, cent pour un enterrement et soixante pour une circoncision. L'objectif était noble : diminuer le fardeau des familles pauvres, obligées par la tradition à inviter le village entier à leurs célébrations afin d'en sortir avec l'honneur sauf. Quitte à se ruiner. Sauf que personne ne veut être le premier à risquer d'avoir l'air radin et casseur de traditions. À Riazan Bolo, les soixante invités permis sont, à vue de nez, au moins cinq fois plus nombreux. Personne ne semble s'inquiéter de l'infraction. Tout le monde est le bienvenu! Même nous, étrangers, dont l'invitation remonte à une collègue de Mathieu dont le chauffeur est marié à un membre de la famille du futur circoncis...

Au milieu de la fête se tient pourtant Ibrahim Amiljoda, ancien professeur du village, chargé par les autorités régionales de faire respecter la loi sur les célébrations. Emmitouflé dans son *tchapan*, le manteau traditionnel tadjik, il semble plus occupé à discuter avec les invités, avec qui il partage normalement son quotidien, qu'à compter leur nombre exact. «La limite, ce n'est que pour le *plov*», explique-t-il sommairement. Le *plov*, plat aussi gras que succulent – généralement composé de riz, pois chiches, carottes, oignons, ail et viande de mouton –, c'est le clou de toute festivité en Asie centrale. Lorsque les célébrations s'étendent sur plusieurs jours – comme c'est habituellement le cas –, la limite d'invités à respecter pour le *plov* n'a donc aucun effet sur l'ampleur générale de la fête et le portefeuille des pauvres organisateurs.

En visitant le village, on comprend mieux le sacrifice que représente pour une famille l'investissement dans la fête de circoncision. Riazan Bolo est constitué de quelques centaines de maisons en terre cuite, surmontées d'un toit de tôle. Au milieu des chemins de terre, qui font office de rues, ruisselle une eau de pluie à la teinte rouillée, résultat de son mélange avec le sol ferreux. Dans le village, les hommes sont peu nombreux. Il y a bien les quatre vieux *aksakal* (littéralement «barbe blanche» en langues turciques) vus à la mosquée et tous ces petits garçons qui suivent nos moindres faits et gestes, mais les hommes en âge de travailler se trouvent pour la plupart en Russie à amasser l'argent nécessaire pour subvenir à leur famille et aux traditions.

Les montagnes de la vallée de Zaravchan qui entourent le village ont été percées à plusieurs endroits par les habitants. Pour survivre à l'hiver rigoureux, ils vont y extraire au pic et à la pioche du charbon, qu'ils transportent ensuite à dos d'âne jusqu'au village. Avec un peu de chance, ils peuvent ensuite revendre les surplus en ville, à Pendjikent. L'activité est toutefois loin d'être sans risques. L'année précédente, dans un village voisin, trois personnes sont mortes dans l'explosion d'une poche de gaz souterraine.

* * *

Le Tadjik passe sa vie à survivre, à se serrer la ceinture pour économiser en prévision de son mariage, de la circoncision de ses fils puis, ultimement, de son enterrement. Chaque célébration somptueuse le ramène à la case départ, sans le sou. Pas d'argent pour améliorer sa qualité de vie et espérer passer à une autre étape. Pas le droit non plus, socialement, de déroger aux règles établies, de quitter le village si ce n'est pour y revenir avec une paye durement gagnée en Russie.

Les traditions, certes, unissent les hommes. Elles les rassurent, leur donnent des repères. Mais elles ont aussi pour effet pervers de les coincer dans le cycle de la misère. Elles coupent les horizons, empêchent d'oser, de sortir du cadre, par peur d'être ostracisé. En entretenant le faste de ses coutumes, le Tadjik entretient sa propre pauvreté.

* * *

Sur la route

Perché sur un rocher en bordure de la route, Abdulkhalil montre du doigt un minuscule point noir au bas de la falaise. « Soit le conducteur s'est endormi, soit il a voulu éviter une pierre au milieu de la route, ou bien il a dérapé. En tout cas, il est mort, comme tous ses passagers. » Le point noir, c'est une petite Opel qui a sombré quelques nuits plus tôt dans la majestueuse vallée, sillonnée de deux étroites rivières. La voiture a déboulé sur près d'un kilomètre. Même si ses occupants avaient survécu à la chute, en période froide dans cette région isolée entre Pendjikent et Khojand, leurs chances de survie étaient à peu près nulles.

Abdulkhalil nous fait signe de reprendre place à bord de sa Lada Niva 1600, le modèle de jeep soviétique par excellence. Nous devons repartir. La route est encore longue jusqu'à Khojand, le jour avance et les défis routiers s'annoncent nombreux. Heureusement pour moi, je suis tombé sur un chauffeur expérimenté. Dans une autre vie – la soviétique –, Abdulkhalil conduisait des poids lourds de Samarcande en Ouzbékistan jusqu'à l'Azerbaïdjan et la Géorgie, via un traversier sur la mer Caspienne.

Avant que j'aille à la station de taxis collectifs de Pendjikent, mes amis étrangers et locaux m'avaient indiqué trois règles à suivre : « Premièrement, trouve un chauffeur assez vieux pour avoir obtenu son permis de conduire sous l'Union soviétique. Depuis la chute de l'URSS, tout le monde peut l'acheter sans même savoir manier un volant. Deuxièmement, n'embarque dans rien d'autre qu'une jeep. Et troisièmement, assieds-toi en avant. Pour voir le paysage, mais surtout pour augmenter tes chances de survie en cas d'accident. »

Dans un pays comme le Tadjikistan, à 93 % montagneux et où plus de la moitié du territoire s'élève à plus de trois mille mètres au-dessus du niveau de la mer, les routes sont rarement sécuritaires. D'autant plus qu'elles se parcourent généralement dans des voitures d'une autre époque, entretenues de façon aléatoire. Celle que nous empruntons est même surnommée la « route de la mort », racontent Abdulkhalil et les passagers qui s'entassent avec nous dans la Niva surchargée. L'Opel au fond de la vallée confirme sa réputation.

Avant 1991, pour relier Pendjikent et Khojand (deuxième ville du pays, alors appelée Leninabad), on pouvait emprunter les routes plates de l'Ouzbékistan voisin. Mais maintenant que l'Ouzbékistan est un pays étranger, il faut obtenir un visa pour y transiter, procédure complexe et coûteuse. Les Tadjiks doivent donc risquer leur vie chaque fois qu'ils veulent traverser leur pays de l'extrême ouest à l'extrême nord. Des centaines de kilomètres de dangers pour le commun des mortels. Tout ça pour une question de frontières et de haute politique.

La situation tend toutefois à s'améliorer. Car le pauvre Tadjikistan a trouvé un sauveur pour transformer son réseau routier : la Chine. Au cours des dernières années, le gouvernement chinois a asphalté des centaines de kilomètres de routes à travers le pays, construit des ponts et creusé de longs tunnels à travers les montagnes pour défier la nature. Et le tout sans que l'État tadjik ait à verser un seul sou. La Chine a offert au pays des prêts à long terme de centaines de millions de dollars à faible taux d'intérêt. Bien sûr, il ne s'agit pas d'un simple acte de charité envers un voisin démuni. En échange, les Chinois ont obtenu une option sur les ressources naturelles tadjikes. Une mine d'or détenue par une compagnie britannique est notamment passée aux mains d'une minière chinoise[37].

Le développement du réseau routier permet aussi aux Chinois de pénétrer le modeste marché tadjik, mais surtout d'ouvrir une nouvelle route pour le transport terrestre de ses marchandises vers le reste de l'Asie centrale et jusqu'en Europe. Or, la construction se fait selon les règles chinoises. Sur les chantiers que nous croisons, tous les ouvriers, sans exception, sont chinois. Idem pour la machinerie. Les seuls Tadjiks que nous rencontrons sont des bergers qui bloquent momentanément la chaussée en la traversant avec leurs troupeaux de moutons et quelques ânes, alourdis de bûches de bois transportées au village en prévision de l'hiver imminent. La situation est des plus ironiques. Alors que les travailleurs tadjiks s'exilent pour aller construire la Russie de demain, ce sont des mains chinoises qui développent le Tadjikistan en vase clos.

Dans l'éternel « grand jeu » des grandes puissances qui cherchent à intégrer l'Asie centrale à leur sphère d'influence, les Chinois ont pris une longueur d'avance au cours de la dernière décennie. Ils sont maintenant les premiers investisseurs au Tadjikistan, loin devant les Russes, colonisateurs historiques, et les Américains, qui pensaient pouvoir s'implanter dans la région après avoir « gagné » la Guerre froide. Le contrôle de l'ancienne route de la soie, devenue celle de l'opium afghan, des hydrocarbures et – jusqu'à un certain point – du terrorisme international, est ainsi en train de revenir aux Chinois. Et même s'ils en sont exclus, les Tadjiks profitent au quotidien du processus de développement en roulant sur des routes neuves et en se procurant des produits chinois bon marché. Les routes chinoises sont en effet une bénédiction dans un pays habitué aux chemins de terre ou d'asphalte défoncé. Mais les Chinois ont encore à parfaire leur technique. En haute montagne, les chaussées à peine terminées sont déjà endommagées par les constants éboulis de pierres. Les ingénieurs n'ont visiblement pas pensé à installer des murets ou des filets protecteurs. Nous roulons ainsi avec, d'un côté, le danger du ravin sans garde-fou, et, de l'autre, la constante menace qu'un

---

[37] En janvier 2011, le Tadjikistan a même cédé 1 % de son territoire à la Chine, mettant ainsi fin à un long différend sur la frontière commune.

rocher emboutisse la Niva. Sans compter les voitures arrivant en sens inverse qui empiètent sur notre voie afin de s'éloigner du vide dans les virages étroits.

Nous poursuivons notre ascension. À plus de quatre mille mètres d'altitude, le brouillard devient si épais qu'on ne voit plus à vingt mètres devant nous. L'asphalte laisse place à la neige, qui rétrécit encore plus la chaussée. Dans une montée, une vieille voiture transportant une famille est immobilisée. Ses pneus de mauvaise qualité n'arrivent pas à s'agripper à la neige. Les camions et automobiles arrivant en sens inverse doivent s'arrêter eux aussi, faute de pouvoir la contourner. Naturellement, tous les passagers de notre taxi sortent, moi compris, pour aller pousser la voiture embourbée, sous les klaxons des véhicules retardés. En un tournemain, le véhicule et ses occupants repartent sur les dangereux chemins de montagne.

*   *   *

Les routes d'un pays nous en apprennent presque autant sur celui-ci que ses villes et villages. Outre l'influence chinoise, celles du Tadjikistan racontent les perpétuels défis géographiques dont il faut tenir compte dans l'organisation des transports et des communications. Des défis qui, dans ce pays pauvre et montagneux, ne peuvent que compliquer et ralentir un développement déjà presque nul.

Les routes tadjikes racontent aussi le régime qui, se sachant illégitime dans l'absolu démocratique, ressent une constante insécurité et un perpétuel besoin de légitimation. Dans les faubourgs de Douchanbé, pratiquement à chaque kilomètre, une affiche montre le président Rahmon serrant la main d'un homologue étranger. Chinois, russe, kazakh, kirghiz. L'autorité morale du leader, déconnecté de son pauvre peuple dans la richesse de ses palais, doit se bâtir dans l'illusion : celle qu'il est le seul à pouvoir mener le navire. Si ses homologues le reconnaissent, son peuple doit se résigner à faire de même. Le martèlement de son image sert à rassurer et à construire l'évidence de son pouvoir.

Les chemins tadjiks racontent également la corruption. Celle tellement naturelle qu'elle s'assume en plein jour. Dans le taxi collectif qui m'emmène de Douchanbé à Pendjikent, la transaction «paix contre somonis» n'a ainsi duré que quelques secondes. À peine avons-nous quitté la capitale qu'un agent nous ordonne de nous immobiliser sur le bord de la route en agitant paresseusement son bâton. En un clin d'œil, notre chauffeur empoigne un billet de trois somonis (0,75 $) placé spécialement à cet effet sous l'allume-cigarette, sort en trombe puis, sans discussion aucune, le remet d'une poignée de main ferme à l'agent avant de remonter dans le taxi et de repartir. « Qu'est-ce qu'il voulait ? » demandé-je au chauffeur, d'un ton faussement naïf, puisque j'avais observé toute la scène dans le rétroviseur. « De l'argent, bien sûr ! Quoi d'autre ! » Le chauffeur n'est ni frustré ni indigné par cette extorsion. Il est simplement résigné devant la corruption ordinaire du contrat social entre les citoyens et les détenteurs du pouvoir. À quoi bon protester. Il sait bien qu'elle a depuis longtemps cessé d'être une question de bonne ou de mauvaise foi de ses acteurs. Elle s'est transformée en système, dans lequel les lois ne sont plus l'instrument du bon ordre, mais de l'arbitraire.

*　*　*

Mon séjour à Khojand, dans le nord du pays, aura duré beaucoup plus longtemps que prévu. Durant près d'une semaine, une intoxication alimentaire m'aura affaibli et empêché de reprendre la route[38]. En cause, un mauvais pain de viande dans un café à l'hygiène douteuse.

En fait, l'hygiène de ce café ne différait pas vraiment de celle des autres établissements de la région. En Asie centrale, la propreté dans les restaurants consiste le plus souvent en un lavabo à l'entrée, qui permet de se laver les mains avant de les essuyer sur une serviette sale partagée par tous les autres clients durant la journée. De la table au plancher, en passant par la cuisine et les toilettes, tout est crasseux.

Pourquoi une telle négligence ? La pauvreté l'explique certainement en partie. Les Tadjiks ont d'autres combats à mener dans le chaos de leur société déconstruite que celui de l'hygiène. Mais la pauvreté n'explique pas tout. En Post-Soviétie, l'insalubrité des toilettes est généralisée. À Moscou, Bichkek, Tbilissi, Chisinau, sans parler des villes de province, des restaurants relativement respectables cachent souvent des toilettes infectes. Pour espérer trouver un cabinet d'aisance décent, il faut aller dans des appartements privés.

---

[38] Elle m'affaiblira pour le reste du voyage et pour le mois suivant mon retour à Moscou, soit jusqu'à ce que, pris de tremblements, je finisse par aller consulter un médecin.

Dans son livre *Café Europa: Life After Communism*[39], l'auteure et journaliste croate Slavenka Draculić dresse un portrait similaire des toilettes en Europe de l'Est ex-communiste. En Roumanie, en Bulgarie, comme dans sa Yougoslavie natale, leur propreté était et demeure catastrophique. Elle tente ainsi l'ébauche d'une explication : « Puisque toute propriété était collective (à l'époque communiste), personne n'était jamais précisément responsable de rien ; personne n'était en charge, donc tout le monde se foutait de tout. Chaque individu négligeait ses responsabilités parce qu'il ou elle les déléguait à un niveau supérieur, celui des institutions. Pour qu'une chasse d'eau soit réparée dans une toilette publique, quelqu'un en haut lieu devait prendre une décision. Et est-ce qu'une concierge serait renvoyée parce qu'elle n'avait pas lavé le plancher ? Bien sûr que non ! » De toutes les tâches dégoûtantes qui pouvaient être bâclées en URSS et en Europe de l'Est communiste par des travailleurs qui s'estimaient exploités par l'État, celle de récurer les toilettes était certainement au sommet de la liste.

Aujourd'hui encore, les normes sanitaires mettent du temps à s'implanter dans les commerces de Post-Soviétie. Seules quelques chaînes de restauration rapide occidentales ou calquées sur ce modèle se font un devoir d'assurer la propreté de leurs toilettes. Ailleurs règne encore l'insalubrité soviétique. Même si elle a habité toute sa vie dans ces conditions et estime comprendre l'origine du problème, Slavenka Draculić ne s'explique toujours pas une chose : « Comment faisons-nous pour accepter cette saleté comme étant la norme ? » Tout voyageur dans un pays de l'ex-Bloc de l'Est, moi le premier, s'est posé la même question un jour, dans l'intimité d'une toilette infecte.

★　★　★

Après cinq jours de repos forcé, reclus dans l'appartement mal chauffé d'un Américain dans la banlieue de Khojand, j'ai repris assez de force pour me lancer à nouveau sur la route.

Mais vers où aller ?

Mon corps fragilisé me supplie de me rendre directement à Tachkent. La capitale ouzbèke saura certainement me fournir la dose de confort et de modernité nécessaire pour tenir bon durant les trois

---

[39] Slavenka Draculić, *Café Europa: Life After Communism*, Londres, Abacus, 1996, 213 p.

dernières semaines de cet éprouvant voyage. Ma tête et mon cœur, eux, me poussent plutôt vers Andijan, grande ville de la vallée de la Ferghana. En 2005, la répression sanglante de manifestations y aurait fait un millier de morts et contribué à verrouiller encore plus le régime d'Islam Karimov.

L'instinct de conservation prend le dessus. Je choisis Tachkent. Or, les imprécisions de mon guide de voyage me mènent au mauvais point de départ. À la gare routière où je croyais pouvoir prendre le chemin de la capitale ouzbèke, il n'y a que des *marchroutki* pour le poste-frontière de Konibodom, soit en direction d'Andijan. Dans ce genre de moments, on en vient presque à croire en des signes divins qui se chargent de mettre fin à nos hésitations et de nous orienter vers le destin qui est nôtre.

La *marchroutka* est pratiquement vide. Habituellement, on doit attendre qu'elle soit pleine pour partir. Le temps file. Un autre signe ? Tachkent serait-elle finalement ma destination ? Je m'apprête à ramasser mes sacs pour sortir du véhicule lorsque la porte se referme. Cette *marchroutka* fonctionne « *po raspissaniou* », en suivant un horaire. *Alea jacta est.*

À la frontière, un jeune soldat – il n'a guère plus de 19 ans –, mitraillette en bandoulière, me tend la main en prononçant le *salam aleïkoum* d'usage, sourire aux lèvres devant l'étranger rare. À la fouille des bagages, le douanier ouzbek me somme d'allumer mon ordinateur portable. « Je dois vérifier que vous n'avez pas de matériel illégal. » Visiblement, c'est plutôt sa curiosité envers cet étrange ordinateur blanc à la pomme croquée qu'il veut assouvir. Feignant la compréhension, il pianote sur mon clavier de ses doigts graisseux. Irrité, avec ce brin de condescendance inévitable qu'a celui qui comprend devant celui qui ne comprend pas, je lui confisque mon ordinateur et le range d'un « bon, c'est tout ! » autoritaire dans mon sac. Il ne dit rien.

En théorie, je me trouve pourtant en position d'infériorité face à cet homme. Il aurait tout le loisir de m'interdire l'accès à son pays sans avoir à fournir la moindre explication. Mais le rapport de force entre nous deux est plus complexe qu'il n'y paraît. Si la légalité est de son côté, j'ai du mien l'inégalité : entre lui et moi, il y a l'Histoire, il y a des différences socio-économiques, géopolitiques, culturelles ; il y a des niveaux d'éducation, des degrés de jouissance de la liberté, des chances plus ou moins grandes d'épanouissement. Et sur tous les plans, malgré lui et malgré moi, je suis avantagé.

J'ai longtemps pensé que mon origine me rendrait imperméable à la condescendance devant l'Autre, quel qu'il soit. Après tout, ne suis-je pas le fils d'un « peuple concierge[40] » qui a longtemps été soumis à un autre, qui a accepté sa condition d'opprimé en se recroquevillant sur lui-même, en ravalant son humiliation ? N'ai-je pas ainsi été immunisé contre le virus de l'impérialisme, celui qui vous fait marcher sur tous les recoins de la Terre d'un pas assumé de conquérant, comme si le monde entier vous appartenait ? Ce virus qui répand en vous un sournois sentiment de supériorité, sans même que vous vous rendiez compte de ses effets sur votre comportement face à l'Autre ? Mais non. Nous sommes, faut-il croire, toujours le supérieur de quelqu'un et l'inférieur d'un autre. Devant ce douanier à peine lettré d'une pauvre dictature, je goûte à ce sentiment pervers de la domination sociale. Et instinctivement, j'en profite pour servir mes intérêts. On voudrait un monde égal, mais il ne l'est pas. Parce qu'il ne l'est pas dans nos propres têtes. Il ne l'est ni dans la sienne ni dans la mienne.

Le douanier se soumet à mes exaspérations. Au-delà de sa curiosité à mon égard, il ne me soupçonne de rien. Et pourtant. Si le président du pays a demandé à ses policiers de ne pas importuner les simples touristes qui souhaitent visiter les sites historiques de Samarcande et de Boukhara, il a aussi fait savoir qu'il ne voulait plus de journalistes étrangers en Ouzbékistan. Depuis le massacre d'Andijan, il y a trop de vérités à cacher. C'est donc en me présentant comme designer graphique venu en touriste que j'entre au « Diktaturistan », à la rencontre du régime d'Islam Karimov.

★   ★   ★

---

[40] L'expression est tirée du poème *Speak White* (1968) de Michèle Lalonde.

Ouzbékistan : vivre au Diktaturistan

La loi du silence
Andijan, 16 novembre 2008

D'un air mélangeant suspicion et gentillesse, la réceptionniste d'âge mûr feuillette mon passeport tout en m'interrogeant sur mon occupation, le but de mon voyage et mes destinations précédentes. Elle note mes réponses dans la marge d'un journal. Elle décroche ensuite le combiné, pianote un numéro et énumère à son interlocuteur anonyme les visas collés dans mon passeport (heureusement, elle ne remarque pas la mention « *korrespondent* » imprimée sur mes visas russes). Ce n'est qu'après cet exercice de vérification qu'elle finit par m'allouer une chambre, sans délaisser pour autant son air suspicieux.

La nervosité de la réceptionniste de l'hôtel Andijan à l'égard de l'étranger donne le ton sur le climat de méfiance qui règne dans la ville depuis les « événements ».

Ces « événements », c'était en mai 2005. Vingt-trois hommes d'affaires andijanais subissent alors un procès pour « extrémisme, fondamentalisme, séparatisme » et appartenance à l'Akromiya, un groupe terroriste islamique. Voilà pour les accusations officielles.

Selon l'autre version, celle de l'opposition ouzbèke et des organisations de défense des droits de l'homme, le procès vise plutôt à neutraliser des opposants réels ou potentiels du régime. En ces temps de « guerre contre la terreur » post-11 septembre 2001, l'étiquette de « terrorisme international » est utile pour les dictatures de la planète comme celle d'Islam Karimov. Elle leur permet de couvrir leur répression de nobles intentions de lutte contre la menace mondiale d'Al-Qaïda et de ses alliés.

Dans la nuit du 12 au 13 mai, des hommes armés font irruption dans la prison de la ville. Ils libèrent les hommes d'affaires, tuant au passage des gardiens. Ils s'attaquent ensuite à l'édifice de l'*akimiat* (l'administration régionale), où ils prennent en otage des fonctionnaires. Sur la place Babour qui fait face à l'*akimiat*, des milliers de personnes se rassemblent. Au-delà de leur appui aux hommes d'affaires, ils exigent surtout une vie meilleure. Assez, du régime Karimov! Les prix des produits sont trop élevés!

Durant la journée, la foule grandit. En soirée, c'est la fusillade. Selon les autorités, cent quatre-vingt-sept personnes ont péri dans les affrontements. Tous des terroristes ou des membres des forces de l'ordre. Aucun civil. Version de l'opposition et des ONG: au moins mille victimes, en majorité des civils non armés.

Ce qui est sûr, c'est que des milliers d'Andijanais ont fui la ville durant et après les violences. Plusieurs ont traversé la frontière – légalement ou non – pour se réfugier au Kirghizstan voisin[41]. Ils craignaient des représailles pour avoir participé aux manifestations. Depuis, le gouvernement ouzbek refuse toute enquête internationale. La vérité sur le nombre et l'identité des victimes reste à ce jour enfouie quelque part, probablement dans une fosse commune en périphérie d'Andijan.

* * *

Le lendemain de mon arrivée, les soupçons de la réceptionniste à mon égard ne se sont toujours pas dissipés. Alors qu'un ami ouzbek m'attend devant l'hôtel, elle sort l'interroger. Son copain étranger est-il venu dans la ville «en lien avec les événements»? Nul besoin de préciser davantage, les demi-mots suffisent lorsqu'on parle de tabous. Nodir la rassure. L'étranger n'est qu'un simple touriste.

M'a-t-elle pris pour un espion ou un journaliste? Ni l'un ni l'autre. Ce qu'elle craignait, c'est que je sois un terroriste. Tout simplement. «Vous comprenez, il faut se méfier de tout le monde», me confie-t-elle en soirée, lorsque, irrité, je lui dis que, la prochaine fois qu'elle voudra savoir quelque chose à mon sujet, elle pourra toujours me le demander directement. *A posteriori*, je comprends que j'ai moi-même entretenu sa méfiance. Après tout, si je ne suis pas terroriste, en tant que journaliste clandestin j'ai bien des choses à cacher. Mes hésitations et mes yeux fuyants soulèvent certainement des doutes chez mes interlocuteurs. Depuis que je suis arrivé en Ouzbékistan, je mens constamment, ne fais confiance à personne et n'ose pas demander aux gens de me parler des «événements» de 2005, de peur qu'ils aillent rapporter à la police qu'un étranger cherche des informations

---

[41] Ironie du sort, cinq ans plus tard, en juin 2010, j'observerai un mouvement de réfugiés similaire, mais en sens inverse. Des dizaines de milliers de civils de la minorité ouzbèke du sud-ouest du Kirghizstan fuiront alors les troubles interethniques et trouveront temporairement refuge dans la région d'Andijan.

à ce sujet. J'en suis encore à prendre le pouls du régime Karimov, à jauger ce que je pourrai et ne pourrai pas y dire et faire.

Dans ces moments de flottement, on en vient presque à sombrer dans la paranoïa. Dans la rue, je me retourne périodiquement pour m'assurer que je ne suis pas pris en filature. En revenant dans ma chambre d'hôtel le premier soir, j'ai la vague impression – fort probablement fausse – que mes bagages ont été discrètement fouillés puis remis en place, à quelques détails près. En regardant la lampe au plafond, couché sur le lit, je me demande si elle ne cache pas un micro. Peut-être la réceptionniste a-t-elle informé les autorités de la présence d'un étranger suspect?

Mais maintenant que le non-dit de la méfiance entre la réceptionniste et moi est dit et que les soupçons se sont envolés, la dame se confond en excuses. Elle explique sa vigilance. « Vous savez, c'était la guerre juste là, juste en face. » Elle montre du doigt l'ancienne place Babour, de l'autre côté de la rue.

Les événements de mai 2005 se sont déroulés à quelques mètres à peine de l'hôtel Andijan. Et pourtant, lorsque la réceptionniste parle des « terroristes qui ont fait brûler le théâtre et l'*akimiat* », elle fait référence à ce qu'elle a « vu à la télévision ». Paradoxalement, même si elle était physiquement à portée de vue de la place Babour, ses yeux sont demeurés enfermés dans la peur. Elle n'a pas voulu regarder. C'est la propagande qui s'est chargée de lui dire ce qu'il fallait avoir vu.

* * *

À Andijan, le massacre *ne doit plus avoir eu lieu*. La mémoire collective cherche à l'effacer. Tenir le deuil des victimes est dangereux. En parler est dangereux. Pour éviter les problèmes, mieux vaut oublier. Le massacre *n'a plus de lieu* non plus. Depuis les « événements », la statue de Babour le conquérant – et donc la place éponyme – a été déplacée en périphérie du centre-ville. Toute trace de balle a disparu.

Andijan est sale, archaïque, mais déborde de vie. La ville entière ressemble à un marché à ciel ouvert à travers lequel des commerçants traînent sur de vieilles charrettes leur misère, découpée en morceaux de survivance. En regardant ce paysage de durs labeurs échangeables contre une bouchée de pain, on comprend pourquoi certains ont risqué leur vie pour contester le régime lorsque l'occasion s'est présentée.

Durant mes premiers jours à Andijan, les seules personnes qui osent me parler des «événements» me racontent la version officielle. Est-ce par peur? Ou y croient-ils vraiment? Peut-être les dissidents ont-ils gonflé l'horreur pour servir leur cause? Je ne peux rien exclure, même si la version qui semble la plus plausible est celle du massacre téléguidé par le pouvoir, sur fond de lutte d'influence avec des hommes d'affaires qui défendaient certainement leurs propres intérêts.

C'est finalement durant un voyage ordinaire en *marchroutka* à travers la ville qu'on me fera comprendre que les silences et les discours officiels peuvent cacher bien des choses.

Il s'appelle Alicher, il a 20 ans. Un garçon ordinaire, vêtu d'un survêtement sport Adidas noir de contrefaçon, un accoutrement tellement répandu dans cette région du monde qu'il pourrait être considéré comme le costume traditionnel des hommes de Post-Soviétie. Comme plusieurs curieux, Alicher s'intéresse à mon origine et à l'itinéraire de mon voyage. Comme plusieurs aussi, il ne comprend pas que je puisse «simplement voyager», sans but commercial. Personne ou presque ici ne pourrait se permettre un voyage de plaisance. Sauf, bien sûr, les caciques du régime. En passant devant l'ancienne place Babour, je lui demande naïvement ce qui s'est passé à cet endroit il y a quelques années, feignant d'avoir vaguement entendu parler de violences. «Personne ne le sait. Et il vaut mieux ne pas essayer de le savoir et ne pas mettre son nez dans cette histoire. Surtout pour un *priezjii*[42] comme toi.» Alicher confirme tacitement l'existence d'une loi du silence à Andijan. Il confirme que les silences et les non-dits ont autant de poids et de sens que les mots.

Dans le taxi collectif qui m'emmène d'Andijan vers Tachkent, je rencontre une deuxième voix dissonante de la propagande. Moukhabat, une fonctionnaire dans la quarantaine, me laisse rapidement entendre qu'elle ne porte pas le régime dans son cœur. Elle s'ouvre à moi, l'étranger lointain, tout naturellement. Ses seules précautions s'orientent vers les autres passagers du taxi. C'est une situation caractéristique des pays autoritaires: l'étranger y devient souvent

---

[42] Un «arrivant», en russe. Ce mot désigne généralement les étrangers, mais aussi, d'une façon souvent péjorative, les immigrants légaux ou illégaux en Russie.

un confident, le seul inconnu à des milles à la ronde à ne pas être un potentiel agent du régime. Les compatriotes, eux, impossible de leur faire totalement confiance. Je saute sur l'occasion pour dire à Moukhabat qu'en Occident notre version des « événements » de mai 2005 diffère de celle propagée par les autorités ouzbèkes. « Vous parlez de celle qu'ont relatée CNN, la BBC et les autres ? Ce sont eux qui disent vrai. » Elle n'ira pas plus loin. Trop de gens autour.

★   ★   ★

Tachkent, 18 novembre 2008

Ces larges allées, ces immeubles massifs, ces filles au visage urbain, ce modeste petit restaurant italien, cette chambre au lit douillet, cette relative propreté. Tachkent, comme un long soupir de soulagement, se déploie devant mon corps exténué. Tachkent, comme une improbable dose de familiarité au bout du monde, m'accueille au bout de mes forces. La maladie, la route, la misère ambiante, la pression professionnelle et la constante attention à l'égard de mon altérité ont sucé mes dernières gouttes d'audace. J'ai ce besoin renaissant de me draper dans un anonymat culturel, de me blottir contre le connu, le rassurant.

Des Russes. Il y en a plein les rues à Tachkent. À Moscou, ils me sont souvent si étrangers. Le fossé culturel qui nous sépare y est trop évident. Et ici, au cœur de l'Asie, ce sont mes frères et sœurs. De blanchitude, d'occidentalité. Je n'ai jamais autant compris qu'en ce jour leur dualité : Orientaux en Europe, Occidentaux en Asie. L'âme russe est en perpétuel ballottement entre deux racines, deux visions du monde. Et ici, elle penche en ma faveur.

J'ai passé les dernières semaines à pousser à bout mes tolérances physiques, mentales et culturelles. Tout ce temps, je me suis battu contre cet esprit qui, dans un repli instinctif d'autoconservation, voudrait se fermer à la différence de l'Autre. Aujourd'hui, Tachkent et son architecture coloniale soviétique terne rayonnent de familiarité à mes yeux.

★   ★   ★

Nous marchons dans un parc sombre du centre-ville de Tachkent. Sous nos pieds, les feuilles mortes craquent. Je tiens discrètement mon micro au milieu du groupe, l'abaissant à chaque passage d'un inconnu. Je suis entouré de trois filles de 18 ans, étudiantes en langue française, Russes d'Ouzbékistan. Trois jolies blondes aux yeux clairs, qui pensent généralement plus à leur vernis à ongles et à leur prochaine paire de souliers qu'à la situation politique de leur pays. Lorsqu'elles se baladent dans les rues de Tachkent, elles se tiennent, bras dessus, bras dessous, en regardant les garçons. Elles ressemblent à d'innombrables jeunes filles de leur âge à Montréal, à Moscou, à New York ou ailleurs. Enthousiastes, excitées par le micro et cette langue française qu'elles ont rarement la chance de pratiquer avec un «porteur de la langue» (traduction littérale du russe), elles s'efforcent de trouver les mots justes pour décrire la dictature. Entre deux éclats de rire, elles parlent du régime «dangereux» d'Islam Karimov, de l'«absence de liberté de parole», du «peu d'avenir pour les jeunes, surtout les Russes». À l'occasion, je dois les interrompre pour leur rappeler d'éviter les mentions trop précises de lieux ou de noms. Elles doivent rester des voix anonymes, impossibles à retracer.

Nous nous quittons, tous ravis de notre rencontre et de cette longue balade durant laquelle nous avons pu échanger nos bribes d'altérité, à micro ouvert ou fermé.

À vingt-trois heures, mon cellulaire sonne. C'est l'une des jeunes francophones. Elle me supplie de la rejoindre immédiatement devant l'hôtel. Elle y est, avec une autre des filles et leurs mères respectives. Les deux jeunes tremblent. En revenant à la maison, elles ont parlé de notre rencontre à leurs parents. Ils les ont engueulées sévèrement pour leur «imprudence». «Nous nous imaginions les menottes aux poignets, entraînées vers les sous-sols du SNB (les services de sécurité ouzbeks)! Puis ensuite, ça aurait été au tour de notre famille...» Elles me supplient d'effacer toute trace de notre discussion ou, du moins, les passages où elles font référence au président Karimov. «Nos parents croient qu'il est déjà trop tard, que tu as tout envoyé. Ils ne comprennent pas non plus pourquoi tu nous as posé des questions si sensibles tout en disant être notre ami.» Je me tourne vers les deux mères présentes, jusqu'ici silencieuses. Dans un premier temps, j'essaie de les convaincre qu'il n'y a pas de danger. L'interview s'est déroulée en français et sera diffusée en français au Canada, un pays où l'Ouzbékistan n'a pas d'ambassade. De plus, l'influence de la radio est limitée, puisque les paroles s'envolent rapidement. Et en aucun cas les noms des jeunes filles ne sont prononcés sur l'enregistrement. Les (mal)chances que les bandes ou le reportage final atteignent les oreilles des services de sécurité ouzbeks sont à peu près nulles. Et même s'ils les entendent, il est improbable qu'ils perdent leur temps à lancer une enquête pour découvrir l'identité des jeunes filles qui se cachent derrière ces critiques inoffensives du régime. J'ajoute que le reste du monde doit savoir ce qui se passe en Ouzbékistan. Voilà pourquoi cette entrevue, ces questions sensibles et ce risque calculé. Rien à faire. « Nous n'arriverons plus jamais à dormir », s'inquiète l'une des jeunes filles. Je dois me résigner. Je ne pourrais vivre avec le fardeau d'avoir instillé la peur permanente dans le ventre de trois filles insouciantes. Je supprime de mon enregistreur toutes les pistes contenant nos discussions et, pour les rassurer, je leur jure à plusieurs reprises qu'il s'agit bel et bien des seuls exemplaires électroniques de notre conversation. L'une des mères sort de son mutisme. « Vous partirez, mais nous, nous vivrons et travaillerons encore ici. » Oui, je sais. C'est pourquoi je n'insiste pas davantage. Je comprends leurs craintes. Une menace n'a pas besoin d'être réelle pour perturber la réalité.

Je n'ai pas menti au sujet des bandes. Le seul enregistrement que j'ai gardé de notre rencontre est celui de notre marche silencieuse dans les feuilles mortes du parc.

Avant de repartir, les filles proposent de m'accorder une nouvelle entrevue. « Mais une bonne, cette fois. Sans politique. Sans référence au président. Simplement sur la vie en Ouzbékistan. Sur ses bons aspects. » Je leur réponds poliment qu'il vaut mieux oublier ça. Elles ont déjà vécu assez de stress durant cette soirée où le régime est venu briser leur naïveté sans même lever le petit doigt.

⋆ ⋆ ⋆

C'est précisément dans cela que réside la force d'un régime autoritaire. Dans l'incertitude et le doute constants qu'il fait planer au-dessus des têtes de ses sujets ; dans cette ligne floue qu'il trace entre ce qui peut être dit et fait et ce qui ne peut pas l'être ; entre ce qui sera toléré et ce qui déclenchera son courroux.

En pays autoritaire, la vérité est une illusion. Les médias officiels transmettent de l'information sur la situation dans le pays, mais elle ne correspond presque en rien à la réalité. Les médias d'opposition, eux, sont marginaux ou carrément inexistants (la portée d'Internet en Asie centrale est encore très limitée). Les seules chaînes de télévision et journaux autorisés racontent plus ou moins subtilement l'histoire d'un pays des merveilles dirigé par un leader irremplaçable, qui a la magnanimité et la générosité de consacrer sa vie à son peuple chéri. Dans la rue pourtant, la dureté du quotidien contraste avec cette vie en rose martelée dans les boîtes noires aux quatre coins du pays.

Peu de gens croient entièrement à cette propagande, mais elle demeure la seule source d'information de masse, la seule vision globale disponible du pays. Pour combler ce manque de vérités sur la réalité ambiante, chacun s'en remet à son imagination infinie. Car l'homme a peur du vide. Il se rabat sur les rumeurs les plus plausibles ou les plus folles pour concevoir le visage que peut bien avoir ce régime énigmatique qui a, en théorie, pouvoir de vie ou de mort sur lui. Dans sa paranoïa ordinaire, il s'imagine que la dictature réagira à chaque parole subversive – voire à chaque pensée – et qu'elle consacrera toutes les ressources nécessaires pour neutraliser la menace, l'ennemi qu'il est devenu. Il se transforme en un être conditionné à subir. Subir les contrecoups des luttes intestines, des orgueils mal placés des dirigeants, de leurs sautes d'humeur. Agir est dans l'ordre de la folie et du suicidaire. Le citoyen marche constamment sur des œufs, essayant de lire entre les lignes des silences du régime pour éviter d'enclencher par mégarde l'engrenage de la répression. Le régime, lui, a tout le loisir du bluff. Dispose-t-il des outils pour suivre les moindres gestes de ses sujets dans leurs moments les plus intimes, comme le *Big Brother* de George Orwell ? se demande le citoyen. Et si c'est le cas, a-t-il l'intention de punir chaque « écart de conduite » ? Impossible de le savoir.

C'est pourquoi les jeunes filles, leurs parents et les autres choisissent le plus souvent le silence et la prudence. Dans le doute, ils s'abstiennent de devenir des victimes potentielles. Leur comportement est compréhensible. Mais en même temps, ces silences accumulés entretiennent la dictature. Se taire revient à reconnaître implicitement qu'il y a des raisons de se taire. Cela encourage les autres à se murer dans le mutisme. La répression n'a pas besoin d'être totale pour que son effet dissuasif soit efficace.

Moi-même en Ouzbékistan, je sens cette constante menace virtuelle au-dessus de ma tête, cette peur d'être démasqué. La même que doit ressentir l'espion en mission. Et pourtant, je ne suis qu'un simple journaliste. J'hésite à écrire « Karimov » dans mon carnet de notes. D'autant plus en haut de page, où il serait plus visible. J'ai assuré aux jeunes filles qu'elles ne devaient rien craindre suite à notre entretien. Mais comment en être totalement sûr ?

Où se situe la ligne entre la prudence et la paranoïa ?

★ ★ ★

Dans un café de Tachkent, une télévision est branchée sur BBC World. Une autopromotion de la chaîne publique britannique montre en rafales des séquences de policiers et d'autres représentants des forces de l'ordre mettant leur main sur l'objectif de la caméra ou bousculant les journalistes. « *Never stop asking* », résume le slogan de la chaîne en fin de message. Ne cessez jamais de poser des questions. Voilà. C'est pour cela que je suis ici. C'est pour cela que j'enfreins les règles du régime ouzbek et des autres. Parce qu'il ne faut jamais arrêter de poser des questions aux dictatures, de briser leur censure. Pour cesser d'avoir peur et se tenir debout, chaque individu d'une majorité silencieuse oppressée doit savoir qu'il n'est pas seul. Il doit entendre, lire, voir ses concitoyens exprimer leur ras-le-bol. Mais, avant tout, il doit prendre conscience qu'il est oppressé. Il a habituellement ce sentiment ancré en lui, quelque chose qui ressemble au contraire de la liberté, mais il n'arrive pas à trouver les mots pour le décrire. Le seul champ lexical sociopolitique qu'il connaît est celui du pays des merveilles qu'on lui présente à la télévision d'État.

Mon amie R. travaille pour l'État ouzbek. Dans un pays où la frontière entre le régime et l'État n'existe pas, elle travaille donc malgré elle pour le régime. Et sur un sujet sensible : les droits humains. Elle a beau essayer de se convaincre que son travail a pour objectif ultime la meilleure protection des droits de ses concitoyens, elle y arrive difficilement. D'autant plus que le régime, dans toute sa paranoïa, la traite elle-même comme une ennemie potentielle. Ses amitiés étrangères lui ont déjà valu quelques interrogatoires de la part des services de sécurité. C'est pourquoi elle rêve de partir vers l'Europe.

Lors d'une discussion, nous abordons le sort de ces opposants qui défient le régime ouzbek, risquant leur vie pour dénoncer l'arbitraire. « Plusieurs d'entre eux sont dérangés mentalement et à la solde des gouvernements étrangers », me dit-elle. Je m'étonne de sa remarque. R. est pourtant une jeune femme lucide, ouverte et intelligente, capable de démêler propagande et réalité. Puis je me rappelle certains des militants les plus farouches que j'ai rencontrés dans différents pays autoritaires. Oui, elle a raison. Il faut être un peu fou pour choisir la vie de dissident, pour attaquer au grand jour le régime sanguinaire qui peut nous foutre en prison à tout moment pour quelques mots de travers. Il faut faire une obsession de la liberté et de la justice pour risquer sa vie pour elles.

Le financement – secret ou non – des ONG de défense de droits humains et des oppositions libérales par les gouvernements étrangers en Post-Soviétie est également bien réel. Mais là où R. se trompe, c'est en pensant que les militants et opposants risquent leur vie pour des dollars. S'il peut les aider à poursuivre leur travail de dénonciation, un chèque du Sénat américain ne peut être la motivation principale pour ces fous de liberté. De toute façon, qu'il soit fou ou non, les troubles psychologiques d'un opposant ne constituent pas une raison suffisante pour le jeter en prison, non ? R. s'en remet à mon argument.

★ ★ ★

La pire catastrophe

En Ouzbékistan comme dans les autres « stan » post-soviétiques, la principale prison du peuple n'est pas celle du régime autoritaire, mais celle de la survivance. Si jamais le peuple finit par se révolter, ce sera avant tout pour cause de ventres vides. C'est que le manque de liberté et de démocratie se tolère beaucoup plus facilement que la faim et la soif. Quand on doit se battre pour survivre, l'ennemi numéro un est l'instabilité. Pas les mesures liberticides. Et pourtant, la stabilité ne peut être réelle que dans un pays où les vérités, bonnes comme mauvaises, ont droit de cité. La dictature ne peut être stable par définition. En produisant constamment mensonges, injustices et rancœur, elle induit de profonds débalancements. Et les retours de balanciers ne peuvent être que brutaux.

À l'époque communiste, la république socialiste d'Ouzbékistan remplissait chaque année les objectifs de cueillette du coton fixés par les plans quinquennaux. Que dis-je? Elle les dépassait largement! Sur papier. Du vent. Les récoltes étaient nettement moindres. Or, personne n'osait l'avouer au Kremlin et à son leader suprême. Le problème était ensuite refilé aux filatures, chargées de transformer le coton en vêtements, couvertures et autres. Ces manufactures devaient à leur tour trouver un moyen de créer l'illusion d'avoir rempli et dépassé les objectifs fixés en haut lieu. Et ainsi s'enfonçait le pays. Parfois, quelques petites bulles d'illusion éclataient. Quelques coupables étaient trouvés, jugés et condamnés en boucs émissaires pour mieux sauver les vrais responsables, trop puissants pour être accusés de quoi que ce soit. Mais jamais le problème réel n'était réglé.

Un jour, le grand tissu de mensonges a fini par se déchirer. Ce qui a déclenché le début de la fin du système, c'est l'avènement de la vérité, à partir de 1985, avec les politiques de *perestroïka* (reconstruction) et de *glasnost* (transparence) initiées par Mikhaïl Gorbatchev, fraîchement nommé premier secrétaire du Parti communiste d'URSS. Plus les illusions s'effritaient, plus on se rendait compte que le système était depuis longtemps dans un sale état. Mais il était trop tard pour le recoudre. Il ne pouvait plus que se consumer, à feu plus ou moins rapide.

Ironiquement, la plupart des ex-Soviétiques reprochent toujours à Gorbatchev d'avoir dit la vérité sur l'état de l'URSS, ou plutôt, de l'avoir laissé dire par des millions de gens qui découvraient la liberté de parole. Le régime aurait inévitablement fini par tomber, mais peut-être, se disent les nostalgiques, aurait-on pu en sauver le meilleur? Pourquoi pas une Union soviétique démocratique?

Lorsque Vladimir Poutine a qualifié la chute de l'URSS de «plus grande catastrophe géopolitique du [vingtième] siècle» en 2005, l'Occident s'est insurgé. Il y a vu un signe de la renaissance de l'impérialisme russe. Le président Poutine, croyait-il, n'avait au fond qu'une intention: que son pays puisse à nouveau dominer et opprimer des peuples qui venaient à peine de gagner leur liberté et leur indépendance.

Il est vrai que pour les pays baltes, annexés de force à l'Union en 1945, le démantèlement a été la meilleure chose qui pouvait arriver. L'Estonie, la Lettonie et la Lituanie sont aujourd'hui des démocraties membres de l'Union européenne et de l'OTAN. Chaque fois que je me rends dans l'une de ces républiques, je m'étonne de la rapidité avec laquelle le passé soviétique a pu laisser place au présent européen. Les changements de mœurs seraient-ils donc avant tout une question de possibilité et de volonté d'oubli, plutôt que de temps et de générations?

Dans les confins de l'ex-empire, en Asie centrale, on a plutôt applaudi la déclaration de Poutine. Parce qu'il avait utilisé le mot juste: «catastrophe». La chute de l'URSS, une libération? Alors pourquoi, demande le Centrasiatique moyen, la dictature soviétique contrôlée de Moscou a-t-elle été remplacée par des dictatures locales généralement pires que la défunte et dirigées par d'anciens caciques du Parti communiste devenus du jour au lendemain «démocrates»? Pourquoi l'écrasante majorité de la population vit-elle dans la pauvreté et le chômage? Pourquoi le capitalisme n'a-t-il profité qu'à une poignée de privilégiés? Pourquoi, en somme, l'indépendance ne nous a-t-elle apporté ni plus de liberté ni plus de pain? Dans ces conditions, la nostalgie de l'époque soviétique qu'éprouvent les Ouzbeks, Tadjiks, Kirghiz et autres peut être qualifiée d'objective. Il n'est donc pas surprenant que les Centrasiatiques continuent à se sentir soviétiques – même s'ils n'utilisent plus cette dénomination – et placent toujours le centre du monde à Moscou.

⋆   ⋆   ⋆

Tourisme et dictature

Samarcande. Nom magique. Il évoque les *Mille et une nuits*, la route de la soie, l'époque des émirs au *tchapan* coloré et au long sabre. Aujourd'hui encore, la ville attire et fait rêver. C'est une étape inévitable de tous les grands – et rares – circuits touristiques d'Asie centrale. Et ici, encore plus qu'ailleurs, je suis un vrai *inostraniets*, un complet étranger.

Dans les «stan», il y a deux catégories d'étrangers. Il y a le *nach*, «le nôtre», celui qui nous comprend parce que nous partageons un passé et souvent un présent communs ou similaires. Il réfère bien sûr à l'ex-Soviétique. Blanc, jaune ou basané, peu importe. Puis, il y a le vrai *inostraniets*, «l'étranger»; le *nié nach*, «le pas nôtre», le *tchoujoï*, «l'Autre» avec un grand A; bref, celui avec qui on ne partage rien[43].

Malgré le tourisme ambiant, dans les rues de Samarcande *l'inostraniets* reste bizarrement étrange. Comme s'il était rare. Il est vrai que la plupart des visiteurs viennent en groupe organisé et ne s'éloignent guère du Régistan, cet ensemble de trois majestueuses medressahs (écoles coraniques) construites entre les XVe et XVIIe siècles. La «place sableuse» («Régistan», en persan), avec ses immenses colonnes, ses murs au carrelage multicolore et ses dômes bleu ciel, constitue l'attrait principal de Samarcande. «*Hello, mister!*» lance les jeunes et moins jeunes à mon passage, épuisant ainsi une bonne partie de leur vocabulaire anglais. Dans les dépanneurs et les restaurants, mon russe est accueilli par des oreilles cousues. Comme s'il était impossible qu'un *nié nach* parle la langue de Pouchkine, cette *lingua franca* de Post-Soviétie. Les commerçants s'acharnent à me montrer le prix de mes achats sur leurs doigts ou s'essaient à l'occasion à les prononcer en anglais.

Mais de toutes les plaies que peut apporter le tourisme de masse, la plus évidente est l'avarice. Nulle part en Asie centrale je n'avais ressenti une quelconque volonté de la part des marchands locaux de profiter de ma présumée méconnaissance des valeurs pour gonfler leurs prix. Ici, je suis non seulement un curieux étranger, mais une proie potentielle. La soif de l'argent pousse les marchands à l'escro-

---

[43] Cette différence a des applications concrètes. Par exemple, alors que le prix d'un hôtel est plus élevé pour l'*inostraniets* – ce qui arrive souvent –, le *nach* ex-soviétique paie le même prix que le citoyen du pays.

querie. De banales petites escroqueries, mais qui témoignent de la corruptibilité de l'homme face à l'appât du gain.

Dans une *tchaïkhana* (maison de thé) qui se situe devant le Régistan, une fois mon plat de *laghman* (nouilles) terminé, je demande au serveur de m'apporter l'addition. À mon arrivée, il avait bien pris soin de ne pas me donner le menu et de simplement m'énumérer son contenu. «C'est trois mille soums», lance-t-il sans fournir de bout de papier. Incrédule, je lui demande de me le prouver. Finalement, il reconnaît que l'addition s'élève à deux mille huit cents soums (moins de deux dollars). Une bagatelle, mais qui démontre qu'ici la nationalité étrangère du client est une raison suffisante pour prendre l'honnêteté à la légère. Ce genre d'incident m'arrivera ensuite à plusieurs reprises, dans des dépanneurs, des taxis, des cybercafés et d'autres échoppes de Samarcande, puis de Boukhara, tout aussi touristique.

*   *   *

Après plus d'une semaine en Ouzbékistan, la dictature me pèse de moins en moins. La paranoïa s'est dissipée. Les deux contrôles d'identité dans le métro de Tachkent par des policiers, plus curieux que suspicieux, peu professionnels et visiblement dépassés par ma demande de s'identifier à leur tour (ils n'étaient pas habitués qu'un citoyen invoque ce droit), ont certainement joué en faveur de mon apaisement d'esprit. Ce régime, comme les autres, est loin d'être aussi infaillible que veut nous le faire croire notre peur. Et le meilleur remède contre une peur demeure d'y faire face, de gré ou de force.

À Samarcande, la pression du régime est d'autant moins forte que je peux facilement y passer pour un visiteur parmi les nombreux autres. Un touriste peut d'ailleurs très certainement rester une semaine entière en Ouzbékistan sans même soupçonner le joug du régime autoritaire. La dictature, ici? Mais où? Et pourtant, elle se cache bel et bien derrière ces décors de contes persans qu'offrent le Régistan et les autres sites historiques. Discrètement, elle étend ses tentacules sur le quotidien de chacun des habitants.

*   *   *

En cette fin novembre, la cueillette du coton dans les champs est terminée depuis quelques semaines. Les étudiants sont de retour sur les campus, les employés de l'État dans les administrations. La saison d'esclavage annuel est terminée. C'est que chaque automne, le pays entier, femmes et enfants compris, a l'obligation d'aller cueillir le coton, sa principale richesse. Le « salaire » offert en dédommagement permet à peine d'acheter suffisamment de nourriture pour manger durant ces longues et dures semaines de cueillette.

Près de l'Institut des langues étrangères de Samarcande, je rencontre Nizom, un étudiant en langue anglaise. Il s'apprêtait à aller à l'anniversaire d'un ami, mais en me rencontrant il change ses plans. Il se met entièrement à ma disposition, sans même que je le demande. Hospitalité et curiosité obligent. Comme plusieurs Ouzbeks, Nizom réussit à voir des avantages à la saison de cueillette du coton. « On s'amuse bien. Et c'est le meilleur moment pour rencontrer des filles! » La grande récolte automnale a certainement un effet rassembleur, mais il n'en demeure pas moins qu'elle s'apparente à de l'esclavage. Même le régime le reconnaît, tout en plaidant qu'il ne peut faire autrement s'il veut assurer la survie économique du pays.

Les étudiants en langue française que nous croisons à la sortie des classes sont moins enthousiastes que Nizom à propos du coton. Mais ils hésitent à en parler et changent rapidement de sujet. Les jeunes filles préfèrent draguer l'étranger que je suis, en spécifiant entre deux éclats de rire gêné qu'elles ne sont pas mariées. Trois garçons francophones se proposent pour une promenade de découverte de la ville. Elle sera brève. Dès que je leur dévoile ma profession et mes intentions (« Je voudrais simplement que vous me parliez de la vie en Ouzbékistan, pour un reportage radio en français. Chez nous, on dit que votre pays est une dictature... »), ils déchantent. Leur yeux se remplissent de peur et ils rient jaune à mes remarques. Un premier, mal à l'aise, refuse gentiment l'idée d'une entrevue. « Vous êtes peut-être un espion... » souffle-t-il. Pour les mettre en confiance, je leur montre mes accréditations journalistiques russe et kazakhe, ainsi que mon passeport. Nous continuons à marcher. Près du Régistan, je récidive. Encore un refus. « Nous n'avons pas le droit de parler », soutient l'un d'eux.

Pas le droit. C'est l'expression exacte qu'il emploie. À ce moment, je comprends la lourdeur du régime ouzbek. Chacun ressent constamment au creux de lui-même la dictature. Chacun sait qu'une partie de lui-même appartient au régime. « Nous devons partir maintenant », finit par laisser tomber l'un des garçons.

Encore une fois, la dictature et la peur qu'elle engendre sont venues clouer le bec à la liberté.

★ ★ ★

Turkménistan : au pays des merveilles

Le Turkmenbachi

Il est là, coincé dans les décombres de sa maison. Immobile, mais vivant. Quelque part, tout près, gisent ses deux frères et sa mère. Immobiles et morts. Saparmourat, seul survivant de la famille Niazov. Orphelin à huit ans. Les Allemands lui ont enlevé son père durant la guerre, et voilà qu'un tremblement de terre vient lui voler le reste de ses proches. En ce 6 octobre 1948, Achkhabad s'est transformée en un tas de débris. Et c'est des ruines de la capitale turkmène qu'est né l'un des dictateurs les plus excentriques du vingtième siècle.

Durant six jours et six nuits, le petit Saparmourat attend les secours. Ils arrivent finalement au septième jour. Le destin de Saparmourat était de survivre. Or, il n'aurait plus seulement une vie à vivre, mais cinq. La sienne, en plus de celles de ses frères, de son père et de sa mère. Il devrait réaliser les rêves que leur vie écourtée ne leur aura pas permis d'accomplir.

Saparmourat le survivant. Saparmourat l'élu. L'héritier des héros turkmènes. Un jour, il le sait désormais, il sera appelé à diriger son peuple. Un jour, il deviendra le « chef de tous les Turkmènes ». Le Turkmenbachi.

* * *

Décembre 2006. Six décennies se sont écoulées depuis la tragédie. L'Union soviétique n'existe plus, le Turkménistan est un pays indépendant. À la télévision d'État, le coin supérieur droit de l'écran est orné en permanence d'un buste doré du petit Saparmourat, devenu grand et puissant. Dans le coin inférieur gauche, une inscription rappelle aux téléspectateurs turkmènes qu'ils vivent leur « siècle d'or », comme l'a décrété leur cher leader. En arrière-fond, un panorama des plus somptueux édifices de la nouvelle Achkhabad atteste la grandeur de la nation, retrouvée grâce – bien sûr – au cher leader. Le présentateur porte le drôle de chapeau traditionnel turkmène, comme l'exige de ses fonctionnaires le Turkmenbachi. Mais le ton, lui, n'est pas drôle du tout. L'heure est grave. L'heure est au deuil. « Le peuple turkmène a subi une lourde perte, annonce le présentateur. Le 21 décembre à 1 h 10 le cœur du grand Saparmourat Niazov s'est arrêté. »

Dix-neuf ans. Durant dix-neuf ans, il fut le guide suprême, le cher leader, le président à vie, le chef de tous les Turkmènes. Durant dix-neuf ans, il a façonné le pays à son image. Son ascension jusqu'au pouvoir absolu avait pourtant été discrète. Elle ne laissait rien présager du leader sanguinaire et loufoque qu'il deviendrait. En 1985, le tout nouveau dirigeant soviétique Mikhaïl Gorbatchev le nomme premier secrétaire du Parti communiste de Turkménie (le nom russifié du Turkménistan). Gorbatchev croit alors voir en ce petit Turkmène dodu un timide apparatchik sans saveur qui suivra sans faire d'histoires le cours de sa *perestroïka*. Pendant les premières années, c'est en effet plutôt le cas. Puis, six ans plus tard, arrive l'indépendance. Plus de Gorbatchev, plus de Moscou, plus de discipline communiste à laquelle se plier. Comme ses homologues des autres républiques de fin fond d'empire déchu, Saparmourat Niazov hérite d'un pays à modeler et d'un pouvoir absolu pour le faire. Enfin, il pourra laisser parler ses fantasmes et certitudes les plus tordus, nés d'un traumatisme sismique qui ne l'a jamais quitté. Aux quatre coins du pays commencent à pousser les statues dorées à son effigie. Devant les écoles, les gares, sur les places centrales comme sur celles de la périphérie. Partout. Son portrait apparaît sur toutes les pièces de monnaie, sur tous les billets de banque, sans exception. Même à l'époque soviétique, aucun dirigeant n'avait poussé le narcissisme jusqu'à s'immiscer dans le portefeuille de ses citoyens pour devenir, par extension, le symbole de leurs avoirs. Vrai, Staline a fait renommer Volgograd en Stalingrad et Douchanbé en Stalinabad. Mais Saparmourat Niazov n'est pas en reste. En 1993, la ville portuaire de Krasnovodsk, sur la mer Caspienne, devient Turkmenbachi.

À partir de 2002, un mois aussi porte son nom. Le premier, bien sûr. Le Nouvel An est ainsi célébré le 1er Turkmenbachi. Tant qu'à marquer l'Histoire, aussi bien *être* la mesure du temps. Tous les mois et jours de la semaine y passent. Une semaine normale ne se déroule plus du lundi au dimanche, mais du « jour principal » au « jour de repos », en passant par le « faste » (mardi), le « juste » (mercredi), le « traditionnel » (jeudi), celui « d'Anna » – un nom féminin turkmène répandu – (vendredi) et celui « de l'esprit » (samedi). Le mois d'avril devient celui de Gourbansoltan Eje, la défunte mère du cher leader. Septembre est transformé en mois du *Ruhnama*, le livre écrit par le Turkmenbachi – sous inspiration divine – qu'il a imposé comme lecture obligatoire. Et ainsi de suite.

Selon Niazov, les habitants des régions sont peu portés à lire. Autre chose que le *Ruhnama*, bien sûr. Alors, il ordonne la fermeture des bibliothèques hors de la capitale. Certains hôpitaux sont aussi obligés de mettre la clé sous la porte. S'ils veulent se faire soigner, les provinciaux pourront toujours venir à Achkhabad, raisonne le Turkmenbachi. Pour sa part, il préfère s'en remettre aux soins particuliers de médecins allemands, aéroportés au moindre petit bobo...

Parmi les autres interdits sous Niazov : le ballet, l'opéra, la musique préenregistrée, et le port de la barbe et des cheveux longs pour les jeunes hommes. Rien de tout cela n'est assez turkmène au goût du Turkmenbachi. Le peuple doit retourner à ses racines ! Les opposants politiques du cher leader ne sont pas eux non plus assez turkmènes. S'ils l'étaient, comment oseraient-ils contester celui qui a reçu d'une main divine – donc bien « malgré lui » – la mission de guider son peuple ? Pour les critiques qui n'ont pas choisi à temps l'exil, ne reste plus que la persécution, la prison ou la mort.

C'est ainsi que, pendant dix-neuf ans, ont régné l'ordre et le bonheur au pays du Turkmenbachi.

* * *

Fin novembre 2008. Lorsque je mets les pieds au Turkménistan, le Turkmenbachi est mort depuis deux ans. Le nouveau président s'appelle – prenez une grande respiration – Gourbangouly Berdymoukhamedov. Dentiste et ministre de la Santé sous Niazov, c'est lui qui a organisé les funérailles en grande pompe du Turkmenbachi. Et comme le veut la vieille pratique soviétique : celui qui enterre le défunt leader prend sa place. Peu importe ce que stipule la Constitution, qui prévoit qu'en cas de décès la tête de l'État turkmène revient par intérim au président du parlement. Dans une dictature, le pouvoir informel a préséance sur les lois fondamentales. Et Berdymoukhamedov a su remporter le jeu de coulisses.

★   ★   ★

Cinq jours. C'est tout le temps que m'accorde le gouvernement turkmène pour transiter sur son territoire. En « touriste », bien sûr. Berdymoukhamedov n'accorde guère plus de visas aux journalistes que son prédécesseur. Et les touristes qui veulent y séjourner plus longtemps doivent obligatoirement recourir à un guide du gouvernement qui les suivra partout sur le territoire. Le pays est tout aussi verrouillé et isolé du reste du monde que sous le Turkmenbachi. Je n'aurai donc que cinq jours, mais au moins je pourrai les utiliser en toute liberté. Cinq jours pour comprendre comment la combinaison de la folie, du pouvoir absolu et des gazodollars peuvent permettre à un homme de modeler, en quelques années à peine, un pays entier à son image.

★   ★   ★

Entrée turkmène
Frontière ouzbéko-turkmène, 29 novembre 2008

Étonnamment, le passage tant appréhendé à la frontière ouzbéko-turkmène se déroule sans problème. Si, bien sûr, on considère comme faisant partie de l'ordre normal des choses post-soviétique l'attente interminable dans des queues chaotiques et toute cette paperasserie à remplir. Pour éviter de répondre à trop de questions auxquelles je devrais mentir, j'enferme temporairement ma langue russe dans le placard de ma mémoire. L'échange en anglais de base avec un jeune soldat turkmène se résume à des sourires, des banalités et un chaleureux « *Welcome to Turkmenistan!* » de sa part.

C'est tout ? Ça ressemble à ça, l'entrée dans l'un des pays les plus fermés du monde ? Pas d'autres questions, pas de fouille abusive, pas d'agent secret qui m'attend pour suivre mes moindres faits et gestes une fois en territoire turkmène ? Oui, c'est tout. Non pas que je m'attendais à un traitement nord-coréen... mais sait-on jamais. Dans mes fantasmes les plus tordus, j'aurais presque voulu qu'il soit là, le peu subtil agent en civil, vêtu de noir. J'aurais voulu qu'il prenne la route avec moi, tout en gardant le silence et ses distances. Comme ces agents du NKVD (l'ancêtre du KGB) qui suivaient le diplomate écossais Fitzroy Maclean dans ses pérégrinations interdites en Asie centrale soviétique en 1937[44]. Peut-être qu'après quelques jours nous aurions fini par nous adresser la parole. Tant qu'à faire le voyage ensemble, aussi bien être solidaires. Nous aurions parlé de tout et de rien, de sa femme, de ses enfants, de la vie ici, de la vie là-bas chez moi dans mon pays lointain ; nous aurions bien sûr gardé dans la colonne des non-dits sa filature, mais nous aurions peut-être réussi à développer une espèce d'amitié, dans les limites de la pudeur entre un représentant de la paranoïa d'un système autoritaire (lui) et un espion étranger potentiel (moi). Mais non. Pas d'agent en civil. La «Corée du Nord d'Asie centrale» ne mérite la comparaison avec son pendant totalitaire asiatique que lorsqu'il est question de politique intérieure. L'excentricité du Turkmenbachi et celle de Kim Jong-Il sont certes comparables, mais ici, contrairement à en Corée du Nord, pas de propagande belliqueuse contre les méchants impérialistes américains. Le Turkmenbachi et son successeur l'ont bien souligné au reste du monde : leur pays est «indépendant et perpétuellement neutre»! Pour eux, les Occidentaux et les Européens ne sont pas des ennemis. Ce sont des partenaires commerciaux, acheteurs de gaz et de pétrole. Et heureusement, ceux-ci ne les embêtent pas trop avec les questions de droits humains...

Après m'être procuré quelques manats (la monnaie turkmène) auprès de l'un des nombreux changeurs clandestins de devises qui rôdent côté turkmène de la frontière, j'embarque dans un taxi collectif. Seule destination possible à partir d'ici : Turkmenabad, première grande ville de l'est du pays. *A priori*, je me fous bien du nom de l'endroit où j'atterrirai. Tout m'intéresse. Demain, j'irai à Achkhabad. Mais avant, je veux découvrir l'arrière-pays et ses habitants, longtemps délaissés par Niazov qui ne jurait que par sa capitale.

Le vieux taxi collectif roule sur une route presque rectiligne. Tout autour, le désert de Karakoum s'étend à perte de vue dans toute

---

[44] Diplomate, militaire, écrivain, homme politique, mais surtout aventurier, Maclean (1911-1996) aurait été l'une des inspirations de l'auteur Ian Fleming pour son personnage de James Bond. Dans son autobiographie *Eastern Approaches*, publiée en 1949, il décrit ses aventures rocambolesques en URSS, en Afrique et en Yougoslavie, avant et pendant la Deuxième Guerre mondiale.

sa platitude. À peine suis-je entré en terre turkmène que le sablier s'écoule trop rapidement. Il n'y a pas une minute à perdre. Coincé sur la banquette arrière, le touriste naïf que j'incarne, «étudiant de russe à Moscou», entreprend de comprendre où il est. J'interroge mes *spoutniki*. Alors, depuis la mort de Niazov, la situation a-t-elle changé dans le pays? «Non», annonce d'emblée le chauffeur. «Au contraire, ça va même mieux!» Je repasse dans ma tête cette réponse – que j'entendrai à plusieurs reprises par la suite: «Non, rien n'a changé. Au contraire, ça va même mieux!» C'est ce qu'on appelle ménager la chèvre et le chou. Ou, dans le contexte turkmène, ménager le Turkmenbachi et le Berdymoukhamedov. Selon la logique du chauffeur, rien ne peut avoir changé depuis la mort de Saparmourat Niazov, puisque cela reviendrait à admettre qu'il y avait matière à amélioration. Sauf qu'affirmer que le pays est toujours dans le même état deux ans plus tard insinuerait qu'il stagne et que le nouveau président ne fait pas son boulot. Autrement dit, la perfection est atteinte, mais il faut continuer de la parfaire. «C'était un grand homme, Saparmourat», ajoute le chauffeur. Et pourquoi? «Bah, il nous a donné une politique de neutralité, il a fait l'indépendance et tout le reste.» Il n'en dit pas plus. Il ne s'étend pas sur les conséquences concrètes de ces politiques abstraites sur sa vie quotidienne ou sa situation matérielle. Et pour ajouter au paradoxe, il affirme qu'on vivait mieux au Turkménistan sous le pouvoir soviétique!

Sur le siège du passager, Timour écoute la discussion avec un sourire en coin. Pourquoi tu ris? «Pour rien...» Visiblement, l'innocence de mes questions le fait rigoler. Timour étudie la médecine à Och, au Kirghizstan. Il revient à la maison pour les vacances scolaires.

— Pourquoi étudies-tu à Och?

— Parce que, là-bas, ce n'est pas cher.

— Et ici, les universités ne sont pas bien?

Timour esquisse le sourire de celui qui s'apprête à mentir au naïf pour le maintenir dans son ignorance.

— Si, si, c'est très bien ici.

Il est clair qu'il n'en croit pas un mot. Contrairement à la plupart de ses concitoyens, il a connu la liberté de parole, a eu accès à Internet, a pu débattre et comparer son pays à d'autres. Il a pu vivre dans un autre monde. Le Kirghizstan est peut-être constamment au bord de la guerre civile depuis quelques années, mais au moins le pays est libéré de ses illusions. Pour tester Timour, je lui ressasse toutes les « anecdotes étranges » que j'ai lues et entendues sur le Turkménistan. Est-ce vrai que les hôpitaux en province ont été fermés ? « Non. » Est-ce vrai qu'il faut connaître le *Ruhnama* pour obtenir son permis de conduire ? « Non. » As-tu lu le *Ruhnama* à l'école ? « Oui, bien sûr. »

À l'horizon se profile un poste de contrôle. Je comprends maintenant pourquoi le chauffeur avait insisté pour que je m'assoie sur la banquette arrière, derrière lui, bien collé sur la vitre teintée. Il me dit de ne pas montrer mon passeport tout de suite. Le soldat examine ceux de mes *spoutniki*, tous turkmènes. Lorsqu'il s'apprête à remettre le quatrième passeport au chauffeur, la voiture commence tranquillement à avancer. Le soldat lui fait savoir qu'il manque toujours un passeport. Le chauffeur essaie de l'amadouer. « Allez, mon frère... nous sommes pressés. » Raté. Je – l'étranger – dois sortir de la voiture et me rendre au poste de contrôle. Un agent y retranscrit les informations de mon passeport dans l'un de ces cahiers qui ne sont fort probablement jamais relus, mais dont la bureaucratie soviétique a fait sa spécialité. Il n'y avait rien d'inquiétant dans ce contrôle inutile. Le chauffeur savait tout simplement qu'il nous ralentirait pour une dizaine de minutes et, du même coup, amputerait sa journée d'une course et des revenus qui l'accompagnent.

Je remonte à bord. Nous repartons.

★　★　★

Turkmenabad

Au premier coup d'œil, Turkmenabad (appelée Tchardjev jusqu'en 1999) donne l'impression d'une ville ordinaire. Ou presque. Une ville ordinaire, mais à laquelle on aurait ajouté les particularités de la dictature ubuesque turkmène. Sur une petite place totalement déserte trône la statue en or obligatoire du Turkmenbachi. Le nouveau président, lui, n'a toujours pas de monuments à son effigie. Il doit pour l'instant se contenter de ses portraits géants, accrochés aux façades des édifices publics. Devant la place, un groupe de conscrits se déplace dans un semblant d'ordre militaire. Brusquement, ils brisent les rangs pour traverser la rue au pas de course. Comme ça, en milieu d'après-midi, dans une rue quasi déserte d'une ville de province turkmène.

Le marché central de Turkmenabad – comme le reste de la ville d'ailleurs – est aussi sale, chaotique et chaleureux que n'importe lequel de ses semblables dans la région. En fait, ce qui frappe plus que tout à Turkmenabad – et me frappera ailleurs dans le pays –, ce sont ces dizaines de coupoles satellites pointant vers le ciel, accrochées invariablement à tous les immeubles résidentiels de la ville. Dans le contexte autoritaire turkmène, où la télévision d'État n'est qu'une courroie de transmission de la folie du régime, ces coupoles sont autant de cordons ombilicaux reliant chaque foyer au reste de la planète. La langue turkmène étant très similaire au turc et aux autres langues turciques d'Asie centrale et du Caucase, les Turkmènes ont en théorie accès à un monde télévisuel sensiblement plus libre via les chaînes étrangères. Sans compter les chaînes en russe, un autre idiome que maîtrisent encore une bonne partie des Turkmènes post-soviétiques (mais de moins en moins les plus jeunes, puisque le Turkmenbachi a fortement diminué l'enseignement du russe dans les écoles).

Dans la catégorie des bizarreries, la palme revient certainement à cet étrange monument à la gloire du cube Rubik qui trône au milieu d'un carrefour d'un quartier excentré. Après recherches ultérieures sur Internet, je ne suis toujours pas arrivé à m'expliquer ni son existence ni le fait que le cube n'ait pas été entièrement résolu : sur la surface supérieure, un carré vert solitaire vient gâcher la suite en jaune.

Près de la gare ferroviaire, deux garçons de 12 ans m'abordent dans un très bon anglais. Ils ont tout de suite deviné que j'étais étranger. Visiblement, je ne me fonds pas très bien dans la masse. Ce n'est pas à la télé qu'ils ont appris l'anglais, m'expliquent-ils, mais dans leur école «spéciale», où enseigne un certain «Mister James», membre du Peace Corps américain. Les deux garçons sont encore bien jeunes, mais ils connaissent déjà à la fois le discours officiel étatique et leurs propres aspirations. Oui, le Turkménistan est un pays merveilleux où il fait bon vivre. Le meilleur pays du monde. Mais ce qu'ils veulent faire quand ils seront grands, c'est... émigrer. Pour aller où ? Aux États-Unis, probablement, comme l'a déjà fait il y a deux ans la grand-mère de l'un d'entre eux.

★   ★   ★

La famille de Djoumagoul

L'heure est au départ. Ou presque. Car au terminus de *marchroutki* –improvisé dans un stationnement vide –, l'attente s'annonce longue. Comme les autres passagers, je patiente près du minibus brun d'un autre âge, résigné face au caractère aléatoire des départs.

Djoumagoul me repère instantanément. De son corps frêle et rabougri par dix grossesses et plus de soixante-dix années de vie à la dure, elle s'approche de moi, puis s'empare énergiquement de mes mains. Durant quelques secondes, elle les tient dans les siennes. « *Synok, synok, khorochiï synok.* » Fiston, fiston, bon fiston. Elle décrète que je suis une bonne personne. Elle me prendra sous son aile. Après quelques minutes et quelques mots échangés, Djoumagoul m'invite à venir chez elle. Pour le thé ou pour la nuit, comme je l'entends. À ce moment, j'ai plus ou moins déjà décidé de me rendre jusqu'à Mary, à mi-chemin entre Turkmenabad et Achkhabad, pour y passer la nuit. Mais ma décision ne repose sur rien d'autre que l'envie de visiter une autre localité de province avant de rejoindre la capitale. Djoumagoul, elle, habite dans la petite ville de Baïram Ali, un peu avant Mary. Tout juste derrière chez elle se trouve Merv, la cité antique détruite en 1221 par les hordes de Gengis Khan. J'hésite un peu, pas longtemps, juste le temps de me faire à l'idée que c'est la meilleure chose qui pouvait m'arriver, puis j'accepte.

La *marchroutka* démarre enfin. Nous prenons la route. En regardant les kilomètres défiler par la fenêtre, je comprends que ma décision de suivre Djoumagoul n'a rien de fortuit. Elle s'inscrit dans une philosophie de voyage qui me guide depuis des années, instinctivement, sans que j'aie pu jusque-là y accoler des mots précis. Mais oui. Maintenant que j'y pense. C'est exactement de cette façon que je voyage.

À coups d'allers simples. Pour avoir un jour le bonheur de raconter à mes enfants et petits-enfants qu'il y a plusieurs années, dans un pays lointain, une vieille dame est arrivée à la conclusion que cet inconnu venu d'ailleurs était digne de sa confiance et de son hospitalité, que cet inconnu c'était moi, que j'ai accepté de la suivre et que jamais de ma vie je ne regretterai d'avoir attrapé à deux mains ce croisement de destins, ni tous les autres qui m'ont été offerts au cours de mes pérégrinations et ont servi à étirer chaque fois un peu plus les paradigmes de mon être.

Djoumagoul est veuve depuis des lustres. Elle habite avec l'une de ses filles, le mari et le jeune fils de celle-ci, et un autre de ses petits-fils, adulte. Leur résidence est constituée de deux maisonnettes séparées par une cour. Dans la pièce principale de celle occupée par Djoumagoul, il n'y a aucun meuble. Si ce n'est un poêle à chauffage. Les murs et les planchers sont recouverts de tapis turkmènes rouge vif qui, par la richesse de leurs motifs multicolores, viennent pallier le vide de l'endroit. Dans un coin de la pièce traînent des *kourpatcha*, ces épais tapis traditionnels qui font office de lit dans les foyers modestes d'Asie centrale. Djoumagoul est née à Boukhara, en Ouzbékistan. Lorsqu'elle a pris mari turkmène, elle s'est installée à Baïram Ali. Les deux villes n'étant distantes que de trois cent cinquante kilomètres, elle pouvait régulièrement et assez facilement rendre visite à ses proches. Mais lorsque l'Ouzbékistan et le Turkménistan sont devenus indépendants en 1991, Djoumagoul n'a plus eu accès à sa famille. Désormais, une frontière les sépare. Et pour la traverser, il faut un visa. Et pour obtenir un visa, il faut aller à l'ambassade d'Ouzbékistan à Achkhabad. Et pour payer le visa, il faut de l'argent. Avec sa pension de cinq cent mille manats (trente-cinq dollars) par mois, elle a baissé les bras depuis longtemps. « Mes proches meurent là-bas, et je ne peux pas aller à leur enterrement. Je reste ici à regarder mes larmes couler ! » Elle le dit en portant ses mains à son visage pour simuler les pleurs qui lui glissent sur les joues dans ces moments d'impuissance. Djoumagoul ne critique pas directement les présidents turkmènes défunt et vivant, mais elle est catégorique : « C'était cent fois mieux sous l'URSS ! Aujourd'hui, nous vivons dans la pauvreté. »

Ravchan entre dans la pièce. C'est le petits-fils de Djoumagoul. Il a 23 ans. Ce soir, il s'est mis sur son trente et un. Il va au mariage de l'un de ses anciens camarades de classe. Tout naturellement, il m'y invite. En pays traditionaliste, il n'y a jamais trop d'invités à des noces. Ravchan est trapu et souriant. Son grand rêve dans la vie est de devenir acteur à Bollywood. Bollywood, en Inde? «Oui, Bollywood en Inde. » Pour l'instant, dans la liste de ses accomplissements, il compte sa contribution à la construction d'une église orthodoxe à Saratov, à sept cents kilomètres au sud-est de Moscou. Par contre, il n'a pas pu la voir complétée. Après un an et demi de travail illégal, il a été expulsé de Russie il y a quelques semaines. Depuis son retour au pays, il habite chez sa grand-mère. Ravchan m'entraîne à l'extérieur de la maisonnette pour me faire visiter la propriété familiale. «Nous vivons modestement», s'excuse-t-il presque en baissant les yeux sur la terre sale qui accueille nos pieds dans la cour. Le four à pain en terre cuite qui s'y trouve brûle jour et nuit le gaz que fournit gratuitement l'État turkmène. Le gaspillage a une explication rationnelle : le gaz est gratuit, mais les allumettes, elles, ne le sont pas. Kémal, le mari de la fille de Djoumagoul, se sert du four pour faire cuire des galettes de pain. Il n'est pas vraiment boulanger. Vendre du pain dans le quartier n'est qu'un moyen de survivre comme un autre, en attendant de trouver mieux.

En regardant le gaz brûler inutilement sous nos yeux, Ravchan bombe le torse. «Nous sommes un pays riche! Nous avons de grandes réserves d'eau, de gaz et de pétrole!» Ravchan se dit «patriote», et pourtant il n'a qu'une envie : partir à nouveau. «Emmène-moi avec toi au Canada», me répète-t-il à plusieurs reprises, avec ce sourire mi-sérieux, mi-gêné de celui qui comprend que son souhait n'est pas dans l'ordre du possible. Je lui rappelle que j'habite actuellement en Russie. «Alors emmène-moi en Russie!»

Quand Saparmourat Niazov est mort, Ravchan a pleuré. «C'était un grand homme. Il a tellement fait pour notre pays. La politique de neutralité, l'indépendance... » Il me sert la même rengaine que le chauffeur de taxi en début de journée. Et comme la plupart de ceux qui me l'ont répétée avant et après lui, Ravchan a l'air sincère. Son discours est rempli de paradoxes, mais il ne semble pas capable de relever la contradiction entre la richesse en ressources naturelles de son pays et sa propre misère ; à défaut de profiter de la manne gazière, il doit se contenter d'être fier par procuration des monuments démesurés qu'érigent ses présidents à leur propre gloire. Et à titre de consolation, il peut remercier les chers leaders, le nouveau comme l'ancien, de lui fournir gratuitement du sel, de l'eau, du gaz naturel et de l'électricité en échange de son ignorance, de son silence et de sa soumission.

★   ★   ★

Le temps que Ravchan et Kémal enfilent leur veste et nous voici en route pour le mariage. Je n'ose pas emporter mon enregistreur. Je n'ai dit à personne que j'étais journaliste et je n'ai pas l'intention de le leur révéler. Pour me protéger autant que pour protéger Djoumagoul et sa famille. Quelle serait la réaction du système autoritaire turkmène s'il apprenait qu'une famille de province a hébergé un journaliste étranger clandestin ? Probablement n'y en aurait-il aucune, puisque aucun des membres de la famille n'aurait réellement commis d'acte répréhensible. Or, comme en Ouzbékistan, le flou entretenu par le régime laisse place à la paranoïa et incite à la prudence. D'autant plus que je ne peux oublier le cas d'Ogoulsapar Mouradova, journaliste pour Radio Free Europe/Radio Liberty, arrêtée et torturée à mort en prison deux ans plus tôt. C'était peu de temps après qu'elle ait travaillé comme «fixeuse» (guide et interprète) pour une reporter de l'émission française *Envoyé spécial* sur France 2, entrée au Turkménistan comme moi avec un visa de transit. Je me résigne ainsi à rater une occasion sonore en or, question de mieux apprivoiser la dictature turkmène avant de risquer quoi que ce soit.

Nous arrivons au mariage. La salle où se déroule la fête est un tourbillon de couleurs et de féminité. Femmes et jeunes filles ont enfilé pour l'occasion leurs plus beaux habits traditionnels rouges, verts, bleus, violets, tous plus éclatants les uns que les autres. Les costumes des hommes sont plus classiques, plus sombres et sobres. Premier constat surprenant : les mariés transpirent l'amour. Ils ont cette complicité dans le regard, cette tendresse dans les gestes partagés. Peut-être, pour une fois, l'amour a-t-il eu la chance de trouver sa place à l'intérieur des cadres admis par la société traditionnelle ? En début de soirée, personne ne s'intéresse trop à moi. Connaissant la curiosité généralisée des Centrasiatiques à l'égard de l'étranger – pour l'avoir vécue, voire subie depuis deux mois –, je ne peux que m'en étonner. Mais je ne perds rien pour attendre. L'augmentation de l'attention à mon égard se fera proportionnellement à celle de l'alcoolémie des convives masculins.

Ravchan, Kémal et moi sommes assis à une table réservée aux hommes. Avec le plus de tact possible, je réussis à faire respecter mon désir de ne pas boire plus d'un verre de cette vodka turkmène infecte qui m'est offerte. Mais pour la nourriture, c'est autre chose. Même si j'ai l'impression de m'empiffrer comme un goinfre dans ce festin mélangeant les traditions culinaires russe, soviétique et turkmène, Ravchan me rappelle à l'ordre chaque fois que je dépose ma fourchette. « Mange, mange. C'est très mal vu si tu ne manges pas... »

Le repas terminé, l'heure est à la danse. Bien réchauffé par la vodka, Ravchan commence à se servir de « son » étranger comme d'un objet de prestige. Dès que je m'éloigne de lui, il vient m'accrocher par le bras pour me demander de le photographier avec des femmes d'âge mûr ou de vieux copains. Au milieu de la fête, Ravchan, de plus en plus ivre, s'approche pour me glisser une proposition à l'oreille. « Ça sonnera peut-être vulgaire, mais... ça te tenterait de baiser une Turkmène ? » Quoi ? Je ne suis pas certain de bien saisir où il veut en venir. « Ne t'inquiète pas, je vais te l'offrir ! » Ah ! Une prostituée. Je lui réponds que j'ai une copine et que j'ai l'intention de lui rester fidèle. « Ne t'inquiète pas, personne ne le saura. Et il n'y aura pas de pénétration. Tu n'auras rien à faire. Elle fera tout elle-même. » Manifestement, il est un client régulier. Par curiosité économique, je m'intéresse au prix. « C'est quarante mille manats », soit moins de quatre dollars. Plus tard, Ravchan récidive. « Vraiment, tu ne veux pas essayer une Turkmène ? » Je répète que je ne peux pas, mais le remercie de son offre. Il marque une pause. Il réfléchit. « Une Kazakhe, alors ? »

*   *   *

Le lendemain matin, Ravchan et Kémal m'emmènent visiter les ruines de Merv. Il ne reste pratiquement plus rien de la cité antique qui fut un haut lieu de culture et de science au Moyen Âge. Quelques temples à moitié détruits, à moitié reconstruits, des carcasses d'anciens palais en pierre et des collines érodées qui ont dû servir de remparts à une époque, mais n'ont pas su protéger la ville des envahisseurs mongols. Le site a au moins le mérite d'être exempt de portraits et de monuments à la gloire de Niazov et de Berdymoukhamedov... Le chauffeur qui nous a conduits jusqu'ici nous accompagne sur un site archéologique. Il se rappelle précisément cet endroit, pour avoir participé à des fouilles alors qu'il faisait partie des jeunesses communistes. Depuis la fin de l'URSS, les recherches ont complètement cessé. Plus d'argent, plus d'intérêt.

L'heure de mon départ pour Achkhabad est venue. En prenant place à bord du taxi collectif, je remercie Ravchan et Kémal de leur hospitalité. Et je remercie aussi le hasard de construire petit à petit mes aventures avec une telle fluidité. La suite de son œuvre sera d'ailleurs à la hauteur.

*   *   *

Discussions de taxi
30 novembre 2008, entre Baïram Ali et Achkhabad

Lorsqu'on a hérité de sa grand-mère maternelle – et plus largement d'une culture judéo-chrétienne timide et timorée – de la peur de déranger l'autre, les taxis collectifs sont une vraie bénédiction. Surtout lorsqu'on est journaliste-voyageur, que notre travail consiste précisément à aborder l'Autre pour lui soutirer son vécu et qu'à chaque satanée fois qu'on doit le faire nous revient à la conscience cette question maudite : qui suis-je pour me permettre de voler à quelqu'un son temps et ses précieuses informations ? Même si je pouvais me payer les moyens de transport les plus efficaces et les plus rapides pour voyager, je choisirais les transports en commun. Ils sont lents, compliqués, imprévisibles. Et c'est justement ce dont j'ai besoin pour provoquer des rencontres et vaincre ma peur de déranger. Étant tous dans le même bateau pour quelques heures, il ne reste plus qu'à discuter entre *spoutniki*.

Meylis a 21 ans. Il travaille pour la Chinese Oil Company. Officiellement, il y est agent de sécurité. Mais puisqu'il est l'un des rares à maîtriser l'anglais, il est devenu par la force des choses l'un des maillons reliant les employés chinois et turkmènes de l'entreprise, séparés par la barrière de la langue. Les Chinois parlent pour la plupart anglais, mais pas russe et encore moins turkmène. Les Turkmènes, eux, parlent pour la plupart russe, mais pas anglais et encore moins chinois. Comme les deux garçons de la gare de Turkmenabad, Meylis a appris l'anglais avec des volontaires du Peace Corps. Pas à l'école, qu'il a abandonnée à 16 ans, mais après, alors qu'il servait de guide plus ou moins bénévole à ces Américains débarqués avec les meilleures intentions du monde dans la dictature turkmène. Meylis est en route pour Achkhabad, où il prendra un vol pour Pékin. Son sourire est large lorsqu'il raconte que sa compagnie l'y envoie, tous frais payés. Il ne spécifie toutefois pas la nature du voyage.

Ce n'est pas la première fois que Meylis quitte le pays. Après ses deux ans de service militaire obligatoire, il s'est heurté comme Ravchan et beaucoup d'autres jeunes de son âge à l'impossibilité de trouver un quelconque emploi décent dans son pays. Il est alors parti travailler en Turquie, où habitait un ami. Il avait en poche un visa valide pour un mois. Il y en a passé quatre, soit jusqu'à ce qu'il soit arrêté et déporté, avec en prime un tampon dans son passeport l'interdisant de séjour en Turquie pour les cinq prochaines années. Il en rit aujourd'hui, même si le fil des événements a sapé – au moins temporairement – ses chances de se construire un avenir meilleur. Parce que Meylis n'a qu'un but dans la vie : « Partir à l'étranger. Probablement aux États-Unis. »

À ce stade-ci, le lecteur se rendra compte qu'entre les témoignages de Meylis, de Ravchan et des gamins de la gare de Turkmenabad, recueillis en moins de 24 heures, deux tendances lourdes et contradictoires se dessinent. La première : un constat partagé par tous ces jeunes hommes que les clés d'un futur plus radieux se trouvent à l'extérieur des frontières turkmènes, mais que, pour les saisir, il faudra tout d'abord trouver celles qui leur permettront de sortir de leur pays isolé. La deuxième : une idée tenace que le Turkménistan est le paradis sur terre, même s'ils n'arrivent pas à trouver d'assises dans le monde réel pour soutenir ce sentiment, forgé par des années de propagande.

— Alors, Meylis, tu en penses quoi, du Turkmenbachi?

— Ah! On lui doit presque tout ce qui a été fait au Turkménistan : la neutralité, l'indépendance...

— Mais ça apporte quoi concrètement dans ta vie, la politique de neutralité?

— C'est génial parce que ça signifie qu'aucun pays ne peut nous attaquer, contrairement à l'Irak, à l'Iran (sic) et aux autres. Moi, je n'aime pas la guerre.

Meylis enchaîne en m'assurant que la pauvreté est pratiquement enrayée au Turkménistan et que «chaque jour la vie devient meilleure. Après tout, nous sommes un pays riche!» Le Turkménistan est donc réellement dans son «siècle d'or», comme le disait feu le président Niazov? Meylis songe longuement à ma question. Visiblement, il n'avait jamais vraiment analysé le sens de cette formule creuse. «Peut-être, je ne sais pas. Ce que je sais, c'est que le nouveau président essaie de nous redonner les avantages que nous avions durant la période soviétique. À l'époque, chacun possédait tout ce dont il avait besoin.» Selon lui, Gourbangouly Berdymoukhamedov «fait de son mieux». Il est plus facile d'aller à l'étranger maintenant, cite-t-il en exemple. Peut-être, mais le gouvernement turkmène continue de contrôler les déplacements de ses citoyens. Officiellement, la nécessité d'obtenir un visa de sortie a été abolie, mais en réalité ne sort pas qui veut...

— Meylis, est-ce que le Turkménistan est une démocratie?

— Tu sais, je ne m'y connais pas vraiment en politique. Je n'ai pas été très longtemps à l'école.

— Y a-t-il une liberté de parole ici?

— Oui.

— Peut-on dire quelque chose de mal contre le président?

— Je ne dirais jamais rien de mal contre le président.

— Pourquoi?

— Parce que, même si je pensais quelque chose de mal, je ne le dirais pas. Je l'appuierais. S'il est président, ça veut dire qu'il sait ce qui est bon pour le peuple.

Après un moment de pause, Meylis se retourne vers moi avec un sourire complice.

— Tu sais pourquoi je te réponds en anglais ?

Je feins la naïveté.

— Pour pratiquer, non ?

— Non.

— Pour que les autres passagers ne comprennent pas ?

— Exactement. Tu sais, les Turkmènes ont souvent peur de parler avec les étrangers.

— Pourquoi ?

— Parce que plusieurs se disent qu'ils travaillent peut-être pour des services secrets étrangers comme la CIA ou le FBI (sic).

— De qui ont-ils peur au juste ? Des étrangers ou de votre gouvernement ?

— De notre gouvernement.

— Qu'est-ce qui pourrait arriver si tu parlais contre ton gouvernement ou le président ?

Meylis me renvoie la question.

— En Amérique, qu'arriverait-il à une personne qui parlerait contre son gouvernement ou son président ?

Sa question n'est pas rhétorique. Il ne semble réellement pas pouvoir anticiper ma réponse.

— Absolument rien. C'est ce qu'on appelle la liberté de parole.

— Bien, ici, c'est différent. On est au Turkménistan.

— Et alors ? Que t'arriverait-il si tu parlais contre ton président ?

— Ça n'arrivera pas, puisque je ne parlerai pas contre notre président, répète-t-il. Je n'ai rien à dire contre lui !

— Mais si jamais ça arrivait ?

— De gros problèmes.

— Donc il n'y a pas de liberté de parole ici ?

Le visage de Meylis tourne à la crainte et à la suspicion.

— Maintenant, j'ai peur de parler.

— Pourquoi ?

— Parce que je ne te connais pas.

S'ensuit un long silence, enrobé de malaise. Je suis allé trop loin. La confiance ne reviendra plus.

Meylis finit par reprendre la parole. « Parlons d'autre chose, d'accord ? Lesquels de nos mets nationaux as-tu goûtés ? »

★ ★ ★

Nous nous arrêtons dans une station-service le temps d'un plein d'essence, d'un vidage de vessie et de quelques cigarettes. La pompe, dont les entrailles mécaniques sont mises à nu par l'absence d'une partie de la chape, indique un prix de trois mille cent manats par litre d'essence. C'est l'équivalent de vingt cents. «C'est cher maintenant, expliquent mes *spoutniki*. Avant février dernier, c'était seulement trois cent dix manats!» En effet, au début de l'année, le gouvernement a décrété le décuplement du prix de l'essence. Comme ça, du jour au lendemain. Malgré cette hausse, le litre à la pompe demeure beaucoup moins cher que dans les autres pays d'Asie centrale. Au Tadjikistan et au Kirghizstan par exemple, les prix sont parfois comparables à ceux qui ont cours en Amérique du Nord, en dépit de salaires et de niveaux de vie incomparablement plus bas. Les chauffeurs de taxi turkmènes ont dû multiplier par 2,5 leurs tarifs pour survivre. Pour un étranger, les prix des transports demeurent ridiculement bas. Mais pour le Turkmène moyen, l'augmentation a perturbé un budget souvent déjà serré[45].

En attendant de reprendre la route, Maksad, l'autre passager avec qui Meylis et moi partageons la banquette arrière, s'enquiert de mes impressions sur son pays. La jeune trentaine, ouvrier sur un chantier de construction, il a ce visage grave et ce ton dans la voix que forge le désabusement. Je lui tends une perche pour qu'il l'exprime. Je suis vraiment heureux d'avoir obtenu mon visa, lui dis-je. Je ne croyais jamais qu'on me le donnerait, parce que, si le peuple turkmène est très hospitalier, il semble que l'État ne le soit pas autant... «Évidemment, enchaîne Maksad en expirant la fumée de sa cigarette, si trop d'étrangers venaient ici, nous apprendrions comment on vit au Canada et ailleurs...» Nous reprenons place à bord du taxi. Maksad replonge dans son silence. Il ne poursuivra pas sa pensée, me laissant lire entre les lignes de ce qui ressemble à une profonde amertume.

★ ★ ★

---

[45] En 2008, le salaire moyen est de cent quarante dollars US par mois.

Achkhabad : les folies de Niazov

À Achkhabad, je me rends à un premier hôtel abordable repéré dans
mon guide de voyage : « Tout est complet », m'annonce-t-on d'emblée
à mon arrivée. Difficile à croire. Les touristes sont loin de courir les
rues (et le lobby de cet hôtel). Les gens d'affaires de passage dans la
capitale florissante n'accepteraient quant à eux jamais de dormir dans
un établissement aussi miteux. Sans compter que le Turkmenbachi
a fait construire une rue complète d'hôtels luxueux, tous pratiquement aussi vides que chers. L'hypothèse la plus probable : cet hôtel
ne veut pas d'étrangers ou n'a carrément pas le droit d'en accueillir.
C'est une interdiction encore courante dans les profondeurs de la
Post-Soviétie, où les visiteurs non ex-soviétiques voient parfois leur
choix se réduire à un ou deux établissements au rapport qualité-prix
totalement disproportionné (à leur désavantage, bien sûr). Je me
rabats sur mon deuxième choix. La réceptionniste de l'hôtel Dayhan
m'annonce des prix deux fois plus élevés que ceux inscrits dans mon
guide, publié un an et demi plus tôt. Pour vingt dollars, je partagerai
une chambre avec un inconnu, me propose la réceptionniste. Elle me
donne une clé pour que j'aille visiter la chambre. Sur l'un des deux
lits simples, un travailleur turkmène se repose en grillant une cigarette. De retour au lobby, j'explique à la réceptionniste que la fumée
et le partage, ça ne me convient pas. Après deux mois de voyage, ma
tolérance interculturelle est quelque peu épuisée et mon besoin de
solitude est grandissant. Et, de toute façon, l'hôtel n'est pas complet.
Alors pourquoi ne pas me donner une chambre pour moi seul pour le
même prix ? « Je ne veux pas », répond sans gêne la réceptionniste. Ici,
pas besoin de se confondre en mensonges pour ne pas donner au client
ce qu'il veut. Le roi ou la reine ne se trouvent pas devant le comptoir
comme en pays capitaliste, mais derrière, dans la plus pure tradition
du service à la clientèle soviétique. Le client doit se sentir privilégié
d'obtenir un produit ou un service – même s'il le paie – et l'employé
tout-puissant se charge de le lui rappeler. J'insiste gentiment pour
que la réceptionniste fasse une exception. « Vous êtes tellement capri-
cieux », répond-elle en soupirant. Vous, les étrangers, sous-entend-elle.
Les *nié nachi*, les Pas-Soviétiques-pour-deux-sous. Appelé en renfort,
le gérant de l'hôtel m'offre finalement une chambre simple pour les

vingt dollars de mon budget, au lieu des trente dollars demandés. L'impossible est tout d'un coup devenu possible.

*   *   *

Une fois réglée la question du gîte, je m'empresse de partir à la découverte de la capitale qu'a léguée le mégalomane Turkmenbachi à son peuple. À chaque coin de rue, un policier ou un soldat montent la garde sur la ville quasi déserte en cette fin d'après-midi. À l'occasion, mes tentatives de photographier un édifice ou une statue de Niazov sont interrompues par un geste de la main d'un représentant de l'ordre. Lorsque je demande à l'un d'eux la raison de l'interdiction, il admet n'en avoir aucune idée. L'objet de mon attention ne semble pourtant pas se situer devant un bâtiment d'un quelconque intérêt stratégique. Je devrai à l'avenir être plus discret[46].

En dépit de la noirceur qui vient de tomber sur Achkhabad, l'arche de la Neutralité est impossible à rater. Éclairée de puissantes lumières roses, entourée de fontaines qui coulent abondamment malgré les ressources limitées en eau du Turkménistan désertique, cette tour de soixante-quinze mètres soutenue par trois piliers a été installée bien en vue en plein cœur du centre-ville. Si elle éblouit, c'est plus par ses éclairages et son caractère hors du commun que par son réel intérêt artistique... Le clou de cette œuvre réalisée en 1998 par la firme turque Polimeks n'a son pareil mégalomaniaque nulle part dans le monde : une gigantesque statue en or du Turkmenbachi, drapé d'une cape tout aussi dorée, qu'un mécanisme permet de faire tourner afin que le cher leader puisse toujours suivre la rotation du soleil[47]. Mais comment un humain peut-il atteindre un niveau de narcissisme assez élevé pour commander l'érection d'un tel monument à sa gloire ? Saparmourat Niazov aura emporté ce secret dans sa tombe, la mort ayant prématurément interrompu ses folies terrestres à 66 ans.

Le lendemain, à la première heure, je monte au sommet de l'arche – dénommée en l'honneur de la politique de « perpétuelle neutralité » instaurée par le cher leader. Du balcon circulaire, le panorama sur le

---

[46] Ayant été averti par d'autres voyageurs que le contenu de mon appareil pourrait être examiné à ma sortie du pays, j'ai développé un stratagème qui me semble fort ingénieux : avant le passage à la frontière, je transférerai le contenu de ma carte mémoire sur mon ordinateur et ne conserverai sur mon appareil que certaines photos purement touristiques. Ainsi, le douanier aura quelque chose à se mettre sous la dent et aura peu de raisons de poursuivre sa vérification jusqu'à mon ordinateur ou une hypothétique autre carte mémoire.

[47] En 2010, le nouveau président Berdymoukhamedov fera démanteler l'arche de la Neutralité, promettant un monument encore plus imposant en périphérie de la ville, mais sans statue de son prédécesseur.

centre d'Achkhabad donne une idée d'ensemble de la mégalomanie du Turkmenbachi. La ville est une transposition exacte de sa folie dans la réalité. Puisqu'il était le seul maître à bord, la marge entre l'image qu'il se faisait de sa capitale dans sa tête et ce que les exécutants de ses plans ont réalisé est très mince. Côté est, à quelques mètres de l'arche, se trouve le musée du Tremblement de terre de 1948. Ce même séisme qui a décimé Achkhabad et la famille Niazov, tout en devenant la source d'inspiration originelle des super-pouvoirs du Turkmenbachi. C'est d'ailleurs ce traumatisme sismique que cherche à représenter d'une façon métaphorique l'installation sous laquelle se cache le musée : un énorme taureau en métal tenant sur son dos le globe terrestre, où d'un côté des gens tentent vainement de s'accrocher à un arbre pour éviter une mort certaine, alors que sur le dessus le petit Saparmourat – en or – est calmement assis, plongé dans ses pensées, comme si rien ne pouvait le menacer. Son destin, après tout, était de survivre pour guider son peuple. Côté sud, des édifices gouvernementaux aux dômes turquoise – ou dorés comme celui du palais Turkmenbachi – sont séparés par de vastes allées ornées de grands arbres et de haies. À l'exception des soldats qui montent la garde sur la place de l'Indépendance, les allées sont complètement vides. Pas âme qui vive ou qui passe pour profiter des richesses de la nation. Au loin, de longues avenues bordées d'immeubles et d'hôtels – tous blancs – se déploient sur des kilomètres. La plupart des bâtiments ne sont achevés qu'à l'extérieur et sont à peine habités.

L'une de ces avenues mène à la tour de l'Indépendance, qui rend hommage à l'autre «réalisation» si chère au Turkmenbachi : l'avènement d'un Turkménistan indépendant. La tour blanche et or est surmontée d'un croissant islamique. Devant elle trône l'une des plus imposantes statues dorées du Turkmenbachi (ce qui n'est pas rien puisqu'elles se comptent par dizaines seulement dans le centre-ville). Le monument est entouré d'aigles également dorés. Deux soldats au long manteau militaire assurent la sécurité de ce lieu très peu fréquenté, se tenant bien droits dans des abris qui ressemblent à des cabines téléphoniques. Dans les jardins environnants, les héros turkmènes antiques n'ont pas l'honneur de voir leurs statues – vraisemblablement en bronze ou en cuivre – être recouvertes d'or. Ce privilège ne revient qu'au Turkmenbachi, à sa famille et aux aigles, symboles de la nation. De l'autre côté de la rue, un immense complexe aux dômes dorés et aux immenses colonnes greques loge le Musée national, où l'histoire turkmène est évidemment racontée telle que la percevait le Turkmenbachi. Comme il est hors de prix pour les étrangers, tout comme le Musée des valeurs turkmènes qui se situe dans la tour de l'Indépendance, je ne prends pas la peine de les visiter.

⋆ ⋆ ⋆

Le Turkménistan et le monde

Plus loin, sur la clôture d'un chantier de construction, le logo du groupe industriel français Bouygues vient rappeler que les entreprises étrangères ont grandement contribué à la réalisation des projets les plus farfelus du Turkmenbachi. Contribué et profité.

Dans son livre *Turkménistan*[48], le chercheur Jean-Baptiste Jeangène Vilmer, ancien employé de l'ambassade française d'Achkhabad, estime qu'« entre 1994 et 2010 Bouygues a réalisé [au Turkménistan] une cinquantaine d'ouvrages pour un montant de plus de deux milliards d'euros ». La compagnie reconnaît de son côté que ses activités dans le pays représentaient en 2010 environ 4 % du chiffre d'affaires de sa division Bouygues Construction. Heureusement pour Bouygues, propriétaire notamment de la chaîne de télévision TF1, les quelques reportages et rapports d'ONG critiquant sa relation étroite avec la dictature turkmène n'ont pas réussi à émouvoir l'opinion publique du « pays des droits de l'homme » ou de l'Occident en général plus que quelques jours. C'est qu'il ne suffit pas d'oppresser son peuple pour provoquer l'indignation internationale et devenir infréquentable. Il faut que cette oppression dérange l'ordre planétaire et qu'il soit impossible d'en détourner les yeux. À ce chapitre, le Turkménistan est une dictature hautement avantagée.

Premièrement, le pays ne possède à peu près aucun lien historique ou culturel avec le reste du monde, hors Post-Soviétie. Durant des décennies, le Turkménistan ne fut qu'une obscure république socialiste d'URSS, bien loin dans l'ombre de Moscou. Encore aujourd'hui,

---

[48] Jean-Baptiste Jeangène Vilmer, *Turkménistan*, Paris, CNRS Éditions, 2010, 452 p.

elle jouit d'un anonymat presque généralisé. Même pour les Russes, le Turkménistan demeure l'un des bas-fonds de l'ex-empire les plus méconnus. Il n'existe pas non plus de grande diaspora turkmène militante installée dans les capitales occidentales pour harceler députés et diplomates à propos du sort de leur nation ; pas de figure de proue de l'opposition en exil hautement médiatique pour pourfendre le régime en anglais, en français ou en allemand, afin que soient condamnés les agissements des dirigeants turkmènes et soient restreints les contacts commerciaux avec la dictature ; bref, rien ni personne pour donner un visage aux opprimés turkmènes et faire pleurer dans les chaumières. Les ambassades occidentales présentes à Achkhabad sont quant à elles tiraillées entre leurs obligations morales et la défense de leurs intérêts commerciaux. D'autant plus que l'un de leurs principaux concurrents dans la région, la Chine, est toujours prêt à prendre leur place si jamais le régime turkmène vient à se lasser des leçons de démocratie et de droits de l'homme données par ses partenaires occidentaux moralisateurs.

Par ailleurs, s'il peut être considéré comme un pays stratégique en raison de ses richesses en hydrocarbures, le Turkménistan n'est en aucun cas menaçant pour la sécurité mondiale ni menacé par un quelconque ennemi. Alors que la Corée du Nord brandit ses ogives nucléaires pour être certaine qu'on ne l'oublie pas, on peut aisément fermer les yeux sur les folies turkmènes sans avoir à craindre de se réveiller le lendemain matin en pleine Troisième Guerre mondiale.

Pas étonnant donc que les visites « privées » au Turkménistan de l'ex-premier ministre canadien Jean Chrétien à partir de la fin 2004 – soit moins d'un an après être redevenu simple citoyen et avocat – n'aient récolté que quelques pointes de cynisme dans de rares articles de journaux au Canada. Pourtant, celui qui avait dirigé durant une décennie la démocratie canadienne allait négocier avec l'un des pires dictateurs de la planète des contrats d'exploitation de pétrole et de gaz naturel dans la mer Caspienne pour le compte d'une firme albertaine ; il utilisait le prestige de ses fonctions passées non pas pour parler de droits humains avec un président à vie, mais pour vanter le « modèle optimal de développement socio-économique » forgé par le régime du Turkmenbachi. L'ancien premier ministre n'a même pas cru bon de confirmer ou de nuancer la citation précédente, qui lui a été attribuée par ses hôtes turkmènes sur un site web officiel. À raison : pourquoi entretenir une controverse qui, une fois le premier réflexe d'indignation passé, s'estompera d'elle-même par manque de connaissances et d'intérêt envers une dictature centrasiatique méconnue ?

Les autorités turkmènes entretiennent d'ailleurs volontiers l'ignorance du monde à propos de ce qui se passe à l'intérieur de leurs frontières. Profitant du peu d'intérêt (non commercial) suscité par leur pays, ils se permettent d'en restreindre au maximum l'entrée aux journalistes et aux caméras. Ils diminuent du même coup les risques de voir des scènes scandaleuses faire le tour du monde. Parce que, même si le Turkménistan ne réunit pour l'instant à peu près aucun des facteurs qui pourraient en faire un paria international officiel, il ne suffirait peut-être que de quelques images bien tournées d'exactions contre des opposants pour que la planète découvre – et retienne – le vrai visage de la dictature turkmène.

★ ★ ★

Le livre de l'âme

En poursuivant ma balade sur la longue promenade qui mène vers le centre-ville, je passe devant l'exemplaire géant du *Ruhnama*, le «livre de l'âme» écrit par le Turkmenbachi. Ceinturé de fontaines, le bouquin monumental est impossible à rater avec son horrible couverture rose et vert, frappée du buste doré du cher leader.

Par cet ouvrage incohérent, répétitif et empreint de révisionnisme historique, le Turkmenbachi a voulu transmettre à son peuple sa vision du monde. En suivant les préceptes du *Ruhnama*, les Turkmènes pourraient non seulement flatter l'ego de leur leader, mais vivre pleinement «la Cinquième Époque d'or de l'esprit national turkmène», dont la genèse remonte au 27 octobre 1991, jour de la déclaration d'indépendance du pays. Soit le jour où le Turkmenbachi a pris le plein contrôle de leur destinée.

Depuis le séisme meurtrier qui lui avait révélé qu'il était «l'héritier des héros turkmènes», Niazov connaissait le contenu du *Ruhnama*. Du moins, selon ce qu'il prétendait. Mais voilà qu'en 1997 il s'est senti prêt à prendre la plume pour que les Turkmènes sachent enfin ce que leur cher leader attendait d'eux. De ces quatre années d'écriture – à la main – est né ce «livre de l'âme» qui, par la force de la coercition plus que par celle de l'écriture, est devenu un succès de librairie. Car, sans une connaissance approfondie du *Ruhnama*, le Turkmène aurait désormais la vie dure : pour espérer réussir les examens d'entrée dans la fonction publique, ou encore pour obtenir un permis de conduire, il devrait avoir retenu ses enseignements.

De toute façon, il n'y a guère autre chose à lire au Turkménistan.

La librairie Miras se situe dans la rue Turkmenbachi, l'une des seules artères qui ont échappé à la transformation des noms des rues en numéros (sans réelle logique géographique) imposée par le défunt président. C'est l'un des rares endroits à Achkhabad où l'on peut se procurer des livres. Mais inutile de chercher sur les étagères de cette «librairie de l'héritage spirituel» les classiques de la littérature étrangère, même russe. Tout ce qu'on y vend, ce sont des livres pour enfants, des recueils de textes des deux présidents, leurs portraits, la Constitution turkmène et, bien sûr, le *Ruhnama* de Niazov. La docilité du peuple se bâtit par la restriction de son champ de vision, notamment littéraire. Hors du Turkménistan, point de salut, semblent souffler aux lecteurs les étagères.

Pour cinquante mille manats (3,50 $), je me procure une version française du *Ruhnama*[49], aussi offert dans plusieurs autres langues étrangères, de l'hindi au chinois, en passant par l'anglais et l'italien. Même si le livre est destiné avant tout aux Turkmènes, le Turkmenbachi ne voulait pas priver le reste du monde de cette source d'inspiration (ni le reste de l'univers, puisque le *Ruhnama* a été envoyé dans l'espace à bord d'un satellite russe...). Plusieurs compagnies étrangères présentes dans le pays se sont ainsi fait un devoir de traduire dans leur langue la pensée de celui qui leur a permis de s'enrichir.

Mais que raconte au juste ce «livre de l'âme», censé assurer à celui qui le lit trois fois une place automatique au paradis, selon les dires

---

[49] La version française du *Ruhnama*, publiée en 2005, a été éditée par le «Servise de'Edition de l'Etat Turkmène» (sic). Ces erreurs ne reflètent toutefois pas l'ensemble des trois cent quatre-vingt-dix pages, traduit de façon plutôt professionnelle.

de son auteur même ? Il raconte une belle histoire. Celle d'un grand peuple heureux, dirigé par un leader visionnaire et tout aussi heureux.

« Le Turkmène est un peuple dont le cœur est aussi pur et aussi simple que le ciel, les yeux aussi clairs que l'eau d'une fontaine, l'esprit et la porte sans serrure. » (p. 175)

Ne rêve-t-on pas tous de faire partie d'une grande nation aussi honorable ? Pour un pays qui se cherchait une raison historique d'exister après la chute soudaine de l'empire soviétique, le *Ruhnama* est arrivé à point nommé avec ses réponses rassurantes et flatteuses. Il a certes été imposé, mais il répondait bien à un besoin de stabilité identitaire en période trouble.

« Le Ruhnama *organise et systématise la mentalité nationale dans son ensemble. Désormais, l'avenir national du Turkmène est garanti dans sa forme pratique. »* (p. 386)

Au fil des pages, le Turkmenbachi s'affaire à replacer le centre du monde dans les steppes turkmènes. Après tout, ne sont-ce pas les Turkmènes qui ont inventé la roue, bien avant le reste de la planète ? Et jusqu'aux invasions des hordes de Gengis Khan, le Turkménistan n'était-il pas « le pays le plus développé du monde », le « berceau des changements et progrès de l'humanité », un « centre de développement et de civilisations importantes de l'Histoire » ? C'est ainsi que Niazov réécrit le passé. Sans méchanceté envers ses voisins, si ce n'est pour rappeler que « le pouvoir soviétique a fait en sorte que le peuple turkmène, propriétaire de cette terre, ne se développe pas et régresse ». (Bien sûr, il omet de mentionner qu'il fut lui-même durant vingt-neuf ans membre du Parti communiste soviétique et l'un de ses hauts dirigeants...)

Le Turkmenbachi rappelle aussi à son peuple la chance qu'il a eue de naître dans la « mère-patrie du blé blanc », des magnifiques chevaux turkmènes et des hydrocarbures. Par contre, il met sa nation en garde contre l'avarice :

« L'État turkmène possède des richesses illimitées. Je pourrais enrichir le peuple en lui distribuant cette richesse. Mais est-ce que notre peuple est prêt à une richesse pareille, après soixante-dix années de pauvreté ? » (p. 353)

Poser la question, c'est y répondre. Tout d'abord, explique le Turkmenbachi, il faut « former le caractère du Turkmène qui pourrait être

maître de sa richesse. Je prépare lentement mon peuple à la richesse ».
Pendant ce temps, dans ses majestueux palais, le cher leader se sacrifiait
lui-même pour tester les bienfaits de l'abondance.

Le Turkménistan est un pays accueillant, assure le Turkmenbachi.
«Nous ouvrons grands les bras à nos hôtes venus visiter notre terre. »
Mais à quoi bon pour les Turkmènes aller visiter le reste de la planète,
aller se comparer, alors qu'ils vivent déjà au pays des merveilles? «Mes
chers citoyens, vous n'êtes pas des voyageurs, vous. Visitez cette terre
à travers la poussière des traces de vos ancêtres, des grandes person-
nalités des sages religieux qui y ont vécu. »

Le Turkmenbachi termine ainsi son œuvre de près de quatre cent
pages :

« Le Ruhnama *est notre voie ! Chaque jeune qui lira le* Ruhnama *y
apprendra à se connaître. Les autres nations et États qui liront le* Ruhnama
*pourront connaître le Turkmène. […] Que le Turkménistan existe tant que
le monde existera, que le Turkmène existe tant que le monde existera ! Que
la vie du Turkménistan perpétuellement non aligné soit éternelle !»*

Alors, chers lecteurs, vous sentez-vous maintenant prêts à obtenir
votre permis de conduire turkmène ?

★   ★   ★

Entre déturkmenbachisation et berdymoukhamedovisation

À la mort de Niazov, le peuple turkmène a perdu à la fois un oppres-
seur et un père. Comme les Soviétiques lors du décès de Staline en
1953, ou les Nord-Coréens quand Kim Il-Sung a rendu son dernier
souffle en 1994. Lorsqu'un homme s'immisce dans tous les interstices
de l'existence de ses sujets, il en vient à faire partie de leurs bonheurs
autant que de leurs malheurs. Sa disparition signifie la mort du passé,
la déstabilisation du présent et l'imprévisibilité du futur. Le citoyen-
prisonnier s'était habitué à sa cellule. Le nouveau cachot sera-t-il pire
que le précédent ? Dans le doute, il aurait préféré ne rien risquer et
laisser vivre à jamais son père-oppresseur. Mais voilà que la nature en
a décidé autrement : Niazov est mort et la destinée des Turkmènes
s'est retrouvée entre les mains d'un dentiste nommé Gourbangouly
Berdymoukhamedov. Lorsqu'il a pris le pouvoir – par intérim, avant

d'être élu en février 2007 avec 89,23 % des voix –, les appréhensions du peuple turkmène étaient aussi grandes que les espoirs des organisations de défense des droits humains de voir le pays s'ouvrir, ne serait-ce qu'un tout petit peu. Berdymoukhamedov était certes un cacique du régime, mais il faudrait un sacré coup de malchance pour qu'il soit aussi illuminé que son prédécesseur, se disait-on.

La « déturkmenbachisation » du Turkménistan s'est-elle produite ? Et a-t-elle été suivie par une « berdymoukhamedovisation » ? Un peu des deux. Timidement, quelques-unes des décisions les plus farfelues de Niazov ont été annulées : le pays vit de nouveau selon le calendrier international, la durée de la lecture obligatoire du *Ruhnama* dans les écoles a été réduite, certaines statues de Niazov ont été déboulonnées... Gourbangouly Berdymoukhamedov n'a pas (encore) écrit son propre « livre de l'âme » ni fait ériger de monument à sa gloire[50]. Ce qui ne l'empêche pas d'avoir ses propres caprices et de tapisser le pays de son portrait.

Lorsque je me rends à la gare ferroviaire d'Achkhabad pour me procurer un billet, c'est le portrait de Berdymoukhamedov qui m'accueille. Son large visage sourit à la plèbe, occupée à se tailler une place dans le chaos des files d'attente lentes menant aux guichets. Face à cette anarchie, l'agressivité des caissières toutes-puissantes est presque compréhensible. Le sourire de Berdymoukhamedov l'est moins. Après une heure d'attente, mon tour est enfin arrivé. Du moins le crois-je. Alors que je m'approche du guichet tant espéré, que mon statut de « suivant » n'est plus contesté par personne autour, la caissière ferme les volets sous mes yeux. « Pause technique ». Pour une heure. Le panneau est sans appel. Juste au moment où l'on croit avoir vaincu le système et sa lourdeur, il vient vous rappeler qu'il est plus fort que vous et que vous restez toujours à sa merci.

Seconde tentative en après-midi. Les files se sont heureusement allégées. Mon tour. « Plus de billets ! » m'annonce sèchement la caissière. « Revenez demain à dix heures ! » Je n'arrive pas à y croire. Vraiment plus de billets ? J'insiste. Y a-t-il une liste d'attente ? Un quelconque moyen de trouver une place ? C'est que je dois absolument être au port de Turkmenbachi dans trois jours pour y prendre un traversier et sortir

---

[50] En septembre 2011, des rumeurs annonceront toutefois qu'il prépare son propre « guide spirituel » sous le titre de *Turkmennama (Livre turkmène)* ou *Adamnama (Livre de l'humanité)*. Vers la même période, le Conseil des anciens du pays lui a attribué le titre d'« Arkadag » – « Protecteur » de la nation – déjà allègrement utilisé par les officiels et les médias turkmènes.

du pays, sans quoi j'aurai de gros ennuis... L'employée me regarde, décèle l'accent non russe. Tiens, un étranger. «Donnez-moi votre passeport.» Elle réfléchit encore quelques secondes. «Quarante mille manats, ça vous va?» J'en déduis que les billets de train qui n'existent pas peuvent tout de même exister. *Nilzia, no mojno.* Impossible, mais possible. J'acquiesce. Va pour quarante mille. Lorsque je reçois mon billet, j'aperçois le vrai prix : vingt-huit mille cinq cents manats. La caissière a empoché onze mille cinq cents manats, soit moins d'un dollar. Malgré cette petite corruption ordinaire (involontaire de ma part), mon billet pour les quinze heures de train et cinq cent vingt kilomètres jusqu'à Turkmenbachi m'aura coûté moins de trois dollars. Dans le Turkménistan d'aujourd'hui comme dans l'URSS d'hier, les prix des transports sont ridiculement bas, mais le nombre de places est toujours insuffisant. La demande étant fortement plus élevée que l'offre, le pot-de-vin en ressort grand gagnant.

*   ⋆   ⋆

Même dans les recoins les plus reculés de Post-Soviétie, on peut généralement dénicher des exemplaires plus ou moins récents des tabloïds et revues à potins russes. Mais pas dans la capitale turkmène. Ici, les seuls journaux en vente sont turkmènes. Il y a bien le *Neïtralny Turkmenistan* (Turkménistan neutre) en russe, mais il s'agit tout autant d'une feuille de propagande imprimée par le régime que les autres publications turkménophones qui le côtoient sur les tables des kiosques. En une de tous les journaux, on retrouve invariablement la même photo du président Berdymoukhamedov, assis à son bureau, sur fond de tapis turkmène et de drapeau national. Même sur la première page du *Türkmen Sporty,* le journal sportif !

À l'ambassade turkmène de Douchanbé, quelques semaines plus tôt, j'étais tombé sur une feuille de propagande imprimée en anglais par le régime. Sa lecture donnait le ton. Un article parlait du privilège qu'avait le Turkménistan de voir son drapeau flotter dans le ciel du village olympique de Pékin. N'était-ce pas là une preuve de plus de la grandeur de la nation? Bien sûr, le texte omettait de mentionner que les drapeaux de tous les États participants avaient leur mât réservé sur les sites olympiques.

Pour élargir leur vision du monde, les Turkmènes doivent donc se tourner vers la télévision satellite et, pour ceux qui le peuvent, vers Internet. Mais justement, ils sont peu nombreux à y avoir accès. À Achkhabad, qui compte sept cent cinquante mille habitants, on ne trouve que quatre cafés Internet. Dans celui où je me rends, il n'y a que sept ordinateurs. Pour accéder à l'un d'eux, l'utilisateur doit laisser une employée retranscrire les informations de son passeport. À deux dollars de l'heure, Internet est à un prix prohibitif pour le commun des Turkmènes. Pour obtenir une connexion à domicile, il faut débourser d'entrée de jeu cinquante dollars. Dois-je rappeler que le salaire moyen dans le pays s'élève à cent quarante dollars par mois?

C'est peut-être pour cela que le régime ne se donne pas la peine de censurer la Toile. De mon poste, où la connexion est d'une extrême rapidité, je peux accéder autant aux sites de Radio Liberty et de la BBC qu'à ceux des groupes d'opposition turkmènes en exil. En Ouzbékistan voisin, où les cafés Internet crasseux pullulent, l'accès à ce genre de sites dangereux pour le pouvoir est souvent bloqué.

★   ★   ★

Le dernier repos du Turkmenbachi

Le petit village de Gypjak se situe à onze kilomètres à l'ouest d'Achkhabad. S'il ne s'était agi que d'un village ordinaire, il aurait été pauvre comme le reste de la campagne turkmène. Mais Gypjak n'est pas un village ordinaire. C'est ici qu'est né Saparmourat Niazov. Et c'est ici qu'il est enterré. L'autocar qui m'y emmène a au moins quatre, voire cinq décennies de route derrière la carcasse. Le contraste avec l'ostentation des monuments à la mémoire du Turkmenbachi et de sa famille n'en est que d'autant plus amplifié.

La folie des grandeurs manque souvent de pragmatisme. Le village ne compte que quelques centaines d'habitants, mais la mosquée Turkmenbachi Ruhy qui s'y dresse peut accueillir jusqu'à dix mille fidèles. Alliance de la mégalomanie de Niazov et du génie civil français de Bouygues, le temple aux quatre minarets de quatre-vingt-onze mètres est la plus grande mosquée d'Asie centrale. En ce mardi matin, autant la mosquée que les jardins somptueux qui l'entourent sont vides. Il faut dire que le lieu de culte est loin de faire l'unanimité parmi les fidèles musulmans. Particulièrement en raison de l'inscription qui orne l'arche au-dessus de l'entrée principale : « Le *Ruhnama* est un livre saint. Le Coran est le livre d'Allah. » Si les Turkmènes ont toujours plus ou moins docilement accepté le culte de la personnalité qu'imposait le Turkmenbachi, la comparaison entre ses écrits et ceux du Prophète a indigné plusieurs religieux. D'autant plus que dans le *Ruhnama*, les références de Niazov à l'islam sont au mieux vagues, au pire tordues, et laissent transparaître l'ignorance des préceptes de base de la religion musulmane de son auteur trop longtemps communiste.

Avant de mourir, le Turkmenbachi a fait construire un mausolée à quelques pas de sa grande mosquée. C'est ici que serait réunie la famille Niazov dans la mort. Les dépouilles de sa mère et de ses deux frères, enterrées six décennies plus tôt avec les quelque cent dix mille autres victimes du tremblement de terre, y ont été transférées, alors qu'une tombe symbolique a été installée en mémoire de son père soldat, dont le corps n'a jamais été retrouvé. En décembre 2006, Saparmourat est venu les y rejoindre.

Le mausolée est désert. L'impression qui se dégage de l'endroit est que, contrairement à celles de Lénine, de Mao ou d'autres leaders charismatiques et sanguinaires, l'idéologie du Turkmenbachi n'a jamais réellement soulevé l'enthousiasme populaire. Sa vision du monde était probablement trop loufoque pour s'ancrer dans la réalité, trop égocentrique pour tenir compte des besoins quotidiens de son peuple. Elle n'aura pas trouvé sa place dans la postérité. À sa mort, les Turkmènes ont pleuré leur leader, mais surtout leur stabilité mise à l'épreuve. Les années passeront et le mausolée prendra la poussière. Mais qui sait ? Peut-être que, dans un siècle ou deux, un gourou en manque d'inspiration ressortira le *Ruhnama* du grenier de l'histoire turkmène pour guider à son tour le peuple, suivant les préceptes du Turkmenbachi, ce « prophète négligé » – dira-t-il – trop avant-gardiste pour son époque ? En attendant de redevenir un messie, Saparmourat Niazov repose en paix – littéralement – loin des foules et des séances de deuil populaire. Et chaque jour, un peu plus, il sombre dans l'oubli collectif.

★   ★   ★

L'interview

De retour à Achkhabad, je me rends au marché russe. C'est comme ça que tout le monde appelle ce centre commercial bétonné du centre-ville, royaume des produits chinois, souvent vendus par des marchands de la minorité russe. Dans le sous-sol de ce vestige de l'époque communiste, alors que je suis à la recherche de l'un de ces magnifiques châles colorés turkmènes à rapporter en souvenir, je tombe sur un petit local où une dizaine de femmes s'affairent sur de vieilles machines à coudre. Elles confectionnent des habits traditionnels, ornés de broderies aux couleurs éclatantes. Gentiment, elles acceptent que je les photographie. Sourire en coin, l'une d'elles se tourne vers moi. « Tu es journaliste ou quoi ? » Sans le laisser paraître, je panique. Je mens. Non, non, j'étudie en design graphique. « Tu peux tout dire, ne t'inquiète pas », dit-elle en essayant de me rassurer. La dame inspire confiance, mais ma crainte turkmène généralisée demeure. Après une série de clics, je repars en les remerciant.

Quelques minutes plus tard, je reviens sur mes pas. Il s'agit peut-être de ma seule chance d'interviewer à découvert des Turkmènes. La couturière m'a ouvert la porte. Je dois saisir l'occasion. « En effet, je suis journaliste. Voici ma carte de visite. Mais je vous en prie, n'ébruitez pas ma venue. Vous comprenez... » Oui, elle comprend.

À première vue, la couturière dans la jeune quarantaine semble plus épanouie, moins provinciale, que ses consœurs. Peut-être en raison de ses années d'études en Russie soviétique. Elle accepte de me donner une interview à micro ouvert, mais pas de révéler son nom ni même son âge. À chaque question trop personnelle, elle – appelons-la Madina – me fait comprendre par un sourire que je dois considérer notre entretien comme une sorte de jeu. Je ne peux pas m'attendre à ce qu'elle me dise réellement le fond de sa pensée, mais entre les lignes de son discours, je pourrai déceler le sentiment du Turkmène moyen. Voilà le pacte tacite qu'elle me propose.

— Est-ce qu'on peut dire ce qu'on veut au Turkménistan ?
— Oui, bien sûr.

— Même contre les présidents?

— Pourquoi dirais-je quelque chose de mal contre eux si je trouve que tout va bien?

Elle me sert la même réplique que Meylis dans le taxi collectif. Je lui fais remarquer que le président Niazov a dépensé des sommes colossales pour ériger des monuments, la plupart à son effigie et inutiles.

— Et alors? Ça embellit la ville!

— Mais ces sommes auraient pu aller à la construction d'immeubles résidentiels pour le peuple, non?

— Quoi, vous croyez que nous n'avons pas d'appartements? Le Turkménistan n'a peut-être pas atteint le niveau du Canada, mais il est sur la bonne voie dans son développement.

— Même si nous avons un niveau de vie supérieur au vôtre, nous trouvons toujours une raison pour critiquer nos dirigeants...

— Le président ne peut pas être responsable de tout! Le peuple aussi a sa part de responsabilité.

Les régimes autoritaires ont cette habileté fascinante à emprisonner le peuple dans l'impossibilité d'action tout en lui faisant croire qu'il est lui-même responsable des problèmes du pays.

Est-ce que Madina croit à sa propre argumentation? Contrairement aux autres Turkmènes à qui j'ai parlé, elle semble consciente des illogismes du discours officiel. Mais ce qu'elle a avant tout l'air de vouloir me faire comprendre, c'est que, malgré la dictature et ses absurdités, elle estime que son existence pourrait être bien pire. « La vie au Turkménistan est calme. Nous ne vivons pas dans la violence et la criminalité comme en Russie ou aux États-Unis. » Madina a raison. La loi et l'ordre imposés par le régime autoritaire ont pour effet de réduire au minimum la criminalité ordinaire. Comme dans un État de droit idéal, la violence au Turkménistan est un quasi-monopole étatique. Ce constat serait enthousiasmant, s'il n'était accompagné d'une utilisation totalement arbitraire de la force physique par l'État contre ses citoyens. La primauté totale de l'ordre sur les droits conduit inévitablement à l'impunité totale de ceux censés les faire respecter.

Dans le train de nuit qui me conduit d'Achkhabad à la ville portuaire de Turkmenbachi, je serai témoin d'une scène probablement rare, mais qui démontre que même le plus petit fonctionnaire turkmène peut profiter de son pouvoir sans craindre d'être ennuyé par la justice.

★　★　★

Violence administrative

Le train se réveille. Nous serons bientôt en gare de Turkmenbachi. Dans l'un des compartiments du wagon, la nuit a été mouvementée. Du moins, c'est de cela que se plaint un jeune homme au *provodnik*. La scène se déroule au bout du wagon, près de la grosse bouilloire qui assure aux voyageurs un accès à toute heure à de l'eau brûlante. Le garçon d'environ 18 ans, la casquette vissée de travers sur la tête à la mode hip hop, interpelle le *provodnik* d'un ton plutôt respectueux.

— Hey, mon frère ! Je n'ai pas pu dormir de la nuit. Il y avait un gars qui n'arrêtait pas de faire du bruit.

— Et alors ? Tu crois que c'est de ma faute ? répond brusquement le contrôleur, énervé. Tu aurais voulu que je passe toute la nuit à côté de toi ou quoi ?

— Non, ce n'est pas ça, simplement...

— Allez ! Va-t'en d'ici !

Le *provodnik* pousse le jeune homme.

— Hey, enlève tes mains de là ! rouspète le bousculé.

Le *provodnik* l'agrippe par le collet et le traîne dans son cubicule où il se met à le frapper violemment. Son collègue cheminot à ses côtés en profite pour se défouler lui aussi en assenant quelques coups de genou dans le dos du jeune homme. Le garçon n'y comprend rien. Il n'avait pourtant fait que signaler au *provodnik* que tout ne tournait pas rond dans son wagon. Pas de quoi mériter une raclée.

À quelques pas de là, j'observe le passage à tabac avec stupéfaction. Quelques secondes plus tôt, le responsable du wagon s'était pourtant montré bien aimable avec moi, acceptant de me redonner mon billet de train en souvenir, ce qu'il n'était pas autorisé à faire en principe. Mais pour l'étranger... Le *provodnik* poursuit son défoulement. Il pousse à nouveau l'apprenti rappeur dans le couloir, l'engueule et le bouscule de plus belle. Le jeune homme a le visage rougi et tuméfié.

Il voudrait bien retourner vers son compartiment, mais le contrôleur n'en a pas fini avec lui.

Lorsqu'on veut instaurer l'ordre à tout prix, la priorité n'est pas la justice, mais le silence. Au lieu d'aller régler la mésentente avec le passager bruyant fautif – et potentiellement agressif –, le fonctionnaire des chemins de fer a préféré s'en prendre au dénonciateur maigrichon. Une cible innocente, mais beaucoup plus facile à faire taire.

Une dictature est formée d'un ensemble de petits régimes autoritaires rangés à la verticale. Chacun d'entre eux dispose d'un pouvoir arbitraire presque total sur les autres qui se trouvent en dessous dans l'ordre hiérarchique. Du président – au sommet de la pyramide – jusqu'au cheminot, il y a certes plusieurs échelons, mais au final la philosophie est la même : la loi et l'ordre. À tout prix. Même celui de l'injustice.

★   ★   ★

Le *Professeur Gül*
Turkmenbachi, 3 décembre 2008

Le soleil est levé depuis peu lorsque le train arrive en gare de Turkmenbachi, porte d'entrée et de sortie portuaire d'un pays fermé à double tour.

Pour obtenir mon visa de transit turkmène, il m'avait fallu trouver un prétexte afin de justifier mon passage sur le territoire. Depuis l'Ouzbékistan, seules deux options s'offraient à moi : indiquer vouloir ensuite poursuivre ma route vers l'Iran par voie terrestre, ou vers l'Azerbaïdjan par voie maritime. Le visa iranien étant plutôt difficile à obtenir, je m'étais rabattu sur l'option azerbaïdjanaise et son visa, délivré assez rapidement – quoique non sans complication – à l'ambassade de Bichkek. L'option maritime Turkmenbachi-Bakou, par la mer Caspienne, n'était pas sans risque. Non seulement en raison de la vétusté des bateaux qui assurent la liaison, mais surtout du caractère totalement aléatoire du trafic entre les deux ports. Si en théorie un cargo-traversier lève l'ancre chaque jour, il est impossible de savoir à quel moment il le fera et encore moins de réserver une cabine à l'avance. Ce que je savais par contre, c'est qu'il m'était impératif de quitter le pays au dernier jour de validité de mon visa, sous peine d'être entraîné dans un tourbillon de procédures administratives kafkaïennes pour le prolonger.

Dès ma descente du train, je me dirige directement vers le port, à pied, pour au moins profiter de mes derniers instants en terre turkmène. Au bord de la route, près de la mer, je regarde une dernière fois ces tours d'habitation étirer leurs antennes paraboliques vers l'outre-mer, vers le hors-régime, où elles espèrent pouvoir puiser quelques soupçons de vérité. C'était par ces « coupoles de la liberté » qu'avait commencé mon étonnement à l'égard de ce pays peu ordinaire, étonnement qui n'a cessé de croître au cours de ces cinq courtes journées de découverte.

En approchant du port, j'aperçois tout de suite au loin Christian, un Britanno-Américain rencontré à Boukhara une semaine plus tôt. Le hasard de nos retrouvailles n'en est pas tout à fait un : l'échéance de nos visas concordant à une journée près, nous savions que les probabilités de nous retrouver au bord de la Caspienne étaient fortes. À notre arrivée, quelques cargos mouillent dans les eaux du port. Mais lequel nous emportera au loin et quand ? Personne ne peut nous le dire. Les employés de la zone portuaire nous indiquent que le prochain navire partira « quand il aura de la marchandise à transporter » et que nous avons « probablement » le temps de visiter la ville d'ici son départ. Nous inscrivons nos noms sur une feuille blanche servant de liste de passagers potentiels et allons prendre le déjeuner au café jouxtant le port. Pas question de nous éloigner et de tenter le diable d'appareiller sans nous.

Notre prudence aura eu raison d'être. À peine avons-nous le temps de terminer notre repas qu'un préposé, qui nous avait vus entrer dans le café, vient nous annoncer l'embarquement presque immédiat sur le *Professeur Gül*, un cargo battant pavillon azerbaïdjanais.

Le *Professeur Gül* est presque désert : deux camions-remorques et treize passagers. Mais pour une raison qui demeure mystérieuse, il est prêt à larguer les amarres. C'est ce qu'il fait, cinq heures plus tard, sans qu'aucune marchandise ou passager supplémentaire l'ait alourdi entre-temps.

Petit à petit, les derniers paysages d'Asie centrale s'effacent pour laisser place à l'immensité de la mer Caspienne.

«Hey, Pouchkine!» En plein milieu de la nuit, la contrôleuse hyperactive, qui me trouve une ressemblance capillaire avec le célèbre poète russe, vient nous sortir du lit. Nous approchons de la terre. Non sans soulagement, Christian et moi quittons notre cabine crasseuse où, quelle chance, nous n'avons détecté et éliminé qu'une seule coquerelle durant la demi-journée et la demi-nuit qu'aura duré le voyage.

Après avoir expliqué aux douaniers azerbaïdjanais incompétents – et ivre pour au moins l'un d'eux – que, non, mon visa n'est pas expiré et qu'ils devraient peut-être réviser leur manuel, je pose les pieds en Azerbaïdjan, bien déterminé à y vivre le moins d'aventures possible d'ici mon vol pour Moscou deux jours plus tard.

⋆   ⋆   ⋆

Fin de périple
6 décembre 2008, vol Bakou-Moscou

Dix semaines de voyage sur les chemins d'Asie centrale. Soixante-neuf jours à naviguer sur l'imprévisibilité du lendemain, ballotté entre les appréhensions et les exaltations qu'elle procure. Il est maintenant temps de rentrer. Parce que le voyage épuise. Physiquement, j'ai passé la moitié de ces dix semaines à bout de force, affaibli par un virus attrapé dans un malheureux pain de viande au Tadjikistan. Or, c'est la fatigue mentale qui a surtout pesé. Au fil des jours, je devenais saturé d'être toujours cet étranger au centre d'une attention motivée tantôt par l'hospitalité débordante, tantôt par la suspicion autoritaire. J'ai eu à me débrouiller dans des situations absurdes, jusqu'à en devenir intolérant, désagréable, même devant l'émerveillement naïf et hautement inoffensif de l'Autre à mon endroit.

Tant de choses se sont passées à Moscou durant mon absence. La crise a frappé de plein fouet l'économie russe qui avait jusque-là le vent dans les voiles avec le baril de pétrole atteignant des sommets; les relations du Kremlin avec l'Occident se sont fortement dégradées à la suite du conflit avec la Géorgie, amenant les amateurs d'hyperboles à parler de «nouvelle guerre froide».

Et pourtant, la dernière chose que je pourrais regretter serait d'être parti. Parce qu'on revient rarement avec des valises pleines de regrets d'un voyage élargisseur d'horizons. Les rencontres, les souvenirs, les embûches, les accomplissements et les dépassements de soi qu'on y a vécus compensent amplement ce qu'on a pu rater du cycle de notre quotidien sédentaire.

Cinquième chapitre

Russie

D'un bout à l'autre de l'empire

(janvier 2008-août 2010)

Mordovie : le miracle électoral

Le 18 janvier 2008, fraîchement diplômé de la maîtrise en journalisme international de l'Université Laval, je déposais mes valises à Moscou. Après que j'y ai étudié durant un an la langue du pays en 2004-2005, la capitale russe se présentait comme le lieu le plus propice où commencer ma carrière à temps plein de correspondant pigiste à l'étranger.

Mon installation en Russie coïncidait avec le début de la campagne présidentielle qui devait mener au Kremlin Dmitri Medvedev, le successeur désigné de Vladimir Poutine. Puisqu'il bénéficiait des ressources administratives du régime et de la fidélité des chaînes de télévision fédérales capables de lui créer de toutes pièces une popularité par surexposition médiatique, la victoire du dauphin ne faisait aucun doute. Bien que totalement dénué de suspense, cet exercice peu démocratique me permettrait de découvrir les rouages du système poutinien. J'observerais les réactions de la société russe qui voyait son avenir se décider sans qu'elle puisse réellement participer au processus.

À quelques jours du vote, je commençais à entrevoir une journée électorale ennuyeuse dans la capitale, où les fraudes, s'il y en avait, seraient certainement plus subtiles qu'en province. Je me suis donc mis à la recherche d'un endroit plus intéressant pour couvrir la consécration de Medvedev.

C'est en regardant les résultats des législatives de décembre 2007 que j'ai appris l'existence de la République de Mordovie, à six cent cinquante kilomètres à l'est de Moscou. Là-bas, le parti du pouvoir, Russie unie (« Edinaïa Rossiïa »), avait officiellement obtenu 93,4 % des voix, alors que 94,5 % des électeurs avaient – toujours officiellement – usé de leur droit de vote. Dans deux bureaux de scrutin, le score du parti atteignait même... 104 et 109 % ! Selon les autorités électorales, ces chiffres avaient une explication mathématique bien simple : certains électeurs inscrits dans d'autres districts avaient voté dans ces bureaux plutôt que dans le leur. Ils avaient ainsi fait sauter la barre des 100 % au taux de participation et à l'appui à la formation de Vladimir Poutine.

---

[51] Ils ont principalement eu lieu dans les républiques instables du Caucase comme l'Ingouchie (participation : 97 %. Pour Russie unie : 94 %), la Tchétchénie et le Daguestan.

Pas étonnant que j'ignorais jusqu'à l'existence de la Mordovie. Contrairement aux autres républiques ayant été le théâtre des miracles électoraux de décembre 2007[51], la Mordovie est un paisible sujet de la Fédération russe qui fait rarement la manchette. Avec ses huit cent mille habitants, elle est surtout évoquée dans les affaires judiciaires, puisque vingt mille détenus originaires des quatre coins du pays purgent leur peine dans l'une ou l'autre des dix-huit colonies pénitentiaires de la république. Côté politique, son potentat local, Nikolaï Merkouchkine, au pouvoir depuis 1995, fait peu de bruit à l'extérieur de la Mordovie. Son parcours est classique : apparatchik du Parti communiste durant la période soviétique, il a ensuite suivi tous les courants politiques en vogue au Kremlin au fil des années afin de conserver le pouvoir. Les résultats douteux des législatives de décembre dans la république s'inscrivent dans cette logique : en assurant un score soviétique au parti du pouvoir, Merkouchkine et sa bande prouvaient l'infaillibilité de leur allégeance au système poutinien. Pour l'élection présidentielle, me disais-je, ils ne manqueraient certainement pas de répéter l'exploit.

*   *   *

1er mars 2008, veille de l'élection. Saransk, capitale de la Mordovie.

« Toc ! Toc ! Toc ! »

J'ai pris possession de ma chambre à l'hôtel Saransk il y a quelques heures à peine que, déjà, on cogne à ma porte. Je n'ai pourtant averti personne de ma visite dans la capitale mordve. Mais je me doute bien de l'identité des visiteurs. À l'époque communiste, ce genre de visite inattendue laissait présager le pire. Une vieille blague soviétique comparait ainsi les visions du bonheur des deux côtés du rideau de fer : dans le monde capitaliste, est heureux celui qui possède une maison, un emploi bien payé et une famille qu'il aime et qui l'aime. En URSS, le bonheur est beaucoup plus simple. Au milieu de la nuit, vous entendez frapper violemment à la porte de l'appartement collectif miteux que vous partagez avec trois autres familles. En ouvrant, vous découvrez deux hommes au regard sévère, vêtus de noir. « Camarade

Ivanov ? » aboient-ils. Et vous de répondre avec soulagement : « Non, le camarade Ivanov, c'est deux étages plus haut... » Voilà ce qu'était le bonheur soviétique.

Dans mon cas, les coups à la porte sont donnés sans vigueur particulière et en plein milieu de l'après-midi. J'ouvre. Les deux hommes en noir réglementaires sont là. « Service fédéral des migrations, montrez-nous vos papiers. » Ils ne se sont pas trompés de porte. C'est bien moi, l'étranger, qu'ils cherchaient. Calmement, je leur demande de me présenter leur badge, signalant au passage qu'ils ont omis de décliner leurs noms. Que j'exige le respect de mes droits les déstabilise. Ils se mettent à me parler sur un ton plus respectueux. Leurs ordres se transforment en demandes. Comme s'ils n'étaient plus certains de pouvoir agir sans tenir compte de mes droits.

— Et pourquoi voulez-vous voir mes papiers ? Je suis déjà dûment enregistré auprès de l'administration de l'hôtel.

— Nous vérifions ceux de tous les étrangers présents dans la république. Nous devons nous assurer qu'il n'y a pas de terroristes. Vous êtes ici en lien avec l'élection de demain ?

— Vous voyez bien sur mon accréditation que je suis journaliste. Pourquoi viendrais-je ici, sinon ?

Les agents retranscrivent les informations imprimées dans mon passeport et sur ma carte de journaliste étranger. Ils me demandent mon numéro de téléphone « au cas où ». Je refuse, leur indiquant que leur requête n'a aucun fondement légal, sauf preuve du contraire. En me quittant, ils s'excusent du dérangement, visiblement plus perturbés que moi par notre rencontre. De mon côté, l'état d'esprit est à l'indignation. Celle qu'on ressent dans un pays où le citoyen, étranger ou non, est constamment à la merci des autorités. Celles-ci ont tellement l'habitude d'agir impunément qu'elles ne daignent même plus conserver un semblant de professionnalisme et de respect de leurs propres lois.

Les contrôles abusifs d'identité sont fréquents en Russie ; ce genre de visite à l'hôtel, moins. Je ne crois pas avoir été l'objet de leur attention particulière en raison de ma profession. Journaliste ou pas, dans cette république plus autoritaire que le pouvoir central moscovite, l'étranger est automatiquement suspect.

* * *

Le même jour, je prends contact avec les communistes locaux, principale force d'opposition en Mordovie. C'est avec les héritiers du parti unique que j'irai à la chasse aux irrégularités électorales demain. Paradoxal, direz-vous, pour une mouvance politique qui a falsifié les élections durant sept décennies de désormais lutter pour un scrutin transparent. Mais lorsqu'on perd le monopole de l'arbitraire et qu'on est recalé dans le camp des lésés, l'injustice redevient soudainement inacceptable à nos yeux.

Le responsable de la cellule communiste de Saransk s'appelle Nikolaï Bannikov. C'est un communiste convaincu, pour qui «il n'y a jamais eu de Constitution plus démocratique que celle instaurée par Staline». Jusqu'à tout récemment, il était rédacteur en chef du *Saranski Kourier* (le *Courrier de Saransk*), l'un des trois derniers journaux d'opposition mordves. Tous ont été fermés peu avant l'élection. Question d'apparence, le pouvoir n'a toutefois pas osé mettre lui-même la clé sous la porte de ces parutions dérangeantes. La censure est plus subtile, explique le vieux communiste Bannikov. Dans la Russie capitaliste, il suffit de tarir les sources de financement des médias pour qu'ils meurent à petit feu. Du jour au lendemain, les annonceurs ont ainsi cessé d'acheter de la publicité, cédant aux pressions du régime Merkouchkine, croit M. Bannikov.

Comme le veut l'expression anglo-saxonne: «*Money talks*». L'argent parle. Et, quand il disparaît, les voix qu'il soutenait se taisent.

* * *

2 mars 2008, jour de l'élection

S'il y a eu des affiches électorales à Saransk durant la campagne, elles ont été enlevées vendredi soir, avant mon arrivée. La loi électorale prévoit en effet un «jour du silence» la veille du vote, durant lequel la propagande partisane est proscrite. Les seules affiches encore placardées à travers la ville sont donc celles de la très peu indépendante Commission électorale centrale. Elles rappellent peu subtilement aux électeurs que «la Russie a besoin de stabilité et d'un pouvoir fort», sur fond de drapeau russe stylisé ressemblant étrangement à celui utilisé par Russie unie, le parti du pouvoir fort qui soutient justement le candidat de la stabilité, Dmitri Medvedev...

Le matin, Vitali Borodkine, représentant de l'éternel candidat communiste à la présidentielle Guennadi Ziouganov[52], vient me cueillir avec sa petite Lada. Il me trimballera d'un bureau de vote à l'autre durant la journée à la recherche d'irrégularités. Avec sa barbichette et sa calvitie, Vitali ressemble vaguement à son héros, Lénine. L'avocat de 47 ans parle à toute vitesse. En fait, presque aussi vite qu'il conduit sa voiture.

Première destination : l'école 26. Un bureau de vote ordinaire dans un quartier ordinaire de Saransk. Dès que nous entrons, un jeune homme dans la vingtaine bien sapé et bien peigné s'approche de nous. Puisqu'il semble particulièrement s'intéresser à notre présence, je lui demande de se présenter. Pas de problème. Il sort son badge. FSB, les services secrets. Il assure toutefois ne pas être en service aujourd'hui. Il n'est ici « que pour voter ». Une affirmation que démentira plus tard le policier responsable de la sécurité de l'école. Selon ce dernier, le jeune *FSBchnik** est dans le bureau de vote depuis trop longtemps pour simplement être venu exercer son devoir de citoyen. Une fois qu'il s'est présenté, le *FSBchnik* ne se gêne plus pour se mêler aux discussions que j'entame avec les employés électoraux.

Dans les couloirs de l'école, les flâneurs adeptes des secrets soufflés à l'oreille sont légion. Lorsque je m'approche de quelques-uns d'entre eux, ils se séparent instantanément en m'ignorant. Une institutrice et le directeur de l'école sont aussi présents, malgré le congé scolaire forcé par l'élection. L'enseignante dit être venue « bénévolement pour assurer la sécurité de l'école ». Or, elle semble s'intéresser grandement au scrutin : à un couple qui vient tout juste de déposer ses bulletins dans l'urne, elle glisse subrepticement un « Vous avez bien fait », accompagné d'un sourire complice. Qu'ont-ils « bien fait », au juste ? À chaque élection, les opposants accusent le pouvoir de menacer de représailles scolaires les parents d'écoliers et les étudiants universitaires qui omettraient d'aller voter. La veille, des étudiants m'ont d'ailleurs expliqué qu'en décembre la direction de l'Université d'État de Mordovie leur avait distribué des coupons à faire tamponner au bureau électoral

[52] Chef du comité exécutif central du Parti communiste de la Fédération de Russie (KPRF) depuis 1995, Ziouganov a été candidat aux présidentielles de 1996, 2000, 2008 et 2012. En 1996, il était donné gagnant face à un Boris Eltsine impopulaire et malade. Craignant un retour au pouvoir des communistes, les oligarques, qui ont largement bénéficié des privatisations sauvages sous Eltsine, avaient mis leurs empires médiatiques au service du président sortant. Il a finalement été réélu au deuxième tour face à Ziouganov. Craignant eux aussi un retour des communistes, les pays occidentaux avaient fermé les yeux sur les irrégularités lors de la campagne et du scrutin.

comme preuve de leur vote. L'objectif de ces mesures – illégales bien sûr – était d'assurer un haut taux de participation afin de donner une légitimité à un scrutin joué d'avance. Selon toute vraisemblance, c'est cette pratique courante qui explique la présence aujourd'hui de l'institutrice et du directeur dans l'école.

« C'est dégueulasse ! » s'emporte Vitali lorsque nous reprenons place dans sa voiture. « Les instituteurs et les médecins, ceux qui s'occupent de l'âme et du corps de notre population, sont vendus au régime ! » À peine sommes-nous à nouveau sur la route que son téléphone sonne. C'est son frère Ivan. « Un homme est allé dans un bureau de scrutin avec trois passeports et on l'a laissé voter trois fois ! » résume Vitali en raccrochant. En quelques minutes de conduite à vive allure, nous arrivons au palais des Arts du village de Chaïgovo, en périphérie de Saransk. Nous retrouvons Ivan, dépêché sur les lieux comme observateur. Il explique que l'homme dont il parlait a été autorisé à voter à la place de sa femme et de son fils simplement en présentant leurs pièces d'identité. « Nous l'avons dit à la directrice de la Commission électorale, mais elle ne réagit pas », explique Ivan. Un autre observateur communiste présent a pu noter les coordonnées de l'électeur accusé. Vitali se réjouit. Il a sous la main un cas concret de violation de la loi électorale. « Nous avons assez de témoins et de preuves pour monter un dossier contre la membre de la Commission qui lui a permis de faire ça. Ça ira devant les tribunaux ! » Vitali sait pourtant très bien que les chances d'en arriver à une quelconque victoire judiciaire sont inexistantes. Toutes les plaintes déposées par les communistes en lien avec des irrégularités lors des législatives de décembre ont été rejetées par la cour, totalement acquise au pouvoir en place. Je me tourne maintenant vers la directrice de la Commission électorale. « Ils veulent nous compromettre pour ensuite dire que les élections ont été truquées », répond Natalia Tsyganova. Sa version : l'homme incriminé par les communistes a simplement déposé dans l'urne le bulletin rempli par sa femme, qui avait dû partir.

En temps non électoral, Mme Tsyganova travaille dans une garderie. Indépendamment de ses fonctions à la Commission, elle est également membre en règle de Russie unie. À ce moment, je rêverais de pouvoir scruter les profondeurs de la conscience de cette simple gardienne d'enfants. La femme dans la quarantaine, un peu rondelette, semble dépourvue d'ambitions particulières. Elle n'a l'air ni méchante ni même malhonnête. Et pourtant, elle est l'un des millions de rouages qui permettent au système autoritaire de se maintenir. Qu'elle s'en aperçoive ou non, qu'elle l'admette ou non à elle-même et aux autres. Elle est probablement consciente de la farce électorale qui se dessine, comme la plupart des Russes. Mais si la majorité de ses concitoyens essaie de s'en tenir le plus loin possible, elle y participe.

Cela dit, je fais à peine plus confiance aux communistes qu'aux représentants du système comme Mme Tsyganova. Vitali Borodkine est certes un personnage sympathique et dévoué, mais les intérêts de son parti passent bien avant la recherche désintéressée d'un scrutin honnête. Les accusations formulées par ses camarades de lutte anti-fraude et lui-même doivent donc être prises avec précaution.

Alors que nous nous trouvons depuis quelques dizaines de minutes dans le bureau de vote du palais des Arts de Chaïgovo, une autre observatrice électorale communiste nous souffle une seconde irrégularité : la policière dont la tâche est d'assurer la sécurité de l'endroit aurait voté à deux reprises durant la journée. Je m'approche de la principale intéressée, assise nonchalamment sur un banc. L'accusatrice est à quelques mètres et je m'apprête à dire tout haut à l'accusée ce que l'autre m'a dit tout bas. Alors, c'est vrai, madame l'agente, que vous avez voté deux fois aujourd'hui ? La jeune policière sursaute. « Moi ? Que dites-vous là ! Je n'ai voté qu'en mon nom et une seule fois ! Ce matin, lorsque je me suis approchée des urnes, je ne faisais que demander à la directrice si le vote avait commencé », justifie Lioubov Semouchonka. À nos côtés, calmement, l'observatrice communiste répète ses accusations et jure l'avoir vue de ses yeux déposer deux fois un bulletin dans l'urne.

Le débat en restera là. L'argumentation ne peut réellement aller plus loin. C'est la parole de l'une contre celle de l'autre, avec la vérité à l'une des deux extrémités, indécelable dans le visage des deux femmes.

À Meltsany, quatre villages plus loin, l'un des bureaux de vote a été installé dans l'école primaire de la localité. À notre arrivée, une dizaine d'hommes flânent sur le parvis de l'établissement. «Ce sont des agitateurs pour Medvedev», me chuchote Vitali Borodkine. Il se présente à eux en tant qu'«homme de confiance» (représentant) de Ziouganov et me présente comme journaliste canadien. Peu après notre courte conversation à sens unique, le groupe se disperse.

À l'intérieur de l'école, un homme dans la soixantaine rôde près des urnes. Il s'approche pour me demander de m'identifier mais refuse de le faire en retour. Tout ce qu'il est prêt à me dire, c'est qu'il n'est pas venu ici pour voter, puisqu'il ne s'agit pas de son district. Alors qui est-il? La réponse vient rapidement. Vitali le connaît. En fait, tout le monde le connaît et c'est ce qui explique que plusieurs électeurs lui serrent la main en le voyant. Il s'appelle Anatoli Frolov... député de Russie unie au parlement de Mordovie et homme d'affaires important dans la région. Je lui demande si cela est exact. Il acquiesce, mais refuse de m'expliquer les raisons de sa présence près des urnes et pourquoi un député tient à cacher son identité à un journaliste dans un bureau de vote. J'inscris dans mon carnet cette énième bizarrerie électorale de la journée.

* * *

En fin d'après-midi, je me sépare du camarade Borodkine pour me rendre au local électoral régional de la campagne du futur nouveau président Medvedev. Le directeur du bureau, Vladimir Guerchev, est assis calmement derrière sa table de travail. Ici, aucune plainte pour violation de la loi électorale n'a été enregistrée. «Si nos observateurs avaient noté des irrégularités, ils nous auraient avertis», indique-t-il. Je lui raconte que plus tôt dans la journée un électeur m'a expliqué que sa mère fonctionnaire avait reçu un appel de son patron hier, la sommant de voter pour Medvedev. Vladimir Guerchev ne nie pas une telle possibilité. Il fait toutefois remarquer que l'allégation n'incrimine en rien son candidat, ni même l'entourage de ce dernier. En fait, il est fort probable que le patron en question n'ait jamais reçu d'ordre de ses supérieurs lui demandant de faire sortir le vote pour le candidat désigné du pouvoir. Nul besoin. Il a lui-même pu prendre l'initiative afin de démontrer sa fidélité. C'est là l'une des forces du régime autoritaire : sans même qu'il ait à le demander, il se trouve toujours des gens prêts à accomplir les basses œuvres nécessaires pour assurer sa survie, dans l'espoir que leur loyauté à toute épreuve – même à celles de la morale et de la loi – sera récompensée.

« Évidemment, plusieurs personnes ont tenté de convaincre leur entourage de voter comme eux. Mais lorsque vous êtes dans l'isoloir, vous faites ce que vous voulez », fait remarquer M. Guerchev. Bonne réponse. Mais il omet de préciser qu'une élection ne se joue pas seulement dans les urnes. Sans falsification du vote, Dmitri Medvedev gagnerait sans aucun doute la présidentielle haut la main. La télévision d'État s'est déjà chargée durant la campagne de montrer que l'élection du dauphin de Vladimir Poutine est non seulement souhaitée, mais inévitable. Dans les coulisses, les sous-fifres du régime se sont quant à eux occupés de faire pression sur les franges (énormes) de l'électorat qui dépendent de l'État, comme les étudiants ou les fonctionnaires. Et de toute façon, les candidats d'opposition autorisés à se présenter à l'élection sont si fantoches qu'au final Dmitri Medvedev se révèle le moins mauvais des choix. C'est l'une des meilleures stratégies de tout régime pour conserver un semblant de légitimité populaire : tout en rétrécissant la liste des options, il conserve les plus loufoques afin de devenir le seul choix raisonnable. L'illusion démocratique est presque parfaite.

★   ★   ★

Le soir de l'élection, je dois reprendre le train de nuit pour Moscou. Demain, les opposants, qui ont boycotté le scrutin ou qui s'en sont vus exclus, ont prévu manifester sur la place Tourgueniev, lieu habituel de rassemblement. La bastonnade s'annonce mémorable.

Peu avant dix-neuf heures, lorsque je descends de l'autobus à quelques centaines de mètres de la gare ferroviaire de Saransk, la nuit s'est déjà installée sur la petite capitale provinciale. La pluie tombe à grosses gouttes. Alors que je traverse d'un pas rapide le parc boueux qui mène à la station, j'entends derrière moi une voix m'interpeller.

— Excusez-moi, est-ce que vous avez une minute ?

— Non, désolé, j'ai un train à prendre.

Je réponds sans même daigner me retourner. Un mendiant, probablement.

— Oui, mais vous avez encore quinze minutes avant le train. Quelles sont vos impressions sur les élections ?

— Je ne suis pas d'ici en fait...

Du coin de l'œil, j'aperçois le spot éblouissant d'une caméra. C'est à ce moment que je comprends qu'il s'agit d'un journaliste télé.

— Je sais, vous êtes un observateur électoral, poursuit mon poursuivant.

— Non. D'où croyez-vous savoir ça ?

— C'est ce qu'ils nous ont dit au bureau du Parti communiste.

— Je suis journaliste.

— Et qu'avez-vous pensé des élections ?

— Il y avait des élections, c'est tout. Vous avez vu par vous-même. Je ne fais pas de commentaires là-dessus.

Le spot s'éteint. Le jeune reporter abandonne.

Je doute qu'il ait pu utiliser ces mauvaises images d'un journaliste étranger s'enfonçant de dos dans la pénombre en marmonnant un « pas de commentaires ». Et c'est précisément ce que je recherchais. Dès que j'ai compris que j'avais affaire à un « collègue » d'une télé locale – donc contrôlée par le pouvoir –, je me suis assuré de ne rien déclarer, ni de positif ni de négatif. Dans les deux cas, il aurait pu réussir à s'en servir. Soit pour appuyer l'idée officielle que l'élection s'est déroulée sans anicroches, dixit « un observateur canadien en Mordovie », soit pour expliquer que des étrangers malveillants sont venus perturber le déroulement du scrutin dans la paisible république.

À ma connaissance, ce journaliste télé est le seul « collègue » à qui j'ai parlé durant la journée électorale. Or, deux jours plus tard, je reçois un courriel du communiste Bannikov m'annonçant que le très progouvernemental journal *Izvestia Mordovii* (*Nouvelles de Mordovie*) a publié un entrefilet sur ma visite, intitulé « Un Canadien venu chercher des violations ». Il se lit comme suit :

« Le déroulement des élections en Mordovie n'a pas seulement été suivi par des observateurs électoraux. Le jour du vote, le correspondant du journal canadien La Presse *Friderik Laboie (sic) a visité quelques bureaux de scrutin en compagnie d'un représentant du Parti communiste. Il est premièrement allé à l'école 26 de Saransk. En arrivant, il a été surpris de la présence dans l'école de son directeur. Mais lorsque le correspondant étranger s'est fait*

expliquer que celui-ci assurait l'ordre général et le fonctionnement normal des communications dans l'école, il a admis qu'à la place du directeur, en tant que bon responsable des lieux, il aurait fait la même chose. Ensuite, il a inspecté le bureau de vote, s'est entretenu avec des électeurs et a noté le très haut taux de participation, alors que les électeurs depuis tôt le matin se rendaient massivement dans les bureaux de scrutin. Plus tard, l'invité étranger a mangé des pâtisseries à la cafétéria et a été agréablement surpris par leur prix modique. Ne remarquant aucune violation, Friderik Laboie s'est rendu dans le village de Meltsany du district de Starochaïgovo. Mais là-bas non plus, il n'a remarqué aucune violation. »

Le récit de la journée de « Friderik Laboie » correspond presque entièrement à celui de mon séjour à Saransk. Mais le diable est dans les détails. Il suffit de quelques commentaires qui me sont attribués pour me prêter des conclusions que je n'ai jamais tirées.

Qui a fourni ces informations à la publication gouvernementale ? Les communistes ont certes pu attester mon existence, mais je doute fort qu'ils aient collaboré à cette pièce de propagande. En réponse, ils ont plutôt publié sur leur site Internet une traduction d'un extrait de mon article dans lequel je racontais les bizarreries électorales observées durant la journée. Alors qui ? Le directeur de l'école ? Le jeune *FSBchnik* ? Les responsables des commissions électorales qui s'occupaient de m'enregistrer dans les bureaux de vote ? Tous ces gens ? Difficile à dire. À ma connaissance, j'étais le seul étranger venu en Mordovie pour y couvrir l'élection présidentielle. Et visiblement, dans cette république qui voulait assurer une victoire éclatante et sans tache au nouveau maître du Kremlin, mon humble présence bien inoffensive a dérangé.

Ah, au fait. Les résultats.

À l'échelle nationale, Dmitri Medvedev a obtenu 70,2 % des voix. Le communiste Ziouganov a, quant à lui, récolté 17,7 %, de loin sa pire performance en trois tentatives présidentielles. En Mordovie, fief communiste à une époque, il a fait pire : 6,8 %. De son côté, Dmitri Medvedev y a recueilli 90,3 % des suffrages. Officiellement, bien sûr. Le taux de participation dans la république a atteint 92,9 %, un sommet inégalé ailleurs dans la fédération, où il s'est établi dans l'ensemble à 69,7 %.

Encore une fois, le miracle électoral mordve aura eu lieu.

Moscou, 3 mars 2008

Si tout se passe comme d'habitude, ils seront quelques centaines de protestataires à se présenter sur la place Tourgueniev pour dénoncer l'élection « frauduleuse » de Medvedev. Selon la logique autoritaire, il y aura donc quelques milliers de policiers. En me baladant dans le quartier une heure avant la manifestation, je constate que le pouvoir a déployé les grands moyens pour tuer dans l'œuf tout élan de grogne populaire. Jamais n'avais-je vu en Russie autant de chair à répression : ils sont au moins dix mille, simples policiers, force anti-émeute et soldats conscrits. Ils attendent sagement l'ordre de se déployer, la plupart parqués comme du bétail dans des fourgons, les autres en rangs, dans la rue ou cachés dans les cours d'immeubles.

Près des portes battantes de la station de métro Tchistie Proudy, qui jouxte la place, je prends mon courage à deux mains. J'aborde des policiers anti-émeutes. « Alors, comment vous sentez-vous à l'idée de réprimer des manifestants pacifiques ? » Je leur soumets cette question rhétorique avec le ton le moins arrogant possible, prenant bien soin de me présenter comme journaliste pour éviter l'arrestation. En faisant balancer sa matraque, l'un d'eux me corrige. Il n'est pas question de répression. « Nous les éduquons. » À son sourire en coin, on devine qu'il y prendra un malin plaisir. Ce plaisir pervers qu'on ressent quand on a entre les mains le pouvoir absolu de déverser son agressivité refoulée sur une cible humaine, de dominer plus faible que soi, et ce, en toute impunité. Combien d'études scientifiques ont démontré la propension de l'humain normalement constitué, sans cruauté particulière, à torturer la victime – innocente ou non – à sa merci ? Puisque le policier russe sait qu'à moins de tuer un manifestant il n'aura jamais à répondre de ses actes, il peut s'en donner à cœur joie.

La mobilisation policière est à la hauteur de l'événement. Le régime poutinien vient d'assurer sa pérennité en installant au Kremlin son candidat. Pas question de laisser la moindre chance à une « révolution colorée », comme celles qui ont renversé les régimes ukrainien et géorgien les années précédentes, de venir gâcher cette réussite.

La mobilisation populaire, elle, est à la hauteur de l'apathie et de la résignation de la majorité de la population russe devant son régime bien en selle. À l'heure prévue, il y a largement plus de journalistes – surtout étrangers – que de manifestants[53]. Quelques centaines de mécontents, voire moins. À peine les plus radicaux tentent-ils de sortir une affiche ou d'enflammer des fusées de signalisation qu'ils sont interceptés et traînés vers les fourgons. Des jeunes pris en chasse s'engouffrent dans le McDonald's de l'autre côté du boulevard. Des policiers anti-émeutes y entrent, les attrapent par le collet et ressortent avec leurs prises. Sur la place, entre deux arrestations d'opposants, une dame dans la soixantaine se fait bousculer par des agents parce qu'elle refuse de circuler. « Ces fascistes, ils font tout cela avec notre argent en plus ! » s'indigne Tatiana, une professeure de russe qui observe la scène. Comme plusieurs de ses concitoyens, elle commente, analyse et comprend les événements, mais n'ose pas s'impliquer.

En théorie, après s'être rassemblés sur la place Tourgueniev, les opposants devaient entamer une « marche du désaccord » dans les rues du centre-ville. En pratique, ni la marche ni même le rassemblement n'auront eu lieu. Une fois de plus, l'opposition n'aura pas eu le temps d'exister.

* * *

---

[53] La situation sera bien différente quatre ans plus tard. Après les législatives de décembre 2011, « frauduleuses » selon l'opposition, des dizaines de milliers de mécontents prendront la rue. Le plus grand mouvement de contestation depuis l'arrivée au pouvoir de Vladimir Poutine en 2000 n'empêchera toutefois pas son retour au Kremlin en mars 2012, après quatre années à titre de premier ministre. Une brèche dans l'apathie collective s'est ouverte, mais elle demeure encore trop petite pour que l'opposition puisse espérer en finir avec le régime.

Vladivostok : le bout du monde russe

21 novembre 2009, autobus 107 entre l'aéroport et le centre-ville de Vladivostok

Il y a deux nuits, l'idée de me jeter une fois de plus dans le vide du voyage m'empêchait de dormir. C'était inévitable. L'angoisse, bien sûr, pas le voyage. Car ce genre de voyage est totalement évitable. Si on le fait, c'est parce qu'on ne se donne pas le droit d'être ordinaire, d'être plus petit que ce qu'on était hier.

Le voyage est un combat constant contre nos peurs. En cherchant à les affronter, on les repousse un peu plus loin de notre quotidien. La peur de la mort surtout. Lorsqu'on s'en rapproche, à travers les risques du voyage, elle fait pourtant paradoxalement moins peur que par un bel après-midi de long fleuve tranquille, sur une chaise berçante, quand les horizons sont si prévisibles que la route jusqu'au cercueil ne semble plus qu'une ligne droite inflexible. En voyage au moins, si elle survient, ce sera parce qu'on a voulu aller plus loin que soi-même.

Une amie qui a grandi dans les avions entre la Russie, les États-Unis et la France m'a avoué un jour son étonnement de voir qu'un fils à sa maman comme moi, bourré d'allergies et d'autres fragilités, puisse autant vouloir voyager. Et pourtant, si mes premières aventures étaient une accumulation d'exceptions, elles ont fini par devenir la norme ; un mode de « sur-vie », de vie plus forte que les peurs ambiantes du quotidien. Un affront à la mort.

Malgré toutes ces craintes, malgré l'attraction du sédentarisme sécurisant, je finis ainsi toujours par partir. Parce que rester serait un manque de courage devant ma curiosité. Une régression par stagnation. Je pars pour me prouver que je n'ai pas raison d'avoir peur de la mort.

★   ★   ★

L'un des aspects les plus surprenants de la vaste Russie est la très forte homogénéité culturelle et linguistique de sa population russe d'un bout à l'autre du pays. Par « russe », j'entends les « Russes ethniques », qui comptent pour plus de 80 % des habitants de la fédération[54]. Ceux-ci n'arrivent généralement pas à reconnaître l'origine de leur

---

[54] On pourrait également y inclure les nombreux représentants des quelque cent soixante minorités du pays (et certains de ces peuples en entier) qui ont été assimilés à la majorité russe – de gré ou de force – au point d'en oublier leur langue et leurs traditions. Il existe d'ailleurs deux mots en russe pour différencier les citoyens de la Fédération de Russie toutes nationalités confondues, les *Rossiané*, des Russes ethniques, les *Rousskié*.

interlocuteur-compatriote en lui devinant un quelconque accent régional, comme c'est le cas dans plusieurs pays des milliers de fois plus petits que la Russie. Il y a bien quelques variations subtiles et certaines expressions ou mots propres à une région ou à une ville, mais il est plus facile de déterminer le niveau d'éducation d'un Russe à son discours que de savoir s'il a grandi à Anadyr, à Novossibirsk, à Saint-Pétersbourg ou à Kaliningrad.

C'est ce qui frappe le voyageur en provenance de Moscou lorsqu'il arrive à Vladivostok : après plus de huit heures de vol ou cent cinquante heures sur les rails du Transsibérien, il est toujours aussi profondément en terre russe. En faisant fi des apparences orientales trompeuses, il pourrait presque se croire en banlieue de la capitale.

En face de la gare ferroviaire, une citation de Lénine le lui rappelle à merveille : « Vladivostok, c'est loin, mais c'est tout de même notre ville. » Le leader de la révolution bolchévique n'aurait pas pu mieux décrire les effets des centralismes tsariste, soviétique, puis fédératif. Dans ce pays, tout passe par la capitale et son pouvoir suprême. Pourtant, Vladivostok aurait toutes les raisons d'être asiatique. Moscou se trouve à près d'un quart de planète à vol d'oiseau (6430 km, ou 9302 km en train), alors que les grandes capitales orientales comme Séoul (750 km), Tokyo (1050 km) et Pékin (1331 km) sont tout près. L'Asie est d'ailleurs omniprésente dans les rues du « Maître de l'Orient » (« Vladivostok », en russe). La quasi-totalité des voitures qui y roulent sont des occasions japonaises, avec le volant du côté droit. Les bus, eux, sont sud-coréens, tout comme les *pian-sé*, ces gros raviolis fourrés à la viande et au chou, cuits à la vapeur et vendus dans des stands aux côtés des *pirojki* russes. *Milkis*, la boisson gazeuse la plus populaire de Vladivostok, à saveur de lait, est tout aussi coréenne. Ailleurs dans le pays, elle est presque totalement inconnue.

La pénétration des produits japonais et coréens n'a toutefois aucune commune mesure avec celle du géant chinois, en expansion exponentielle. L'emprise de l'empire du Milieu sur l'économie de la région de Primorié (dont Vladivostok est la capitale) est telle que plusieurs de ses habitants – adeptes des théories du complot comme bon nombre de Russes – vous assureront que Moscou s'apprête à louer, voire à vendre Vladivostok en tout ou en partie aux capitalisto-communistes de Pékin. Après tout, la Russie n'a-t-elle pas déjà cédé en 2008 à la Chine le contrôle de la moitié de la Grande Île d'Oussouriïsk et l'île de Tarabarov sur le fleuve Amour, aussi dans la région de Primorié?

À l'Université d'État de l'Extrême-Orient, les Chinois sont nombreux. Ils forment la majorité des étudiants du département de langue russe, qui accueille aussi des Coréens, des Japonais et quelques Occidentaux. C'est là, dans un cours de russe intermédiaire, que j'ai rencontré Dennis. Ce prénom russe n'est bien sûr pas le sien, mais celui qu'il a choisi pour sa vie en Russie, afin de simplifier la tâche à ses interlocuteurs. Tous les Chinois de Vladivostok ont fait de même, à l'instar de leurs compatriotes qui travaillent ou étudient en anglais et adoptent un prénom à consonance anglo-saxonne.

Dès notre rencontre, Dennis me prend sous son aile. Il est habitué à aider ses camarades de classe. Issu de la minorité coréenne du nord-est de la Chine, il navigue entre les Coréens et les Chinois du campus, servant de traducteur à ceux qui ne maîtrisent pas encore assez le russe pour en faire leur *lingua franca*. Son entregent, son style décontracté – confirmé par la boucle d'oreille qui brille à son lobe droit – en font le guide parfait. À 30 ans, Dennis n'en est pas à son premier séjour en Russie. Il y a quatre ans, avec ses quelques mots de russe, il est venu une première fois vendre sur les marchés des chaussures et d'autres vêtements. Ses propres connaissances de la langue locale sont encore limitées, mais il y travaille fort. Son objectif : l'étudier durant deux ans, puis revenir en Chine pour se trouver un bon emploi dans une compagnie. «Il y a peu de gens en Chine qui parlent russe, donc ça me donnera un avantage.» Dennis n'a jamais été à l'université en Chine. Après l'école, il a servi deux ans dans l'armée, puis a directement commencé à chercher fortune en Russie. Maintenant qu'il a compris que le voisin russe pourrait réellement être son eldorado, il se consacre pleinement à en maîtriser la langue. Quitte à en perdre sa copine, avec qui il a rompu récemment en raison de ses absences prolongées de Chine.

Ses rêves capitalistes sont partagés par ses deux cochambreurs, Micha et Dima (tout aussi chinois malgré leurs pseudonymes russes), que je rencontre en visitant leur chambre exiguë des résidences universitaires.

Micha, petite moustache d'adolescent sous le nez, est plongé dans ses jeux d'ordinateur. Il parle le russe avec difficulté. Quand je lui demande pourquoi il apprend la langue de Dostoïevski, il cherche ses mots et demande à ses copains de traduire. « *Dlia dienégue* », finit-il par dire, avant d'éclater de rire. « Pour l'argent. » Aussi simple que ça. En fait, une seule étudiante chinoise du campus, une doctorante, me tiendra un discours différent : ce qui l'intéresse, elle, c'est d'analyser le système politique russe afin de démontrer la supériorité du système chinois.

Dans la chambre des garçons, une fois placés les trois lits simples, il ne reste guère d'espace pour bouger. Mais ils ne se plaignent pas, se rappelant que les résidences en Chine ne sont pas mieux. Dans un coin trônent des piles de vêtements que le petit placard n'a pas pu absorber. Dans l'autre, des livres. Puis dans un troisième coin sont empilés trois autocuiseurs de riz. « Nous avons tous emménagé ici à des moments différents. Nous ne pouvions pas savoir que chacun apporterait le sien ! » explique Dennis. Et aucun d'entre eux ne voulait risquer de se retrouver sans ce précieux appareil et de devoir l'acheter à un prix supérieur en Russie.

Un samedi après-midi, quelques jours après notre rencontre, les trois cochambreurs m'emmènent au marché Lougovaïa, l'un des plus gros de Vladivostok. Ils y vont régulièrement faire leurs emplettes de produits en provenance de la mère-patrie. Dans ce marché composé d'échoppes, de restaurants et de boutiques répartis dans différentes sections intérieures et extérieures, l'influence chinoise saute aux yeux. Dès les premiers mètres, les idéogrammes côtoient le cyrillique sur les affiches. Les boîtes de carton utilisées pour transporter les marchandises indiquent invariablement l'origine chinoise des produits. Même les tigres de l'Amour en peluche, animal emblématique de l'Extrême-Orient russe en vente dans plusieurs kiosques, sont *Made in China*.

Alors que Dennis et Micha partent à la recherche de cintres, nous nous baladons avec Dima dans les dédales du marché. Lougovaïa est un bon exemple de l'inefficacité des lois russes : puisque les Chinois et autres étrangers n'ont pas le droit en principe de tenir boutique, ils embauchent des vendeuses-figurantes russes qui doivent s'occuper de plusieurs échoppes à la fois. Mais dès que vous demandez le prix d'un produit non étiqueté à l'une d'elles, elle se met à la recherche de son employeur chinois, qui ne rôde jamais bien loin. Dans certaines boutiques, les vendeuses slaves sont carrément absentes. À un comptoir de fruits et légumes, une jeune caissière chinoise m'explique dans un russe de survivance qu'elle n'a jamais de problèmes avec les autorités car elle « connaît un capitaine de la police ». En pays corrompu, là où les contorsions légales ne sont pas suffisantes, il reste toujours le pot-de-vin pour enterrer les dernières traces d'efficacité des lois.

Il y a tout de même quelques marchands russes à Lougovaïa. En empaquetant le calmar congelé acheté par Dima, une poissonnière explique la répartition par nationalité des commerces : « Les fruits de mer et la viande, ce sont les Russes. Les vêtements, les légumes et tout le reste, ce sont les Chinois. »

En nous baladant, nous croisons « Andreï » (je ne m'enquiers plus depuis longtemps du nom chinois de mes interlocuteurs). Il y a quelques mois encore, il étudiait le russe avec Dima à l'université. Maintenant, il travaille à temps plein au restaurant – chinois évidemment – de ses parents. Depuis quatre ans, toute sa famille (Andreï a un frère, chose rare dans la Chine à l'enfant unique) a déménagé en Russie. Et personne ne regrette ce choix. « Si on compare avec la Chine, la vie est plus difficile ici, mais on gagne plus d'argent. » Et, visiblement, c'est la seule chose qui importe.

Andreï retourne à ses clients. Nous reprenons notre promenade. Dima me confie sa fierté de voir ses compatriotes réussir en Russie et partout dans le monde. « La Chine se développe très rapidement. Rien à voir avec la Russie, où les choses avancent très lentement. Il y a maintenant des Chinois dans tous les pays, et la Chine va continuer d'avancer. De plus en plus d'étrangers voudront étudier le chinois. »

Dima transpire l'intelligence. Dommage que son russe encore limité ne lui permette pas de me transmettre toutes les subtilités de ses réflexions. Il a 24 ans et un diplôme d'ingénieur en construction en poche. S'il est venu en Russie, c'est pour la même raison que les autres. Son plan A : « Devenir un homme d'affaires reconnu en Russie. Je vais me trouver une copine russe pour qu'elle devienne ma femme et nous pourrons fonder notre propre compagnie. Je pourrai peut-être aussi obtenir le passeport russe!» Il ne parle pas d'amour. Oui, il adore les grandes blondes russes, mais avant tout il est intéressé par le côté pratique d'une éventuelle alliance avec une Russe. Ses parents aussi partagent la vision qu'il se fait de son avenir. «Ma mère veut que je me trouve une femme russe. Elle dit que nos enfants seront intelligents, puisqu'ils parleront à la fois chinois et russe parfaitement.» Dima a déjà eu une copine russe, mais les différences culturelles – et culinaires – ont fini par avoir raison de leur affection et de ses plans. Il garde malgré cela bon espoir d'en trouver une, même s'il reconnaît que les filles russes n'aiment pas particulièrement les Chinois. «Je ne comprends pas pourquoi. Nous sommes très travaillants. Nous pourrions fonder de bonnes entreprises avec elles et faire beaucoup d'argent.»

Mais voilà, l'attitude des Russes par rapport aux Chinois n'est pas aussi rationnelle que celle des Chinois à l'égard des Russes. S'ils admirent les Chinois pour leur acharnement au travail et leurs succès économiques, les Russes les craignent pour les mêmes raisons. Avec leur main-d'œuvre plus coûteuse, moins dynamique, moins motivée et sans réelle valeur ajoutée, les Russes voient bien qu'ils ne font pas le poids devant le déferlement de l'offre chinoise sur leur territoire. Le sentiment de supériorité ethnoculturelle à saveur xénophobe qui se dégage du discours de plusieurs Russes lorsqu'ils parlent de ces Chinois «malpropres» constitue leur seule défense, bien mince et peu utile, devant la menace économique inéluctable que représentent leurs voisins. En attendant d'être totalement engloutis par ceux-ci, économiquement du moins, les Russes – comme le reste de la planète d'ailleurs – se consolent en profitant des bas prix des produits *Made in China*.

*   *   *

Comme je l'écrivais précédemment, cette forte présence sino-nippo-coréenne n'empêche pas pour autant Vladivostok de demeurer profondément russe. En fait, la déferlante asiatique est presque exclusivement commerciale. Sur le plan culturel, les mondes russe et asiatique demeurent à des années-lumière l'un de l'autre. Les étudiants chinois apprennent le russe non pas pour lire les poèmes de Pouchkine et les écrits politiques de Lénine dans le texte, mais pour pouvoir vendre aux descendants de ceux-ci le plus d'exemplaires possible des bustes, portraits et autres bricoles à leur effigie. Idem pour les Russes, qui étudient le mandarin pour tirer leur épingle du jeu économique transfrontalier. Tant qu'à être envahi par plus fort que soi, mieux vaut au moins essayer d'y trouver son compte.

Il y eut pourtant une époque, au début du vingtième siècle, où la ville était majoritairement peuplée de Coréens et de Chinois. Mais aujourd'hui, les traces de cette Vladivostok asiatique se résument à quelques façades en bois cachées dans une poignée de cours d'immeubles du vieux centre-ville. Le nettoyage ethnique par déportations et exécutions effectué par Staline en 1937 a donné le complet contrôle culturel et démographique de la ville aux Russes. De plus, le statut de « ville fermée » qu'a porté Vladivostok jusqu'en 1992, en raison de la présence de la stratégique Flotte du Pacifique soviétique, puis russe, l'aura laissée imperméable aux influences extérieures (et même en partie intérieures : les citoyens soviétiques non résidents devaient eux aussi obtenir une permission spéciale pour entrer dans la ville).

Aujourd'hui, les Vladivostokois et leurs voisins échangent des produits et services, se rendent dans le pays de l'un et de l'autre pour faire du commerce ou du tourisme. Il est d'ailleurs difficile de trouver un Russe de la région qui ne soit pas allé au moins une fois en Chine pour quelques heures afin d'en ramener des valises pleines de produits chinois, jusqu'à la limite permise par les autorités douanières. Mais voilà, leurs relations sont essentiellement matérielles. Lorsqu'on cesse de s'attarder sur l'enveloppe orientale de Vladivostok, on retrouve la Russie et ses Russes avec sensiblement les mêmes aspirations, les mêmes craintes et les mêmes schèmes de pensée que ceux de la Russie européenne.

Par exemple, lorsque Ianna, une mère séparée de 41 ans me parle de sa vie, je repense à des dizaines d'autres histoires et réflexions similaires que j'ai entendues de la bouche d'autres femmes russes ailleurs dans le pays. Ianna cumule deux emplois pour joindre les deux bouts et assurer un avenir à sa fille de 16 ans. Pas question de se fier au père, responsable à mi-temps, c'est-à-dire lorsqu'il le veut bien. Par contre, elle peut compter sur sa mère, avec qui elle habite, et sur sa sœur et sa nièce. Solidarité féminine. Ensemble, avec des millions d'autres femmes russes, elles tiennent à bout de bras ce pays grâce à une force de caractère et à un courage sans borne, compensant l'alcoolisme et l'irresponsabilité familiale trop répandus parmi la gent masculine. Et pourtant, Ianna, boxeuse amateur à ses heures, estime faire partie du « sexe faible ». Du moins pour les apparences. « Une femme intelligente va toujours laisser l'homme prendre le devant de la scène », explique-t-elle entre deux assauts sur un punching-ball. « Elle va toujours lui faire croire qu'elle est plus faible que lui pour ne pas le blesser dans son amour-propre, pour qu'il se sente le plus fort. Moi, je considère être l'égal de l'homme, mais je ne le lui montre pas. »

À quoi rêve Ianna ? En premier lieu, à un avenir radieux pour sa fille. Puis elle voudrait bien aussi un jour réussir à reconquérir le père de celle-ci ou, sinon, qu'un « prince sur un cheval blanc » vienne la cueillir pour l'emmener avec lui à l'étranger. Elle voudrait voyager, quitte à le faire à crédit. Parce que la vie est trop courte et le rouble trop instable pour sacrifier le présent au nom d'un futur imprévisible. Et malgré la dureté de la vie, la dernière idée qui lui viendrait en tête serait celle de se plaindre.

★　★　★

Qui sommes-*nous*?

Plus globalement, à Vladivostok tout comme en Russie européenne, la résignation s'avère la pensée dominante en cette ère poutinienne. La grogne populaire n'est jamais que passagère. Elle s'éveille lorsque Moscou impose des mesures à l'échelle nationale sans prendre en considération les particularités socio-économiques des régions et que ces mesures ont des effets concrets sur la vie et le portefeuille des citoyens. Comme ce fut le cas lorsque le président Medvedev a suggéré en novembre 2009 de retrancher quelques fuseaux horaires au pays afin de « rapprocher » l'Extrême-Orient de la capitale[55] ; ou encore lorsque le gouvernement central a décrété en décembre 2009 (peu après mon passage) une augmentation faramineuse des taxes d'importation sur les voitures étrangères, l'une des sources de revenus principales de nombreux Vladivostokois.

Hormis ces particularités régionales, Vladivostok se pose les mêmes questions existentielles que le reste du pays. Que faire pour sauver la nation qui, en deux décennies de nouvelle Russie, a perdu près de sept millions d'habitants à cause de la mort prématurée par l'alcool et le tabac, la faible natalité et l'émigration vers des cieux occidentaux ou israéliens meilleurs? Et, d'ailleurs, qu'est-ce qui définit cette «nation»? Qui est ce «nous» russe? Doit-il être fondé sur l'ethnie russe majoritaire, les *Rousskié*, ou intégrer tous les citoyens de la fédération, tous les *Rossianié*? se demande-t-on, d'un bout à l'autre du pays, de l'enclave de Kaliningrad sur la mer Baltique à la péninsule de Tchoukotka, face au détroit de Bering.

Comme partout, les jeunes cherchent encore plus activement que les autres générations des réponses à ces questionnements. Le chemin que prendra le pays définira en grande partie leur propre avenir. Ils doivent trouver un moyen de l'influencer. Malgré la résignation générale, il y a des jeunes qui essaient de s'impliquer, à Vladivostok comme ailleurs. Par exemple, ceux qui intègrent des organisations de jeunesse poutinienne comme *Nachi* (les «Nôtres») ou *Molodaïa Gvardia* (la «Jeune Garde»), l'aile jeunesse du parti (presque unique) Russie unie, dirigé par Vladimir Poutine. Certains militants de ces organisations croient réellement faire preuve de patriotisme en défendant le système, mais d'autres, sans illusion ni idéal, cherchent simplement à tirer profit de leur proximité avec le pouvoir pour s'assurer un futur doré. Il vaut toujours mieux être du bon côté de l'arbitraire.

En face, il y a ceux qui choisissent la marginalité active. On peut notamment classer dans cette catégorie les rares qui rejoignent les rangs désorganisés de l'opposition plus ou moins libérale. Leur choix n'est pas anodin : dans un pays qui refuse de faire place à la critique, choisir la dissidence revient à compromettre ses chances de réussite professionnelle et sociale. En démocratie, ces jeunes ne seraient pas confinés à la marge du système. Ils en feraient partie. Ils personni-

---

[55] Deux fuseaux ont finalement été supprimés, un à l'extrême-est du pays, l'autre à l'extrême-ouest.

fieraient la pluralité que permet – et nécessite – un État de droit. Or, en Russie, malgré la ferveur et le talent indéniables de ces jeunes, le régime refuse leur contribution à l'avancement du pays. Par peur : les systèmes autoritaires étant intrinsèquement instables, toute critique, même la plus constructive, représente une réelle menace à leur hégémonie et donc à leur survie.

Aux questions identitaires et démographiques, la jeunesse poutinienne répond par un mélange de nationalisme impérialiste, avec des relents communistes. Les *Nachi* ont eux-mêmes de la difficulté à définir qui sont ces « Nôtres » qu'ils sont censés représenter. Ils naviguent entre les références à la grandeur de l'ethnie dominante russe et celles à l'« amitié entre les peuples » prônée autrefois par la propagande soviétique. Les jeunes opposants libéraux quant à eux appellent à bâtir une société multiculturelle en adaptant les valeurs et solutions européennes à la réalité russe.

Puis, il y a les radicaux. Ceux pour qui la survie de la nation passe par le recroquevillement sur la pureté identitaire. C'est pour essayer de comprendre leurs appréhensions que je suis allé jouer au soccer avec des néonazis de Vladivostok.

★　★　★

Racisme et ballon rond

Ce qui frappe en premier chez Sacha, c'est son sourire. Peu importe s'il vous parle d'une fille, de sport ou encore des travailleurs migrants qu'il a battus à coups de pied et de poing dans des ruelles lorsqu'il était skinhead, il conserve un sourire enfantin au coin de la bouche. Pour l'accompagner, sa voix de fin d'adolescence (il n'a pas encore 20 ans) module d'une note à l'autre, diluant dans un chantonnement la violence de ses propos xénophobes. Pourtant, il est bien sérieux. Pour lui, l'enfer russe, c'est les Autres : les étrangers. « Ils viennent chez nous et se comportent comme s'ils étaient les maîtres du pays. Mais ils ne sont que des invités. Ils violent nos enfants, nos femmes, nos petites amies. Ils font du trafic de drogues. Quatre-vingt-dix pour cent de l'héroïne et de toutes ces merdes qu'on retrouve en Russie proviennent du Tadjikistan », assure Sacha.

Les accusations qu'il formule ont peu à voir avec la réalité. S'il regardait les statistiques avec plus de sang-froid, il apprendrait qu'à Moscou, par exemple, la majorité des crimes sont bel et bien commis par des *priezjié*, des «arrivants», mais en provenance des provinces russes. Par des Slaves. Et non pas par des «culs noirs» ou des *tchourki*, comme les nationalistes russes qualifient péjorativement les migrants des anciennes républiques soviétiques du Caucase et d'Asie centrale. Sauf que, justement, Sacha n'a pas le sang froid. Il voit son pays stagner; il constate les difficultés à se faire embaucher sur les chantiers de construction, parce que les employeurs préfèrent importer une main-d'œuvre étrangère moins qualifiée, mais moins chère et plus vulnérable. Il constate tout cela et il rage. Il cherche des coupables. Des coupables qui ne lui ressemblent pas, parce qu'il est toujours plus facile de déshumaniser l'Autre que le Nôtre. Il cherche des raisons pour les haïr non seulement pour ce qu'ils font, mais pour ce qu'ils sont. Comme il déteste les fondements de leurs races plutôt que leurs actions concrètes, sa haine n'a guère besoin de se confondre en justifications.

Les coupables seront donc les Autres, et non les employeurs russes qui ne l'embauchent pas.

Sacha navigue sur Internet. Il trouve des gens qui partagent la même rage que lui, le même sentiment d'impuissance économique, la même humiliation. Il rencontre d'autres enragés. Ensemble, ils font germer leur fureur. Puis ils décident de passer à l'action. De punir les «coupables». C'est ainsi qu'à 16 ans Sacha est devenu skinhead. Avec ses copains, il s'est mis à battre des étrangers. «C'étaient des travailleurs migrants habituels, de Chine, de Corée, du Tadjikistan, d'Ouzbékistan. Nous les jetions au sol, puis nous les frappions avec les pieds et les mains.» Et qu'est-ce que ça t'a apporté de faire ça, Sacha? «Je ne sais pas, probablement une certaine... (il cherche ses mots) une certaine satisfaction morale. Nous voulions leur montrer que nous n'avons pas besoin d'eux. S'ils ne venaient pas ici pour vendre leur héroïne par exemple, les gens n'en consommeraient pas. Idem pour la vodka. S'il n'y en avait pas, les gens n'en boiraient pas. Et tout le monde sait que les usines d'alcool sont entre les mains de juifs et de *tchourki*.»

Depuis son époque skinhead, Sacha a quelque peu changé. L'enfer russe, c'est toujours les Autres, mais il cherche aussi à s'améliorer lui-même pour assurer la supériorité de la race slave. Au lieu de simplement détruire le «problème», il essaie de devenir une solution. Il a cessé de boire et de fumer (ou presque). Il cherche à «maintenir un mode de vie sain».

C'est pour cela qu'il organise à l'occasion des parties de soccer avec ses copains néonazis, membres ou sympathisants de l'Union des Slaves de l'Extrême-Orient. Il m'invite à l'une d'elles, question que mon reportage radio incarne bien ce «mode de vie sain» qu'il prône. Par un froid après-midi venteux de décembre, nous nous retrouvons dans un gymnase pour nous disputer amicalement le ballon rond.

★ ★ ★

Vlad joue torse nu. Sur son épaule gauche, il arbore un tatouage d'aigle. «Un aigle nazi», précise-t-il à ma demande. Comme Sacha, Vlad a déjà été skinhead. Aujourd'hui, il décrit ce mouvement comme une «mode passagère». Il n'a plus le crâne rasé et son habillement ne laisse plus paraître ses penchants xénophobes. Il a dépassé ce stade où, pour convaincre le reste du monde de l'existence de nos convictions, il faut leur donner une forme concrète à travers nos styles vestimentaire et capillaire. Il a aussi atteint un autre niveau dans sa logique nationaliste. Vlad ne croit plus en l'utilité de la violence contre les travailleurs étrangers. Tout au plus cela permet-il de «renforcer l'esprit combattant et de se maintenir en forme. Mais ça n'a pas de sens pratique. Les travailleurs migrants, ils ne sont rien en soi. Qu'on les tue ou qu'on les batte, leur nombre ne diminuera pas pour autant. D'autres viendront prendre leur place. Ils sont la conséquence et non la cause du problème. La cause, c'est notre gouvernement».

Vlad en veut aux dirigeants russes de laisser entrer des étrangers dans le pays. Non, pas des étrangers comme moi. Je suis blanc, je suis éduqué. Dans sa logique, je suis un «aryen» civilisé autant que lui. Je ne suis ni la cause ni la conséquence du problème.

«Maintenant, les militants nationalistes s'orientent plus vers le terrorisme. Ils forment des organisations radicales de combat. Ils commettent des meurtres et posent des bombes.» Vlad ne précise pas s'il participe à ce genre d'action. À voir sa détermination, il en serait fort capable. Les statistiques confirment ses dires. Depuis 2008, les attaques en Russie contre les migrants d'Asie centrale, du Caucase et d'ailleurs diminuent. Celles contre les postes et les agents de police, revendiquées par des groupes néonazis, augmentent.

Au début de la décennie 2000, les nationalistes étaient pourtant perçus par le gouvernement russe comme des alliés. Certains avaient leurs entrées dans les arcanes du pouvoir et parfois ils en faisaient même partie. C'est que, en promouvant le patriotisme, les nationalistes aidaient à souder l'unité nationale, encore fragile après le chaos des «fiévreuses années 90» (l'expression consacrée en Russie pour qualifier la période Eltsine), durant lesquelles la fédération a frôlé l'éclatement. Or, voyant que les travailleurs migrants continuaient d'affluer en Russie, les néonazis en sont arrivés à la conclusion que le régime faisait plus partie du problème que de la solution. Pour Vlad, l'État et ses représentants sont devenus des ennemis.

Dans la rue, les néonazis ont aussi leurs rivaux : les antifascistes. Même s'ils combattent de potentiels terroristes, ceux-ci ne sont pas pour autant plus appréciés du régime que les néonazis, car le pouvoir autoritaire ne peut accepter l'existence de mouvements indépendants, même s'ils servent en tout ou en partie ses intérêts. Il ne peut se permettre de perdre une once de son contrôle sur la société, puisque son monopole sur elle compense son manque de légitimité à la diriger.

Vlad déteste ces extrémistes de gauche antifascistes parce qu'ils militent pour ce qui lui répugne le plus : une société multiculturelle. C'est précisément ce que Vlad ne veut pas que la Russie soit. Qu'il y ait des minorités, d'accord, mais elles doivent se soumettre au diktat de la majorité russe. Ou, encore mieux, s'assimiler. «Nous croyons que le Russe doit être maître sur la terre russe», résume Vlad, avant de retourner sur le terrain.

★　★　★

Au balcon, deux jeunes filles accrochent le drapeau impérial russe noir-blanc-jaune, chéri par les nationalistes. Elles s'appellent Assia et Katia. Elles ne connaissent pas les règles du jeu. Elles ne sont ici que pour encourager leurs copains. Assia n'aime pas particulièrement le drapeau impérial de la sainte dynastie des Romanov qu'elle vient de fixer à la balustrade. «Je ne suis pas croyante, donc il ne représente pas mes valeurs.» Elle n'aime pas non plus lorsque ses copains «commettent des actes illégaux» au nom de leurs idéaux radicaux. Par contre, elle soutient entièrement leur objectif premier : assurer la continuité de la race blanche pure. «Il n'y a rien d'illégal à cela.»

Rien d'illégal, en effet. Assia marque un point. Personne ne peut l'obliger à concevoir un enfant avec un Tadjik, un Chinois ou un Tchétchène. Les goûts ne se discutent pas. Si elle préfère la couleur blanche, elle a entièrement le droit de contribuer à ce que les pouponnières soient remplies de bébés «aryens». Ce qui la dérange, ce sont les mélanges raciaux. Mais pourquoi, au juste? «Pour moi, c'est très simple, répond tranquillement Assia. C'est exactement comme mélanger des races de chiens ou de chats. Si on croise un pitbull avec une autre petite race, disons un chihuahua, qu'obtient-on? Une créature avec des caractéristiques physiques qui n'ont rien à voir les unes avec les autres. On n'arrive même pas à dire si cette bête est belle ou non. Et c'est pareil lorsqu'une femme russe conçoit un enfant avec un Asiatique ou un Centrasiatique. Lorsque le bébé naît, on ne peut pas dire à quoi il ressemble. Il est Russe, mais il a aussi la peau sombre ou des yeux bridés.» Les mélanges raciaux dérangent Assia qui ressent plus de pitié que de haine. À l'aube de sa vie adulte, elle essaie elle-même de définir son identité et de comprendre à quel groupe d'humains elle appartient. Pour un métis, déchiré entre deux bagages génétiques si différents et deux cultures qui le sont tout autant, le défi de répondre à la question «Qui suis-je?» ne peut être que maintes fois amplifié, raisonne-t-elle[56].

Son amie Katia acquiesce. Chaque peuple devrait demeurer sur sa terre ou y retourner s'il l'a quittée. Et elle ne le conseille pas seulement aux étrangers venus en Russie. «Je n'ai jamais compris pourquoi certains Russes partent habiter dans d'autres pays, en Asie, en Europe ou ailleurs.»

---

[56] Et pourtant. Vous vous rappelez ce que disait «Dima», l'étudiant chinois? Que sa mère l'incitait à épouser une Russe précisément parce que l'hybridité identitaire et le bilinguisme dès la naissance seraient des atouts inestimables pour ses futurs petits-enfants. Autres intérêts, autres raisonnements.

Assia et Katia ne sont pas méchantes. Elles n'aiment simplement pas les étrangers. Elles ne veulent pas les accueillir dans leur maison. Elles veulent encore moins faire des enfants avec eux. Assia et Katia sont des racistes xénophobes ordinaires. Comme on en trouve partout en Russie. J'oserais même dire : comme le sont la majorité des Russes. Ici, le racisme et la xénophobie ne sont pas des tabous comme dans les sociétés occidentales, marquées au fer rouge par les traumatismes de l'Holocauste et de la période coloniale. En fait, peut-être qu'en scrutant les bas-fonds de l'âme de chaque Européen et Nord-Américain, on s'apercevrait que la majorité d'entre eux est atteinte de cette même «peur de l'Autre». Mais la revendiquer en Occident, c'est s'exposer à l'ostracisme, voire à des poursuites judiciaires. Alors qu'en Russie, entre Russes (ou entre Blancs), on peut tenir des propos racistes, glisser un commentaire antisémite ou xénophobe au détour d'une phrase sans être jugé et encore moins condamné. À moins que vous tombiez – malchance – sur l'un des rares ultralibéraux, votre remarque sera accueillie au mieux par une surenchère de la part de votre interlocuteur, plus généralement par son indifférence ou, au pire, par un malaise.

Les xénophobes et les racistes sont peu nombreux à transposer leur rejet de l'Autre en haine et, ultimement, en violence. Katia et Assia ne le font pas. Leurs amis, si. Et lorsqu'ils passent à l'acte dans une ruelle sombre, ils comptent sur la caution morale de Katia, d'Assia et de la majeure partie de leurs concitoyens qui soit gardent le silence quand ils adhèrent à leurs principes mais pas à leurs méthodes, soit les approuvent à voix haute ou basse.

★　★　★

Je retourne sur la surface de jeu. Devant l'un des buts se tient Irina, la seule fille à s'être portée volontaire pour combler l'inégalité numérique entre les équipes. Irina a 19 ans. C'est une petite brune frêle, plutôt jolie, au style sobre. Elle étudie en deuxième année de sciences politiques. Le mot qui définit le mieux son mode de pensée ? «Je suis raciste.» Et comme pour ses autres camarades néonazis, l'Allemagne hitlérienne est le modèle d'une société idéale.

À l'université, on lui enseigne les différents systèmes politiques, l'histoire, peut-être même les principes fondamentaux des droits de l'homme. Elle sait que la victoire de son pays contre l'Allemagne nazie a coûté vingt-sept millions de vies soviétiques. Depuis son enfance, on lui apprend que l'URSS a combattu et vaincu le mal incarné, le «fascisme[57]», entre 1941 et 1945. Elle sait que pour Hitler les Slaves comme elle constituaient une race inférieure. Mais l'important, c'est l'essence de l'idéologie fasciste. Celle qui prône une société «pure».

«À la même période, notre pays tuait ses propres citoyens dans des camps de travaux forcés, dans des... (elle cherche le mot) dans des goulags», fait remarquer Irina. Au moins, les nazis, eux, tuaient principalement des étrangers, raisonne-t-elle. Leur système permettait la défense de leur race et non son autodestruction, contrairement au système soviétique, qui cherchait l'ennemi parmi les siens avant tout. C'est par cette série de constats qu'Irina en est arrivée à la conclusion que «la vie n'est possible que sous la domination de la nation aryenne». Selon sa définition, cette «nation» – c'est le mot qu'elle utilise plutôt que «race» – inclut tous les Blancs. «La nation blanche est plus civilisée, plus... éduquée.» Elle laisse échapper un rire gêné d'adolescente qui rompt pour quelques secondes avec le sérieux et l'assurance qu'elle cherche à conserver en exposant ses idées. «La nation aryenne est supérieure sur tous les plans, par exemple pour ce qui touche à l'apparence physique (encore un rire gêné). Sur tous les plans.»

Les parents d'Irina sont au courant des convictions radicales de leur fille. «Ils sont d'accord avec l'idée que chaque nation doit vivre sur le territoire qui lui a été légué par ses ancêtres. Mais ils ne partagent pas l'idée que des actions radicales doivent être entreprises contre des étrangers.» Irina estime que les néonazis sont «obligés» de s'en prendre aux migrants afin de compenser l'inaction de l'État, qui ne fait rien pour contrecarrer «l'invasion» étrangère. Son copain Vadim fait d'ailleurs partie d'un «groupe autonome de combat». En clair: il parcourt les rues pour les nettoyer des étrangers.

★ ★ ★

---

[57] Terme plus utilisé en Russie que «nazisme» pour référer au régime hitlérien.

Le match est terminé. Alors, qui a gagné? «L'amitié a gagné», répond Sacha avec son éternel sourire. L'amitié entre qui? «L'amitié... entre nos partisans!»

⋆   ⋆   ⋆

Le lendemain de la partie, Vlad et moi avons rendez-vous dans une cafétéria de la rue Svetlanskaïa, l'une des artères commerciales principales de Vladivostok. En faisant glisser son plateau sur le comptoir, Vlad commande son repas. «Soyez gentille, donnez-moi un peu de cette salade, je vous prie.» Je choisis à mon tour. Nous payons et allons nous asseoir un peu à l'écart de la masse de jeunes qui se retrouvent à toute heure du jour dans cet établissement central et bon marché.

Je m'étonne de la politesse de Vlad: les employées qui l'ont servi sont presque toutes des ressortissantes d'Asie centrale. Je lui en fais la remarque. Il se retourne et constate que j'ai raison. «Honnêtement, je n'ai même pas fait attention. Ça ne m'a pas sauté aux yeux.» Du respect par inadvertance. Pour quelques secondes, Vlad avait baissé sa garde. Il ne voyait plus devant lui le fruit de sa haine, mais des humains ordinaires avec qui il avait un échange des plus ordinaires. Comme toutes les peurs, la xénophobie trouve ses fondements dans la peur de l'inconnu et la volonté de se protéger soi-même de cet inconnu. En commandant distraitement dans une cafétéria, en territoire connu et apprivoisé, Vlad ne cherchait pas ses peurs et ses ennemis dans tous les coins. Les yeux bridés des jeunes Asiatiques et leur accent sont passés inaperçus devant son regard désarmé. Mais maintenant que je le lui ai fait remarquer...

— De les voir, ça ne provoque évidemment pas un sentiment agréable.

— Et pourquoi?

— C'est difficile à expliquer. Je n'arrive pas à me l'expliquer moi-même en fait. Le nationalisme est un sentiment naturel qui transcende chaque personne, qu'on soit Chinois, Russe ou autre. Je me souviens quand il est apparu chez moi pour la première fois. J'étais dans un marché. Il y avait des vendeurs chinois et d'autres du Caucase. J'ai eu ce sentiment que je n'arrivais pas à décrire. Ces gens parlaient différemment, étrangement, et je trouvais cela désagréable. Ensuite, j'ai compris que d'autres personnes avant moi avaient déjà donné un nom à ce sentiment : le nationalisme.

Une serveuse centrasiatique vient débarrasser la table à côté de la nôtre.

— Tu l'as remarquée cette fois. Qu'as-tu ressenti ?

Vlad cherche durant quelques secondes les mots justes.

— Une profonde aversion.

Même en regardant Vlad au fond des yeux, je n'arrive pas à percevoir cette « profonde aversion ». Je n'arrive pas non plus à le détester, à le classer dans la catégorie des êtres fondamentalement mauvais. Ni lui ni ses copains et copines néonazis avec qui nous nous sommes disputé le ballon rond la veille. Pour la simple raison que je ne crois pas au caractère viscéral de leur haine de l'Autre.

L'Autre n'est qu'un instrument de leur recherche identitaire. Pour répondre à la question « Qui suis-je ? », ils se posent aussi la question « Qui ne suis-je pas ? » Pour savoir « Qui sont les Nôtres ? », ils se posent la question « Qui sont les Autres ? » Puis ils se rapiècent une définition identitaire, oscillant entre l'acceptation de ce qu'ils sont et le rejet de ce qu'ils ne sont pas.

La société dans laquelle nous évoluons détermine en bonne partie les limites dans lesquelles se déroule cette quête identitaire. En Russie, ces limites sont quelque peu différentes de celles des sociétés occidentales. Au siècle dernier, le sentiment de supériorité ethnique généralisé chez les puissances impérialistes européennes est passé du statut d'évidence à celui d'odieux mensonge. L'idée d'avoir un jour oppressé des peuples au nom de la suprématie blanche a transformé le racisme en honte collective. En tabou. Mais pas en Russie. La supériorité civilisationnelle des Slaves sur les autres peuples – caucasiens, asiatiques ou le peuple juif – n'est certes pas inscrite dans la législation, mais plusieurs officiels et élus la défendent ouvertement. Et, surtout, au sein de la majorité ethnique russe, elle fait tacitement consensus. D'autant plus que ce sentiment de supériorité vient contrebalancer celui d'infériorité – tout aussi largement répandu mais moins clairement évoqué – à l'égard de l'Europe, considérée comme « plus développée » et « plus civilisée ». Ce n'est pas que le Russe moyen s'estime inférieur à l'Européen moyen par sa race ou sa culture. Il constate simplement qu'il fait meilleur vivre en Europe occidentale que dans son vaste pays. Et il en est frustré. Il se demande pourquoi les siens, aussi doués que les autres Européens, ont échoué à construire une société fonctionnelle. Et pour se consoler, il regarde avec condescendance vers l'Orient.

C'est cet état d'esprit social qui rend possible le racisme ordinaire en Russie. Pour les jeunes, il devient une option valable. Nul besoin d'être radical ici pour adhérer aux thèses racistes et néonazies. Nul besoin de craindre l'exclusion sociale. Sacha, Assia, Vlad, Irina et les autres peuvent se proclamer ouvertement néonazis, fascistes ou racistes comme d'autres se déclarent hipsters, emos, rappeurs ou gothiques. Ils ont trouvé leur identité, temporairement ou pour toujours, dans la haine et le rejet de l'Autre. C'est ce qui les unit. Lorsque, pour saluer un frère ou une sœur idéologique, ils lui pressent l'avant-bras en lui donnant une accolade froide, ils ont ce sentiment de faire partie d'un groupe. Ils ont le sentiment d'être quelqu'un. De savoir qui ils sont.

*　*　*

L'île russe

Il était une fois une île au large d'une grande ville. Durant plus d'un siècle, la présence humaine sur ce bout de terre quasiment vierge n'était motivée que par des fins militaires et impérialistes. C'est que la grande ville se situait au bout du continent. Au bout de l'empire. Le jour où l'ennemi déciderait de réchauffer la guerre froide, elle se retrouverait en première ligne de front. Par l'occupation de l'île sauvage, l'éventuel front était repoussé un peu plus loin, au-delà de la terre ferme. Et du même coup, l'empire déjà gigantesque gagnait encore quelques kilomètres de domination sur le monde.

En plus d'un siècle, aucun ennemi n'a jamais attaqué l'île. Et l'empire – qui avait consacré ses efforts à se forger une carapace *pour se protéger* plutôt que de construire quelque chose *à protéger* à l'intérieur des terres – s'est écroulé.

Par un mauvais jour de fin de déclin, les derniers canons sur l'île ont été démontés. Plus d'ennemi, plus d'ambitions impériales. La majorité des soldats sont partis. D'autres ont revêtu des habits civils et ont préféré y rester avec leur famille. Car, même si les raisons de la présence humaine sur l'île avaient disparu, ses paysages paradisiaques, eux, demeuraient intacts. Les engins de guerre démantelés, l'île a renoué avec la nature, s'est ouverte à tous, et les citadins ont commencé à affluer durant la belle saison. Ils sont venus planter leurs tentes pour quelques jours, se baigner, pêcher, allumer des feux pour faire cuire des *chachlyki* (brochettes) en jouant de la guitare. Ils n'étaient pourtant coupés du monde urbain que par quelques kilomètres de mer, quelques centaines de mètres par endroits. Si près, mais si loin.

Puis, par un beau jour de renaissance d'empire, un grand homme a décidé de relier l'île à la terre ferme. L'île ne serait plus sauvage. Elle accueillerait des grands hommes et des grandes dames pour de grands événements. Elle ferait partie du grand monde. Elle serait le reflet de la grandeur retrouvée de l'empire. Pour le meilleur et pour le pire.

★   ★   ★

L'île Rousski, l'île « Russe », se situe au large de Vladivostok. Vue du ciel ou sur une carte géographique, elle ressemble à une galette de cent kilomètres carrés qu'un géant aurait soigneusement grignotée dans tous les sens pour ne laisser aucun rebord intact, tout en s'assurant de la conserver en un seul morceau. En résultent des berges creusées par d'innombrables anses et baies.

Le comte Nikolaï Mouraviov-Amourski, gouverneur général de la Sibérie orientale, n'aurait pas pu trouver un nom plus symbolique pour cette parcelle de terre, intégrée à l'empire tsariste durant la deuxième moitié du XIXe siècle. Depuis qu'elle partage son existence avec les Russes, l'île Rousski partage aussi – selon les époques – leurs grandeurs ou leurs petitesses, leurs expansions ou leurs reculs. En tant que dernier poste avant le monde extérieur, elle est laissée à l'abandon lorsque l'empire recule, revigorée lorsqu'il avance.

À l'apogée de la puissance militaire soviétique, la flotte du Pacifique de l'Armée rouge coulait ainsi des jours fastes sur l'île. La défense, priorité absolue de l'empire. Grandeur et expansion. Puis, à la chute de l'URSS, recul et petitesse. Durant l'hiver 1992-1993, quatre soldats conscrits sont morts de faim sur l'île Rousski. Quelque deux cent cinquante autres ont été hospitalisés pour dénutrition. Pendant plusieurs mois, ils n'avaient rien reçu à manger. Leurs commandants avaient détourné leurs provisions. Avec un cynisme représentatif du peu de valeur accordé à la vie humaine dans ce pays depuis des siècles, les haut gradés avaient préféré leur profit personnel à la survie de leurs soldats.

En 2007, le temps des grandeurs est finalement revenu. Pour le pays, donc pour l'île. Le président Vladimir Poutine a décrété que l'île Rousski recevrait en 2012 le sommet des leaders des vingt et un pays de l'APEC (Coopération économique Asie-Pacifique), attribué à la Russie. Pour l'occasion, l'île devrait subir une métamorphose. Et pas question de faire dans la demi-mesure. Elle serait le symbole du meilleur de cette Russie qui, après des années à genoux, était en train de se relever de tout son long. Jusqu'aux dernières limites de son territoire. Jusqu'à l'île Rousski.

Et aux grands *mots*, les grands moyens. Pour le sommet de trois jours, vingt milliards de dollars seraient investis. On relierait l'île au continent par l'un des plus longs ponts à haubans au monde, qui ferait près de deux kilomètres. Une nouvelle université fédérale y serait construite, un centre des congrès, des hôtels luxueux, un aquarium, des centres commerciaux, une piste d'atterrissage pour hélicoptères... En tout, cinquante-quatre nouvelles infrastructures. Après l'événement, l'île serait recyclée en station pour le tourisme de masse. Et tant pis pour les *chachlyki* sur le feu, les longues journées sur la plage et la pêche tranquille.

Pour réaliser ses projets pharaoniques et prouver au monde entier qu'il avait retrouvé sa puissance d'antan, le régime était prêt à tout. Tous les coûts et tous les coups. Il y mettrait tous les efforts, même ceux qu'il ne peut – ou ne devrait pas – se permettre. En cours de route, il devrait toutefois constamment se battre contre son pire ennemi : lui-même. Parce que le système autoritaire est corrompu dans sa nature. Puisque tous les subalternes craignent le leader et veulent lui plaire, il n'y a qu'une seule réponse possible lorsque celui-ci s'enquiert de la faisabilité de ses projets : « Oui. » Même si l'on sait pertinemment que les délais établis sont trop courts, le cadre financier trop restreint, et que des règles et des lois devront être brisées pour mener à terme et à temps ses idées de grandeur. À sa base même, le projet est donc aussi corrompu que le système qui l'a engendré. Le régime ne pouvant tolérer la vérité brute, qui révélerait une once de faiblesse dans ses idées, il entraîne ceux qui le servent au mensonge. Au masquage de la réalité. Et une fois dans l'univers de la tromperie, tout devient permis : l'arbitraire, l'escroquerie, la corruption, la négligence...

L'île Rousski, disais-je, porte bien son nom. Au fil des époques, elle a été le reflet des problèmes récurrents ou spécifiques des régimes russes successifs. Ces problèmes que porte le pays jusqu'aux dernières extrémités de son territoire. Jusqu'à l'île Rousski.

⋆   ⋆   ⋆

Le *Iakov Boutakov* approche du vieux quai de la baie d'Aïaks, porte d'entrée de l'île Rousski depuis des décennies. À bord du traversier d'un autre âge, des dizaines de travailleurs migrants centrasiatiques et quelques Russes enchaînent les cigarettes pour passer le temps.

Aleksander est l'un de ces rares Russes à travailler sur les chantiers de construction de l'île. Il raconte que récemment les autorités ont interdit la vente d'alcool dans les quelques dépanneurs de l'île. « Pour que les travailleurs travaillent et cessent de faire des conneries. » Et alors, ça a fonctionné ? « Bien sûr que non. On en boit autant qu'avant l'interdiction. Nous en apportons avec nous et personne ne vérifie. En Russie, c'est impossible d'interdire l'alcool. S'il n'y en a plus dans les magasins, les gens en fabriqueront eux-mêmes. » Les résultats catastrophiques des quelques campagnes nationales pour « assécher » le pays lui donnent raison. Celle lancée par Gorbatchev en 1985, par exemple. Au lieu de régler le problème – la consommation n'avait pas diminué –, l'interdit en avait créé d'autres : intoxications à l'alcool frelaté entraînant la perte de la vue ou la mort, utilisation de la vodka comme précieuse monnaie d'échange... La logique du régime autoritaire est d'interdire tout ce qu'il ne peut contrôler en totalité. La logique de ceux qui subissent ses interdits est de trouver des moyens de les contourner tout en donnant l'impression de les respecter, voire de les soutenir.

Nous accostons sur l'île. Sacha, le journaliste de l'hebdomadaire local d'opposition *Arseniovskié Vesti* qui m'accompagne, regarde le nouveau quai bétonné qui remplacera bientôt définitivement l'ancien. « Il y a six mois encore, ces berges étaient sauvages », se rappelle-t-il. Sacha connaît bien l'île. L'été dernier, il y a passé un mois complet avec ses copains (les *chachlyki*, les baignades, le paradis...). « Avant, les quelques voitures de l'île roulaient sans plaque d'immatriculation, puisqu'il n'y avait pas de policiers. » Maintenant, les routes poussiéreuses ne manquent pas de compagnie. Les camions et les bétonnières y font d'incessants va-et-vient entre les sites de construction et les dépôts de matériaux.

À l'entrée d'un dépanneur, nous rencontrons Nina Ivanovna. Veuve, la soixantaine avancée. Son mari était militaire. À la fermeture de la base, ils ont décidé de rester sur l'île. À la mort de son mari, elle n'est pas partie non plus. Depuis trente-trois ans, elle habite l'immeuble de cinq étages qui se situe derrière nous. Dans quelques jours, elle devra libérer l'endroit pour toujours. Des ouvriers occuperont son appartement pour la durée des travaux. Ensuite, le vieil édifice soviétique sera probablement détruit avec une partie du passé de Nina Ivanovna. Je pointe mon micro vers elle. Je m'attends à la diatribe habituelle de la dame d'âge mûr qui s'est fait voler son quotidien paisible et ses souvenirs par des évolutions qui ne la concernent pas. « Au début c'était insupportable, toutes ces grues et ces camions. Mais nous nous sommes habitués. C'est bien sûr un peu dommage qu'ils coupent autant d'arbres. Mais l'Extrême-Orient doit se développer. » Je m'étonne de son attitude positive. Pour accepter la fin de sa vie quotidienne telle qu'elle la connaît depuis trois décennies avec autant de philosophie, Nina Ivanovna doit bien avoir reçu une contrepartie équitable ? Oui. Ses deux fils ont été embauchés sur les chantiers de l'île. L'un comme mécanicien, l'autre comme soudeur. En plus, elle quitte son appartement pour un monde meilleur. En échange, elle en a reçu un autre tout neuf dans un autre village de l'île, quelques kilomètres plus loin.

Par contre, pour obtenir des compensations équitables, les insulaires expropriés ont dû partir en guerre contre les autorités. Leurs maisons et appartements, autrefois sans intérêt, valaient désormais de l'or. Et on voulait les leur enlever pour une bouchée de pain. Le cas de Nina Ivanovna était aisé. Un simple échange. Mais pour les expropriés qui ont préféré des compensations financières afin de tenter leur chance à Vladivostok, l'enjeu était d'obtenir assez d'argent pour pouvoir s'y acheter un appartement équivalent. Et, en ville, les prix au mètre carré sont évidemment beaucoup plus élevés que sur leur petite île jusque-là coupée du monde.

Après de longues démarches, des dizaines de papiers et de tampons (notamment pour prouver qu'ils étaient réellement propriétaires de leurs propriétés), la plupart des insulaires ont estimé avoir obtenu justice. Plus rien n'empêcherait les travaux[58].

La plupart des habitants de l'île Rousski ont choisi l'exil vers la terre ferme. Les plus jeunes surtout, explique Nina Ivanovna. S'ils n'avaient pas quitté l'île avant, c'était plus faute de moyens financiers et de transport que par manque de volonté de briser leur isolement. Maintenant, avec le pont, l'île fera de toute façon partie de la ville. Même les plus ardents insulaires devront s'y faire. Plus besoin d'attendre les rares traversiers comme le *Iakov Boutakov*, qui mettent actuellement une demi-heure pour rejoindre Vladivostok. Le pont aura aussi un autre effet bénéfique pour Nina Ivanovna et tous ceux qui ont choisi de rester : les prix insulaires pratiqués dans les quelques magasins de l'île diminueront inévitablement pour s'aligner sur ceux de la ville.

Nous entrons dans le dépanneur. Ici, l'avancée des travaux est le seul sujet de conversation, raconte la vendeuse Elena. Elle-même n'habite pas sur l'île. Elle vient tous les matins par traversier et repart le soir. Mais elle écoute attentivement les discussions. « Ce projet, c'est une arme à double tranchant. Du point de vue du développement, c'est génial bien sûr, mais la population locale a réellement souffert de tout ça, de toutes ces procédures judiciaires et des chambardements. »

Nous ressortons. Un travailleur migrant nous interpelle discrètement. Micha veut nous parler. Il est kirghiz. Il possède deux échoppes dans un marché de Bichkek. Contrairement à d'autres, il pourrait s'en sortir simplement en restant au Kirghizstan à s'occuper de ses

---

[58] Au même moment, à l'autre bout du pays, des citoyens mènent précisément le même combat contre leur gouvernement. En prévision des Jeux olympiques de Sotchi de 2014, leurs vieilles baraques centenaires – et surtout leurs terrains – ont soudainement pris une valeur astronomique. Alors que les autorités essaient de pousser les évaluations vers le bas, les villageois expropriés doivent se battre avec le peu de moyens à leur disposition pour les faire grimper vers un prix équitable. Chacun est à la recherche de son profit et, accessoirement, de la justice.

commerces. Mais ce serait une vie de misère habituelle. Il a voulu plus. Il est venu en Russie. Il a fait le même pari que des millions d'autres jeunes et moins jeunes hommes centrasiatiques pour éviter un avenir en cul-de-sac. Depuis douze ans maintenant, il travaille sur des chantiers de construction en Russie. En douze ans, il ne s'était jamais fait escroquer par un employeur. Mais là, il commence à sentir que c'est en train de lui arriver. Ici, sur l'île Rousski. En trois mois, il n'a reçu que mille cinq cents roubles (cinquante-trois dollars) pour ses labeurs. On lui en avait promis vingt-cinq mille (huit cent quatre-vingts dollars) par mois. Il ne sait pas si les deux mille ouvriers de l'île sont dans sa situation, mais il peut au moins parler pour la cinquantaine de travailleurs de sa brigade. « On nous nourrit de lendemains. Chaque fois que nous demandons quand ils nous payeront, ils répondent : "Demain !" » grogne Micha.

Un luxueux véhicule utilitaire sport vient interrompre notre discussion. Micha s'écarte de nous. Les occupants du bolide nous somment, Sacha et moi, de quitter le chantier. Sacha leur demande de nous montrer les papiers qui les autorisent à nous expulser. Après tout, nous n'avons rencontré aucune barrière ni poste de contrôle nous indiquant que nous entrions en zone interdite. Pas question de partir, leur répond Sacha, qui n'est pas du genre à se soumettre à la première figure d'autorité venue. Nous restons. C'est le véhicule qui part. « C'étaient mes patrons », dit Micha, désormais beaucoup plus craintif. « Des Arméniens. » Il continue malgré tout à raconter son histoire. Depuis des semaines déjà qu'il souffre d'une inflammation des reins. Et pas moyen d'aller se faire soigner en ville, puisque ses patrons ont confisqué son passeport. « Dès que j'aurai mon salaire, je rentre chez moi », se promet-il. La misère est mieux que l'esclavage.

Un jour, raconte Micha, le vice-premier ministre Igor Setchine, l'un des hommes les plus importants du régime, est venu sur l'île. Comme le veut la tradition russe, le représentant du pouvoir a eu droit à un « village Potemkine » : tout ce qu'il ne devait pas voir a été minutieusement dissimulé. L'expression tire son nom d'une légende, qui veut que, lors de la visite de Catherine II en Crimée en 1787, son ministre et amant Grigori Potemkine avait fait installer de belles maisonnettes en carton devant les villages sur la route afin de masquer la pauvreté de l'arrière-pays. Même si, contrairement à ce que l'Histoire a retenu, l'impératrice était au courant du stratagème, son inventeur aura laissé son nom à une pratique bien réelle qui a traversé les âges et les changements de régime.

Sur l'île Rousski, les travailleurs migrants font partie de ce qui devait disparaître du champ de vision du vice-premier ministre. «On nous a interdit de sortir de nos baraques», se rappelle Micha.

Les baraques, justement. Micha raconte que les conditions de vie y sont affreuses. Pas d'eau chaude. «Imaginez quand les travailleurs reviennent des chantiers, sales de la tête aux pieds, en plein hiver!» Or, il n'y a personne à qui se plaindre. Lorsque les inspecteurs viennent sur l'île, ils ont aussi droit à la méthode Potemkine. «Les patrons ne les laissent pas parler avec les employés. Ils ne leur montrent que ce qui va bien.» À leur passage disparaissent assurément les travailleurs sans casque, qui sont nombreux en cette journée ordinaire de notre visite sans fanfare.

Je regarde avec attention l'habit de travail de Micha. Il est marqué de l'insigne de Crocus International, la grande corporation moscovite (appartenant à un proche du président de l'Azerbaïdjan) qui a obtenu les plus gros contrats sur l'île Rousski. Sauf que la compagnie qui a embauché Micha s'appelle Evrostroï, l'un des nombreux sous-contractants de Crocus. Selon le travailleur kirghiz, le schéma complexe des entreprises impliquées dans les travaux permet à chacune d'elles de renvoyer la balle à l'autre lorsque les ouvriers se plaignent d'arriérés de salaires ou de mauvaises conditions de travail.

En haut lieu, les salaires impayés des *gastarbeitery* (travailleurs migrants) ne dérangent pas vraiment. Tant que les travaux avancent, il n'y a pas de raison d'en vouloir à ces compagnies d'exploiter des étrangers. Mais Micha les met en garde: employé négligé devient employé négligent. Selon lui, un examen en profondeur des fondations des édifices en construction relèverait de nombreuses failles techniques. Sauf que personne n'a intérêt à ce qu'elles soient recensées. Ni les travailleurs, qui donneraient ainsi une «raison» à leur employeur de ne pas leur verser les arriérés de salaire; ni les employeurs, qui veulent faire croire que tout avance comme sur des roulettes et ne peuvent se permettre des retards; ni le régime, qui veut que les infrastructures soient prêtes à temps, quitte à ce que tout s'effondre après les trois jours de sommet...

Sacha prend en note le numéro de téléphone de Micha et lui glisse le sien. « En cas de pépin, appelle-moi. »

Nous poursuivons notre route à pied, sur les chemins poussiéreux de l'île qui attendent d'être asphaltés. Nous croisons un travailleur russe. Il est monteur métallurgiste et vient de Novossibirsk, en Sibérie. Des arriérés de salaire ? Non, aucun. La compagnie qui l'emploie ici et pour laquelle il a déjà travaillé durant sept ans auparavant fait tout dans les règles de l'art. Aleksander, le Russe sur le traversier, ne s'était pas plaint lui non plus d'une quelconque retenue.

Les témoignages des passants suivants nous confirment que l'arnaque est réservée aux migrants vulnérables. Ceux-ci sont ouzbeks. Parmi eux, il y a Babour, à peine 20 ans. Il dit avoir reçu l'intégralité de son salaire pour sa première quinzaine de travail. Mais depuis, les paiements sont partiels. Son employeur, un autre sous-contractant de Crocus, ne lui a pas confisqué son passeport comme à Micha. Mais il a omis – volontairement, bien sûr – de l'enregistrer auprès des autorités. Même s'ils détiennent un visa de travail, sans cet enregistrement Babour et ses compatriotes sont en situation irrégulière. Ils se le font d'ailleurs rappeler chaque fois ou presque qu'ils osent se rendre en ville pour transférer de l'argent à leur famille en Ouzbékistan. Profilage racial aidant – les policiers connaissent les cibles vulnérables et faciles –, ils sont presque à tous les coups interpellés dans la rue par des agents, qui leur demandent de présenter leurs papiers d'identité et leur enregistrement. En principe, l'interpellation sans raison valable et la requête concernant l'enregistrement sont illégales (seuls les services des migrations peuvent exiger la présentation de l'enregistrement). Mais les *gastarbeitery* ne connaissant généralement pas leurs droits, ils sont impuissants face à l'arbitraire des policiers omnipotents et ne peuvent que se plier aux ordres dictés. Ce qui veut dire dans ce contexte : verser un pot-de-vin pour s'en sortir. « Parfois c'est deux cents roubles, parfois cent, ça dépend. Et, si tu n'as pas d'argent, tu ne donnes rien. Ils te fouillent et tu peux partir », raconte Babour dans son russe hésitant.

Malgré tous les abus dont il a été victime en quelques mois en Russie, Babour veut croire qu'il ne s'agit que de malchances de débutant. Il fait confiance au système et à l'humain. Il croit qu'il verra un jour la couleur des roubles que lui doit son employeur. «Comment pourraient-ils arnaquer trois cents personnes?» se demande aussi sincèrement que naïvement Babour.

*   *   *

Le soleil d'hiver est couché depuis plus d'une heure déjà. Nous remontons à bord du *Iakov Boutakov*. Pour cette avant-dernière traversée de la journée vers Vladivostok, les passagers sont surtout des pêcheurs venus profiter des bancs de poissons généreux des nombreuses baies de l'île.

Bientôt la pêche y sera plus difficile, voire impossible ou interdite. Bientôt la civilisation aura terminé d'installer ses pénates sur l'île Rousski. Et ce petit bout de terre de confins d'empire n'en sera qu'encore plus russe.

*   *   *

Mesquinerie, héroïsme et tragédie
5 décembre 2009, en route vers l'aéroport de Vladivostok

Depuis le début de la nuit, la tempête recouvre sans cesse la ville de nouvelles couches de neige. Avant de la déposer au sol, le vent la fait tournoyer longuement dans les airs. La visibilité est presque nulle et les routes sont glacées. Au moins une fois par kilomètre, le chauffeur du taxi qui doit me conduire à l'aéroport jure contre ses «pneus chinois». Je lui demande s'il ne s'agirait pas plus précisément de pneus chinois *d'été*. Il évite de répondre. La moindre dénivellation représente un obstacle qui semble insurmontable. Moi-même mauvais conducteur, j'apprends tout de même au chauffeur – encore pire que moi – à tourner son volant par petits coups brusques pour tenter de trouver une quelconque adhérence sur la glace noire. Il n'y avait pas pensé.

Le décor nous console. Des dizaines de voitures sont embourbées dans le fossé. Nous croisons au moins cinq scènes d'accrochage, principalement des collisions entre un véhicule grimpant et un autre descendant des côtes. Il y a aussi ce semi-remorque transportant des voitures, probablement japonaises, qui bloque partiellement les deux voies.

Au lieu d'aider les conducteurs dans le pétrin, les *gaïchniki* (policiers de la circulation) poursuivent leur routine de vérification aléatoire des voitures. À en croire les données sur la corruption, plusieurs de ces «vérifications» se termineront par un pot-de-vin. Comme si c'était une journée ordinaire. Je ne peux m'empêcher de me faire la réflexion : cette réaction froide devant le malheur des autres est typique d'une partie de la population russe. Au lieu de s'entraider, ils enfoncent le clou. Ou, pire, ils essaient d'en tirer profit.

*   *   *

L'été suivant donnera un exemple patent de ce trait d'esprit : en juillet et août 2010, des grands feux de forêt ont asphyxié Moscou et une partie de la Russie européenne. Alors que toute la ville était à la recherche d'un climatiseur ou au moins d'un ventilateur, la réaction des commerçants a été de multiplier plusieurs fois le prix de ces produits. Pour les personnes âgées ou asthmatiques, il s'agissait pourtant d'une question de vie ou de mort. Ou encore : lors de l'attentat kamikaze à l'aéroport Domodedovo en janvier 2011, les prix des taxis et des hôtels environnants ont atteint des sommets absurdes. Tout comme la nourriture dans les halls de l'aéroport. Et ai-je besoin de rappeler l'histoire citée précédemment des soldats morts de faim sur l'île Rousski alors que leurs supérieurs engrangeaient les profits de la vente de leurs rations ?

C'est certainement ce trait national qui m'attriste – et m'enrage, même – le plus. En Russie, un malheur n'arrive jamais seul. Pas en raison de l'acharnement du destin sur un même individu, mais parce que ses semblables songent plus à profiter de sa déchéance qu'à le sauver du précipice.

Il existe toutefois un envers plus positif à cette sombre médaille. Ils sont nombreux ici aussi les bons Samaritains. Mais plus singulier encore : à travers les âges, la Russie s'est montrée une productrice disproportionnée de héros. La mesquinerie des vendeurs de climatiseurs lors des feux de forêts ne doit donc pas faire oublier l'héroïsme des volontaires qui ont combattu les flammes presque à mains nues pour sauver leur maison, mais aussi celles d'inconnus. Et que dire de l'abnégation de tous ces gens qui se sont inscrits spontanément sur des listes pour prendre la place des femmes, des enfants et des malades lors des prises d'otages dans l'hôpital de Boudionnovsk en 1995, dans le théâtre Doubrovka de Moscou en 2002 et à l'école numéro un de Beslan en 2004? Et de l'héroïsme des soldats soviétiques durant la Seconde Guerre mondiale, envoyés au front sous-équipés, mais prêts à donner leur vie «Pour la Patrie, pour Staline!»?

Malheureusement, l'héroïsme vient avec la tragédie. Et la tragédie en Russie est souvent une affaire d'État. Si la négligence du gouvernement n'avait pas permis aux feux de forêt de prendre une telle étendue, les volontaires héros seraient demeurés des citoyens ordinaires. Sans les deux campagnes brutales de l'armée russe en Tchétchénie pour régler les questions politiques par la force plutôt que par la négociation, il n'y aurait pas eu toutes ces prises d'otages. Et donc pas d'otages suppléants, pas de nécessité d'abnégation. Si le pouvoir soviétique avait eu une quelconque considération pour la vie humaine, il n'aurait pas envoyé des millions de soldats en pâture aux canons allemands, avec pour seule «arme» leur amour aveugle de la patrie.

Comme le veut l'adage, c'est devant l'adversité que ressortent le meilleur et le pire de l'homme. La Russie est une tragédie millénaire qui s'entretient elle-même par son orgueil mal placé, son intransigeance et les passions qui en découlent. «Un pays poétique, poétique comme la douleur!» écrivait déjà en 1839 le marquis français Astolphe de Custine dans son récit *La Russie en 1839*, fruit de son voyage dans l'empire tsariste. C'est pourquoi l'héroïsme comme la mesquinerie y sont inévitablement poussés à l'extrême.

★   ★   ★

L'attente

Le taxi me conduit sain et sauf à l'aéroport. Il s'agit presque d'un exploit en soi, avec cette tempête qui s'acharne. Mais un exploit vain. Mon vol n'a presque aucune chance de décoller aujourd'hui. L'avion en provenance de Moscou a été forcé d'atterrir à Khabarovsk. Il y est toujours bloqué. Le cyclone qui a frappé Vladivostok s'est déplacé vers le nord et attaque maintenant cette ville, l'autre centre économique de l'Extrême-Orient.

J'arrive tout de même à trouver un réconfort dans la chaleur de l'aéroport et dans cette tempête, plus forte que toute bonne ou mauvaise volonté humaine. En nous arrêtant de tourner et de voler, elle nous a remis les deux pieds sur terre.

J'aime l'attente. Celle qui nous oblige à rester à un endroit dans l'expectative de quelque chose de plus grand, comme un départ, un retour, des retrouvailles ou une nouvelle rencontre.

J'aime attendre les horizons à venir dans une gare ou un aéroport. J'aime y attendre un(e) ami(e) ou un(e) inconnu(e) et le récit de son voyage.

J'aime arriver en avance dans un café ou à un point de rendez-vous ; balayer du regard les lieux pour me les approprier ; me camper dans le décor en prévision de l'entrée en scène de l'attendu(e), qui marquera le début du premier acte de notre rencontre.

J'aime l'attente forcée par la nature ; et même celle causée par le manque de ponctualité.

Par contre, je déteste l'attente qui découle de la négligence, du manque d'information, de l'inefficacité ou, pire, de l'indifférence à l'égard du sort de l'autre. Et pourtant, je m'acharne à vivre et à voyager en Post-Soviétie...

J'attends maintenant depuis près d'une heure mon repas dans la cafétéria de l'aéroport. L'inefficacité des employées est effarante. Entre le client qui commande et celui qui est servi, l'écart est de vingt-cinq numéros (j'ai compté). La tâche des employées est pourtant simple. Elles doivent servir le même repas à tout le monde, à quelques légumes près. Or, elles n'arrivent à déposer sur le comptoir qu'une assiette toutes les trois ou cinq minutes (ça aussi, je l'ai calculé). Et entre le moment du dépôt et l'appel du numéro chanceux s'écoulent encore plusieurs autres minutes. Une fois que l'heureux appelé prend possession de son assiette, le poisson et les légumes sont froids.

La plupart des passagers retardés attendent patiemment leur repas. Ils sont depuis longtemps résignés à l'inévitabilité de l'attente soviétique, puis post-soviétique, pourtant évitable.

Mais qu'est-ce qui peut bien alimenter autant d'inefficacité ? La réponse est simple : l'indifférence totale des employées à l'égard de la qualité de leur travail. Elle est inscrite dans leur regard, tout comme cette résignation qu'elles ressentent par rapport au caractère tout aussi inévitable – à leurs yeux – de leur situation : de toute façon, rien ne changera. Le système, raisonnent ces employées et des millions d'autres à travers le pays, est trop puissant pour qu'un quelconque effort personnel supplémentaire mène à son amélioration. Et encore moins à l'amélioration de leur propre sort. Dans la tête du travailleur soviétisé, l'effort supplémentaire signifierait donner gratuitement son temps et son énergie à celui qui l'exploite et ne démontre que peu de considération pour son bien-être. Mieux vaut donc accomplir la tâche qui a été assignée en y mettant un minimum d'énergie et beaucoup de détachement. Au moins, le travailleur pourra conserver un semblant d'impression de justice et de dignité.

Pendant que les employées de la cafétéria pensent ainsi, moi, je meurs de faim.

★ ★ ★

L'attente du départ aura duré quarante-quatre heures. Un laps de temps propice pour goûter, bon gré et surtout mal gré, à toutes les sortes d'attente.

L'attente pour savoir : en temps de crise, l'information est une denrée rare. C'est encore plus vrai dans un pays où les détenteurs du pouvoir ne ressentent que sporadiquement le devoir d'informer. Devant les guichets d'information d'Aeroflot, les passagers retardés s'agglutinent. L'un doit changer son billet, puisqu'il n'a désormais plus aucune chance d'attraper à Moscou sa correspondance pour

Londres. L'autre veut un remboursement. Un troisième veut simplement obtenir les dernières prévisions sur la reprise des vols. Pour se rendre jusqu'à la petite fenêtre, ils doivent attendre des dizaines de minutes, voire des heures. Puis une fois le but atteint, ils se heurtent souvent à une réplique brusque du genre : « Pour ça, c'est l'autre guichet ! » Personne ne s'occupe de définir clairement la fonction de chaque guichet et d'en informer les passagers impuissants qui font la queue. Personne n'essaie d'éviter les attentes inutiles.

L'attente pour dormir : lorsqu'il devient évident qu'aucun vol ne décollera après cette journée, la compagnie aérienne nous conduit à un hôtel. Une fois dans le hall d'entrée, chacun doit se trouver un cochambreur. À moins d'avoir déjà un *spoutnik*, il faudra partager une chambre avec un inconnu. Pour les Post-Soviétiques, la pratique est tout à fait naturelle. Ils ont grandi dans un pays où les pénuries étaient la norme et non l'exception. Autant celles de nourriture que de biens de consommation, de logements ou d'hôtels. Dans ce contexte, l'intimité était un luxe auquel on ne pouvait prétendre. Encore aujourd'hui, le mètre carré est une denrée rare et chère.

Ultime attente, l'attente naïve et inutile : à deux heures du matin, on nous réveille d'un coup de téléphone pour nous informer que les vols ont repris. À l'aéroport, je regarde les avions s'envoler du tableau indicateur, dont quelques-uns en direction de Moscou. Mais pas de nouvelles de celui qui doit me ramener. Il est vraisemblablement toujours cloué au sol à Khabarovsk. Pourtant, je crois avoir vu disparaître des passagers qui l'attendaient aussi. Je réussis à me rendre jusqu'à un commis d'Aeroflot. Est-il possible de prendre place à bord d'un autre vol que celui inscrit sur notre billet, comme semblent l'avoir fait les camarades d'infortune disparus ? « Mais bien sûr. » Oui, bien sûr. Sauf que personne n'avait daigné en informer les principaux intéressés. Il fallait le deviner.

L'avion décolle. Bientôt Moscou. Mais toujours cette même Russie russe, d'un bout à l'autre.

* * *

Tchétchénie : l'envers de la paix

Les chemins de la violence
25 mars 2008, gare de Naltchik, république de Kabardino-Balkarie

C'est écrit « Grozny » sur le carton dans le pare-brise de la *marchroutka*. « La Terrible », « L'Orageuse », en russe. Non mais quelle idée de donner un nom si peu invitant à une ville. Lorsqu'on connaît l'histoire mouvementée de la capitale tchétchène, on se demande si elle n'aurait pas connu un destin moins tragique si elle avait été nommée Sladkaïa, « La Douce », ou encore Mirnaïa, « La Paisible ». Peut-être l'artilleur russe aurait-il hésité avant de larguer ses bombes sur La Douce ? Et sans doute les Tchétchènes y auraient-ils pensé à deux fois avant de prendre les armes pour réclamer à la vie à la mort une indépendance bien utopique pour La Paisible ?

Peut-être que oui, mais probablement que non. Car lorsque la forteresse Groznaïa[59] a été érigée par l'armée russe en 1818, l'orage de violence battait déjà son plein entre les montagnards tchétchènes et les soldats du tsar Alexandre 1er. L'histoire croisée d'un peuple dominateur et d'un autre farouchement rebelle avait été, était et continuerait d'être sanglante. Par son nom, Grozny n'en serait que le symbole. Elle porterait le poids de cette relation éternellement conflictuelle entre Russes et Tchétchènes.

★   ★   ★

Dans la *marchroutka* immobile, les femmes tchétchènes s'impatientent. À voix plus ou moins hautes, elles se plaignent, entre elles ou directement au chauffeur. « Ce sera encore long ? Où est donc le jeune homme qui a laissé son sac sous le siège ? Il est allé fumer ? Mais il sait bien que nous partirons bientôt, non ? » Intérieurement, je m'étonne de leur impatience. Toutes ces années d'inefficacité bureaucratique et de soviétisme oppressif ne les ont-elles pas immunisées contre la frustration que provoque l'impuissance devant l'attente ? Sans compter cette décennie de guerre qu'elles ont dû passer à se cacher dans des sous-sols, à attendre la fin des combats, à errer d'un camp de réfugiés

---

[50] Groznaïa s'est transformée en Grozny lorsque la *krepost* – forteresse – est devenue un *gorod* – ville –, mot masculin en russe.

à l'autre, à perdre les meilleures années de leur vie sans pouvoir rien y faire… En pareille situation d'attente, me dis-je, le Russe moyen serait resté stoïque et résigné, à l'image du fatalisme légendaire de son peuple. Pas le Tchétchène, visiblement. Le Tchétchène n'est pas du genre à s'écraser devant les réalités. Même celles qui paraissent hors de son contrôle. Appelez ça du courage, appelez ça de la folie ou des jérémiades, le résultat est le même : le Tchétchène ne se laisse pas faire. Il ne se résigne pas devant son sort. Et, s'il le faut, il prend les armes.

★   ★   ★

Pour les passagers de la *marchroutka* aujourd'hui, le trajet Naltchik-Grozny est aussi banal qu'un Québec-Chicoutimi pour moi lorsque j'étais étudiant. Un voyage entre deux vies. Celle qu'ils se sont bâtie en Kabardino-Balkarie après avoir fui la guerre ; et l'autre dans la mère-patrie, là où l'on finit toujours par revenir parce que, même enlaidie par les conflits, elle demeure la seule à pouvoir nous rassurer jusqu'au fond de l'âme par la simple constance de ses défauts et de ses qualités. «Je n'ai jamais voyagé vers autre pays que toi mon pays», écrivait à ce sujet Gaston Miron.

Et moi ? Pourquoi suis-je dans cette *marchroutka* ? Oui, pour un reportage. Pour parler de la réalité tchétchène. Mais il y a plus que ça. Ce serait mentir que de dire que ce n'est pas aussi pour l'aura. Lorsque je pars vers un danger possible – aussi minime soit-il –, je le fais par besoin de dépassement des limites de mon courage, mais aussi, un peu, peut-être, pour pouvoir brandir cette aventure comme un trophée. Pour revenir dans le monde des conforts avec des mots qui frappent. Comme Grozny, guerre ou Tchétchénie.

En ce printemps 2008, dans l'imaginaire collectif occidental – et même celui des Russes –, la Tchétchénie est toujours un brasier brûlant où il ne fait pas bon mettre les pieds. Et pourtant, en réalité, l'«enfer» tchétchène n'est plus qu'une succession de petits feux aléatoires et épars. Oui, les forces de l'ordre et les derniers rebelles s'entretuent presque tous les jours ; oui, il y a des attentats sporadiques à Grozny et ailleurs dans la république ; oui, l'arbitraire règne toujours ; oui, les forces de l'ordre enlèvent des présumés terroristes ou même des défenseurs des droits humains qu'on retrouve ensuite morts dans le coffre d'une voiture ou à l'orée d'une forêt. Mais les bombes russes ne pleuvent plus. Il n'y a plus de *snipers* planqués dans les décombres fumants d'édifices éventrés pour tirer à toute heure du jour et de la nuit sur les passants, soldats ou civils. Pour la majorité, la vie a repris un cours plus ou moins normal. Sauf que l'imaginaire collectif ne mesure pas le danger de façon aussi rationnelle. Pas même l'imaginaire d'un journaliste à sang froid, aussi informé soit-il par ses lectures savantes sur la réalité tchétchène. Mon cerveau ne peut ainsi se résoudre à marginaliser dans le présent un danger qui était si réel récemment. Vu de l'extérieur, à deux cents kilomètres ou dix mille kilomètres de distance, «Grozny» et «Tchétchénie» sont synonymes de «danger» et de «guerre». Donc de «mort».

C'est pourquoi quelques jours plus tôt, au milieu de mes pérégrinations caucasiennes, j'avais décidé de rayer la Tchétchénie de mon itinéraire. La fatigue était venue à bout de ma témérité. De plus, au danger potentiel s'ajoutait un problème légal : la Tchétchénie étant une zone d'opération antiterroriste, il fallait en théorie obtenir une permission spéciale du Comité national antiterroriste pour s'y rendre en tant que journaliste étranger. Une arrestation en territoire tchétchène sans cette permission pourrait me valoir bien des ennuis avec les autorités, voire une expulsion de Russie et un statut de *persona non grata* pour quelques années. Bref, je m'étais convaincu que le reportage n'en valait pas le risque. Mais le sort en aura voulu autrement. Alors que je m'apprêtais à poursuivre ma route en territoire moins conflictuel, mon audace a soudainement retrouvé son point d'ébullition. Cela, je le dois à l'intrépidité d'une adolescente de 14 ans qui, sans le savoir, a relativisé mes craintes et piqué mon orgueil.

Quelques semaines auparavant, Vlada, la jeune fille de la famille russe qui m'hébergeait à Naltchik, était allée rejoindre en *marchroutka* ses copines tchétchènes à Grozny. À l'insu de ses parents, bien sûr, qui autrement lui auraient strictement défendu l'aventure. Si Vlada avait pu le faire, alors pourquoi pas moi? L'instinct affichait positif. Je partirais et on verrait bien.

* * *

Tous les sièges de la *marchroutka* sont maintenant occupés. Le moteur démarre. Dans quelques heures, Grozny.

J'observe mes *spoutniki*. Surtout des femmes, pour la plupart vêtues de noir, tête voilée. Je les trouve belles, même dans la vieillesse et l'embonpoint. Peut-être cette beauté vient-elle de l'assurance qui transpire dans le regard de ceux qui ne se laissent pas marcher sur les pieds ? Il y a aussi quelques hommes aux cheveux foncés. Ils sont propres. Beaucoup plus que le Russe moyen, qui n'a que faire de ses odeurs d'alcool ou de sueur. Leurs habits sont immaculés, comme ceux de tous les mâles fiers du Caucase, qui ne pourraient supporter une poussière sur leurs souliers.

Je les observe. À travers leurs gestes et leurs regards, j'essaie de deviner un peuple, de déboulonner les mythes que j'entretenais à son égard.

* * *

Lorsqu'une terre ne nous est pas familière, lorsque la traversée jusqu'à celle-ci est un long tunnel à l'aboutissement imperceptible, on en vient à se créer une mythologie personnelle sur ce monde derrière le connu. Puis, au fil des kilomètres, nos dessins fantastiques sont remplacés par les paysages du réel. Si nous gagnons assez de sagesse pour affronter les désillusions, nos légendes deviennent des réalités vécues par nos sœurs et nos frères humains. Le plus souvent, avec une banalité qui se rapproche de celle de notre propre quotidien.

Ce qui nous frappe en premier, ce sont les différences. Ces traits qu'on croit culturels et généralisés, parfois à tort, parfois à raison. L'accumulation de rencontres se chargera de nous le révéler. Puis, avec ce pays et ces gens qui nous rentrent dans le corps, ce qui nous sépare d'eux devient presque secondaire. On se prend à trouver une ressemblance frappante entre un vendeur de légumes de l'autre bout du monde et une vieille connaissance sédentarisée sur notre terre natale. Les deux partagent une même bouche, une même voix, les mêmes expressions faciales ou la même rhétorique. À des centaines de cultures de distance, on retrouve la même humanité.

C'est pourquoi je me sens ridicule de faire tout un plat avec ce voyage en Tchétchénie. Ridicule par anticipation. Parce que je sais que dans quelques jours – si on me laisse entrer bien sûr – cette fébrilité intérieure à l'idée de découvrir ce pays ravagé, de rencontrer ces gens qui ont tant souffert, me paraîtra honteuse.

Je me sens condescendant. Moi, le journaliste-conquérant de Grozny. Moi, qui pourrai me targuer dans un autre monde d'avoir mis les pieds sur ce sol meurtri. Et pourtant. Il n'y a rien de surhumain ou d'héroïque à côtoyer un humain dans son habitat naturel, même si les deux nous sont exotiques. Dans cette *marchroutka* se trouvent des gens aujourd'hui ordinaires (oublions leur passé extraordinaire pour un instant) qui font un voyage ordinaire ; des gens qui pensent probablement en ce moment même à ce qu'ils mangeront pour souper en arrivant à la maison ; des gens qui n'ont jamais réellement arrêté de vivre malgré les bombes et les *zatchistki*** (opérations de «nettoyage» de rebelles menées par l'armée russe), parce que, tant que le cœur bat, on n'a pas vraiment le choix de continuer. Je me sens admirateur de misère. Et je me jure de ne pas me faire prendre au jeu du misérabilisme lorsque viendra le temps de faire part aux lecteurs de ce que j'ai vu et vécu. Je me jure de ne pas oublier que, sur ces bouches qui me parleront de malheurs passés ou présents, des sourires s'amarrent souvent, aussi souvent probablement que sur les autres bouches de l'humanité. Je me jure de ne pas me laisser prendre au jeu. De ne pas oublier que les souffrants peuvent mentir et que les méchants peuvent souffrir. Que ni la compassion envers l'un ni le mépris envers l'autre ne justifient notre aveuglement. Je me jure de ne rien oublier de tout ça. Ni cette fois ni les autres. Ici, comme ailleurs.

*   *   *

Nous roulons depuis quelques dizaines de minutes lorsque nous arrivons au poste de contrôle à la sortie de la Kabardino-Balkarie. J'aurais préféré être assis discrètement dans le fond de la *marchroutka*, mais à mon arrivée à la gare de Naltchik, il ne restait que des sièges près de la portière. Maintenant, me voici en première ligne d'attention pour l'agent qui vient vérifier nos passeports et s'assurer que rien ni personne de suspect ne se cache dans le véhicule. Nous ne sommes pas à une frontière internationale. Mais en ces temps de terrorisme qui se prolongent, chaque république caucasienne essaie d'éviter la contamination par ses voisines. C'est pourquoi chacune contrôle les entrées sur son territoire et les sorties – autant que la négligence des représentants de l'ordre sous-payés le permet.

L'œil de l'agent est nonchalant. Ou simplement indifférent. Il ne voit pas l'étranger, ne veut pas le voir, ou se fout bien de sa présence. Tant mieux pour moi. L'important, c'est que, lorsque nous repartons, à travers la pile de passeports russes bourgogne se trouve mon passeport bleu marine canadien.

En moins de cinq minutes, nous traversons de bout en bout cette mince bande de terre qui donne à l'Ossétie du Nord la forme d'un sablier asymétrique. Nous voici déjà au poste de contrôle ingouche. Ici, on entend beaucoup moins à rire. L'accueil est militaire. Miradors, tranchées, planques de tir, soldats lourdement armés. Si la Kabardino-Balkarie et l'Ossétie du Nord ont connu quelques épisodes violents au cours des dernières années, leur situation sécuritaire respective est incomparable à celle critique de l'Ingouchie.

En fait, à partir de la frontière ingouche commencent les plus sérieux problèmes du Caucase. Ils s'étendent jusqu'au littoral de la mer Caspienne, en passant par la Tchétchénie et le Daguestan. Dans les profondes forêts et les majestueuses montagnes de ces trois républiques à majorité musulmane se cachent des islamistes fondamentalistes armés. Leur revendication principale : l'instauration d'un émirat dans tout le Caucase du Nord. Il y a quelques années, les rebelles se battaient essentiellement pour l'indépendance de la Tchétchénie. Hormis de brèves incursions dans les républiques voisines et ailleurs en Russie pour aller commettre des attentats terroristes, ils demeuraient à l'intérieur des frontières tchétchènes. Puis, au fil de la lutte qui s'annonçait de plus en plus vaine compte tenu de la férocité de la réplique russe, les plus modérés – ou les plus corruptibles – ont quitté le maquis pour jurer fidélité à Moscou et retourner à une vie civile. Les rebelles restants se sont recyclés en fous d'Allah. La guerre contre les «occupants» russes est devenue une guerre sainte. Aux Tchétchènes et quelques sympathisants étrangers et régionaux qui combattaient à leurs côtés – dont des Arabes – se sont joints des musulmans de tout le Caucase : Ingouches, Daguestanais (eux-mêmes séparés en plusieurs peuples), Kabardes, Balkares, Tcherkesses... La menace est désormais plus régionale que jamais. Le danger peut provenir de n'importe quel fidèle musulman qui a une bonne raison de dépasser les limites de la foi paisible pour tomber dans la révolte. Et justement, les forces de l'ordre russes et locales leur en donnent chaque jour. Ayant reçu carte blanche de Moscou pour en finir avec la rébellion, elles utilisent la seule méthode qu'elles connaissent : la force. La carte blanche n'ayant pas, par définition, de limites dans son utilisation, la force non plus n'en a pas. Ce qui conduit à des « erreurs ».

Et c'est ainsi que s'enclenche le cercle vicieux de la violence combattue par la violence. Feu pour feu, œil pour œil, dent pour dent.

Chaque fois que les forces de l'ordre éliminent un rebelle qui se révèle souvent par la suite n'en être pas un, ses proches pleurent et s'indignent. Ils réclament justice. Sauf que les autorités leur expliquent que la fin justifie les dommages collatéraux et qu'ils n'ont pas du tout l'intention de reconnaître que le « terroriste » qu'ils ont enlevé et abattu n'était qu'un jeune homme sans histoire. Les proches du défunt comprennent alors qu'ils n'obtiendront jamais justice devant un tribunal. Ils ragent contre ces Russes et leurs collaborateurs locaux qui se permettent tout, sachant qu'ils n'auront jamais à répondre de leurs actes.

Chez les jeunes adultes, la colère est accentuée par la fougue de l'âge. Ils cherchent encore plus intensément que leurs aînés un moyen de faire régner la justice ou d'obtenir vengeance. Mais lorsqu'ils regardent autour d'eux, ils n'y voient aucune perspective. Ni de justice, ni même d'avenir pour eux-mêmes. Dans leur région sans moteur économique, la majorité de la population chôme. C'est aussi ce qui les attend. Ils sont jeunes et leur avenir ressemble à un cul-de-sac. Ils n'ont rien à perdre. Si au moins ils pouvaient gagner quelque chose avant de mourir, une dignité peut-être, à défaut d'argent et de succès professionnel. Ils entendent parler des rebelles cachés dans les forêts. Ceux qui par leurs actes terroristes prétendent défendre non seulement l'islam mais aussi, justement, la dignité des opprimés contre les injustices et l'arbitraire des « occupants ». Ces jeunes savent que s'ils prennent le maquis, la mort les attend à court ou à moyen terme.

Mais c'est cela, ou une vie de misérable et d'humilié. Ils choisissent la mort qui donnera un sens à leur vie écourtée. Au lieu d'attendre d'être à leur tour enlevés en plein jour par des policiers masqués, de devenir des victimes innocentes et que personne ne réponde du crime, ils prennent de front la fin de leur existence. Ils choisissent la mort «héroïque» du combattant, justicier d'Allah.

En les éliminant, les forces de l'ordre se félicitent de la disparition de la surface de la terre d'un autre terroriste. Le président et le premier ministre russes s'en félicitent aussi. Le Mal a perdu devant les forces du Bien. Justice a été rendue contre ceux qui terrorisent le pauvre peuple. Or, personne parmi eux n'ose analyser le cheminement de ce jeune homme ordinaire vers le côté sombre de la loi. Personne ne veut reconnaître que ce qui l'a poussé dans les bras de la rébellion, c'est ce sentiment d'impuissance face aux injustices et à son avenir bloqué. Pour le pouvoir, cet avenir brisé qu'on voit à la télévision, gisant au sol avec une balle dans la tête, n'est qu'un terroriste de moins. Les forces de sécurité réitèrent une fois de plus leur détermination à poursuivre leur lutte acharnée. Ils cherchent parmi les amis et les proches du jeune homme d'autres potentiels terroristes. Ils tuent encore. Des coupables et des innocents. Au nom de la justice, ils appliquent sans distinction la justice et l'injustice. Et ainsi assurent-ils la pérennité du cercle vicieux de la violence qui, depuis la chute de l'URSS, écrase et embrase ce Caucase de tout temps rebelle.

★   ★   ★

Le militaire nous redonne nos passeports. Nous repartons. Pas de questions pour l'étranger. Encore une fois, coup de chance pour moi, ou d'incompétence de la part de jeunes soldats russes venus d'autres provinces et qui ne savent pas trop distinguer ici le bon grain de l'ivraie.

Il n'existe pas de frontière claire délimitant l'Ingouchie et la Tchétchénie. Jusqu'en 1992, les deux républiques n'en formaient qu'une. Depuis, il y a eu les guerres, les rébellions, les tensions, les intérêts politiques et commerciaux, et personne n'a osé tracer précisément la ligne entre ces deux sujets de la Fédération de Russie. Pas de frontières ni de postes de contrôle.

Vous comprenez que vous êtes en Tchétchénie en voyant les maisons détruites ou criblées de balles à l'entrée du premier village tchétchène. Elles viennent vous rappeler que, si l'Ingouchie est aujourd'hui plus mouvementée qu'elle, c'est sa voisine indépendantiste qui a subi le courroux et les bombes des Russes. Si vous n'êtes toujours pas convaincus d'avoir passé la frontière imprécise, vous pouvez vous rabattre sur les nombreux portraits qui font leur apparition une fois en territoire tchétchène. Il y en a quelques-uns de Vladimir Poutine, mais en majorité ce sont ceux d'Akhmat-Khadji Kadyrov, président tchétchène depuis l'année 2000 jusqu'à son assassinat dans un attentat au stade de Grozny le 9 mai 2004. Vous êtes désormais certains de bel et bien vous trouver au pays de son fils, Ramzan Kadyrov (aussi sur certains portraits), l'actuel chef de la république, qui a décidé de nationaliser et d'éterniser le deuil de son paternel.

Trois heures et quelque deux cents kilomètres après notre départ de la gare de Naltchik, nous voici à Grozny.

* * *

Entre mars 2008 et août 2010, je me suis rendu à trois reprises en Tchétchénie. En moins de deux ans et demi, j'ai vu Grozny changer de visage à un rythme étourdissant. À chaque nouvelle visite, des ruines et des traces de pauvreté ambiante avaient disparu du paysage urbain pour laisser place aux projets les plus fous du jeune président mégalomane Kadyrov. Aux yeux de ceux qui ne portent pas en eux les balafres de la guerre, la situation avait l'air de se normaliser au rythme des pelles mécaniques.

* * *

N. et les guerres
25 mars 2008, Grozny, Tchétchénie

Avenue de la Victoire. Les travaux de terrassement et de construction battent leur plein. Muni de mon appareil photo, j'accumule les dernières preuves de la future ancienne Grozny. Une dame s'approche. « Vous n'êtes pas d'ici, n'est-ce pas ? Vous êtes journaliste, c'est évident. J'ai tellement de choses à vous raconter. Venez avec moi. »

N. m'entraîne dans un café au sous-sol d'un édifice. Elle choisit une table dans une section spéciale avec rideau, pour éviter les oreilles et les regards indiscrets. Une affiche avertit qu'il faudra payer cent roubles de plus pour s'asseoir dans cette section. « C'est pas grave, je payerai. » Nous commandons une carafe de jus de pêche et elle commence à me raconter.

« Mussolini, Pinochet, vous connaissez ? » lance-t-elle d'emblée, avec un sens aigu de la formule-choc. « Sous [Ramzan] Kadyrov, c'est pareil. On n'a rien le droit de dire. Oui, il est en train de reconstruire toute la ville. C'est très beau. Mais la vraie question, c'est pourquoi a-t-elle été détruite en premier lieu ? Ah, si les Russes n'avaient pas retiré leur armée en 1991 en laissant toutes leurs armes ici, ça ne serait jamais arrivé. »

« Ça », c'est la guerre. Ou, plutôt, les guerres. La première, en 1993-1994, lorsque l'armée russe a décidé de répondre par la bouche de ses canons à la déclaration unilatérale d'indépendance de la Tchétchénie, prononcée deux ans plus tôt[60]. Puis la deuxième, officiellement une simple « opération antiterroriste », déclenchée en 1999.

Durant les premiers mois de cette deuxième offensive, les bombardements violents et nombreux de l'armée russe ont ensanglanté la république comme jamais durant la première. Puis tranquillement, la rébellion s'est affaiblie, sans mourir pour autant. Aujourd'hui, les affrontements sporadiques entre les Tchétchènes islamistes et ceux fidèles à Moscou font partie du quotidien[61].

Comme la plupart des Tchétchènes que je rencontrerai par la suite, N. croit que la première guerre était honorable et motivée par une réelle volonté d'indépendance – quoique bien illusoire, compte tenu de la quasi totale dépendance économique de la république à l'égard de la Russie. Et la deuxième ? Une guerre « commerciale pour le contrôle du pétrole ». Plusieurs Tchétchènes reconnaissent d'ailleurs que le blâme du déclenchement du premier conflit leur revient. Armés jusqu'aux dents dans leur petit pays, ils représentaient un danger trop imprévisible pour que la Russie se permette de les

[60] La réaction tardive s'explique par le fait que, empêtrée dans les décombres de l'empire soviétique, la Fédération de Russie avait eu d'autres chats à fouetter avant de défendre sa nouvelle intégrité territoriale.

[61] L'opération antiterroriste ne se terminera officiellement que le 16 avril 2009. Sa fin, obtenue par le président tchétchène à force d'insister auprès du gouvernement fédéral, relève toutefois plus d'une volonté de Kadyrov de présenter sa république comme la plus stable et la plus paisible de la planète que de réels progrès dans l'éradication de la rébellion.

laisser la déstabiliser. Mais pour le deuxième conflit, l'appartenance ethnique n'avait plus d'importance. C'est l'argent qui parlait, pas les principes, croient N. et bien d'autres.

N. rêve encore aujourd'hui de l'instauration d'une république islamique en Tchétchénie. Celle-ci a d'ailleurs presque existé durant l'entre-deux-guerres (1994-1999), alors que Moscou, vaincue et démoralisée, avait laissé les leaders tchétchènes faire ce que bon leur semblait sur leur territoire, en échange de la paix.

N. vit dans un ménage polygame. Son mari a deux femmes. «C'est interdit en Russie, mais ce sont nos lois tchétchènes», explique la bijoutière de 40 ans. Voyant sa tête à découvert, je lui demande si elle porte habituellement le voile. «Oui, bien sûr.» Au même moment, elle remonte sur ses cheveux le foulard qui lui flotte dans le cou. «C'est qu'il avait glissé.»

Elle ne croit pas en la profession de foi du jeune Kadyrov, qui se présente en défenseur de l'islam, comme son père Akhmat-Khadji, ancien président mais aussi mufti de Tchétchénie. «Quand tu te vends une fois, tu te vends pour toujours.» N. fait référence au changement d'allégeance des Kadyrov, rebelles durant la première guerre, pro-russes durant la deuxième. «Ramzan, c'est un pion entre les mains de Poutine. C'est un traître.»

Pour sa part, elle n'a jamais renié ses idéaux indépendantistes et islamistes. Tout comme sa famille, qui en paie d'ailleurs le prix. Il y a trois mois, le fils de son mari a été enlevé par le *neftepolk*, un bataillon censé protéger les installations pétrolières, mais souvent accusé de prendre en otage des proches de combattants pour forcer ceux-ci à se rendre. «Ils l'ont emmené, puis ils l'ont battu jusqu'à ce qu'il perde conscience. Ils l'accusaient d'avoir laissé entrer dans sa maison son voisin *boïevik**.» Elle prononce le dernier mot, «combattant» en russe, en chuchotant. «Un soir, son voisin est en effet descendu des montagnes et il a frappé à sa porte. Il lui a demandé du thé et de le laisser prendre une douche chez lui. Tu ne peux pas refuser l'hospitalité à ton voisin. Guerre ou non, tu le laisses toujours entrer chez toi.» Finalement, la famille a dû payer dix mille dollars de rançon pour faire libérer le fils. «Dans des cas comme celui-ci, on vend un tracteur, on vend une voiture, mais on ne le laisse pas là.»

Si ce genre d'extorsion est très répandu en Tchétchénie, cela existe aussi ailleurs en Russie. N. raconte avoir dû payer cinq mille dollars pour faire annuler un procès contre son fils qui, selon ses dires, aurait défendu une jeune fille russe attaquée par un Russe. Par précaution, elle ne veut pas me dire dans quelle province s'est produit l'incident. Elle est convaincue que son fils a été victime du racisme des Russes envers les Tchétchènes.

N. n'arrête pas de parler. Mais pourquoi, au juste ? « Je suis patriote, alors je ne veux pas me taire. »

La nuit du Nouvel An 2008, un policier membre de sa famille a été assassiné sur le seuil de sa porte par des *boïeviki*. Malgré cela, N. défend les rebelles, parce que, eux, au moins, contrairement aux collaborateurs de Kadyrov, « ils ne se battent pas pour l'argent, mais pour des principes ».

« Chaque jour, des jeunes partent dans la montagne », assure-t-elle. Dans sa famille – un concept très large en Tchétchénie –, deux jeunes hommes ont laissé tomber leurs études pour rejoindre la guérilla. « Ils avaient perdu des frères », tués par les *kadyrovtsy* (les hommes de Kadyrov).

Durant la deuxième guerre, N. a quitté la ville pour se réfugier dans son village natal. « Si vous saviez tout ce que j'ai vu. Mon cousin a été tué d'une balle dans le cœur tout juste à côté de moi. Ceux qui mouraient, on les enterrait la nuit. »

N. croit que l'avènement d'une paix réelle en Tchétchénie n'est pas pour sitôt. « Ce matin, j'ai entendu une explosion. Je n'ai pas pu m'empêcher de penser que ça recommençait. » Décidément, N. a le sens de la formule. Et moi, aucun moyen de vérifier la véracité de ses histoires même si, dans le contexte tchétchène, chacune d'elles est tout à fait plausible. Nous nous quittons, sans que je puisse lui soutirer un numéro de téléphone ou un nom complet.

★　★　★

Jeunesse kadyrovienne

Je suis assis sur le bord d'un trottoir sale dans un stationnement. Tout autour derrière de hautes clôtures grillagées se trouvent les bâtiments de l'Université d'État de Tchétchénie. Sans *propousk* (laissez-passer), je ne peux entrer sur le campus, gardé par des miliciens armés de mitraillettes. Des étudiants passent par petits groupes généralement non mixtes, livres sous le bras. Les filles portent invariablement une longue jupe, un tee-shirt et un léger voile – marqué pour certains des initiales de l'université « ЧГУ ». C'est en somme le costume féminin réglementaire de la tradition tchétchène. Il est rare de trouver des Tchétchènes (en Tchétchénie) habillées autrement. D'autant plus que, même si elles le souhaitaient, elles pourraient difficilement laisser tomber le voile. Premièrement, parce qu'un décret présidentiel de Ramzan Kadyrov a rendu son port obligatoire dans les institutions publiques. Mais encore plus parce que, décret ou non, la tradition a toujours été plus forte que les lois ici. Si l'État ne les y oblige pas, les pressions familiales et socioreligieuses s'en occuperont.

Trois jeunes hommes s'approchent. « *Salam aleïkoum* », lancent-ils à la chaîne en me serrant la main, avant d'entamer la conversation en ·tchétchène. *Aleïkoum salam*, mais désolé, je ne parle pas tchétchène. « Ah ! Je t'ai confondu avec mon cousin », dit Rassoul, l'un d'eux. Il assure que, de loin, la ressemblance entre ma chevelure longue, frisée et ébouriffée, et celle de son cousin est confondante. L'erreur, intentionnelle ou non, devient prétexte à la discussion.

Rassoul, Habib et Najoud ont tous les trois 17 ans. Ils étudient l'éducation physique. Tour à tour, ils se photographient à l'aide de leur téléphone cellulaire en compagnie du curieux représentant du monde extérieur que je suis. Pour montrer au cousin, bien sûr.

Alors, vous en pensez quoi, les gars, de votre président ? « Ramzan aime beaucoup les jeunes », répond Rassoul. « Il vient souvent ici et il discute avec nous », s'excite Najoud. « Il veut que les gens vivent bien », reprend Rassoul.

Ils n'ont pas tort. Kadyrov est trentenaire et croit réellement au potentiel de la jeunesse. Mais comme tout bon mégalomane, il la voit surtout à son image. Il la voit comme un prolongement de son être et de ses ambitions.

Je fais remarquer aux trois amis qu'à ce qu'on raconte plusieurs garçons de leur âge estiment que la seule voie d'avenir possible les mène dans la forêt, aux côtés des rebelles islamistes. Tous trois assurent ne connaître personne qui ait choisi le *djihad*. Mais ils savent très bien de quoi et de qui je veux parler. Et étonnamment, loin de les condamner, ils compatissent avec eux. «Leurs parents ont été tués, ils n'ont plus rien à perdre. Ils se disent que, tant qu'à mourir, ils vengeront leurs parents», justifient les garçons. De la bouche d'admirateurs de Kadyrov, la pitié envers les apprentis *boïeviki* sonne étrange. De son côté, Ramzan fait grand état de son profond mépris pour eux. Peut-être pour faire oublier que durant la première guerre il a lui-même combattu les Russes dans le maquis… Aujourd'hui, lorsqu'il crache sur les cadavres encore chauds des combattants devant les caméras de télévision, il les appelle *chaïtany* – les démons.

Au fil de la discussion, je comprends que les trois garçons sont plutôt modérés dans leur appui au président. Rassoul dit qu'il n'a aucunement l'intention de joindre les milices de Kadyrov, malgré sa forte carrure et son allure de dur qui lui donneraient parfaitement le profil de l'emploi. «Ce sont des Tchétchènes et ils combattent d'autres Tchétchènes. Je n'aime pas ça.»

Et le Russe Poutine, vous en pensez quoi? «C'est un bon gars», disent-ils, de ce ton hésitant dans lequel transpire la méfiance naturelle du Tchétchène envers tout Russe. Ou, plutôt, son sentiment que les deux peuples sont étrangers l'un à l'autre et que la confiance réelle entre eux ne sera jamais possible. Mais puisque le Russe est plus fort avec sa grande armée, il faut s'en accommoder si on veut éviter ses bombes et vivre en paix.

Oui, c'est ça qu'ils souhaitent pour l'avenir. Vivre en paix. «Hormis la guerre, nous n'avons rien connu d'autre», lance Habib. Ses deux amis le regardent avec un sourire. Non pas parce que ce qu'il vient de dire est drôle en soi, mais parce que Habib a trouvé une formule parfaite à dire à un journaliste qui l'écoute attentivement, calepin à la main. Rassoul renchérit: «Durant longtemps, je n'ai rien vu d'autre que la guerre, alors que maintenant nous pouvons aller au cinéma et rencontrer des filles.»

Les trois garçons sont croyants. «Si nous n'avions pas la foi en Allah, nous ne serions déjà plus ici», dit Rassoul. Des croyants modernes. Rassoul sort son téléphone et me montre des images hautement pixelisées de symboles islamiques et des lieux sacrés de l'islam. Dans une autre réalité, les jeunes devant moi m'auraient probablement montré des photos de groupes de rock ou de filles nues. Mais ici, ce qui les anime c'est la Pierre noire de La Mecque.

Inch Allah, il n'y aura plus de guerre en Tchétchénie, disent les garçons. Habib penche pour la bonté du bon Dieu qui, selon lui, donnera enfin du répit au peuple tchétchène. Mais Rassoul rappelle à son ami qu'il y a encore beaucoup de *boïeviki* dans les montagnes et que des jeunes continuent à se joindre à eux...

★   ★   ★

La liberté selon Ramzan

Au bout de l'avenue de la Victoire se trouve un monument étrange. Une simple plaque en marbre noir frappée d'une inscription laconique en russe et en tchétchène : « À la mémoire des journalistes tués au nom de la liberté d'expression. » Je me frotte les yeux pour être certain d'avoir bien lu. Liberté d'expression ? Rien ne peut exister en Tchétchénie sans l'aval de Ramzan Kadyrov, puisqu'il détient, justement, le monopole de la liberté d'expression. Cela veut dire que ce monument est apparu à la demande du potentat, ou du moins avec sa bénédiction. Il n'y a jamais réellement eu de médias libres en Tchétchénie (sauf brièvement durant la décennie 1990) et ce n'est certainement pas sous son joug qu'ils apparaîtront.

J'ai retrouvé par la suite la déclaration de Kadyrov le jour de l'annonce de l'édification du monument aux journalistes tués, en décembre 2006. Il était alors premier ministre, mais déjà en plein contrôle de la république depuis la mort de son père[62] : « La profession de journaliste est réellement lourde et dangereuse, non seulement en situation de conflit, mais en temps de paix aussi, et ce, dans n'importe quel pays. Les correspondants doivent être justes et non seulement dire la vérité, mais s'assurer de ne porter atteinte ni à la société ni à aucun de ses membres en particulier. » (*Interfax*, 11 décembre 2006)

La vérité. En Tchétchénie, c'est Kadyrov qui la dicte. Les journalistes et défenseurs des droits humains qui le contredisent sont menacés. Ceux qui viennent de Russie ou de l'étranger risquent des poursuites

---

[62] Quelques mois plus tard, il remplacerait d'ailleurs le président fantoche Alou Alkhanov, placé à la tête de l'État en attendant que le jeune Ramzan atteigne les 30 ans réglementaires pour accéder à la fonction suprême.

pour diffamation; les Tchétchènes, eux, risquent de perdre leur emploi ou leur vie. Du moins, à en croire les nombreuses organisations des droits humains qui n'arrivent pas à expliquer la disparition et la mort de leurs collaborateurs en Tchétchénie par autre chose que la main toute-puissante de Kadyrov et de ses hommes. Mais comment vérifier ces allégations dans un pays opaque comme la Russie, où aucune cour de justice n'oserait accuser un dirigeant – qu'importe qu'il soit Tchétchène, Kalmouk ou Russe – et réclamer qu'il explique comment des civils peuvent disparaître en plein jour à bord de voitures des services de sécurité pour ensuite réapparaître morts ou amnésiques ?

Près du monument, des jeunes bien sapés à la dernière mode des Caucasiens néo-moscovites traînent à côté de leurs jeeps noires flambant neuves. Ils s'approchent de moi. Un étranger, ici ? Journaliste en plus ? Canadien ? L'un d'eux se présente. Souleïmane. Il me donne sa carte de visite. Comme les autres, il habite à Moscou. Il travaille pour la section juridique de Russie unie, le parti de Vladimir Poutine. C'est grâce à Poutine et à Kadyrov s'il a réussi à se bâtir une belle carrière, explique-t-il. Normal qu'il leur soit reconnaissant.

Souleïmane assure connaître *La Presse* et lire mes textes sur *Inosmi*, un site web très populaire spécialisé dans la traduction d'articles des journaux étrangers. Or, à ce moment-là, *Inosmi* n'a encore jamais traduit l'un de mes articles...

« Tu te promènes sans garde du corps ? » me demande l'un des copains de Souleïmane. Je lui réponds du tac au tac : mais pourquoi en aurais-je un ? Kadyrov lui-même dit que votre république est la plus calme du monde ! « Ah oui, bien sûr. Et c'est bien vrai ! »

★ ★ ★

Grozny multiple

En ce printemps 2008 – soit trois ans après le début des travaux de reconstruction –, Grozny est atteinte d'un trouble de la personnalité multiple. Elle oscille entre l'écorchée de guerre, la ville nouvelle qui se construit à un rythme ahurissant et le bourg oriental poussiéreux grouillant de tous ses petits marchands. Si la ville a un cœur, il se trouve à l'intersection des rues Rosa-Luxembourg et de la Paix. C'est ici que s'arrêtent les taxis et les minibus qui assurent la majeure partie des déplacements à travers la capitale. C'est ici également que flânent les changeurs de devises, liasses de billets verts à la main, et autres commerçants à la sauvette qui n'ont pas les moyens de se payer un emplacement dans le marché qui s'étend juste à côté. Le marché vert – c'est son nom – est un ensemble chaotique de petites échoppes bringuebalantes protégées par des bâches bleues. En attendant l'avènement de la modernité promise par Kadyrov, le bazar fait office de centre commercial comme dans toute bonne ville d'Orient.

Cette modernité, elle prend justement forme un peu plus chaque jour aux quatre coins de la ville. Pour l'instant, on la perçoit surtout sur l'avenue Akhmat-Khadji-Kadyrov, où la mosquée Akhmat-Khadji-Kadyrov approche la complétion. Ne restent pratiquement plus que les quatre longs minarets à mener jusqu'au ciel et elle sera prête à accueillir des fidèles[63].

En périphérie, la modernité se retrouve aussi dans l'aéroport flambant neuf de Grozny, déjà prêt à tomber en ruine tellement sa construction a été bâclée – comme celle de la plupart des édifices neufs de la ville, d'ailleurs. C'est que, pour terminer un projet dans les délais imposés par Kadyrov, avec un budget amputé par la corruption naturelle à toute construction en Russie (et particulièrement en Tchétchénie), il faut nécessairement lésiner sur la qualité. Les toilettes de l'aéroport en sont le meilleur exemple. Bien cachés dans le sous-sol, ces cabinets infects et puants paraissent avoir été conservés en souvenir du bon vieil aéroport précédent, annihilé par les bombes russes. Ou peut-être est-ce en hommage à cette citation célèbre de Poutine, prononcée au début de la deuxième guerre : «Les avions russes vont frapper en Tchétchénie exclusivement des bases terroristes. Et cela se poursuivra, peu importe où l'on trouvera ces terroristes. Nous allons poursuivre les terroristes partout. S'ils sont à l'aéroport, alors à l'aéroport. Cela veut dire que, pardonnez-moi, mais si nous les attrapons dans les toilettes, alors nous allons les *buter jusque dans les chiottes.* »

Pour financer cette reconstruction rapide de la capitale, le pouvoir tchétchène compte principalement sur les généreux subsides de

---

[63] Elle sera inaugurée le 17 octobre 2008.

Moscou (c'est ce qu'on appelle «acheter la paix»). Les simples mortels tchétchènes aussi contribuent, via l'obscure Fondation Akhmat-Khadji-Kadyrov (oui, encore lui) à laquelle ils font «volontairement» don d'une partie de leurs revenus lorsque ses responsables le demandent gentiment.

Les traces de guerre sont quant à elles personnifiées par les nombreux *kadyrovtsy* lourdement armés qu'on croise à chaque coin de rue de Grozny. Par leur présence, ils viennent nous rappeler que le conflit n'est pas tout à fait terminé. Pour ce qui est des traces matérielles des combats passés, elles ont presque entièrement disparu du panorama urbain extérieur. Par contre, on les découvre rapidement en entrant dans les grandes tours d'habitation à la tôle et aux fenêtres fraîchement posées. Car, à Grozny, les façades sont souvent trompeuses. Ces édifices scintillants ne sont pas de nouvelles constructions, mais des structures meurtries, camouflées sous une carapace de paraître. Lorsqu'on ne peut régler le problème par le fond, on le règle au moins en surface, en priant pour que la couverture tienne le coup quand les visiteurs passeront...

*   *   *

À ma deuxième visite à Grozny, en août 2009, la ville est méconnaissable. Le vieux marché vert, dernier vestige de l'âme caucasienne de Grozny, a été rasé trois mois plus tôt. La vie commerciale a été déplacée vers «Berkat», un marché intérieur où les stands bien délimités devaient, en théorie, permettre d'ordonner l'activité économique anarchique de la capitale. Or, chassez le naturel et il reviendra au galop. En moins de temps qu'il ne lui en a fallu pour quitter le marché vert, le chaos a repris ses droits à Berkat. Les marchands qui n'avaient pas les moyens de tenir commerce officiel dans l'ancien marché en avaient encore moins les moyens dans le nouveau. Chaque matin, ils installent donc inlassablement aux alentours leurs tables en plastique, ou y stationnent leur vieille voiture au coffre débordant de fruits ou de légumes.

Les consommateurs groznyens aussi ont été déstabilisés par ce changement. Rien d'étonnant : ce qui perturbe le plus l'humain moyen, c'est lorsque son quotidien et les habitudes qui l'accompagnent sont bousculés. « Tout est plus cher qu'avant ! Les commerçants en ont profité pour hausser les prix ! » assurent les clients les uns après les autres.

Sur l'avenue de la Victoire, les travaux en cours lors de mon premier passage sont terminés. Le résultat est abasourdissant. L'artère principale pullule désormais de petits cafés où l'on peut boire des cappuccinos à des prix presque moscovites ou manger de relativement délicieuses pizzas.

Comme récompense de son nouveau visage, l'avenue de la Victoire a gagné un nouveau nom : avenue Poutine. Oui, le même Vladimir Poutine qui a ordonné le bombardement de Grozny en 1999 mais qui est devenu, par la force de la loyauté, le héros de l'ancien rebelle Ramzan Kadyrov. Après tout, c'est grâce à Poutine s'il a été nommé président de Tchétchénie. Et c'est tout autant grâce à lui s'il jouit d'un pouvoir absolu dans la république, alors que Moscou ferme les yeux sur ses excès au nom de la stabilité que ses hommes et lui sont censés y apporter.

Et pourtant, malgré ses allures de ville décente, Grozny demeure Grozny. Sous les apparences de cité moderne, l'arbitraire féodal règne toujours. C'est ce qu'est venu rappeler un événement survenu durant mon passage.

★ ★ ★

L'enlèvement

Ça s'est passé un lundi après-midi, en plein centre-ville. Cinq hommes sont entrés dans le bureau de Sauvons la génération !, une organisation humanitaire locale qui œuvre à la réadaptation d'enfants handicapés par la guerre. Ils se sont présentés à Rayana Sadoulaïeva, la directrice, comme « membres des forces de l'ordre ». Ils n'ont pas montré de pièce d'identité ni fourni de mandat d'arrestation. Ils sont repartis avec la femme de 34 ans et son mari, Alik Djibraïlov. Un troisième membre de l'organisation, handicapé, se trouvait aussi dans le bureau à ce moment. Les inconnus ne l'ont pas emmené avec eux. C'est lui qui, plus tard, racontera les détails de l'enlèvement.

Dans les heures qui suivent, la communauté humanitaire de Grozny s'active. Tous savent qu'il faut agir vite, avant qu'il ne soit trop tard.

Ils le savent, parce que c'est loin d'être la première fois qu'un tel incident se produit. Parfois, les kidnappés réapparaissent vivants. Parfois, morts. D'ailleurs, nul besoin de creuser loin dans ses souvenirs pour se rappeler un cas similaire. Trois semaines plus tôt, une responsable du bureau de Grozny de Mémorial, la plus grande organisation de défense des droits humains russes, a disparu. Le jour même, le corps de Natalia Estemirova a été retrouvé en Ingouchie voisine, criblé de balles.

Natalia Estemirova était une critique acerbe du régime Kadyrov. Son meurtre avait un sens, un motif. Ramzan détestait cette femme moderne, mi-Russe, mi-Tchétchène ; cette femme effrontée qui venait lui dire que la lutte contre la rébellion islamiste ne devait pas se faire à n'importe quel prix, que d'éliminer des suspects pour le simple motif qu'ils étaient suspects ne ramènerait pas la paix ; cette femme qui, avec son organisation, créait une mémoire des crimes présents et passés de Kadyrov et de ses hommes, en espérant qu'un jour une justice indépendante y prête attention et juge les coupables. Pour les mêmes raisons, les «hommes à épaulette» russes – militaires ou agents des services de sécurité – les détestaient tout autant, son organisation et elle. Bref, sa disparition a été un choc, mais pas une surprise dont on ne peut expliquer l'origine.

Dès l'annonce de la mort d'Estemirova, tous savaient qu'ils n'obtiendraient jamais justice. Peu importe qui étaient les coupables – les hommes de Kadyrov, les forces de sécurité russe, ou un quelconque autre groupe lié au pouvoir ou non –, ils ne seraient jamais jugés. Le meurtre d'Estemirova agissait comme un énième avertissement anonyme : la vérité qui dérange tue. Que les défenseurs des droits de l'homme et autres journalistes se le tiennent pour dit.

Or, voilà qu'est enlevée Rayana Sadoulaïeva. Une femme qui s'occupe d'enfants malades et qui n'a jamais critiqué publiquement Kadyrov – par conviction ou par précaution. Même qu'elle collabore régulièrement avec le pouvoir pour des activités caritatives.

Au moment où la rumeur de son enlèvement commence à courir parmi les humanitaires, je me trouve justement avec l'une d'elles dans l'un des cafés de l'avenue Poutine. Elle me parle de cette «prison dorée » qu'est devenue Grozny au cours des dernières années. « Tout est beau, neuf, mais ce genre de choses arrive. Et alors, nous sommes sans défense. »

Rapidement, les humanitaires vont faire le pied de grue devant le ministère de l'Intérieur et le bureau de police du district dans lequel a eu lieu l'enlèvement. L'objectif est de convaincre les autorités de les relâcher avant qu'il ne soit trop tard ; avant, par exemple, qu'un *kadyrovets* ex-rebelle – qui aurait perdu le sens de la vie et de la mort à force de combattre des Russes – en finisse trop vite avec eux de quelques balles dans la tête, sans état d'âme.

La stratégie des humanitaires a une chance de fonctionner à condition, bien sûr, que Rayana et Alik se trouvent bel et bien entre les mains de *ces* autorités de bas étage et non d'autres, russes ou tchétchènes, qui ne prêteront jamais l'oreille à leurs supplications.

Mais non, pas de « chance ». Personne dans les couloirs du ministère ni dans ceux du poste de police n'a entendu parler des deux disparus. Pas de traces.

Le lendemain, au petit matin, la voiture abandonnée du couple est retrouvée dans le village où ils habitent, en périphérie de la capitale. Dans le coffre gisent leurs corps sans vie.

Que s'est-il passé ?

La vérité a peu de chances d'être révélée un jour. Selon la version la plus probable, c'est le mari, ancien rebelle amnistié après quelques années en prison, qui était la cible. Il avait purgé sa peine, mais peut-être que quelqu'un, quelque part dans les dédales du pouvoir, le soupçonnait toujours de liens avec les rebelles. Ou était-ce que le meurtrier voulait régler des comptes personnels que son badge d'agent de l'ordre lui permettait de faire passer pour du « travail » ? L'impunité ambiante se chargera de ne jamais nous le faire savoir.

Et Rayana ? Une simple victime collatérale, comme la guerre en produit tellement, même en temps d'apparence de paix.

★ ★ ★

L'islamisation officielle

Août 2010. Troisième visite en Tchétchénie. En pleine chaleur, en plein ramadan. Et en pleine accélération de l'islamisation de la république, au nom du retour aux «valeurs tchétchènes» prôné par Kadyrov.

Cette année, le ramadan tchétchène est plus strict que jamais. Le mufti de la république a ordonné la fermeture de tous les cafés et restaurants durant le mois saint. Non seulement le jour, mais même après le coucher du soleil, lorsque les fidèles sont autorisés à briser le jeûne. L'absence de fondement légal de cette directive est compensée par l'autorité morale et politique du leader spirituel. Tous comprennent que, s'il s'est permis de prononcer cette «recommandation», c'est qu'il a obtenu l'assentiment de Kadyrov et qu'elle a force de loi.

De la quinzaine d'établissements de l'avenue Poutine, un seul, le Stolitchnaïa reste ouvert durant la journée. Et si elles acceptent de servir les deux étrangers que nous sommes, ma collègue française Maureen et moi, les employées refusent de vendre à boire et à manger aux Tchétchènes avant la tombée du jour. De toute façon, hormis des gâteaux et des boissons, on n'y trouve rien pour rassasier un ventre creux de non-musulman. Comme les Tchétchènes, nous devrons apprendre à prendre notre faim en patience et à nous contenter de quelques tablettes de chocolat mangées discrètement dans un taxi ou dans une cour d'immeuble (par respect pour les jeûneurs plus que par crainte des autorités, qui nous auraient au pire servi un avertissement).

Quelques jours après la déclaration du mufti, la logique commerciale et le bon sens reprendront peu à peu leurs droits. Certains restaurants de l'avenue Poutine oseront ouvrir en fin de soirée, mais pas le jour. Si la presque totalité des Tchétchènes suivent les préceptes du ramadan – et les suivraient même s'ils ne leur étaient pas imposés –, il demeure que les exemptés de jeûne (femmes enceintes ou menstruées, enfants, vieillards, malades, voyageurs, etc.) seraient suffisants pour assurer une clientèle à plusieurs restaurants. Mais les régimes autoritaires n'aiment pas les exceptions. Sauf lorsqu'elles servent les caprices de la classe dirigeante.

Légalement, rien ne permet à Ramzan Kadyrov d'imposer la charia dans sa république. La Constitution russe assure la séparation du clergé et de l'État[64]. Elle devrait en principe prémunir contre toute ingérence religieuse chacun des quatre-vingt-trois sujets de la fédération, qu'il soit à majorité orthodoxe, musulmane ou bouddhiste. Mais puisque le gouvernement central bafoue lui-même plusieurs articles de sa loi fondamentale, il serait malvenu de la faire appliquer plus strictement dans certaines parties du pays. Particulièrement dans le Caucase, où Moscou comprend bien que l'équilibre de la paix relative est trop fragile pour qu'elle puisse se risquer au zèle juridique. Comme en matière de droits de l'homme et de corruption, le Kremlin préfère fermer les yeux sur les violations des libertés religieuses commises par les autorités locales qui lui sont, pour le reste, entièrement fidèles.

Même à l'époque soviétique, le pouvoir communiste avait compris qu'il n'arriverait jamais à faire appliquer à la lettre sa législation chez les peuples du Caucase. Il omettait ainsi de relever la persistance de certaines coutumes de justice locale, comme la vengeance par le sang. C'est pourquoi Ramzan Kadyrov peut paradoxalement déclarer aujourd'hui que les lois russes ont été, sont et seront respectées en Tchétchénie, mais que, pour les musulmans comme lui, « il n'y a rien qui prévaut sur la religion ».

Cette prévalence du sacré sur la Constitution est à tous les coins de rue en Tchétchénie. Souvent, elle est imposée par l'État. Mais dans plusieurs cas, elle découle de la volonté réelle des Tchétchènes de suivre ce qu'ils considèrent comme étant leurs traditions.

Attardons-nous tout d'abord aux impositions d'État. À notre première soirée à Grozny, Maureen et moi allons nous balader avec trois amies tchétchènes et une Ingouche dans les jardins qui ornent les alentours de la mosquée Akhmat-Khadji Kadyrov. En plus des fleurs et des arbrisseaux, de jolies fontaines et un bon éclairage en font l'endroit idéal pour une promenade nocturne. Or, à peine avons-nous mis les pieds sur les allées pavées qu'un gardien nous interpelle. Le foulard de Maureen ne couvre pas assez ses cheveux, dit-il. L'Ingouche, elle, n'en porte carrément pas. Tenues inacceptables. Nous devons quitter l'endroit.

En insistant un peu, nous aurions peut-être pu faire valoir qu'aucune loi n'interdit aux femmes de se balader tête nue à l'extérieur. Pas même les directives anticonstitutionnelles de Kadyrov. Sauf qu'une

---

[64] Article 14, alinéa 1 : La Fédération de Russie est un État laïc. Aucune religion ne peut être instaurée en qualité de religion d'État ou obligatoire.

protestation de la sorte nous aurait exposés à l'imprévisibilité de l'arbitraire. Un policier honnête se serait plié à nos arguments et nous aurait laissés continuer notre balade. Mais comment savoir si celui-ci a la conscience légale aiguisée ? Lorsque la justice n'est pas de notre côté, il faut un entêtement approchant la folie pour se risquer à défier des ordres au nom d'une promenade nocturne. Nous ravalons notre indignation et tournons les talons pour quitter le territoire de la mosquée.

★ ★ ★

Quelques jours plus tard, Maureen et moi assistons à un match de soccer du Terek de Grozny. Pour entrer dans le stade, les contrôles de sécurité sont nombreux. On doit montrer patte blanche à plusieurs reprises à des policiers aussi zélés que le permet l'afflux de partisans aux détecteurs de métaux. Ces précautions ne sont peut-être pas inutiles : le 9 mai 2004, lors des célébrations du jour de la Victoire, c'est dans ce stade neuf qu'un attentat à l'engin explosif a coûté la vie au père Kadyrov et à sept autres personnes. Or, ce qui nous attirera finalement des problèmes avec les autorités n'a rien à voir avec une quelconque menace sécuritaire que nous aurions pu représenter ce soir-là.

À la fin du match, la foule quitte tranquillement le stade malgré la défaite de son équipe. À ce moment, Maureen n'en peut plus. Le besoin de nicotine se fait sentir. Alors que nous marchons dans une rue sombre, elle craque et allume une cigarette. Entre deux inhalations, elle la cache derrière son dos. Tout juste avant d'arriver devant le Grand Théâtre qui longe l'avenue Poutine, elle l'écrase. Trop tard. De loin, un policier à la grosse mitraillette nous siffle et nous fait signe d'approcher. Il l'a vue. L'agent de l'ordre est visiblement irrité, mais tout de même courtois. Il se rend compte que nous sommes étrangers.

— D'où venez-vous ?

Je détourne la question.

— Du stade.

— Ah, du stade. (Il n'ose pas reformuler autrement sa première question sur notre nationalité.) Ici, c'est le mois du ramadan. Elle ne sait pas que les filles ne fument pas chez nous ?

En le disant, il lève le menton en l'air en direction de Maureen, qui se tient en retrait. Même si elle parlait russe, elle aurait peu de chances d'être incluse dans la discussion. Je suis l'homme qui se balade avec elle, je dois assumer les «fautes» de la femme sous ma responsabilité. À la tchétchène.

— Ah, non. Désolé, nous ne savions pas (je mens).

— Si notre président l'avait vue, elle aurait eu de gros problèmes.

Il prononce cette dernière phrase d'un ton encore plus sérieux, à la fois pour nous faire peur et pour souligner sa propre clémence. Il n'extrapole pas les sanctions possibles et n'essaie pas de prouver le fondement légal – qui n'existe pas – de son avertissement. Mais le message est clair : Ramzan ne veut pas que les femmes fument en public durant le ramadan. Ni à aucun autre moment d'ailleurs. En théorie, elles ont le droit. La loi le permet. Mais si elles souhaitent exercer leur droit, elles risquent l'intimidation par des hommes en armes.

À l'avenir, l'étrangère Maureen s'assurera d'être plus discrète. Mais si elle avait été Tchétchène, elle aurait exposé sa famille à la honte. Pour une clope.

*   *   *

Chaque après-midi que le ramadan amène, à l'intersection de l'avenue Poutine et de la rue de la Paix, des jeunes hommes barbus se tiennent devant la Maison de la mode. Ils portent invariablement une tunique ample et sobre et un *pès*, petit bonnet islamique rond. D'abord gentiment, puis en haussant le ton si elles refusent d'obtempérer, ils interpellent les passantes. Non pas pour les draguer, mais pour les sermonner. L'une a la jupe trop courte. L'autre, le voile pas assez islamique. Une troisième a les avant-bras à découvert.

Ces jeunes hommes travaillent pour le Centre d'éducation morale et spirituelle, un organisme public fondé en 2008 par Ramzan Kadyrov. Lorsque je les aborde, micro à la main, ils hésitent à parler. Hossein prétend qu'il s'exprime mal en russe, mais je réussis à le convaincre.

— Qu'est-ce que vous faites ici au juste ?

— Nous appelons les jeunes filles qui ne portent pas le foulard, qui se baladent en jupe courte ou en vêtements courts à respecter l'islam, particulièrement en ce mois saint du ramadan. Dans leur famille, à la maison, elles peuvent s'habiller comme elles veulent. Mais nous les appelons à s'habiller comme des femmes islamiques dans les lieux publics. C'est notre responsabilité en tant qu'hommes. En premier lieu, c'est celle du père et du frère, qui ne doivent pas laisser leur sœur, leur fille ou leur femme sortir habillée comme ça. Mais, puisqu'ils sont nombreux à ne pas les avertir, nous, en tant que travailleurs du Centre d'éducation spirituel et moral, nous le leur rappelons.

— Et comment réagissent-elles lorsque vous les abordez?

— Certaines le prennent très bien. Même qu'elles nous disent merci, merci de faire notre travail en leur rappelant leurs devoirs. Avec d'autres, c'est plus compliqué. C'est comme si elles avaient Satan en elles. Elles pensent qu'on leur dit quelque chose de mal, alors qu'au contraire, c'est ce qu'elles font qui est mal. C'est Allah qui le dit dans le saint Coran. Il nous demande de s'assurer que nos femmes couvrent leur corps pour qu'on ne voie que leur visage et leurs mains.

— Et les hommes, eux, ils peuvent s'habiller comme ils veulent?

— Les hommes doivent cacher leur poitrine et leurs jambes. Si on portait des shorts et une camisole en Tchétchénie, on ferait rire de nous. Les femmes seraient d'ailleurs les premières à se moquer alors qu'elles, elles se permettent de porter des jupes courtes et personne ne rit d'elles!

Hossein dit vrai. Impossible de voir un homme en Tchétchénie – et dans l'ensemble du Caucase d'ailleurs – en pantalon court, sauf à la mer.

— J'ai constaté que les femmes ne peuvent pas fumer dans la rue. Pourquoi?

— Ça ne cadre pas avec nos traditions. Une femme qui fume, de notre point de vue, c'est honteux.

— Et les hommes, ils peuvent, eux?

— Ils ne devraient pas fumer non plus. Le saint Coran dit que tout ce qui nuit à votre santé, c'est *haram* (interdit). Mais certains hommes interprètent le Coran différemment. C'est vrai qu'il n'est écrit nulle part noir sur blanc dans le Coran que la cigarette est interdite, mais, puisqu'elle nuit à la santé, elle est *haram*. Comme l'alcool.

— Et est-ce que vous dites aux hommes de ne pas fumer en public?

— Pas directement. Par des émissions de télé et de radio, nous les appelons à ne pas fumer durant le mois saint. Nous leur parlons des effets néfastes de la cigarette. Mais s'approcher d'eux pour leur dire qu'on ne peut pas fumer, ça, nous ne pouvons pas.

— Pourquoi ?

— Tu comprends, puisque plusieurs hommes sur la planète fument, c'est déjà entré dans les mœurs des gens. Si nous nous approchons d'eux, ils... en fait, il y en a, des gens qui leur disent, mais ils répondent : « Ah, je n'arrive pas à arrêter. J'arrêterai plus tard. » Ou encore : « Je fume pour calmer mes nerfs. » Ils ont toujours de bonnes raisons pour fumer. Mais lorsqu'on leur cite des versets du Coran, certains y songent et promettent d'arrêter petit à petit.

Hossein a raison de citer les traditions. Le mâle, dominant dans presque toutes les sociétés du monde depuis la nuit des temps, a toujours eu cette propension à imposer à la femme des interdits qu'il avait toujours de bons prétextes pour ne pas s'imposer à lui-même. Le schéma se répète d'ailleurs dans toute relation dominant-dominé, qu'elle soit entre deux sexes, deux classes, deux générations, deux peuples ou autres.

Cela dit, les moyens de coercition de Hossein et de ses camarades sont bien modérés si on les compare à ceux d'autres « gardiens de la morale » tchétchènes. Au cours des derniers mois, des dizaines de jeunes femmes ont été attaquées avec des pistolets à boules de peinture (*paintball*) par des inconnus en voiture, en plein centre-ville de Grozny. Soit elles ne portaient pas le foulard, soit elles ne le portaient pas correctement de l'avis des assaillants. Mon amie Amina a été victime de l'une de ces attaques. Après, elle s'est résignée à se couvrir la tête. « Je me suis dit que de toute façon je ne pourrais rien faire, puisque je n'ai pas d'arme et que ces gens sont soutenus par Kadyrov. Depuis, je mets le foulard et je suis tranquille. »

En effet, si le chef de la république a assuré n'avoir rien à voir avec ces gardiens radicaux de la morale, il a bel et bien cautionné leurs agressions à la télévision locale : « Je ne sais pas [qui sont les assaillants], mais quand je l'apprendrai, je leur ferai part de ma gratitude. » Quand votre leader appuie des gestes illégaux pour faire respecter un code vestimentaire anticonstitutionnel, la recherche de justice a peu de chances de succès.

Lesbiennes en attendant

Dans une société traditionnelle conservatrice, les déviances n'ont pas leur place. Il n'existe qu'une vision unique du monde que tous doivent partager, sous peine d'ostracisme. La plupart de ces «déviants» en arrivent ainsi à la conclusion que cette différence qui les éloigne de la masse doit être combattue. À leurs yeux, le problème n'est pas cette société uniforme et intolérante qui les exclurait automatiquement si leur orientation singulière était connue au grand jour. Le problème, c'est eux.

Ce qui nous mène dans une cuisine exiguë d'un *mikroraïon* (quartier) de Grozny. Nous discutons avec Laïla et Sayana. Elles se considèrent toutes deux comme féministes. Sauf que leur définition du féminisme diverge grandement de celle généralement acceptée en Occident. En attendant de trouver mari, Laïla et Sayana sont lesbiennes. Elles ne forment pas un couple ensemble, mais partagent une amitié et des défis communs.

Sayana a 30 ans. Elle est comptable et a toutes les apparences d'un garçon manqué. Elle sait que nous sommes au courant de son orientation sexuelle. Elle parle sans détour devant nous de sa «petite amie» actuelle, une ravissante mais capricieuse étudiante en médecine de 18 ans. Elle laisse entendre que leur relation ne durera pas. «Chaque fois que je regarde d'autres filles, elle me pique une crise de jalousie!» se plaint Sayana en levant les yeux au ciel.

Paradoxalement, Sayana et les autres peuvent partiellement vivre leur lesbianisme au grand jour en Tchétchénie conservatrice. Tout simplement parce que deux filles qui se tiennent par la main, s'étreignent et s'embrassent – comme nous avons vu Sayana et sa copine le faire plus tôt dans la rue et dans un café – sont perçues comme deux bonnes copines. Personne ne soupçonnerait qu'elles sont lesbiennes, puisque personne ne peut imaginer que ce «phénomène», associé à la «dépravation occidentale», ait trouvé son chemin jusque dans le cœur des femmes de leur peuple.

Sayana n'utilise jamais le mot «lesbienne». En fait, je crois comprendre qu'elle ne le trouverait pas approprié pour se décrire. Elle nierait probablement l'être. Parce que son attirance pour les femmes, croit-elle, n'est que temporaire. Plus tard, elle a bien l'intention de se marier avec un homme. Comme il se doit. D'ici son mariage, elle compte d'ailleurs n'avoir aucune relation sexuelle « avec un homme ». Comme il se doit aussi. La tradition n'ayant jamais pensé à la possibilité que deux femmes puissent avoir un rapprochement intime, Sayana peut allègrement profiter de ce qu'on pourrait qualifier de « vide juridique coutumier » tout en gardant bonne conscience. Actuellement, Sayana ne porte pas le voile. « Mais lorsque je me marierai, je trouverai tout à fait normal de commencer à le porter, par respect pour mon mari. C'est la tradition qui veut cela. Le mariage, comme le foulard. »

Laïla, elle, a 38 ans. Elle est enseignante. Il y a plusieurs années, elle a été promise en mariage. « Nous nous étions entendus pour nous marier deux mois plus tard. Puis la guerre a commencé. Mon fiancé est parti et il a été tué. » Depuis, Laïla a appris à se débrouiller seule. « Je suis devenue une femme indépendante. Non par choix, mais par nécessité. » Chose rare pour une femme jamais mariée en Tchétchénie, elle habite seule. Elle a rénové par elle-même son appartement. « Je n'ai pas besoin d'homme. » Le plan de vie de Laïla est clair : « Je vais me marier seulement pour avoir un enfant. Ensuite, je divorcerai. Les hommes, ils sont comme des animaux domestiques. Il faut faire la cuisine pour eux et ramasser derrière eux. Depuis tout ce temps que je suis seule, je suis devenue paresseuse. Je n'ai pas envie de m'occuper d'un homme. » Laïla est convaincue que l'enfant que lui donnera son futur mari sera une fille. Et elle entend bien lui éviter ses propres troubles de conscience par rapport aux traditions. « Je lui ferai porter le foulard dès le bas âge. Elle n'aura pas à vivre le dilemme psychologique que j'endure : d'un côté, je sais que la religion nous demande de nous couvrir la tête ; mais de l'autre, j'ai été corrompue par l'Union soviétique et je n'arrive pas à être à l'aise avec un foulard. Sauf qu'à l'école où je travaille, nous sommes obligées de le porter. Pour ma fille, ce sera naturel. Je l'élèverai dans l'islam pour qu'elle vive et meure avec la conscience tranquille. Moi, j'ai peur de la mort. J'ai accumulé trop de péchés sur terre. »

En parlant, Laïla nous regarde de ses beaux yeux bleu très clair, laissant paraître au détour de phrases plus joyeuses un magnifique sourire aux rides naissantes. Lorsqu'elle se penche, ses seins nus flottant dans sa camisole jaune sont offerts au regard de ses interlocuteurs. Visiblement, à force de ne fréquenter que des femmes, elle a oublié les règles de pudeur avec les hommes en contexte domestique. Sayana le lui fait remarquer et elle part enfiler un survêtement.

Sayana croit que la femme tchétchène est plus libre que jamais auparavant. Du moins, sous certains aspects. « Plusieurs d'entre nous avons commencé à travailler, nous avons de l'argent et nous sommes plus autonomes. La différence, c'est qu'avant, les familles obligeaient leurs filles à porter le voile, alors qu'aujourd'hui, c'est l'État. » Elle ne s'inquiète pas du port du voile en soi, mais de la tendance des autorités tchétchènes à confondre les traditions des pays arabes – où le voile et le reste de l'habillement doivent couvrir entièrement le corps et le visage – et celles des Tchétchènes. « Nos ancêtres ont toujours porté le foulard, mais les règles étaient moins strictes. » À l'époque soviétique, explique Sayana, le foulard était moins répandu à Grozny pour une raison bien simple : la ville était multiethnique. Entre les Russes majoritaires, les Arméniens, les Juifs, les Grecs et les autres, les Tchétchènes n'étaient qu'une grosse minorité (30 %) dans leur propre capitale. Ils se devaient d'être tolérants. « Aujourd'hui, Grozny est presque à 100 % tchétchène. L'application des traditions tchétchènes et musulmanes est donc plus facile. »

Lorsque nous quittons l'appartement, Laïla invite la jolie Maureen – qui n'a pu lui parler directement faute de langue commune – à venir prendre un thé à tout moment. L'invitation ne s'étend pas à moi.

★   ★   ★

Le retour d'exil

Les deux guerres ont forcé les civils tchétchènes à quitter leur république par centaines de milliers. La plupart sont partis pour l'Ingouchie voisine ou d'autres régions de la Russie, alors que d'autres ont pris le long chemin de l'exil à l'étranger. Les plus chanceux sont montés à bord d'un avion vers un pays d'Europe occidentale ou du Nord, au généreux système d'accueil des réfugiés. Les plus désespérés se sont rendus de peine et de misère en train ou en voiture à la frontière polonaise, profitant de l'absence de contrôle frontalier entre la Russie et la Biélorussie pour atteindre l'Union européenne.

Maintenant que la guerre est relativement terminée et que la Tchétchénie se reconstruit, plusieurs réfugiés reviennent. Premièrement en vacances, pour revoir la famille, sentir à nouveau l'air du pays et tâter le pouls de la paix. Puis, certains décident de venir se réinstaller pour de bon dans la mère-patrie. Il n'est ainsi pas rare de croiser des Tchétchènes qui, en vous entendant parler français, vous abordent dans cette langue pour vous raconter leur long exil en France ou en Belgique, ou la vie qu'ils y mènent toujours. Un soir, au Pizza House de l'avenue Poutine, nous avons été interrompus en l'espace de quelques minutes non pas une ni deux mais trois fois par des gens qui avaient vécu ou vivaient encore en France.

Parmi eux, il y avait Ayoub, 23 ans, qui a habité huit ans dans l'Hexagone. Orphelin – non pas de guerre mais à la suite de l'intoxication accidentelle au gaz naturel de ses parents –, il a fui la Tchétchénie avec sa tante dès les premières bombes du deuxième conflit. Pour faciliter le processus d'immigration, l'interprète tchétchène du centre d'accueil de réfugiés où ils ont été dirigés leur a conseillé de se faire passer pour mère et fils.

Il y a un an et demi, après un séjour sur sa terre natale, Ayoub a jugé que la Tchétchénie était prête à l'accueillir à nouveau. Il a vendu tous les biens qu'il avait accumulés durant son exil et est revenu s'installer à Goudermes, sa ville natale, dans la maison de la famille élargie.

Une semaine après notre première courte rencontre, nous avons convenu d'un rendez-vous devant le Pizza House. Il y est à l'heure, flanqué de ses fidèles amis Izraïl et Khassik. Malgré leurs habits civils, les deux copains d'Ayoub portent un revolver à la ceinture (comme une bonne partie des hommes en Tchétchénie, il faut dire). Ils sont tous deux policiers. Par contre, ils sont arrivés à la profession par des chemins différents : Khassik est policier de formation. Il a étudié à l'Institut du ministère de l'Intérieur. Izraïl, lui, a obtenu son poste *po blatou* – par contact.

Les trois amis sont comme des frères. Ils partagent tout. Temps, argent, avoirs, savoirs, sentiments. Ils ont de la difficulté à dire à qui appartient la voiture qu'ils utilisent pour se déplacer, puisque, comme pour le reste, ils achètent tout ensemble. Ils partagent leurs richesses et tout autant les dures fins de mois. Puisque le salaire d'Ayoub dans un ministère et celui de ses deux copains policiers leur permettraient tout juste de survivre, ils imaginent différentes combines pour obtenir un «revenu d'appoint» et vivre pleinement leur vie de jeunes célibataires. Par exemple : dès qu'ils ont un peu d'argent, ils achètent une voiture usagée qu'ils revendent lorsque les prix sont à la hausse. Idem pour les climatiseurs : ils s'en procurent quelques-uns durant l'hiver et les écoulent durant les pointes de chaleur en été. L'an dernier, lors du ramadan, ils ont fait encore mieux : ils ont acheté une *marchroutka*. À plusieurs reprises, ils se sont rendus à Naltchik, ont rempli le véhicule de fruits – moins chers qu'en Tchétchénie –, puis sont revenus les écouler à Grozny en dégageant une marge de profit. Ils ont ensuite revendu la *marchroutka*, usée d'à peine quelques centaines de kilomètres de plus. «Ici, tu ne peux pas attendre après ton salaire si tu veux vivre», explique Ayoub.

Lorsqu'il habitait en France, Ayoub avait un emploi stable, justement dans un entrepôt de fruits et légumes. Il savait que, chaque mois, il trouverait sur son compte bancaire un salaire décent qui lui permettrait de subvenir à ses besoins et à ceux de sa tante. Mais il assure ne regretter en rien la sécurité que lui offrait le système français. La vie en Tchétchénie est beaucoup plus palpitante et imprévisible. Et le filet social français est amplement compensé par les solidarités familiale, amicale et communautaire de la société tchétchène. «Un Tchétchène n'est jamais pris au dépourvu. Si, par exemple, je me retrouve à Moscou sans le sou parce qu'on m'a tout volé, je sais que je peux demander à n'importe quel inconnu tchétchène de me prêter de l'argent pour retourner à la maison. Ensuite, je n'aurai qu'à rendre mon dû à sa famille en Tchétchénie ou à le lui transférer directement.» De son côté, le créancier aura une garantie infaillible de retour du prêt : l'honneur de la famille de l'emprunteur. Puisque chaque individu est un maillon indissociable de sa famille, son honneur personnel implique par extension celui de toute sa famille. S'il omet de rembourser ses dettes, la honte retombera sur ses proches. Ils le forceront donc à rembourser ou payeront eux-mêmes son dû pour sauver leur réputation.

En France, Ayoub s'est toujours senti responsable de défendre la fierté de son peuple. Un jour, à la sortie d'un supermarché, il a croisé des mendiants tenant une affiche suppliant les passants d'aider une pauvre famille tchétchène «victime de la guerre». Impossible, a tout de suite pensé Ayoub. Aucun Tchétchène n'en viendrait jamais à mendier. Pour la simple raison que, s'il était dans le besoin, le reste de la communauté se chargerait de l'aider. En Tchétchénie comme à l'étranger, la solidarité est totale (sauf lorsque les allégeances de guerre viennent séparer les clans). «Je leur ai parlé en tchétchène. Ces Tsiganes n'ont rien compris. Alors j'ai pris leur affiche et je l'ai déchirée. Pour leur faire peur, je leur ai dit de ne plus jamais salir l'honneur du peuple tchétchène en mendiant, sans quoi des fiers-à-bras leur donneraient une leçon.»

Ayoub raconte aussi avoir rencontré plusieurs citoyens russes qui ont profité de la guerre pour se faire passer pour des Tchétchènes et demander l'asile en Europe. Alors qu'il travaillait comme traducteur dans un centre pour réfugiés à Marseille, il s'est heurté à quelques reprises à des nouveaux arrivants soi-disant tchétchènes qui se sont finalement révélés arméniens, daguestanais ou autres. Malgré leur mensonge, Ayoub ne les a jamais dénoncés. «Je les comprends de vouloir une vie meilleure. Je ne les juge pas. Tant qu'ils ne font pas déshonneur au peuple tchétchène.»

En France, Ayoub n'a jamais caché qu'il était Tchétchène. Dès qu'il a eu assez d'argent, il a dépensé toutes ses économies pour s'acheter une Mercedes, comme tout bon Caucasien porté sur l'ostentation. Sur la vitre arrière, il a fièrement apposé un autocollant où on pouvait lire en grosses lettres le mot «Tchétchénie».

Peut-être aurait-il dû être plus discret.

Un soir, alors qu'il se pavanait avec des amis tchétchènes – tous bien sapés évidemment – dans un quartier chaud, ils ont été attaqués par des Arabes. «Ils croyaient que nous voulions leur voler leur territoire pour la vente de drogue!» s'étonne encore Ayoub. Quelques jours plus tard, sa voiture stationnée près de chez lui a été incendiée. Avec l'autocollant «Tchétchénie», elle était facilement repérable à travers toute la ville...

Ce qui m'étonne le plus chez Ayoub, c'est qu'après avoir passé en France toute son adolescence – période cruciale pour la formation de la personnalité d'un individu, s'il en est une –, il est resté totalement tchétchène. Lorsqu'il sortait dans les bars avec ses amis français, il ne consommait jamais d'alcool, ce qui en faisait le conducteur désigné idéal. Il a bien eu quelques copines là-bas, mais son « péché » n'a rien de pire que celui de ses amis restés tout ce temps au pays qui, eux, assouvissent leurs besoins en faisant appel à des « professionnelles » lors de leurs escapades nocturnes à Piatigorsk. Pour la jeunesse tchétchène, qui veut goûter au monde « libéral », cette petite ville russe caucasienne est l'endroit idéal. Pas trop loin, mais juste assez pour que les folies qu'on y commet ne rebondissent pas jusqu'aux oreilles de la famille. Ce qui se passe à Piatigorsk reste à Piatigorsk.

Pour une soirée ordinaire en Tchétchénie, la jeunesse se retrouve plutôt à Grozny City, un centre commercial flambant neuf qui compte notamment des boutiques, un cinéma et une patinoire intérieure ouverte à l'année longue. C'est là ce soir que nous emmènent Ayoub et ses deux comparses.

Près du cinéma, les jeunes filles accompagnées de leurs copines ou d'un chaperon masculin de leur famille échangent des regards avec les garçons venus en bande. Ayoub m'explique les règles de la drague tchétchène : « Il n'est pas question d'aller s'asseoir avec une fille seule. On peut s'approcher, lancer la discussion. Si elle semble intéressée, on peut prendre son numéro. » Et c'est tout ? « Oui. La deuxième étape se passe à distance. On la rappelle un autre jour. Alors, chacun parle de sa famille (si vous découvrez un lien de parenté, c'est terminé), de ses goûts. Et si ça semble mener quelque part, on peut se donner rendez-vous en personne. »

Lorsque nous quittons Grozny City, Khassik nous apprend qu'il a ajouté un numéro de téléphone à son bottin. Pendant que nous discutions, il agissait.

Le lendemain, alors que nous sommes immobilisés au bord de la route à Goudermes, Khassik quitte la voiture pour fumer et appeler une fille. Non, pas celle d'hier, précise-t-il après la longue discussion téléphonique. Une autre. Maureen s'indigne, mi-blagueuse mi-sérieuse. « Les femmes tchétchènes doivent rester vierges jusqu'au mariage, mais les hommes, eux, ils se la coulent douce, c'est ça ?! » Mal à l'aise, Ayoub explique. « Ils peuvent toujours trouver des femmes divorcées. Ou sinon, il y a les putes. Mais en Tchétchénie, je ne sais pas où on peut les trouver, je vous assure !» Les filles de joie, ce n'est pas trop dans les cordes d'Ayoub. Pour lui, le poids des traditions n'a jamais été un fardeau bien lourd à porter. Le grand maigre au large sourire a toujours été sage. Il faut dire que sa relation à l'égard des tentations terrestres revêt un caractère différent de celle de ses amis. Lors de son adolescence en France, sexe et alcool ont toujours été à sa portée. Pour Khassik et Izraïl, ces plaisirs étaient enveloppés de cette aura d'interdit qui les rendait d'autant plus attirants. Pas étonnant que lors de ses études en Russie Khassik ait largement abusé de l'alcool. Aujourd'hui par contre, il dit être retourné sur le bon chemin. Celui de l'islam. Oui, il flirte avec des filles, mais celle qu'il épousera devra être une bonne musulmane, bien couverte de la tête aux pieds. Idem pour Izraïl. La première qualité qu'il recherche chez une femme est «la modestie». D'ailleurs, il l'a trouvée chez une Tchétchène. Dans un mois, il se mariera.

Évidemment, ni Khassik ni Izraïl ne permettraient à leur femme de fumer. Ayoub est un peu plus libéral. «Ça ne me dérangerait pas. Du moment qu'elle ne fume pas devant des gens, pour ne pas faire aller les mauvaises langues...» Les trois garçons sont pourtant eux-mêmes des adeptes du tabac. «Mais nous ne fumons jamais devant notre famille. Par respect pour nos proches», précise Ayoub. Un respect qui a plus à voir avec la tradition qu'avec les dangers de la fumée secondaire pour les enfants, les femmes enceintes et les vieillards malades.

Cet après-midi, les trois garçons nous emmènent jouer aux quilles dans une salle de Goudermes. À chaque mauvais coup, Maureen exprime son découragement avec toute l'expressivité d'une femme occidentale épanouie. Puis elle s'allume une cigarette. Izraïl la regarde avec admiration, comme il ne cesse de le faire depuis qu'il l'a aperçue pour la première fois. Pour un instant, il voudrait pouvoir goûter à la femme forte, celle qui ne le laisserait pas lui marcher sur les pieds et lui en ferait voir de toutes les couleurs ; celle aux antipodes de sa future femme soumise et obéissante ; le type de femme que son ami Ayoub aurait pu prendre pour épouse en France, mais dont il n'a pas voulu parce qu'elle l'aurait inévitablement écarté du cadre rassurant des traditions tchétchènes.

* * *

À la montagne
21 août 2010, en route pour Charoï

J'ai rarement la nausée en voiture. Mais la conduite malhabile de Magomed sur les routes sinueuses que nous parcourons renverserait même les cœurs les plus solides. Cent cinquante kilomètres de vallées escarpées, de façades de marbre, de calcaire ou de chaux, de rivières qui se glissent dans le paysage. Voilà à quoi ressemble le chemin entre Grozny et le village de Charoï, à une montagne près de la Géorgie, au sud, et à une autre du Daguestan, à l'est.

Après une heure de route, l'asphalte disparaît sous nos pneus. Les villages que nous croisons sont distants de dizaines de kilomètres les uns des autres. «À l'époque, nos parents faisaient la route à pied jusqu'à Grozny», raconte Raïssa, en tournant la tête vers la banquette arrière de la jeep Niva. Raïssa est préfète de Charoï. C'est grâce à elle si nous, étrangers, pouvons nous rendre dans les montagnes sans être arrêtés à chaque poste de l'armée russe, et donc sans être renvoyés illico à Grozny au premier contrôle. Dans les montagnes se cachent toujours des *boïeviki*, en nombre inconnu, mais suffisant pour assurer l'instabilité chronique de la république entière. D'où les mesures de sécurité particulières.

Raïssa est une dame dans la quarantaine aux attitudes et aux traits très masculins. Elle n'est pas mariée, elle est trapue, serre la main aux hommes et discute d'égal à égal avec eux. C'est certainement ce qui explique qu'elle ait pu devenir politicienne dans une société où la politique est affaire d'hommes. Elle est la seule préfète parmi les onze que compte le district de Charoï, et l'une des rares de Tchétchénie.

À quelques kilomètres de notre destination, nous apercevons sur le bord de la route poussiéreuse une patrouille d'une quinzaine de soldats russes armés jusqu'aux dents. «Dernièrement, la plupart des opérations antiterroristes se sont déroulées dans notre région», précise Raïssa, presque avec indifférence. Placardés sur le babillard du dépanneur de Charoï, les portraits de terroristes recherchés et de jeunes hommes disparus viendront confirmer la menace islamiste toujours présente.

Charoï se situe à plus de trois mille mètres d'altitude. Selon le recensement, plus de trois cents âmes y habitent, un chiffre que même l'œil le moins vigilant oserait tout de suite remettre en doute. La localité ne compte en effet qu'une poignée de maisons, disposées à flanc de montagne près de la seule véritable rue du village digne d'un nom. Et ce nom, c'est bien sûr celui d'Akhmat-Khadji Kadyrov. D'ailleurs, en cette fin de mois d'août, on s'apprête à célébrer l'anniversaire de naissance du père Kadyrov, décédé il y a plus de six ans. Sans son fils président, il ne fait guère de doute que le vieux mufti et ses citations croupiraient depuis longtemps dans les oubliettes de l'Histoire.

L'enthousiasme affiché par les villageois à l'égard d'Akhmat-Khadji est tantôt clairement simulé, tantôt le fruit de la propagande glorifiant sa mémoire. Mais peu importe. Hier Lénine, aujourd'hui Kadyrov, demain quelqu'un d'autre. L'important, c'est l'occasion donnée par le pouvoir de célébrer. Dans tous les coins isolés de la planète, rares sont les villages qui refuseraient une occasion de fête, qu'elle soit donnée en l'honneur de Dieu ou de Satan.

Les villageois ont aussi une raison plus concrète de se réjouir : en même temps que l'anniversaire du père Kadyrov, ils inaugureront la première tour vaïnakh[65] restaurée de la république. Jadis, on retrouvait ce genre de tour étroite en pierre de cinq étages partout sur les terres ingouches et tchétchènes. Elles servaient à la fois de mirador et de point de communication entre les vallées de la région. En cas d'attaque, les villageois pouvaient s'y réfugier et se protéger de l'ennemi en versant de l'huile bouillante par les meurtrières de la tour. Désormais, la tour restaurée servira de monument historique à montrer aux visiteurs et, surtout, sera la fierté du village.

Ce ne sont pas les Russes qui ont détruit la tour de Charoï avec leurs bombardements. Ironiquement, ce sont plutôt les troupes de l'imam daguestanais Chamil, une grande figure de la résistance caucasienne contre l'impérialisme russe, très admiré par les Tchétchènes d'aujourd'hui. Au plus fort des guerres entre les troupes du tsar et les peuples montagnards du Caucase au milieu du XIXᵉ siècle, il a saccagé Charoï et sa tour pour punir les villageois d'avoir refusé de se joindre à lui dans une offensive contre les Russes.

---

[65] Vaïnakh est le groupe ethnique qui rassemble les peuples frères ingouche et tchétchène aux langues et traditions quasi identiques.

Peu avant le début de la cérémonie d'inauguration, au cinquième étage de la tour, des hommes du village déroulent une affiche d'une quinzaine de mètres pour décorer la façade. C'est un portrait d'Akhmat-Khadji Kadyrov.

La cérémonie commence. Elle est dirigée par l'imam Rizvan, qui avait été chargé par Ramzan Kadyrov de superviser la reconstruction. Les femmes restent à l'extérieur de la tour. Même la préfète Raïssa. La seule qui a droit à une exception est Maureen l'étrangère. Les hommes gravissent la tour et s'arrêtent à chaque étage. Pour les bénir, ils récitent des *zikr*, incantations soufistes qui consistent à chanter en boucle l'un des quatre-vingt-dix-neuf noms de Dieu tout en frappant des mains.

Dans son discours aux villageois, l'imam prend soin de remercier en alternance Dieu et Ramzan d'avoir rendu possible la reconstruction de ce symbole des traditions tchétchènes. Il est vrai que, sans le président, le village ne serait jamais sorti de sa torpeur millénaire. Comme pour tout projet dans la république, il n'a fallu qu'une visite du leader il y a quelques années et un claquement de ses doigts magiques pour changer la dynamique. Lors de son passage, Kadyrov avait ordonné non seulement la reconstruction de la tour, mais l'électrification de Charoï. Trois mois plus tard, les fils électriques faisaient leur apparition pour la première fois de l'histoire du village.

Après la cérémonie, nous allons nous reposer dans la maison de la préfète Raïssa. C'est la plaque tournante de la vie communautaire de Charoï. En entrant, Raïssa enlève ses chaussures qui la font souffrir, puis se débarrasse de son tailleur. Elle n'est pas habituée à s'habiller avec autant d'élégance. C'est son amie russe Marina qui l'a obligée aujourd'hui à porter cet ensemble, pour avoir l'air plus féminine et plus officielle. La relation entre les deux femmes est particulière. En raison de ses fonctions politiques et de son sentiment d'être « à moitié homme, à moitié femme », Raïssa avait besoin de se trouver l'équivalent d'une épouse qui remplirait les tâches ménagères, ferait la cuisine et resterait à la maison même lors de ses séjours prolongés à Grozny. Et c'est précisément ce qu'elle a trouvé en Marina. Dans la maison, la préfète ne lève pas le petit doigt. Comme un homme. Elle s'assoit avec les mâles et attend d'être servie par Marina et les autres femmes. Elle a mieux à faire. Comme penser aux projets qu'elle veut voir se réaliser dans son village isolé.

Raïssa espère qu'un jour elle obtiendra assez d'argent du gouvernement central pour transformer en station touristique la grande maison blanche à deux étages qui surplombe le village. Après tout, les paysages majestueux de Charoï valent réellement le détour, se dit-elle. Ils pourraient attirer des milliers de vacanciers à la recherche d'air pur et de cartes postales ! Oui, peut-être un jour. Sauf que, tant que la base militaire russe au bout du village viendra rappeler que des *boïeviki* se terrent dans les montagnes aux alentours, il est peu probable que les cars de touristes européens s'y rendent par centaines... Et pour que cela soit possible, il faudrait tout d'abord qu'une route digne de ce nom relie Charoï au monde extérieur. Une vraie route. C'est le plus grand rêve de Raïssa. « Ce que je voudrais vraiment, c'est une route asphaltée. Vous savez, avec des pointillés, comme en Amérique et en France ! »

Son rêve n'est pas si fou. Si elle réussit à le glisser un jour à l'oreille de Ramzan – avant d'autres préfets qui ont les mêmes aspirations –, les cordons de la bourse pourraient se délier pour Charoï. Parce que, en Tchétchénie, les fonds existent. L'argent de Moscou est presque sans fin. Tellement que cela a de quoi faire rager les autres régions du pays qui n'ont pas eu la « chance » d'être dévastées par les bombes de leur propre gouvernement. Sauf que la répartition de ce trésor dépend de la volonté d'un seul homme. Et de l'habileté de ceux qui l'entourent à le convaincre de les écouter.

★   ★   ★

Les miracles de Ramzan

À Grozny, les ambitieux projets de Kadyrov ne faiblissent pas d'un iota. À ma deuxième visite, je croyais que la reconstruction de la capitale approchait le point de saturation. Mais Ramzan voit plus grand que moi. Entre les mois d'août 2009 et 2010, Grozny-la-nouvelle a poursuivi son développement jour et nuit.

Au bout de l'avenue Poutine est notamment apparue une statue d'un cavalier tchétchène. Elle se trouve devant le tout aussi nouveau musée dédié à la Grande Guerre patriotique (le nom soviétique de la Seconde Guerre mondiale). Le musée porte le nom d'Akhmat-Khadji Kadyrov... même si celui-ci n'est né qu'en 1951, soit six ans après la fin du conflit !

Le fils Kadyrov n'a donc pas ralenti non plus la glorification de son père aux quatre coins de la ville. À une exception près : de l'autre côté de l'avenue qui porte son nom, en face de la mosquée qui porte aussi son nom, la statue en bronze d'Akhmat-Khadji qui y trônait l'an dernier a disparu. L'œuvre du prolifique et controversé sculpteur moscovite Zourab Tsereteli a été déboulonnée et remplacée par un monument aux compagnons d'armes du père Kadyrov. Vraisemblablement, quelqu'un a finalement osé souffler à l'oreille du très peu éduqué Ramzan – il a passé sa jeunesse dans le maquis à combattre les Russes plutôt que sur les bancs d'école – que la représentation des êtres vivants et l'idolâtrie de statues sont proscrites par plusieurs courants de l'islam...

Près de la mosquée, cinq armatures de tours d'habitation grandissent presque à vue d'œil, grâce à une armée de travailleurs turcs. Paradoxalement, malgré un taux de chômage officiel de 52 % – de loin le plus élevé en Russie –, on rencontre plus de travailleurs tchétchènes sur les modestes chantiers de (re)construction d'Ossétie du Sud que sur ceux des gratte-ciel de leur propre république, menés par des firmes étrangères plus qualifiées pour ces grands projets que celles de Tchétchénie.

Derrière les jardins de la mosquée, le nouvel édifice du parlement approche la complétion. Un peu plus loin, un quartier entier de chics maisons pour les privilégiés du régime Kadyrov vient de sortir de terre. Il est d'ailleurs surnommé la « Roubliovka » de Grozny, en référence au riche quartier de l'élite politique et économique russe en périphérie de Moscou.

On retrouve ces mêmes friqués tchétchènes au volant des grosses voitures noires aux vitres teintées parcourant la ville à une vitesse folle. Avec leur plaque d'immatriculation contenant les trois lettres magiques КРА (les initiales russes de **Kadyrov Ramzan** [Рамзан] Akhmatovitch), ils sont les maîtres de la route. À leur demande, les policiers – qui n'oseraient de toute façon jamais leur coller une amende – peuvent même interrompre la circulation des simples mortels pour leur assurer un plein contrôle de la route.

Par le hasard de l'arbitraire, certains de ces simples mortels peuvent aussi goûter aux privilèges du régime. C'est ce qui est arrivé à Roustam, un jeune ex-réfugié à Nantes, qui nous aborde en français près de l'avenue Poutine. Il y a un an, il a terminé deuxième à un championnat de boxe amateur. Pour le récompenser, Ramzan Kadyrov, grand amateur de boxe, lui a remis les clés d'une voiture. «Une simple petite voiture, précise Roustam. Le gagnant, lui, a eu un Land Rover.» Seul petit problème : Roustam, qui avait alors 18 ans, ne possédait pas de permis de conduire. Un problème, vraiment? «Un jour, un *gaïchnik* (agent de la circulation) m'a arrêté et m'a demandé d'où je tenais ma voiture. J'ai répondu que Ramzan me l'avait donnée. Il m'a tout de suite dit de repartir et de faire tout ce que je voulais!» Et c'est ce qu'il a fait. Durant quelques mois, il a pu se balader sur les routes tchétchènes sans craindre rien d'autre que sa propre maladresse.

Au final, ce ne sont pas les forces de l'ordre qui auront eu raison de l'idylle de Roustam avec sa voiture intouchable, mais ses parents. «Ils m'engueulaient parce que j'étais toujours sorti, alors j'ai dû la vendre. J'en ai tiré trois cent mille roubles (environ dix mille dollars). J'en ai donné cent mille à l'université (pour une raison obscure puisqu'il n'y étudie pas encore), cent mille à ma mère et j'ai dépensé le reste en vêtements et pour aller faire la fête à Piatigorsk.»

«La prochaine bagnole que j'aurai, ce sera une Porsche, rêve déjà Roustam. Mais je ne fais pas de la boxe pour les voitures. J'en fais parce que c'est bon pour l'esprit», assure-t-il.

* * *

Une journaliste tchétchène raconte aussi avoir goûté aux bonnes grâces de Kadyrov. Après avoir failli goûter à ses mauvaises. Un soir, vers minuit, elle reçoit un appel. Elle doit se rendre sur-le-champ à la résidence de Kadyrov. Il est en colère. Le reportage que ses collègues et elle ont diffusé sur les activités présidentielles du jour n'était pas à son goût. Une fois au palais de Kadyrov à Goudermes (officiellement propriété de l'État), les journalistes ont droit à un sermon en règle sur les prises de vue qui ne présentaient pas le président sous son meilleur jour. Rien sur le contenu du reportage. «L'erreur» était esthétique. Heureusement pour eux, le jeune potentat est de bonne humeur ce soir. L'une de ses équipes de soccer favorites vient de remporter un championnat. Le roi se montre clément. Les journalistes en sont quittes pour un avertissement.

Pour se faire pardonner d'avoir fait venir deux demoiselles à cette heure si tardive, il leur offre chacune un cadeau : des bijoux d'une valeur de plus de vingt-cinq mille dollars. Et ce n'est pas tout. Dans la boîte, sous les bijoux, se cachent dix mille dollars US en liquide.

Pour la journaliste, ce «cadeau» est inespéré. Il provient peut-être des mains sales de Ramzan, mais un cadeau du président ne se refuse pas. Et surtout, il lui permettra de payer les dettes de sa famille et des vacances à la mer pour un proche malade. Peut-être lui en restera-t-il même assez pour aller enfin découvrir l'Europe...

★ ★ ★

En attendant un miracle

En Tchétchénie, tout le monde sait que le meilleur – voire le seul – moyen de régler un problème est d'en parler à Ramzan. Régulièrement, la télévision tchétchène montre une femme ou un homme faisant part de ses malheurs au président durant un bain de foule. Immédiatement, ses gardes du corps transmettent au démuni des liasses de billets ou les clés d'un appartement ou d'une voiture. Le problème du citoyen disparaît instantanément. Du moins, aux yeux du téléspectateur et, incidemment, dans l'imaginaire du peuple entier. Pour tous les laissés-pour-compte, le salut passe par le portefeuille sans fond du leader tout-puissant. Or, pour décrocher le gros lot, il faut arriver à se rendre jusqu'à son oreille, qui est moins facile à atteindre qu'il ne le semble à la télévision.

Vendredi, 13 h 15. Les fidèles se rassemblent à la mosquée Akhmat-Khadji-Kadyrov. Le dispositif de sécurité renforcé ne laisse aucun doute. Aujourd'hui, Ramzan sera de la grande prière hebdomadaire. En inspectant mes pièces d'identité, un agent en civil m'indique poliment qu'il n'est pas question pour moi d'entrer dans la mosquée avec les fidèles cet après-midi, même si j'y suis déjà allé plusieurs fois au cours des derniers jours.

Sur l'avenue Poutine, bien avant les derniers contrôles de sécurité, des hommes en tenue militaire bloquent le passage à un groupe de femmes. L'une d'elles me salue. Après quelques secondes d'hésitation, je la reconnais. C'est l'une des mères que nous avons rencontrées deux jours plus tôt devant la banque Zato. Chaque jour depuis des mois, elles sont une quinzaine à faire le pied de grue devant cette banque. De son ouverture à sa fermeture. Dès qu'un responsable de l'institution financière a le malheur de sortir de l'édifice, elles se ruent sur lui en brandissant des papiers. Le plus gentiment du monde, elles lui demandent quand, pour l'amour de Dieu, elles recevront enfin l'allocation de trois cent trente mille roubles qui leur a non seulement été promise, mais qui leur est due. Il y a longtemps qu'elles ont rempli tous les formulaires nécessaires pour profiter de ce programme, mis en place en mai par Moscou et qui se veut un énième incitatif pour hausser la natalité et freiner le déclin démographique inquiétant du pays. Mais depuis, toujours pas d'argent. « Les seules qui l'ont reçu sont celles qui ont des liens avec le clan Kadyrov », assure l'une des mères.

Dès le départ, aucune d'elles ne se faisait d'illusions : pour obtenir l'allocation, il faudrait d'abord en promettre au moins 10 % en pot-de-vin aux fonctionnaires. Mais là, les délais de traitement sont expirés et il semble qu'elles ne verront jamais la couleur de leur argent, pot-de-vin ou non. C'est pourquoi, en ce vendredi de prière, elles font comme toutes ces femmes désespérées qu'elles ont vues défiler à la télévision : elles se tournent vers Ramzan dans l'espoir d'un miracle. Sauf que les soldats ont reçu l'ordre de ne pas les laisser passer. Ou, en l'absence d'ordre contraire, ils préfèrent ne pas se risquer à le faire.

Aujourd'hui, les mères n'auront pas droit à la magie du populisme de Kadyrov. Leur injustice sous le bras, elles resteront à l'extérieur du champ des caméras. À l'extérieur du miracle.

À l'extérieur du miracle se trouvent aussi d'anciens réfugiés. En 2004, peu avant son assassinat, le père Kadyrov leur avait promis un nouveau logis s'ils revenaient en Tchétchénie. Faute de mieux – rien ne pouvait être pire qu'un camp de réfugiés en Ingouchie –, ils l'ont cru sur parole. Des dizaines de milliers de familles ont pris le chemin du retour. Au cours des années, la plupart d'entre elles ont pu obtenir un appartement en remplacement de celui que les bombes russes leur avaient volé. En fait, presque toutes. Sauf quelques centaines. Les plus démunies des démunies.

La Tchétchénie reconstruite ne manque pourtant pas d'appartements neufs. Chaque année, des dizaines de nouveaux édifices sortent de terre à Grozny et ailleurs. Les réfugiés pourraient aisément être accommodés. Mais la Tchétchénie ne manque pas non plus de bureaucrates corrompus. Et leur raisonnement est simple : pourquoi attribuer des appartements gratuitement lorsqu'on peut les « donner » en échange d'une « récompense » pour avoir « aidé » les nouveaux propriétaires à débloquer le fastidieux processus d'attribution ?

Au fil des ans, la plupart des ex-réfugiés ont réussi à amasser le pot-de-vin nécessaire pour l'obtention de leur appartement « gratuit ». Presque tous, sauf les plus vulnérables. Ceux qui n'ont ni les moyens de soudoyer ni ceux de faire entendre leur voix pour se plaindre d'une injustice. Plus de six ans après leur retour, ils sont toujours coincés dans des résidences insalubres, forcés de constater leur impuissance et de tourner en rond dans leur misère en espérant un miracle kadyrovien.

Officiellement, les « centres d'habitation temporaire » (PVR) dans lesquels ils vivent n'existent plus. En 2008, le gouvernement tchétchène a annoncé que le problème des réfugiés était réglé. Les quatre PVR restants de Grozny ont été renommés « résidences communautaires pour les individus nécessitant une amélioration de leurs conditions d'habitation ». L'euphémisme n'aurait pu être mieux choisi. Les conditions d'habitation dans ces résidences communautaires nécessitent réellement une urgente amélioration.

Dans le PVR du boulevard Doudaïev, le système de canalisation ne fonctionne plus depuis des lustres. Pour s'approvisionner en eau potable, la centaine de familles qui y habite doit utiliser l'unique robinet qui se situe dans la cour. C'est aussi là que les résidents vont jeter leurs eaux usées, été comme hiver. Au cinquième et dernier étage, le plafond laisse pénétrer la pluie à plusieurs endroits, obligeant les habitants à combattre, seau à la main, les inondations à la moindre averse. L'hiver, les courants d'air glacials trouvent facilement leur chemin à travers les vieilles fenêtres pourries, autour desquelles poussent des champignons de moisissure. Les chambres sont surpeuplées d'enfants, mais pratiquement vides de lits et d'autres meubles.

Vous avez compris : la misère. Loin de moi l'idée de faire pleurer dans les chaumières avec une telle description. Il fallait simplement planter le décor pour que le lecteur constate que la côte à remonter jusqu'à une vie décente est des plus abruptes pour ces réfugiés. Lorsque votre milieu de vie est un combat en soi, il ne vous reste guère de force pour affronter les autres défis qui se présentent à vous dans le monde extérieur, comme la bureaucratie ou la recherche d'un travail.

En entrant dans l'édifice du PVR du boulevard Doudaïev, on comprend au premier coup d'œil que ceux qui n'ont pas encore réussi à en sortir ont peu de chances d'y arriver par la seule force de leurs meilleures intentions. Ces indigents sont entièrement dépendants de la bonne ou de la mauvaise volonté de l'État-providence et de ses fonctionnaires. Des mères monoparentales avec d'innombrables enfants – dont plusieurs handicapés mentaux ou physiques. Il y a très peu d'hommes et par conséquent peu de sources de revenus.

Rosa est l'une des habitantes du PVR. Ni plus ni moins dépourvue que les autres. Son mari l'a quittée pour une autre femme il y a quelques années. « En partant, il m'a dit : "Je n'ai pas besoin de tes enfants handicapés !" » C'est que l'une de ses filles – elle a quatre enfants – est presque totalement aveugle. Les autres sont relativement en bonne santé, mais le père a décidé de les renier en bloc pour mieux refaire sa vie.

Rosa veut emmener sa fille malvoyante en Pologne le mois prochain pour qu'elle s'y fasse soigner. Elle dit que l'ONU payera pour les frais médicaux. Mais comment et grâce à quel argent se rendra-t-elle en Pologne ? Elle ne le sait pas encore. Déjà que les pots-de-vin pour obtenir un passeport pour sa fille lui ont coûté son réfrigérateur et plusieurs autres de ses biens.

Malgré tous les efforts et sacrifices de Rosa, le voyage risque de ne pas avoir lieu : son ex-mari refuse de lui donner la permission pour sortir du pays avec sa fille de 16 ans. « Je ne comprends pas pourquoi il fait cela. Lui, il est chef d'une brigade de techniciens, il a beaucoup d'argent. Je ne lui demande pas un sou. Je veux simplement emmener ma fille se faire soigner. » Rosa est au bord des larmes. Elle n'a qu'une très vague idée de ses droits. Elle ne sait pas non plus qu'il lui faudrait obtenir non seulement la permission de son mari pour aller en Pologne, mais aussi un visa pour entrer dans l'espace Schengen et que ce visa est délivré – ou non – à Moscou. Ce qu'elle sait, c'est que la vie s'acharne sur elle et que malgré ses bonnes intentions elle n'arrive pas à s'en sortir.

Assise à ses côtés sur son lit sommaire, Malika, une autre résidente du PVR, s'emporte. « La seule organisation qui s'occupe de nous, c'est l'ONU. Notre gouvernement ne fait rien. Il ne veut rien savoir de nous. À la télévision, ils disent que nous avons tous reçu un appartement. À l'étranger, ils montrent que tout a été reconstruit à Grozny, que tout le monde vit bien. Mais vous voyez vous-mêmes dans quelles conditions nous habitons ! »

Un jour, Malika a failli sortir de cette misère. Elle se souvient de la date exacte. C'était le 10 mai 2007. « Des fonctionnaires m'ont demandé cent mille roubles pour obtenir un appartement en trois jours dans un édifice fraîchement construit. Je n'avais pas l'argent à ce moment-là, donc je me trouve encore ici. »

Malgré tout, Malika dit être certaine que le président Kadyrov n'est pas au courant des malheurs que vivent certains ex-réfugiés comme elle. « Je sais qu'il ne sait pas. Parce que s'il savait, c'est évident qu'il ferait quelque chose pour nous aider. » Pour être certaine que j'ai bien compris son plaidoyer de fidélité au président, elle le répète en d'autres mots. « Si Ramzan Kadyrov savait que nous habitons dans de telles conditions, je vous jure sur le nom d'Allah qu'il ne laisserait pas une seule seconde de plus à leur poste ces fonctionnaires censés s'occuper de nous. Mais il ne le sait pas. On nous cache ! Nous n'existons pas ! »

Malika croit-elle vraiment ce qu'elle dit ? Croit-elle réellement que le cher leader est maintenu dans l'ignorance sur le sort de son peuple par des fonctionnaires véreux ? Ou ne fait-elle que répéter le discours officiel par crainte de représailles ? « Ah, si Staline savait ! » soupiraient à une époque les prisonniers politiques du fin fond de leur goulag, convaincus d'avoir été l'objet d'une erreur qui serait immédiatement réglée s'ils arrivaient à en informer le généralissime Staline...

Dans un autre PVR composé de maisonnettes délabrées, nous rencontrons Ioussoup. C'est le seul réfugié qui osera – ou estimera qu'il faut – critiquer devant nous Kadyrov. Il partage l'une des habitations avec deux autres familles. Ses six enfants, sa femme et lui s'entassent dans une chambre qui fait environ quinze mètres carrés. Mais ce qui préoccupe Ioussoup en premier lieu, ce n'est pas tant sa condition matérielle misérable que le système arbitraire qui le maintient dans la pauvreté.

Ioussoup sort une vieille valise. Il en retire une panoplie de petits papiers, de certificats de naissance et d'autres documents d'identité. Il nous montre des billets de train Oriol-Grozny datant de 2006. Ce sont ceux utilisés par sa famille et lui pour retourner définitivement en Tchétchénie. « Nous avons fui la guerre et, lorsque nous sommes revenus, rien n'avait changé. » Et pourtant, tout avait changé. La république était – et est toujours – un immense chantier de construction. Mais Ioussoup n'en retire pas le moindre avantage. Il est hors jeu. Pour lui, rien n'a changé.

Les six années qu'il a passées dans la région d'Oriol n'étaient guère plus roses. « Je croyais qu'en tant que citoyen de la Fédération de Russie, je pourrais aller vivre là-bas et y travailler comme n'importe quel autre citoyen. Mais ce n'est pas comme ça. Ici, en Tchétchénie comme en Russie, on vit comme les dirigeants veulent que nous vivions. » Ioussoup ne précise pas à quels problèmes il a été aux prises à Oriol. Puisque les Tchétchènes n'y étaient pas les bienvenus en temps de guerre, on peut deviner qu'y trouver un emploi devait être quasiment impossible. Sans compter les entraves bureaucratiques qui rajoutaient au fardeau de la discrimination la nécessité d'obtenir un enregistrement temporaire dans la ville afin d'avoir le droit d'y travailler légalement. Pour un réfugié tchétchène, ce genre de démarche pouvait difficilement se faire autrement que par soudoiement d'un fonctionnaire. Sauf que pour cela il fallait de l'argent, donc un travail.

De retour en Tchétchénie, Ioussoup a dû faire face à la même impossibilité de trouver un travail. Peut-être par manque de compétence ou de volonté de sa part. Il est vrai que Ioussoup ne semble pas se distinguer par une vaillance à toute épreuve. Mais le résultat est le même : six enfants dépendent d'un père sans travail régulier. Et dans la même république, des fonctionnaires et tout autre individu qui a su trouver sa niche pour tirer avantage du système corrompu et du népotisme de Kadyrov profitent des milliards de roubles fournis par Moscou pour acheter la paix auprès d'un peuple rebelle.

« Il [Ramzan] est coupable de cette situation, croit Ioussoup. Il est coupable du fait que l'argent en provenance de différents pays, de l'Occident comme de l'Orient, ne se rend pas jusqu'aux victimes. Ce sont ceux qui ont des armes et du pouvoir qui reçoivent l'argent. Ils ont fait du détournement de fonds leur gagne-pain. »

Ioussoup dit avoir peur de parler. Mais pourtant, il parle. Il y a des gens comme ça qui ne peuvent s'empêcher de raconter, peut-être moins par courage que par nécessité profonde de se faire entendre. « J'ai peur pour ma famille. Ici, on ne peut dire ni la vérité ni son opinion. Les bons politiciens n'ont pas besoin d'armes pour faire valoir leurs opinions et prouver qu'ils ont raison. Mais chez nous, tout se décide par la violence et les armes. Ce sont ceux qui ont le plus d'argent et d'armes qui obtiennent le pouvoir. Ils peuvent éliminer ceux qui veulent la liberté et la justice dans leur république. »

Malgré son discours critique, Ioussoup n'a probablement rien à craindre des autorités. Dans son PVR oublié, sa voix est inaudible et peu menaçante. Tout comme celles des autres laissés-pour-compte du régime Kadyrov. Ils peuvent bien crier, ils n'auront rien. À moins que le président en décide autrement.

⋆   ⋆   ⋆

Début 2011, l'ONG Mémorial annonçait que les habitants des PVR avaient reçu des avis d'expulsion. Depuis, quelques familles ont été relocalisées dans des résidences communautaires non temporaires, alors que d'autres récalcitrants ont tout simplement été jetés à la rue par des policiers armés. Certains ont entrepris de contester l'avis, avec l'aide de Mémorial notamment. En attendant que d'autres décident de leur sort, impuissants, les résidents des PVR attendent encore un miracle kadyrovien.

⋆   ⋆   ⋆

La majorité silencieuse

Entre les privilégiés du régime et ses laissés-pour-compte, il y a une masse de Tchétchènes ordinaires qui évoluent plus ou moins normalement au rythme de la reconstruction et des aléas du régime Kadyrov. Au cours des années, ils ont observé ou subi la violence et l'arbitraire, mais ils ont aussi vu leur république prendre rapidement du mieux. Pour ne pas bousculer la paix fragile, ils se tiennent tranquilles. Lorsqu'ils vont au marché, ils se plaignent aux commerçants de la hausse des prix. Mais ils n'oseraient jamais accuser à voix haute Kadyrov d'être responsable de cela, ni d'un quelconque autre problème qui les touche directement. Leur principale activité consiste à améliorer leur niveau de vie, petit à petit, sans trop faire de bruit, que ce soit grâce au pouvoir ou en dépit de celui-ci.

Zalina et sa famille font partie de cette majorité silencieuse – qui ne porte nulle part mieux son nom qu'en pays totalitaire, où le silence est un geste de survie. À chacun de mes périples à Grozny, je rends visite à cette sexagénaire ordinaire qui a eu la gentillesse de m'héberger lors de mon premier séjour. Elle est devenue mon point de référence pour observer les progressions et les régressions de l'univers tchétchène.

À l'époque soviétique, Zalina travaillait comme gérante dans un restaurant. Aujourd'hui, elle est à la retraite et touche une pension d'un peu moins de trois mille roubles par mois (cent dollars). Rien pour vivre, à peine pour survivre. Heureusement qu'il y a sa fille Zoulaï, une institutrice divorcée, qui gagne treize mille cinq cents roubles mensuellement. Elles habitent ensemble, avec Madina, la fille de Zoulaï, au dernier étage d'un édifice résidentiel de la route de l'aéroport.

Durant la deuxième guerre, elles avaient trouvé refuge dans l'un des camps installés en Ingouchie. Le mari de Zalina était pour sa part resté à Grozny afin de protéger des voleurs les trois appartements de la famille, qui se situaient sur le même étage du même immeuble.

Un jour de guerre, des soldats russes sont entrés dans cet immeuble. Ils y ont trouvé l'un des derniers résidents encore sur place. À la pointe de leurs mitraillettes, ils l'ont forcé à les conduire jusqu'aux autres occupants. Dont le mari de Zalina. Lorsque l'homme a sonné à sa porte, le mari de Zalina ne s'est pas méfié. Il le connaissait bien. En entendant sa voix, il a ouvert la porte. Les soldats russes, eux, ont ouvert le feu. Puis, ils sont redescendus pour descendre le délateur forcé dans son propre appartement. C'est une femme cachée durant ce temps dans un autre logement qui a tout raconté à Zalina par la suite. «Elle a tout entendu puisque, en temps de guerre, il n'y a presque aucun bruit. Peu importe où l'on se trouve dans l'immeuble, lorsqu'il arrive quelque chose, tout est parfaitement audible.»

Selon le récit de cette femme, le soldat qui a tué le mari ingouche de Zalina avait un accent ossète. Les Ingouches et les Ossètes ont une relation très tendue, en raison notamment d'un conflit pour un territoire minuscule revendiqué par les deux peuples. La supposition que le soldat ait pu être ossète s'apparente au fantasme auquel on veut croire pour donner une explication logique à des choses qui n'en ont pas – comme le meurtre gratuit. Mais devant la veuve, je n'ose pas la remettre en question.

Zalina parle de son mari sans aucune émotion. Elle était pourtant heureuse avec lui, à en juger par les souvenirs de cette belle vie d'avant-guerres qu'elle se remémore avec nostalgie. Mais puisque l'amour est rarement un critère significatif pour juger du bonheur d'un ménage en ces contrées traditionalistes, l'impassibilité de Zalina ne devrait pas étonner. À la mort de son mari, l'État lui a donné un chèque de six cents roubles (vingt dollars) pour l'enterrement. Zalina n'a même pas pris la peine d'encaisser cette somme ridicule. Depuis, elle n'a reçu aucune réelle compensation pour l'assassinat de son mari. Elle remplit encore formulaire après formulaire, mais rien. Après l'enterrement, les autorités l'ont convoquée. «Ils m'ont demandé si nous avions des ennemis. Je leur ai répondu : "Quoi, vous n'en avez pas assez des vôtres ? Vous voudriez les miens encore ?" L'amie qui m'accompagnait m'a dit de me taire, mais je n'en avais rien à faire. Je n'avais plus grand-chose à perdre.»

★   ★   ★

À ma première visite en mars 2008, Zalina planifie la reconstruction de l'un de ses trois appartements. Sept ans plus tôt, l'appartement a été complètement dévasté par un missile russe. Depuis, seuls le plafond et le plancher ont pu être retapés. En attendant de trouver l'argent pour poursuivre les travaux, les trois générations de femmes habitent dans le petit appartement au bout du couloir. Le divan qui s'y trouve porte des traces d'éclats d'obus. Le réfrigérateur aussi. « La porte du frigo a été arrachée lors de l'explosion dans l'autre appartement, mais il fonctionne, raconte Zalina. Un Russe me l'a réparé en échange d'une bouteille de vodka ! »

Il y a un an, le pouvoir tchétchène a entrepris de refaire la devanture de tous les immeubles résidentiels qui se trouvent sur la route de l'aéroport. « Ils nous ont fourni les fenêtres, les portes et les calorifères. Pour le reste, ils nous ont dit de nous débrouiller. »

De l'extérieur, la rangée d'édifices à la tôle beige et verte encore fraîche a l'air de tout juste avoir été érigée. Derrière les façades, plusieurs appartements restent toutefois démolis ou en décrépitude. Cependant, les habitants peuvent être reconnaissants envers les autorités de leur avoir fait retrouver un service dont ils avaient oublié jusqu'à l'existence : l'eau courante. « Avant cela, il fallait aller chercher l'eau dans la cour et la monter dans des seaux par les escaliers, puisque l'ascenseur ne fonctionnait pas, raconte Zalina. Ça explique les varices sur mes jambes. »

Après les réparations, la télévision locale est venue l'interviewer. En a-t-elle profité pour « remercier » ce cher Kadyrov ? Pas vraiment. « Je n'ai rien dit de mal à son sujet, mais je n'ai rien dit de bien non plus. » Zalina n'aime pas Kadyrov. Pas éduqué, vulgaire, violent. « Que Dieu fasse en sorte qu'il ne reste pas trop longtemps au pouvoir ! » Mais jamais elle n'oserait le critiquer en public. « Nous avons peur de parler, même dans les transports en commun, parce que Kadyrov a des oreilles partout. »

Bref, la vie s'améliore, mais les libertés ne suivent pas.

Au cours des premiers mois de 2008, la situation sécuritaire est devenue meilleure, note Zalina. « Il y a un an encore, les soldats russes faisaient des *zatchistki*. Ils entraient avec leurs grosses bottes et emmenaient tous les hommes (pour les interroger, ou pire). Lorsque nous leur disions que nous n'en avions pas chez nous, ils repartaient. »

Un jour, elle a vu par la fenêtre des hommes cagoulés entrer dans l'édifice voisin. Ils en sont ressortis avec un jeune homme. Trois semaines plus tard, son corps sans vie a été retrouvé. «C'était un bon garçon, nous le connaissions. Il n'avait rien fait de mal», est persuadée Zalina.

Malgré toutes ces améliorations matérielles et celles de la situation sécuritaire, Zalina ne voit plus d'avenir en Tchétchénie. Avec sa fille et sa petite-fille, elle voudrait aller rejoindre son frère et ses neveux, réfugiés en France. Si elle n'est pas partie durant la guerre, c'est qu'elle espérait toujours que la situation finirait par se normaliser. Maintenant, elle n'y croit plus.

★ ★ ★

Août 2009. Deuxième visite. Zalina et sa fille Zoulaï m'accueillent à nouveau comme un fils. Nous nous faisons tour à tour une chaleureuse accolade tchétchène, qui consiste à se serrer mutuellement avec un bras en s'étreignant d'un seul côté du corps.

Zalina affirme cette fois que la situation sécuritaire s'est détériorée depuis la levée du régime d'opération antiterroriste quatre mois plus tôt. Cette décision devait officiellement mettre fin à la guerre et marquer un pas de plus vers la «tchétchénisation» du conflit, c'est-à-dire la prise en main de la sécurité par les autorités locales en lieu et place des soldats russes. Mais en réalité, cela n'a rien changé à la fréquence des attaques de *boïeviki*. «Les exactions par les forces de l'ordre ont recommencé comme avant et il y a chaque jour de plus en plus de jeunes qui vont dans la forêt (rejoindre les rebelles). Leurs parents disent aux autorités que leurs fils sont partis ailleurs en Russie parce qu'ils craignent des représailles. Kadyrov a déclaré que les parents devraient désormais répondre des actes de leurs enfants et que leurs maisons seraient brûlées s'ils ne livraient pas leurs fils», résume Zalina.

Le calcul de l'amélioration ou de la dégradation de la situation sécuritaire en Tchétchénie est évidemment plus complexe que la description sommaire qu'en fait Zalina. Mais son impression signale un retour de l'inquiétude chez le Tchétchène moyen, après une brève période d'accalmie. Et plusieurs faits démontrent que son analyse se rapproche de la réalité. Au cours des derniers mois, l'ONG Mémorial a en effet recensé des cas de maisons incendiées et de parents menacés par des *kadyrovtsy* en raison de l'appartenance présumée ou réelle de leur progéniture à la rébellion. La fin récente de l'amnistie pour les *boïeviki* qui voudraient quitter le maquis a encore élevé d'un cran l'intensité de l'affrontement. Ceux d'entre eux qui cherchent à revenir à une vie normale seront désormais éliminés sans pitié, a promis Kadyrov. Les attentats suicides ont aussi repris de plus belle. Deux semaines avant mon passage, un kamikaze a tué cinq policiers à l'entrée du Grand Théâtre de Grozny, en plein cœur du centre-ville. « Nous n'allons plus à ce théâtre », dit Zalina. « À la place, nous regardons la télévision », poursuit Zoulaï.

Peu après ma première visite un an et demi plus tôt, leur bâtiment avait finalement été branché à l'eau chaude. Mais, depuis deux mois, le service a été suspendu. À ce qu'en comprend Zalina, c'est un conflit entre les compagnies de gaz et d'électricité qui est à l'origine de l'interruption. À peine avait-elle eu le temps de se réhabituer à la commodité de l'accès à l'eau chaude, après une décennie sans elle, que voilà qu'elle disparaît encore. Le temps de la vie prévisible en Tchétchénie n'est décidément pas encore arrivé.

À partir de la rentrée, Zoulaï devra porter le voile et un uniforme pour enseigner dans son école primaire. Exit les manches courtes. « À la télé, ils font de la propagande pour que les gens s'habillent de façon plus islamique. »

Sur la terrasse d'un café, des serveuses m'annoncent que leur patron les oblige désormais à porter le voile et que leur établissement ne sert plus d'alcool. Dans la rue, les femmes à la tête découverte sont malgré tout nombreuses. L'islamisation forcée par Kadyrov en est à ses balbutiements.

⋆   ⋆   ⋆

Août 2010. Troisième visite. Zalina et Zoulaï sont toutes deux exténuées. Comme tous les employés de l'État, depuis plusieurs semaines, Zoulaï est forcée de participer aux *soubbotniki*, ces séances de nettoyage « volontaires » instaurées durant la période soviétique. Ramzan les a rétablies afin de voir sa capitale plus propre que jamais, et ce, à peu de frais. Or, cette année, ces travaux forcés coïncident à la fois avec une période de chaleur extrême et avec le jeûne du ramadan, qui interdit au fidèle de manger et de boire durant le jour. «Plusieurs perdent connaissance et on dit même que certains sont morts de soif», avance Zoulaï.

Zalina, elle, est débordée. Depuis près d'un mois, elle doit s'occuper de son frère et de ses deux fils, venus de France en visite comme tous les étés. Le ramadan l'oblige à se lever bien avant le soleil pour préparer le déjeuner des trois mâles qui, même s'ils habitent en Occident depuis des années, ont gardé l'habitude tchétchène de ne pas se mêler des tâches ménagères.

Je raconte à Zalina l'histoire de mon amie Amina, frappée un mois plus tôt par un projectile de fusil à peinture parce qu'elle ne portait pas de voile dans la rue. «Ma voisine, une gynécologue respectable, a aussi été attaquée!» L'islamisation est désormais un fait de société.

Les rénovations du grand appartement éventré par une bombe viennent à peine d'être achevées. Les trois femmes s'y installent petit à petit. L'eau chaude est par contre toujours intermittente. Et les attentats terroristes, toujours sporadiques.

Globalement, la situation est meilleure, résume Zalina. De sorte qu'elle ne rêve plus d'aller habiter en France. «Je suis déjà trop vieille (elle a 63 ans). Qu'est-ce que je ferais là-bas?» dit-elle maintenant. La nécessité existentielle du départ s'est estompée. Une fois la visite masculine partie, Zalina pourra se reposer dans son nouvel appartement. Elle retrouvera – au moins partiellement – ce confort d'avant-guerres qui la rend si nostalgique chaque fois qu'elle l'évoque. Les revenus qu'elle tirera de la location de l'appartement libre lui permettront de vivre plus décemment. Peut-être même d'aller en France, au moins en visite.

Je me réjouis intérieurement. La lueur d'espoir d'une vie meilleure est fine et fragile, mais elle existe. Que ces trois femmes puissent à nouveau regarder l'avenir avec une once d'optimisme me redonne confiance en la justice de la nature des choses. D'un autre côté, je ne peux oublier qu'il suffirait d'une étincelle – le meurtre de Ramzan Kadyrov, par exemple – pour que la Tchétchénie replonge dans l'instabilité, voire la guerre, et, avec elle, Zalina, sa famille et toute la majorité silencieuse.

* * *

Le maquis au nom d'Allah

Ça s'est passé dans un village ordinaire, non loin de Grozny. Ils étaient six amis d'enfance à partager les horizons d'un futur bouché. Leur république se reconstruisait, l'argent entrait dans les coffres de l'État, mais eux n'en retiraient pas l'ombre d'un avantage. Plusieurs jeunes de leur âge se baladaient pourtant dans des Mercedes neuves et partageaient leur vie entre une chic demeure à Grozny et un appartement tout aussi luxueux à Moscou. Mais eux, ils n'avaient pas de proches haut placés dans le régime Kadyrov pour leur donner un emploi qui leur permettrait de s'enrichir sur le dos d'un système corrompu.

Un jour, l'un des copains a commencé à se faire pousser la barbe. «Il ne parlait plus que de religion», se rappelle mon amie Aïna, originaire du même village. «Puis, une nuit, il a fini par partir dans la forêt.» Non pas pour cueillir des champignons sauvages, mais pour rejoindre la guérilla islamique.

L'un après l'autre, ses amis se sont évaporés. Les épouses de deux d'entre eux sont allées les retrouver dans ce maquis d'où on ne revient plus. Comme avenir, ils avaient tous choisi la mort au nom d'Allah.

Au final, un seul des six amis est resté au village. Il est désormais l'objet d'une attention constante de la part des autorités. Tout comme les familles des nouveaux rebelles. Chaque semaine, les policiers viennent interroger chacun de leurs proches. «Les familles qui avaient d'autres fils partis travailler en Russie leur ont dit de ne plus revenir à la maison jusqu'à nouvel ordre.» Pour éviter les représailles.

Jusqu'à ce que j'entende le récit d'Aïna, je croyais que presque tous les jeunes qui prenaient le maquis caucasien le faisaient par instinct de vengeance. Mais force est de constater que, pour certains jeunes hommes et jeunes femmes, le désespoir face à un avenir sans perspectives est suffisant pour choisir le *djihad*. Ils ne vont pas combattre une injustice concrète commise par un soldat ou un policier intouchable. Ils vont combattre l'injustice qu'est l'ensemble de leur existence.

Selon Aïna, les jeunes apprentis djihadistes ont été convaincus par des vidéos de prêche diffusées sur Internet par la rébellion. «J'ai regardé certaines d'entre elles. Vraiment, ils savent comment s'y prendre pour convaincre des gens!» lance Aïna, alors que nous soupons dans un café de Grozny. Assise à côté d'elle, sa cousine lui suggère d'un coup de coude de parler moins fort...

Aïna, bonne vivante mais aussi bonne croyante, a elle-même été suspectée par son oncle de vouloir rejoindre la guérilla. «Un jour, ma tante et moi nous obstinions à savoir si l'islam autorise les fidèles à écouter de la musique. Même si j'en écoute, j'insistais pour dire que la musique est *haram*. Peu après, mon oncle m'a convoquée pour une discussion sérieuse. Il essayait de me convaincre de ne pas partir dans la forêt!» raconte Aïna en riant.

★ ★ ★

Traditions: pour le meilleur et pour le pire
Restaurant Kafeton, Grozny, 20 août 2011

À la suite, Aïna mime un chapeau d'astrakan, une barbe, une explosion et un corps qui s'affaisse. Nous avons tous deviné qui elle imite. «Akhmat-Khadji Kadyrov!» Les rires fusent. La description du président-mufti assassiné était parfaite. C'est au tour de Maureen de se lancer sur l'arène du «jeu du crocodile». Ses coéquipières lui soufflent un mot. Elle se met à danser lascivement, seule au milieu du restaurant sombre, comme elle le ferait à Paris. Elle mime une parade gaie, un événement que nos amies tchétchènes disent à la blague vouloir organiser à Grozny pour scandaliser Kadyrov et sa bande. Du coin de l'œil, tous les clients la regardent se trémousser. Une serveuse finit par l'interpeller et la somme de s'asseoir.

Nous avons dépassé les limites de la décence tchétchène. Et c'est une femme qui est venue nous le rappeler. Pas étonnant. Il n'y a pas meilleur gardien de la morale que celui qui partage vos envies mais qui doit vivre avec les mêmes restrictions que vous. Pour s'assurer que vous n'ayez pas droit à plus de libertés que lui, il se chargera de vous rappeler à l'ordre à la première audace.

Nous continuons à jouer, assis autour d'une table, en évitant les élans trop apparents de plaisir. Nos quatre amies sont habituées. Elles vivent ici. Elles sont certes plus «libérales» que la plupart des femmes de Grozny, mais si elles critiquent farouchement le régime Kadyrov et ses accès de moralité, elles demeurent profondément tchétchènes. Personne n'a besoin de les forcer à prier cinq fois par jour et à suivre le jeûne du ramadan. Pas besoin non plus de les convaincre qu'elles devront se marier à un Tchétchène un jour. Pour elles, cela relève de l'évidence. (Sauf pour Amina, qui a habité à l'étranger et songe à un mariage blanc avec un Tchétchène homosexuel pour satisfaire sa famille et ensuite retourner en Europe vivre librement.)

Être «libéral» en Tchétchénie conservatrice signifie, en gros, que vous vous permettez à l'occasion une cigarette ou une goutte d'alcool en cachette, tout en considérant ces plaisirs comme des péchés socialement inadmissibles qui doivent le rester. Des défenseurs des droits humains tchétchènes indépendants nous ont ainsi affirmé soutenir les lois islamiques parce que leur dureté permet de conserver un ordre moral dans la république et d'empêcher l'explosion de la petite criminalité. Leur position n'est pas totalement dénuée de sens. Les traditions de la société tchétchène – comme celles des autres sociétés traditionalistes – comportent des aspects positifs qu'on ne peut passer sous silence. Par exemple, rarement me suis-je senti aussi protégé des voleurs qu'en Tchétchénie. Ici, je sais que, si je laisse traîner un sac dans un endroit public, les probabilités qu'on me le dérobe sont à peu près nulles. Personne n'oserait risquer son honneur et celui de sa famille pour un petit crime. Par contre, il y a beaucoup plus de chances qu'ailleurs que je retrouve mon sac en mille morceaux parce que des policiers auraient vu en lui un potentiel engin explosif...

Tout aussi paradoxal : même si le Caucase est la région la plus pauvre de Russie, l'espérance de vie y est plus élevée que dans le reste du pays. C'est qu'ici – hormis dans les hautes sphères du pouvoir – tout le monde est solidairement pauvre. Les laissés-pour-compte sont ignorés par l'État, mais ils peuvent compter sur le filet familial ou sinon sociétal pour assurer leur survie.

Cette solidarité, je l'ai retrouvée dans l'histoire de cette vieille dame seule qui était hébergée depuis huit ans (huit ans !) par son ancienne voisine. Leurs appartements avaient été démolis par les bulldozers d'entrepreneurs sans scrupules pour faire place à un édifice commercial. La voisine avait rapidement pu trouver un endroit pour se loger, mais pas la vieille dame. Elle l'avait donc tout naturellement prise sous son aile.

Même Chirvani, un chauffeur de taxi très critique envers le pouvoir et cette «jeunesse tchétchène qui ne pense plus qu'à l'argent», reconnaît que le respect des aînés et des autres démunis est toujours bien vivant en Tchétchénie. Comme plusieurs, il est convaincu qu'il n'y aura jamais ici de foyers pour personnes âgées. Tout simplement parce qu'il n'y aura jamais de personnes âgées délaissées pour les remplir. Chirvani raconte l'histoire d'un vieux Russe qui habitait dans son immeuble. «Chaque semaine, il venait en douce mettre ses déchets dans notre urne pour éviter de payer les cent roubles qu'il faut verser pour la collecte. Je le grondais, mais jamais méchamment. Il était seul et malade. Le jour où il n'a plus pu se déplacer par lui-même, nous avons dû faire des recherches pour retrouver son fils qui habitait à Krasnodar et le convaincre de venir chercher son vieux père. Jamais un Tchétchène n'aurait oser laisser tomber un parent de la sorte!»

Par contre, ces mêmes traditions ne prévoient pas de punition pour la violence conjugale. Dans le foyer, l'homme est tout-puissant. La sœur d'Amina, partie en Autriche retrouver son mari ancien *boïevik*, en a fait les frais. À la naissance de leur enfant, son mari a voulu utiliser l'allocation versée par l'État autrichien pour s'acheter une voiture. Lorsqu'elle a refusé de lui remettre l'argent, il l'a violemment battue. Pour enclencher les procédures de divorce, leurs familles respectives se sont rencontrées et ont déterminé les conditions. Mais pas de sanction, et encore moins de dénonciation à la police.

En maître absolu des traditions, l'homme n'hésite pas à les contourner pour que les femmes soient seules à devoir les suivre sans dérogation. L'histoire de la famille d'Aïna l'illustre bien: «Mes cinq oncles sont des puristes de la religion. Ils sont très sévères. Nous devons appliquer tous les préceptes de l'islam à la lettre. Mais un jour, nous avons appris que quatre d'entre eux avaient une deuxième femme et des enfants ailleurs en Russie! Quant au cinquième, que nous croyions plus droit que les autres, nous avons su récemment qu'il avait lui aussi une autre famille... à Grozny même!»

★　★　★

La Tchétchénie se situe à mille cinq cents kilomètres de Moscou, soit quatre fois plus près de la capitale que Vladivostok. Or, les différences de mentalité ne se calculent pas en kilomètres. Sinon, on devrait chercher la Tchétchénie sur une carte à quelques années-lumière de toute terre russe.

Dans cette autre galaxie, tout juste à côté de la Tchétchénie, on retrouverait également sa petite république sœur, un peu moins rebelle dans l'âme mais tout aussi éloignée du monde russe : l'Ingouchie.

★ ★ ★

Ingouchie : combattre le feu par le feu

La guerre silencieuse
Nazran, 12 août 2009

Nazran est le genre de ville qui ne donne pas le goût de s'y attarder. Ville ? Le mot est fort. En fait, la plus grande ville et centre économique de l'Ingouchie ressemble plutôt à un village en crise d'adolescence qui n'arrive pas à croître en raison d'une malnutrition chronique. Conséquemment, l'expression « centre économique » est elle aussi exagérée. Comment parler d'économie lorsque le budget républicain dépend à plus de 90 % des subsides de Moscou, et que cet argent assure la survivance minimale du peuple, mais aucun développement digne de ce nom ?

Les rues sales et défoncées de Nazran, ses édifices déglingués et son désœuvrement généralisé laissent une impression d'injustice. Il y a de ces matins où les Ingouches doivent se lever en regrettant presque de ne pas avoir été bombardés par l'armée russe comme leurs frères tchétchènes. Avec un peu de chance, ils auraient pu éviter la mort, fuir quelques années, puis revenir habiter eux aussi dans une ville reconstruite à neuf comme Grozny, où l'argent coulerait à flots.

Il est vrai que la guerre ne vaut jamais les bénéfices qu'elle peut rapporter. Elle brise votre âme en mille morceaux si incongrus qu'une fois la paix revenue le rapiècement est quasi impossible. Mais lorsque votre vie n'est que survie, que vous n'avez rien à perdre et tout à envier, la guerre peut sembler, pendant une seconde, une solution valable pour faire table rase. Quitte à risquer qu'elle vous balaie avec le reste. Sans compter que l'Ingouchie vit avec les désavantages de la guerre – celle que se livrent les rebelles islamistes et les forces de l'ordre – sans pour autant en retirer les bénéfices.

Les jeunes sont parmi les premiers à en souffrir. Se trouvant à la croisée des chemins de leur vie, ils ne peuvent rester indifférents aux événements qui bousculent leur république. Leurs choix définiront non seulement leur propre avenir, mais celui du peuple entier. Et à en juger par leur sort actuel, l'avenir ingouche ne s'annonce pas très radieux.

À Nazran et dans les villages, les jeunes disparaissent. Les plus chanceux partent travailler en Russie, faute de perspectives dans leur république. Certains vont rejoindre la guérilla islamiste dans la forêt, alors que d'autres se font kidnapper par les forces de l'ordre avant même que l'idée de rejoindre les djihadistes ne leur vienne à l'esprit.

Nul ne sait ce qui est arrivé par exemple au jeune Magomed-Bechir Tcherbiev, dont la famille a placardé le portrait aux quatre coins de la ville. Tout ce qu'on sait, c'est qu'il a disparu. Un mardi matin, le garçon de 19 ans a quitté la maison familiale pour aller s'acheter des souliers. Il n'est jamais revenu. Au mieux, sa mère peut espérer qu'il ait été kidnappé «par erreur» par des policiers et qu'ils finiront par le relâcher. Vivant, *inch Allah*. Mais s'il a pris le chemin de la rébellion, elle risque de ne jamais le revoir. Ni vivant ni mort, puisque les corps des «terroristes» ne sont pas remis aux familles. Depuis 2002, une loi l'interdit afin d'éviter de transformer les tombes des «martyrs» en lieux de pèlerinage pour les islamistes[66].

⋆　⋆　⋆

En plus de la terreur exercée par les forces de l'ordre, les Ingouches doivent vivre au quotidien avec celle des islamistes. Une scène dont j'ai été témoin en expose bien la nature.

À la sortie d'un immeuble, un homme et un chauffeur de taxi se font une brève accolade. Discrètement, le chauffeur glisse un sac plastique dans le veston de son ami. À l'intérieur du sac se trouve une bouteille d'alcool. Pourquoi ces précautions? Après tout, ni la consommation ni la vente d'alcool ne sont interdites en Ingouchie. C'est qu'ici sa vente peut se révéler bien plus dangereuse que sa consommation. Selon le recensement d'un journaliste local, au cours des derniers mois, une trentaine de commerces vendant de l'alcool ont été incendiés par des «inconnus», vraisemblablement des sympathisants islamistes. Pour une république de moins de cinq cent mille âmes, ça fait beaucoup.

Lors du dernier incendie, le propriétaire du magasin a péri. Comme d'autres, il avait dû recevoir au préalable un avertissement : la vente d'alcool est *haram*. Cesse de vendre de l'alcool ou tu seras puni. Comme d'autres, le commerçant a préféré suivre la loi de l'offre et

---

[66] En juillet 2011, le président ingouche Iounous-Bek Evkourov, partisan de méthodes plus humaines pour lutter contre le terrorisme, appellera les forces de l'ordre à enfreindre cette loi et à remettre les corps aux familles. Selon lui, une telle mesure permettra d'éviter d'ajouter la colère à la peine qui accable déjà les proches des *boïeviki* tués.

de la demande et celles de la Fédération de Russie plutôt que les inter-dictions informelles imposées par des extrémistes religieux. Il a eu tort.

Au cours des deux mois précédant mon passage, cinq attentats ont visé des officiels de haut rang. Le 22 juin, le président ingouche lui-même a été gravement blessé dans un attentat à la voiture piégée. Ce matin, quelques heures avant mon arrivée, le ministre de la Construction a été tué dans son bureau. Deux hommes, masqués et en tenue de camouflage, sont entrés dans l'édifice gouvernemental, pourtant sous haute surveillance, et l'ont abattu à bout portant.

Qui étaient les assassins ?

Des islamistes ? Des hommes d'affaires mécontents de l'incorrupti-bilité du ministre ou, au contraire, de sa corruptibilité qui ne jouait pas en leur faveur ? Ou peut-être a-t-on affaire à un simple cas caucasien de vengeance par le sang contre un homme, ministre de son état, qui aurait sali l'honneur d'une famille ? Difficile à dire. Mais peu importe qui se cache derrière ce crime, ce qu'il faut retenir, c'est que, dans la petite Ingouchie, l'assassinat d'un ministre en pleine matinée dans son bureau ne fera jaser que quelques jours. C'est-à-dire jusqu'au prochain meurtre ou attentat.

Pour ma part, durant les quelque vingt-quatre heures que j'ai pu passer à Nazran, les seules menaces dont j'ai été l'objet sont toutes provenues de la même source : les forces de l'ordre.

*   *   *

Arrestations en série

La nuit vient de tomber sur Nazran. Je rentre à l'hôtel Assa – le seul de la ville –, où j'ai pris mes quartiers plus tôt. À peine ai-je gravi l'escalier central pour rejoindre ma chambre que j'entends un homme me héler. Il a les cheveux gominés vers l'arrière et est habillé avec élégance : veston, chemise et souliers impeccables. L'homme dans la trentaine s'approche. Il est calme et poli, mais son ton est sérieux. « Excusez-moi, mais êtes-vous au courant que vous vous trouvez en zone d'opération antiterroriste ? » Je sursaute. Quoi ? Je lui demande de répéter pour être certain d'avoir bien compris. J'ai bien compris.

Non, bien sûr que je ne savais pas. Si j'avais été au courant, j'aurais probablement feint la surprise. Mais cette fois, je l'ignorais réellement. Nazran, zone d'opération antiterroriste ? Je savais bien que certaines régions d'Ingouchie recevaient régulièrement ce statut pour de courtes périodes, mais vraiment, Nazran, la plus grande ville de la république ?

L'agent me demande – plutôt gentiment – de le suivre pour aller discuter dans le hall de l'hôtel. Nous y rejoignons deux de ses collègues. L'un d'eux porte l'uniforme bleu-gris de la police russe, mais l'autre est lui aussi habillé en civil. Une fois assis dans un fauteuil moelleux, je leur demande de me présenter une pièce d'identité. Celui aux cheveux gominés, visiblement le chef, prétend avoir oublié son badge à la maison. Il est irrité. « Si vous voulez le voir, il faudra me suivre au poste de police. » Évidemment, selon la loi russe et celle de la plupart des pays, il n'a aucun droit de me conduire où que ce soit sans m'avoir préalablement prouvé son identité et sa fonction.

J'insiste. Je n'ai aucunement l'intention de le suivre tant que ses collègues et lui ne m'auront pas démontré qu'ils sont réellement des policiers. « Seuls les policiers se baladent avec des armes ici », rétorque-t-il, de plus en plus irrité. Il ouvre son veston et me montre son revolver. Je lui fais remarquer que les islamistes qu'il est censé combattre portent eux aussi des armes. Il répond qu'ils sont presque tous morts et que, de toute façon, ces rebelles ne pourraient pas se balader tranquillement en ville avec une arme.

Je répète ma demande de voir leurs pièces d'identité. Pour l'instant, je ne peux les considérer que comme de présumés policiers. La patience du chef anonyme a atteint ses limites. Il se met à crier et à me tutoyer, puis il sort son arme et la charge devant moi, visiblement pour m'effrayer. Il menace encore de m'emmener au poste sans plus de discussions. Je lui explique à nouveau – le plus calmement possible tout en essayant de dissimuler une certaine peur – que ma demande est conforme à la loi. Un prévenu n'a-t-il pas le droit de savoir qui l'arrête ? « Où est-ce écrit ? Les lois canadiennes ne sont pas en application ici ! » Je sais bien. Je me réfère à des lois russes. « Où as-tu lu ça ? » me recrache-t-il au visage. Évidemment, je ne peux lui citer par cœur l'article dont nous connaissons tous les deux l'existence.

La discussion tourne en rond. J'en profite pour envoyer des textos à un collègue moscovite afin qu'il avertisse l'ambassade canadienne de ma situation. Non pas que j'espère une quelconque aide de la part des autorités consulaires, mais dans ce genre de situation, la communication est la seule arme de défense qui s'offre à nous.

Je ne cache pas mes échanges de SMS aux agents. Au contraire. Je veux qu'ils sachent que d'autres personnes sont au courant de mon interpellation en mauvaise et indue forme. Je veux qu'ils sachent que, s'ils vont trop loin et qu'on perd ma trace, des gens s'inquiéteront rapidement de mon sort et entreprendront des démarches pour contrecarrer leurs abus. Et qui sait, peut-être que, par souci d'image, les autorités russo-ingouches les puniraient pour une fois d'avoir agi comme d'habitude, c'est-à-dire sans égard aux lois? Les excès des policiers à l'encontre de tous les pauvres Magomed-Bechir Tcherbiev de cette république passent facilement et demeurent à jamais impunis. Mais avec un étranger occidental, le jeu est plus risqué, puisqu'ils pourraient attirer l'attention extérieure.

À titre de compromis, l'agent en uniforme – le moins gradé des trois, semble-t-il – finit par me montrer son badge. Je saisis un stylo, mais à peine ai-je le temps d'y repérer son nom qu'il le referme. Je lui demande de l'ouvrir à nouveau. «Selon la loi, je n'ai à le montrer que quatre secondes.» Pure foutaise. Mais une fois de plus, je ne peux argumenter. Je ne peux citer par cœur les règles de conduite que doivent respecter les policiers lors de l'interpellation d'un citoyen. Même si j'ai raison, c'est sa parole contre la mienne. Et la sienne a automatiquement préséance.

Je fais maintenant part aux agents de mes doutes sur le statut de zone d'opération antiterroriste («KTO», selon l'acronyme russe) de Nazran. Il est étrange que ni les employés de l'hôtel, qui doivent minutieusement rapporter aux autorités chaque jour la présence d'étrangers dans leur établissement, ni les personnes que j'ai rencontrées durant la journée, très au fait de la situation de la république en matière de sécurité, n'étaient au courant de ce statut. Pouvez-vous me montrer un document le prouvant? «C'est moi qui pose les questions!» s'enflamme le chef anonyme.

Il m'informe – ou plutôt me désinforme – que Nazran est zone de KTO depuis l'attentat contre le président Evkourov il y a un mois et demi. « Selon les normes internationales, lorsqu'une opération antiterroriste est déclarée, la ville principale de la république tombe automatiquement sous le même régime. » Pure foutaise encore, bien sûr. Mais il peut se le permettre. Si jamais je veux vérifier ses dires et les documents qui les prouvent, je devrai le suivre au poste...

Il commence à se faire tard. L'agent aux cheveux gominés est à bout de nerfs. Il me donne le choix : soit je signe le protocole indiquant que je reconnais m'être trouvé sans autorisation en zone de KTO, soit ils m'emmènent avec eux, policiers anonymes, pour passer la nuit en détention. Je crains plus le voyage en leur compagnie vers une destination inconnue que le bout de papier, même si, en toute autre circonstance où je n'aurais pas craint pour ma sécurité physique, j'aurais tout fait pour éviter de le signer.

Les agents me remettent le protocole. En le lisant, j'arrive à déchiffrer les noms Tsegoïev et Goulievy. J'en comprends que le premier est celui de l'agent en uniforme et l'autre, celui du chef. Ils m'annoncent que demain à midi se tiendra mon procès pour violation du code administratif et que je risque quinze jours de détention ou, ce qui est plus plausible selon eux, une amende de neuf cents roubles. D'ici là, je devrai promettre de ne pas sortir de l'hôtel. Ils refusent ma proposition de tout simplement quitter la république sur-le-champ sans plus d'histoires.

Je signe. Ils partent.

Je reçois un appel d'un employé du ministère canadien des Affaires étrangères, à qui je raconte tous les détails de ma mésaventure. Je prends bien soin d'indiquer les noms des deux présumés policiers que je crois avoir pu identifier. Ensuite, j'appelle le défenseur des droits humains ingouche et le journaliste local que j'avais rencontrés durant la journée. Les deux sont surpris d'apprendre que Nazran est soi-disant une zone de KTO. L'un d'eux me dicte le numéro de téléphone du secrétaire de presse du président ingouche. Je l'appelle. Lui non plus n'est au courant de rien ! La principale ville de la république serait sous régime spécial sans que personne d'autre que des policiers anonymes soit au courant.

★   ★   ★

Le lendemain, les agents arrivent à l'hôtel avec une heure de retard. Le chef de la bande de la veille, le présumé Goulievy, est là. Je lui indique que je n'ai pas l'intention de lui adresser la parole tant qu'il ne m'aura pas montré ses papiers d'identité. Il refuse encore et reprend son air irrité et menaçant de la veille. J'ignore sa présence et réponds à l'autre policier en uniforme.

J'ai compris que je ne pourrais pas faire respecter totalement mes droits en Ingouchie. J'ai aussi compris qu'insister jusqu'au bout pourrait se révéler dangereux. Mais mieux vaut constamment leur rappeler mes droits et leurs obligations afin ne pas perdre l'infime rapport de force que j'ai réussi à instaurer. C'est que, me dis-je, il est moralement moins confortable pour un policier d'abuser de ses pouvoirs avec un citoyen qui est conscient de ces abus et les dénonce qu'avec un autre qui ignore ses droits et est impuissant lorsqu'un représentant de l'ordre les viole. Je ne peux qu'espérer que mes objections les incitent à tempérer leurs ardeurs.

Les agents m'informent que je n'aurai pas à me présenter à mon procès. La cour me fera part de sa décision par téléphone au cours des prochains jours. Je leur laisse mon numéro caucasien, que je cesserai d'utiliser quelques jours plus tard à mon retour à Moscou. Finalement, je n'aurai jamais de nouvelles de la prétendue cour et de l'amende qui devait m'être infligée. Par contre, une histoire qui m'a été racontée par la suite par un travailleur humanitaire habitué du Caucase me laissera avec l'impression que, depuis cet incident ingouche, une épée de Damoclès est suspendue au-dessus de ma tête.

Il y a quelques années, un employé d'une organisation internationale avait été arrêté en Ingouchie et accusé de se trouver en zone d'opération antiterroriste sans permission spéciale. Il avait dû payer une amende et quitter la république. Plusieurs mois plus tard, en revenant de vacances dans son pays d'origine, il avait été refoulé à la frontière par les douaniers de l'un des aéroports de Moscou. Il était pourtant entré et sorti du territoire russe à plusieurs reprises depuis l'incident ingouche et n'avait jamais eu de problèmes. Alors pourquoi cette fois? L'information venait-elle finalement de se rendre jusqu'aux bureaux moscovites du FSB, après un long voyage dans les méandres de la bureaucratie russe ? L'humanitaire venait-il tout juste d'être inscrit sur la liste noire ou l'avait-il toujours été ? Les services de sécurité attendaient-ils simplement le moment opportun pour l'expulser ? Et l'expulsaient-ils afin d'intimider son organisation après une critique trop virulente du pouvoir russe ? Il ne le saura jamais. Ni même si cet incident ingouche est bien ce qui lui a valu l'expulsion.

Je doute fortement que les autorités russes estiment un jour que je mérite l'expulsion et le miniscandale bilatéral que cela provoquerait. Mais qui sait ? Le pouvoir russe n'a jamais été réputé pour la rationalité de ses processus de prise de décision.

Ce doute que le régime maintient en permanence au fond de votre conscience est justement l'une de ses plus grandes forces. En pays autoritaire, on a toujours quelque chose à se reprocher. Soit parce que l'essence même du système bureaucratique kafkaïen vous empêche d'être irréprochable face à des lois complexes, inutiles, voire contradictoires ; soit parce que l'application arbitraire des lois écrites et non écrites vous empêche de savoir où se situent les lignes rouges à ne pas franchir – d'autant plus que ces limites informelles peuvent avancer ou reculer selon les humeurs du régime.

★   ★   ★

Les policiers partent. Me revoici libre de sortir de l'hôtel et forcé de quitter la république. En fait, formellement, rien ne m'obligeait à me cloisonner dans l'hôtel depuis hier ni à partir maintenant d'Ingouchie. Toutes ces obligations ne sont basées que sur la parole de policiers louches qui s'appuient sur des règlements vraisemblablement inventés de toutes pièces pour les circonstances. Mais me risquer à contredire ces ordres, aussi illégitimes soient-ils, n'en vaudrait pas la chandelle.

Je prends un taxi jusqu'à la gare routière. Sac au dos, j'entre sur le territoire de la gare. Soudain, une jeep grise apparaît sur ma gauche. Elle s'arrête devant moi et klaxonne. J'en comprends que je lui ai coupé le passage. En sortent trois policiers, mitraillettes en bandoulière, habillés d'un pantalon militaire et d'un t-shirt noir marqué de l'inscription « *Ingouchetiya* ». Je m'excuse de mon inattention et me remets en marche, à la recherche de la *marchroutka* pour Vladikavkaz.

Les policiers ne s'en vont pas. Ils avancent agressivement en gueulant. Je ne leur avais pas coupé le chemin. J'étais leur cible.

« Hey ! Tu fais quoi ici ? Allez, tes papiers ! » me crie le plus petit des trois, qui semble le chef de la bande. Habituellement, je demande aux policiers de me montrer une pièce d'identité avant de sortir la mienne. Mais instinctivement je comprends que, cette fois, exiger le respect de mes droits auprès de ces brutes serait plus un acte de folie que de zèle citoyen. « Allez, montre tes papiers, putain ! Et ferme-la ! » me lance le petit en m'arrachant des mains l'accréditation du ministère des Affaires étrangères russe que je viens de sortir de ma poche.

Les agents m'agrippent et me jettent sur la banquette arrière de la jeep. Nous démarrons vers une direction inconnue. Je leur demande où nous allons et essaie de leur expliquer qu'il s'agit probablement d'un malentendu, puisque leurs collègues m'ont déjà interrogé à l'hôtel et que... « Ferme ta gueule ! » m'interrompt le petit, en me menaçant de son poing. J'essaie de sortir subtilement mon téléphone pour appeler un défenseur local des droits humains, mais il me le confisque aussitôt. Il jette à nouveau un œil distrait sur mon accréditation. « Tu n'es pas Ossète, par hasard ? » Posée par un Ingouche, cette question équivaut à demander : « Tu n'es pas notre pire ennemi, par hasard ? » Bien sûr que non ! Je suis Canadien ! *Ia – Kanadiets* ! Les policiers plongent quelques secondes dans un silence hébété, à la recherche de l'origine du mot, donc de mon origine. *Kanadiets* ? Ils ne comprennent pas. « Ferme ta gueule ! » hurlent-ils en guise de réponse.

Nous arrivons finalement au poste de police. En franchissant la porte, nous tombons face à face avec un de leurs collègues. Lui et moi nous reconnaissons. C'est l'un de ceux qui s'occupaient de mon cas à l'hôtel Assa il y a vingt minutes à peine. « Allez, laissez-le partir », dit l'agent aux trois brutes.

Je sors du poste. Le petit me rejoint. « *Hey brat, dengui yest* ? » – Hey, mon frère, t'as de l'argent ? Maintenant convaincu que ses supérieurs ont réglé mon cas, je lui ris au visage et reprends à pied la direction de la gare routière.

L'argent. Évoqué seulement à la fin, il était pourtant le point de départ de cette mésaventure. Ces petits policiers ordinaires, ordinairement sous-payés, ont voulu profiter de leur arme pour arrondir leur fin de mois. Leurs collègues à l'hôtel, plus haut gradés, semblaient quant à eux réellement en vouloir à ma présence dans leur république instable. À quelques minutes d'intervalle, j'aurai été victime des deux formes les plus pernicieuses de l'arbitraire qui guide les actions des policiers dans le Caucase russe : la sécurité à tout prix et la corruption.

★   ★   ★

Quatre jours plus tard, ce sera au tour des policiers ingouches de se transformer en victimes. Ils seront attaqués par le fléau même qu'ils combattent en se permettant tous les excès : l'islamisme.

Ce jour-là, comme tous les lundis matin, les policiers sont réunis dans la cour de leur poste pour une séance d'instruction. Vers neuf heures, une camionnette défonce le portail de la cour et roule en trombe vers le dépôt d'armes. Le kamikaze au volant déclenche les explosifs dont est bourré son véhicule. Vingt policiers sont tués et plus de cent trente personnes sont blessées, dont une dizaine d'enfants de l'école voisine, que la puissance de la déflagration n'a pas épargnée.

Le poste de police visé était celui où j'avais été conduit par les trois brutes en quête de pot-de-vin. Je ne saurai jamais s'ils faisaient partie des victimes.

Dans les heures qui ont suivi l'attentat, le président russe Dmitri Medvedev a renvoyé le ministre ingouche de l'Intérieur. Il faut bien un bouc émissaire pour éviter la remise en cause du système entier. Il a aussi ordonné un renforcement des effectifs policiers dans la république. La lutte sans merci contre les islamistes serait encore totale. Coûte que coûte. Le feu serait combattu par le feu.

Sixième chapitre

Biélorussie (bis)

Les bégaiements de l'Histoire

(décembre 2010)

Le retour
Train Moscou-Minsk, nuit du 9 au 10 décembre 2010

Lorsque l'employé consulaire m'a rendu mon passeport il y a deux jours, j'ai vérifié encore et encore pour être certain que je ne rêvais pas. Mais chaque fois, il était bien là, à la page 18.

Mon visa biélorusse.

Je n'arrive toujours pas à y croire. Périodiquement, je regarde cette page 18 pour m'assurer qu'il n'y a pas d'erreur. Chaque fois, les dates d'entrée et de sortie inscrites sont les bonnes. Le tampon officiel s'y trouve. Et même la mention «*Pressa*». Tout est en règle. Cette année, contrairement à 2006, je couvrirai l'élection présidentielle biélorusse au su du régime et avec son approbation.

Je l'ai mérité, ce visa. Durant deux mois, j'ai dû me battre contre l'incompétence généralisée de la bureaucratie biélorusse, contre les employés tout-puissants et mal informés du consulat biélorusse de Moscou et ceux du ministère des Affaires étrangères à Minsk. J'ai mené la bataille de front, bien que je doutais fortement de mes chances de succès. Durant trois ans, j'ai été interdit de séjour en Biélorussie. En théorie, je ne le suis plus depuis un an et demi. Sauf que le régime aurait facilement pu trouver mille et une raisons pour me refuser le visa et l'accréditation sans explication, comme les conventions internationales lui donnent entièrement le droit de le faire.

Durant de longues semaines, j'ai attendu mon accréditation, sans savoir si le délai allait dans l'ordre des choses ou s'il était lié à mon cas particulier. Mes appels au service de presse du ministère des Affaires étrangères me valaient des réponses au mieux laconiques, au pire évasives. À chaque conversation, les employés passaient de longues minutes à chercher mon dossier et ils ne pouvaient jamais me dire avec assurance quand j'obtiendrais une réponse. Et encore moins la nature de cette réponse.

Leur incompétence me donnait toutefois espoir que je pourrais me faufiler incognito dans les failles du régime et que le Frédérick Lavoie arrêté et emprisonné après l'élection de 2006 ne viendrait pas rattraper celui qui souhaitait cette année couvrir la présidentielle avec tous les papiers officiels requis.

À mon énième appel au ministère, j'apprends que l'accréditation m'est accordée. Sans plus de questions. Ne reste qu'à obtenir le visa. En principe, il s'agit d'une formalité une fois l'accréditation en poche. Quelques photocopies de documents, quelques papiers à compléter. Or, au verso du formulaire, l'une des cases à remplir se présente comme un dilemme capital : « Avez-vous déjà été accusé d'avoir violé la législation biélorusse ? » Il y est bien spécifié qu'une réponse positive ne signifiera pas un refus automatique, mais que le postulant fautif pourrait être convoqué à une rencontre avec un responsable consulaire.

Je n'ai alors aucun moyen de savoir si ceux qui traiteront ma demande sont au courant de mes démêlés passés avec le système judiciaire biélorusse ni s'ils sont en mesure de les découvrir. J'ai changé de passeport depuis, mais peut-être feront-ils une recherche à mon sujet dans leurs dossiers ? Ou sur Internet ? Dans le premier cas – plus probable que le deuxième –, la nature archaïque et kafkaïenne de la bureaucratie biélorusse jouera en ma faveur. L'ordinateur étant encore un outil avec lequel peu de fonctionnaires sont à l'aise en Post-Soviétie, je me permets de douter de leur capacité à retrouver les traces de mes aventures au centre de détention d'Akrestina, probablement bien blotties dans un classeur poussiéreux du sous-sol d'un édifice des services de renseignement. Et pour les retrouver, encore faudrait-il qu'ils aient une raison d'entamer les recherches. Les fonctionnaires post-soviétiques n'étant pas très enclins au zèle, il est improbable que l'idée leur passe par l'esprit.

Mais sait-on jamais. Peut-être les bureaucrates sont-ils bien au courant de mon passé ? Et peut-être que, s'ils m'ont déjà accrédité, cela veut dire qu'ils comptent aussi me délivrer le visa ? Mais si j'inscris dans le formulaire que je n'ai jamais violé de lois dans leur pays, reviendront-ils sur leur décision ? Pile ou face. Dans le doute, je choisis de mentir. « Avez-vous déjà été accusé d'avoir violé la législation biélorusse ? » Non.

Je ne saurai jamais si un « Oui » aurait changé quelque chose. Mais l'important, c'est qu'à dix jours de la présidentielle, je me trouve dans un train en direction de Minsk avec un visa en règle.

*   *   *

Avant de quitter Moscou, j'ai pris la peine de ranger minutieusement mon appartement, comme je le fais rarement. Je voulais ainsi, un peu inconsciemment, marquer le début de la fin d'une étape. Ce retour en Biélorussie viendrait boucler le premier cycle de mes allers simples journalistiques en Post-Soviétie. Je retournais à l'endroit où avait commencé à germer l'idée d'écrire ce livre, dans ce pays qui m'avait trop longtemps été un fruit défendu. Et j'y retournais pour couvrir ce qui s'annonçait comme une répétition de l'Histoire : comme quatre ans et demi auparavant, il ne faisait guère de doute que le président Loukachenko serait réélu avec une majorité écrasante, que l'opposition descendrait dans les rues pour contester cette victoire et que les forces de l'ordre réprimeraient tôt ou tard cette tentative de révolution.

Mais quand, comment et avec quelles conséquences ? L'imprévisibilité avait encore suffisamment de latitude pour que le fil des événements puisse surprendre et intéresser. Après tout, même lorsque l'Histoire bégaie, elle n'arrive jamais à être totalement fidèle au passé. Parfois, certaines variables oubliées resurgissent et viennent brouiller les cartes des meilleurs cartomanciens politiques.

★ ★ ★

Minsk, 10 décembre 2010

Le train entre en gare de Minsk. Je me souviens précisément de mon état d'esprit la dernière fois que je me suis retrouvé sur ce quai. J'avais le cœur gros. C'était le 8 avril 2006, quelques heures après ma libération. Des amis et le vice-consul canadien étaient venus m'y conduire. Je devais rapidement quitter le territoire biélorusse puisque, désormais, j'étais *persona non grata* dans ce pays.

Oui, j'avais le cœur gros. J'étais triste de partir sans avoir pu dire au revoir à cette ville. En aucun cas je ne lui en voulais de m'avoir volé quinze jours de liberté. En fait, je lui étais plutôt reconnaissant de m'avoir fait vivre des émotions aussi fortes, mis à l'épreuve, remis en question, et tout cela sans me laisser de séquelles physiques ou mentales. Bref, je lui étais reconnaissant de m'avoir fait grandir. Je l'avais quittée à contrecœur, comme on quitte une femme qui nous a fait mal, qui n'aurait jamais pu nous faire du bien, mais dont l'absence aussi fait mal parce que, sans elle, la vie n'est plus aussi intense.

Et voilà qu'enfin, je peux la revoir. La sentir à nouveau. Inévitablement, la nostalgie m'emplit. J'aurai besoin d'un peu de temps pour que ce sentiment se dissipe. J'aurai besoin de marcher à travers la ville, de revoir ses rues et ses places porteuses de mes souvenirs ; je devrai la parcourir dans ses vieux autobus bondés aux vitres en permanence givrées en hiver, où les machines à composter les billets percent une série de petits trous propre à chaque véhicule de la flotte (c'est ce genre de petit souvenir qui vous émeut le plus lorsque vous le redécouvrez) ; je devrai revivre les banalités de Minsk pour que celle-ci redescende du piédestal émotif qu'elle occupe dans mon esprit.

Le processus ne dure pas très longtemps. Il faut dire que Minsk n'est pas le genre de ville à étonner par son extravagance ou son originalité. La seule chose qui peut réellement y surprendre le voyageur est de constater comment elle a su conserver son âme soviétique. Contrairement aux autres capitales de Post-Soviétie, les vestiges de l'empire déchu n'y tombent pas en décrépitude et n'ont pas été remplacés – ou si peu – par des édifices modernes. Au contraire. Minsk les a entretenus.

En fait, si ce n'était des voitures étrangères qui roulent sur l'avenue de l'Indépendance, du McDonald's et des quelques autres franchises occidentales qui y ont pignon sur rue, on pourrait s'imaginer en plein rêve soviétique : les rues et les devantures sont ultrapropres, il y a peu de sans-abris, peu de flâneurs et beaucoup de travailleurs de l'État. La loi et l'ordre.

Ici, contrairement aux autres grandes villes de Post-Soviétie, chaque voiture n'est pas un taxi potentiel. Personne ne s'arrêtera pour vous proposer ses services contre un prix à négocier. À Minsk, il n'y a que des taxis officiels, identifiés, numérotés et équipés de taximètres. Les chauffeurs ne cherchent pas à vous arnaquer. Les lois sont les lois et ils les respectent.

Idem pour les piétons. Pas question de traverser au feu rouge comme le feraient sans état d'âme les Moscovites. Même devant une rue déserte, le Minskois attendra la permission du symbole lumineux pour s'engager. En constatant cette propension à respecter les lois en toutes circonstances, on comprend mieux pourquoi il est si difficile de fomenter une révolution dans ce pays.

Cette atmosphère de loi et d'ordre qui transpire dans la capitale biélorusse est précisément ce qui fait la fierté et la popularité du président Loukachenko. Depuis 1994, le *Batka* («petit père») s'affaire à maintenir en vie le modèle soviétique dans sa république, l'une des mieux nanties – ou plutôt des moins pauvres – à l'époque de l'Union. Il répète sans cesse que, contrairement à leurs voisins, les Biélorusses ont évité le choc brutal du passage à l'économie de marché durant les années 1990 et que, bien sûr, tout cela est grâce à lui.

Et pour l'instant, il a raison. Le système tient bon.

Périodiquement, il passe près de l'effondrement. À tout coup, l'opposition croit que ça y est. Le modèle économique archaïque du pays s'écroulera et, avec lui, le régime Loukachenko, se disent ses détracteurs, non sans une certaine fébrilité. Mais chaque fois le président autoritaire trouve un moyen de soutirer une aide extérieure qui lui permet de maintenir en vie artificiellement ce système inefficace, mais généreux envers le travailleur-électeur. Et bien que ces crédits octroyés par les sauveurs russes ou occidentaux soient généralement conditionnels à la mise en place de réformes économiques – douloureuses mais cruciales –, le rusé président réussit à tout coup à les éviter.

Son entêtement relève certainement en bonne partie d'une crainte qu'un changement économique puisse conduire à un changement politique et, donc, à sa propre chute. La perte pour les travailleurs d'avantages sociaux soviétiques, difficilement conciliables avec une économie de marché, risquerait de semer la grogne. Mais, plus simplement, il semble que le refus de Loukachenko de procéder à un quelconque changement relève de l'incapacité de ce simple ex-directeur de ferme collective moustachu à envisager une construction du monde différente de celle qu'il connaît déjà, soit celle héritée de l'époque soviétique. Comme un vieil écrivain qui s'acharne sur sa machine à écrire, pas autant par nostalgie que par crainte de ne pas arriver à s'adapter à l'ordinateur et de constater qu'il est dépassé.

Pour faire survivre ce système soviétique et, incidemment, son régime, Loukachenko est prêt à tout. Même aux alliances les plus incongrues.

À Minsk, l'ambassade de la République bolivarienne du Venezuela se situe dans un magnifique édifice du centre-ville. Si ce n'était des relations fraternelles basées sur l'« anti-impérialisme » qui unissent les présidents Loukachenko et Chavez, il n'y aurait assurément pas de représentation diplomatique vénézuélienne en Biélorussie. Mais lorsqu'on a choisi l'isolement, il faut se contenter des amis qui veulent bien de nous.

Pour transformer en relations économiques tangibles cette impro-bable amitié – dépourvue de quelconques liens historiques et encore moins géographiques –, il faut faire preuve d'imagination. Pour fournir en pétrole son nouvel allié biélorusse, le Venezuela a dû conclure une étrange entente avec l'Azerbaïdjan, tout aussi riche en or noir. L'accord prévoit que le pétrole « vénézuélien » qui sera livré à la Bié-lorussie proviendra en fait d'Azerbaïdjan. En échange, le Venezuela exportera une quantité équivalente de son pétrole vers les États-Unis pour y honorer des contrats azerbaïdjanais.

Au centre d'exposition de Minsk, une autre amitié improbable essaie de prendre forme de peine et de misère. « Exposition nationale de la République islamique d'Iran. 9-12 décembre 2010. Entrée libre », annonce le tableau à l'extérieur du centre. J'y entre.

Le kiosque d'information est tenu par des femmes vêtues d'une longue robe aux motifs traditionnels biélorusses... et d'un voile isla-mique. Sur les murs, des affiches montrent les présidents Loukachenko et Ahmadinejad qui s'enlacent pour prouver « l'amitié entre les peuples biélorusse et iranien ». La plupart des stands sont tenus par des Ira-niennes au voile très libéral, qui laisse paraître des cheveux teints et un maquillage épais n'ayant rien à envier à celui des femmes biélorusses.

Les babouchkas, entrées par curiosité, sont vite déçues : les raisins secs et autres noix iraniennes sur les présentoirs ne sont pas à vendre. Heureusement qu'il y a cette jolie Perse pour leur servir des échan-tillons de jus de grenade, sinon la visite aurait été totalement vaine. Les babouchkas ont mal compris le but de l'exercice. Il ne s'agit pas d'un marché où l'on peut dégoter quelques produits moins chers de quelques roubles qu'au supermarché du coin, mais d'une exposition commerciale dans laquelle des gens d'affaires sont censés conclure des ententes.

Or, encore faudrait-il trouver des possibilités de coopération. Dans les kiosques tenus par des constructeurs de ponts, d'appareils agricoles et autres, on s'ennuie royalement. Seul signe d'échange : au stand d'une compagnie vraisemblablement spécialisée dans la pistache (à en juger par les plats remplis de cette noix qui jonchent les tables aux alentours), un entrepreneur iranien discute avec une blonde peroxydée. En anglais.

Il faut dire que les possibilités d'affaires avec des entrepreneurs privés sont pratiquement inexistantes en Biélorussie. L'État contrôle encore plus de 80 % de l'économie, ce qui laisse peu de place aux initiatives non gouvernementales, particulièrement pour les grands projets.

Dans sa tentative de survie à son isolement politique et économique grandissant, le président Loukachenko s'est rapproché d'une autre puissance montante : la Chine. Depuis quelques années, Pékin octroie à répétition des crédits à Minsk qui, en échange, permet aux Chinois de réaliser différents projets sur son territoire, notamment routiers et immobiliers.

Or, ces nouvelles alliances ont leurs limites. Géographiquement, la Biélorussie se trouve au cœur de l'Europe, coincée entre la Russie, à l'est, et l'Union européenne, à l'ouest. Qu'il le veuille ou non, Loukachenko doit entretenir des relations avec ces deux géants. Et en fin manipulateur, il y arrive très bien.

* * *

Le manipulateur

Je me dois de faire une confidence aux lecteurs : j'éprouve une fascination à l'égard d'Aleksander Grigorievitch Loukachenko. Et celle-ci n'a rien à voir avec mon passage dans ses geôles. Je n'ai jamais entretenu de rancœur envers le *Batka* ou son régime à la suite de cette mésaventure. Mon intérêt pour ce petit potentat obscurantiste est strictement lié à sa personnalité particulière.

Attention, fascination n'est pas synonyme d'admiration. Aleksander Loukachenko n'est pas admirable. Il est captivant. Comme l'est un psychopathe, un tueur en série ou, dans son cas, un manipulateur en série.

Loukachenko n'est pas particulièrement intelligent. Malgré ses études en histoire, il réécrit régulièrement des pages du passé – intentionnellement ou non – et s'empêtre dans d'absurdes anachronismes. Il est réactionnaire et impulsif. Sa vision du monde est étroite et il ne cherche pas à l'élargir. Mais cela ne l'empêche pas d'afficher une confiance en lui à toute épreuve, d'être charismatique et de maîtriser à merveille l'art de la persuasion des foules. Bien au contraire. C'est son étroitesse d'esprit justement qui lui permet de se concentrer sur l'objectif principal que partagent tous les manipulateurs : dominer et utiliser l'autre pour arriver à leurs fins.

Depuis des années, je lis et écoute attentivement les déclarations colorées de Loukachenko. Je l'observe manipuler non seulement son peuple, mais aussi ses partenaires étrangers. Je suis sidéré par son habileté, d'un côté, à s'attirer la sympathie de ceux qu'il manipule à leur insu et, de l'autre, à emplir d'un immense sentiment d'impuissance ceux qui ont conscience de son stratagème.

Un exemple : en novembre 2006, huit mois après sa réélection contestée, Aleksander Loukachenko a reconnu sans broncher devant un parterre de journalistes ukrainiens avoir trafiqué les résultats du scrutin. « Oui, nous avons falsifié les dernières élections, je l'ai déjà dit aux Occidentaux. Le président Loukachenko (il parle parfois de lui à la troisième personne) a obtenu 93,5 % des voix. On nous a dit que ce n'était pas un chiffre européen. Alors nous avons mis quatre-vingt-... (il tourne la tête vers un conseiller mais n'attend pas sa réponse avant de continuer) six. Avant l'élection, les Européens nous ont dit : " Si vous avez des résultats qui se rapprochent de ceux habituels en Europe, nous reconnaîtrons l'élection. " [...] Nous leur avons *fait* des résultats européens, mais ce n'était pas encore assez bien pour eux. »

Dans ses moindres détails, cette déclaration improvisée est une parfaite représentation du génie manipulateur de Loukachenko. Premièrement, comme preuve de sa lucidité et de sa bonne foi, il concède un point à ses critiques : Oui, c'est vrai, vous avez raison, l'élection a été falsifiée. Mais rapidement, il dénature le sens des accusations. Alors que ses adversaires montrent du doigt le processus électoral dans son entier, il explique que les résultats n'ont été modifiés qu'à la toute fin. Il place ainsi ceux qui voudraient remettre en cause l'origine des falsifications dans le rôle des méchants : le président admet lui-même avoir commis ce dont vous l'accusez et vous n'avez même pas assez de bonne foi pour le croire ?! Les critiques ont l'air de faire preuve d'une intransigeance fanatique et bornée.

En se reconnaissant comme chef d'orchestre du «méfait», le manipulateur oblige son public à tenir pour acquis que la suite de son explication sera aussi véridique que son premier aveu. Or, c'est précisément là que commence sa série de mensonges, qui lui permettra de se placer dans le rôle de la victime des circonstances : le président est si populaire que cela en est presque gênant à l'égard de ceux qui ne le sont pas autant que lui[67]. Pour avoir l'air honnête, il se voit paradoxalement forcé de mentir sur le niveau réel de sa popularité. Le président n'est qu'une pauvre victime de son succès...

L'erreur qu'il commet et son hésitation en rappelant le résultat officiel (il a obtenu 82,6 % et non 86 % comme il l'indique) ne semblent pas fortuites. Elles servent à minimiser l'importance de ce chiffre officiel. Chaque fois qu'il veut dévaluer un fait, Loukachenko fronce les sourcils, comme s'il allait creuser loin dans sa mémoire pour retrouver un souvenir si insignifiant qu'il ne mérite pas une place dans sa boîte crânienne, puis il laisse glisser ce «détail» du coin des lèvres, avec le ton irrité de celui qui n'a pas de temps à perdre pour des pacotilles du genre.

Une fois la falsification justifiée, Loukachenko s'attaque à la mauvaise foi de ces étrangers qui non seulement veulent imposer leurs normes à la Biélorussie indépendante mais, en plus, se disent insatisfaits même quand ces normes sont «respectées» : les Européens ne voulaient pas de nos scores soviétiques, alors nous avons fait une concession en leur fournissant un résultat occidental. Et malgré cela, ils gueulent encore ? Nous avons dû mentir pour les satisfaire, passer outre nos propres lois, et cela n'est pas assez pour eux ? Décidément,

---

[67] Lors d'une autre intervention avant la présidentielle de 2010, Loukachenko confiera qu'il espère obtenir au maximum 70 % des voix pour ne pas humilier ses adversaires.

ils n'ont aucun sens du compromis et leur réaction frôle la mesquinerie, sous-entend en substance Loukachenko.

Pour discréditer totalement un discours aussi absurde, il suffirait
de souligner qu'un président d'un pays supposément démocratique
reconnaît ouvertement avoir falsifié un scrutin à son avantage. Que
ses intentions soient « nobles » ou non, dans un État de droit cet aveu
aurait automatiquement déclenché une commission d'enquête et la
destitution du chef de l'État. Mais pas en Biélorussie loukachenkiste
et, plus important encore, pas dans la tête de ceux qui l'admirent et
l'appuient. Car la force du manipulateur se trouve justement dans
sa capacité à faire oublier l'absurdité même de ses dires. Il réussit à
convaincre son public de se servir déraisonnablement de sa raison,
au nom d'un prétendu bon sens commun qui serait au-dessus des
lois et des règles établies.

Au lieu de juger les affirmations de l'orateur d'un point de vue
froidement légal, l'auditoire fait preuve de clémence en écoutant les
« circonstances atténuantes » qu'il énumère. D'autant plus que l'auditoire trouve son intérêt dans cette entorse à la justice : ayant créé un
système dans lequel tout dépend de lui, le président manipulateur
est devenu l'unique garant de la stabilité. La voix de la raison devient
celle de l'injustice au nom de cette stabilité.

En Biélorussie, l'État, c'est Loukachenko. Sans Loukachenko, il
n'y a plus d'État. Comme un père possessif et violent qui tient ses
enfants sous son emprise, le *Batka* ne laisse aucune chance à son
peuple de s'épanouir par lui-même. Celui-ci n'a donc pas d'autre
choix que d'aimer cette figure paternelle autant qu'il la craint. Le
manipulateur ayant coupé tous les ponts qui unissaient ses victimes
au monde extérieur, le pas pour que celle-ci s'affranchissent de son
autorité semble trop risqué pour qu'elles se décident à le faire.

Ce jeu de dépendance créé de toutes pièces fonctionne chez une
frange assez importante de la population biélorusse – la majorité probablement – pour qu'Aleksander Loukachenko puisse se maintenir
au pouvoir depuis si longtemps.

De leur côté, les opposants tentent tant bien que mal de contrer
l'absurdité. Ils essaient de convaincre le peuple que l'affranchisse-
ment de ce père contrôlant en vaut le risque. Ils relèvent les manque-
ments à la démocratie, les violations des lois élémentaires du régime

Loukachenko, son manque total de transparence ; ils promettent qu'ils n'ont l'intention de vendre le pays ni à l'Occident ni à la Russie, contrairement à ce dont les accuse le président ; bref, ils promettent la liberté et l'indépendance.

Par honnêteté intellectuelle, ils sont obligés de reconnaître que le régime Loukachenko a, il est vrai, évité au pays le choc du passage au capitalisme sauvage qu'a connu la Russie voisine et d'autres pays de Post-Soviétie. Mais en même temps ils citent les exemples des républiques baltes et de la Pologne ex-communiste voisine, toutes des démocraties fonctionnelles désormais membres de l'Union européenne. Ils rappellent que, sans Loukachenko, la Biélorussie aurait pu prendre depuis longtemps ce chemin européen, qu'elle a perdu un temps fou et qu'un jour ou l'autre son vieux système s'écroulera.

Loukachenko n'a pour sa part aucune intention de reconnaître les bons coups ou les qualités de ses adversaires. C'est le propre du manipulateur. Au mieux, il vous concède un point (comme dans le cas des fraudes électorales). Mais il le fait uniquement pour se servir par la suite de ce geste faussement honorable afin de mieux vous attaquer. N'ayant aucun souci d'équité ou d'honnêteté, il peut utiliser à son avantage les manifestations de cette « faiblesse » chez ses adversaires. Ceux-ci n'arrivant pas à se départir de leur bonne foi, ils ne peuvent pas se battre à armes égales contre le manipulateur.

Puisqu'il ne souffre pas des remords que cause l'utilisation de mensonges chez l'homme honnête, le manipulateur peut prêter des intentions malveillantes à ses adversaires avec toute la conviction et la fausse sincérité du monde.

« Nous ne pouvons pas laisser démolir ou refaire notre maison, notre Biélorussie que nous avons nous-mêmes construite, par ceux qui n'ont jamais levé le petit doigt pour construire cette maison », déclarait Loukachenko deux semaines avant la présidentielle du 19 décembre 2010. Bien sûr, il omettait de rappeler que, si les opposants n'ont pas pu contribuer à l'avancement du pays au cours des dernières années, c'est parce qu'il les a tout bonnement exclus du système.

Dans toute sa magnanimité, le manipulateur assure toujours être prêt à collaborer avec vous : « Je suis prêt à collaborer avec n'importe qui, de l'opposition ou pas de l'opposition, avec des gens qui veulent vivre dans leur pays, assurer son indépendance et qui veulent que

notre pays soit calme, beau et tranquille comme moi je le veux »
(19 décembre 2010). Le manipulateur veut collaborer avec vous, mais
à la condition que vous acceptiez les règles – nobles en théorie – qu'il
a lui-même établies. Si vous refusez, le poids de l'intransigeance
vous reviendra entièrement.

★   ★   ★

C'est dans ce contexte psychologique particulier – celui d'un peuple qui
se croit faussement indépendant et sans cesse menacé par un monde
extérieur hostile – que les Européens et autres Occidentaux cherchent
à sortir les Biélorusses de leur isolement au cœur du continent. De
façon presque cyclique, après avoir rompu leurs liens pour cause de
violation des droits humains, les leaders européens tentent un énième
rapprochement avec la Biélorussie et donc, inévitablement, avec le
régime censé la représenter.

Les Européens voudraient bien pouvoir préparer les Biélorusses
à l'« européanité » à laquelle ceux-ci pourront goûter le jour où Loukachenko quittera le pouvoir. Mais pour cela, ils doivent réussir à
contourner le régime, ce qui n'est pas chose simple dans un pays où
presque tout est contrôlé par un seul homme.

L'« européanité » future de la Biélorussie passe par une moder-
nisation du système économique. Sinon, la chute du système Loukachenko et l'ouverture du pays pourraient plutôt vouloir dire que
l'Union européenne se retrouverait avec un autre voisin pauvre et
dévasté à soutenir, voire avec une vague d'immigrants biélorusses
vers ses pays membres.

En visite à Minsk à quelques semaines de l'élection présidentielle
de décembre, les chefs des diplomaties allemande et polonaise ont
tenté le coup une fois de plus : ils ont laissé entendre que la Biélorussie
pourrait bénéficier d'un prêt de trois milliards d'euros si l'élection
était jugée « libre et juste » par les observateurs étrangers.

Loukachenko a saisi la balle au bond. Alors que la Russie le laissait tomber, il avait cruellement besoin d'argent. En organisant une
élection aux apparences honnêtes tout en déterminant lui-même le
score final, comme en 2006, il ne risquait pas grand-chose : avec un

peu de chance, il pourrait convaincre les Européens de lui verser cet argent et, sinon, il pourrait toujours les accuser de mauvaise foi et de vouloir juger à la place du peuple biélorusse de ce qui constitue une élection honnête.

C'est ce qui explique que cette année, contrairement à la campagne électorale de 2006, les candidats de l'opposition – ils sont neuf – n'ont eu aucune difficulté à enregistrer leur candidature.

À Grodno, près de la frontière polonaise dans l'ouest du pays, j'ai assisté aux rencontres avec les électeurs de trois des prétendants en lice. Ils ont pu s'exprimer librement devant des salles de quelques centaines de personnes, tantôt bondées, tantôt à moitié vides. En 2006, les deux candidats d'alors se faisaient constamment refuser la réservation d'un amphithéâtre ou voyaient leur événement annulé à la dernière minute pour des raisons obscures. Plusieurs de leurs partisans avaient été interpellés en pleine campagne, leurs dépliants électoraux étaient constamment confisqués, etc. Cette année, rien de tout cela. Les candidats ont eu droit à quelques minutes pour débattre à la télévision. Le président Loukachenko ne s'est toutefois pas abaissé à participer à l'exercice. Même s'il ne faisait officiellement pas campagne, son omniprésence dans les médias étatiques lui permettait amplement de faire passer ses messages sans avoir à subir les questions gênantes de ses adversaires poids plume : « J'ai sauvé certains d'entre eux de la prison et, aujourd'hui, ils gueulent à l'écran et viennent cracher sur le président », a-t-il commenté après leur unique présence à la télévision, soulignant de cette façon son immense charité à leur égard et leur tout aussi immense ingratitude.

Ce qui nous mène au jour du vote.

★   ★   ★

Des urnes à la rue
Minsk, 19 décembre 2010

En Biélorussie loukachenkiste, rien ne sert de chercher le suspense d'une élection au fond des urnes. Comme l'a dit Staline : ce qui est important, ce n'est pas qui vote et comment ces gens votent, mais qui compte les voix et comment ils les comptent[68].

---

[68] Comme cité dans ses mémoires par Boris Bajanov, secrétaire personnel de Staline de 1923 à 1928, soit jusqu'à sa défection et sa fuite en Europe. La citation exacte, entendue lors d'une réunion du Politburo par Bajanov, est : « Je considère que ce qui est important, ce n'est pas qui dans le Parti (communiste) votera et comment ils voteront, mais ce qui est extrêmement important, c'est qui comptera les voix et comment ils les compteront. »

Quand j'arrive en fin de matinée au centre de presse de l'imposant palais de la République – qui jouxte la place d'Octobre où sont prévues les manifestations illégales de l'opposition ce soir –, les journalistes des médias étatiques biélorusses suivent assidûment le processus électoral. Devant la caméra, les officiels se relaient pour annoncer invariablement que le scrutin se déroule dans les règles de l'art. Leurs déclarations sont appuyées par celles d'observateurs électoraux «indépendants», tel ce membre du Parti communiste hongrois qui raconte en direct à la première chaîne d'État avoir vu des «électeurs heureux» dans les bureaux de vote.

Chaque heure, la présidente de la commission électorale, Lidia Ermochina, ou ses adjoints viennent répéter le même discours positif dans un grand auditorium. «Je vous souhaite une joyeuse fête!» lance au début de ses interventions la chef de la commission, en référence non pas au jour de l'An ou au Noël orthodoxe qui approchent, mais à l'élection. Grande partisane de Loukachenko et tête inchangée de la commission depuis 1996, Ermochina défend régulièrement et publiquement le président contre les attaques de l'opposition et de l'étranger.

Par vidéoconférence, les responsables des commissions électorales de différentes régions prennent la parole pour confirmer les dires d'Ermochina. «Dans les bureaux de vote, l'atmosphère est festive», annonce le président de celle de Gomel, dans le sud-est du pays.

En après-midi, avec trois collègues français, je pars constater l'euphorie annoncée dans les bureaux de scrutin. Dans l'école où nous conduit aléatoirement un chauffeur de taxi – qui est loin de porter dans son cœur le président actuel –, l'ambiance est réellement à la fête. Du moins dans la petite cafétéria du premier étage, où sont vendus au rabais pâtisseries, sandwichs et... shooters de vodka. Pour le reste, tout ressemble à un scrutin normal.

À la sortie de l'école, la plupart des électeurs qui acceptent de dévoiler leur choix confient avoir voté pour le candidat proeuropéen Andreï Sannikov ou un autre opposant. Dans la capitale, les fans de Loukachenko sont minoritaires, quoi que puissent en dire les résultats officiels élection après élection. Le président sortant, campagnard de naissance et de mentalité, trouve plutôt ses appuis dans les villages et les villes de province, qui ne se sont jamais remis de la chute de l'URSS.

Ainsi, en dépit de tous ses efforts, mon amie Aliona n'a jamais réussi à convaincre ses parents de ne pas voter pour Loukachenko. Dans leur ville à une centaine de kilomètres au sud de la capitale, ceux-ci ne « voient pas d'autre candidat valable » que le président sortant. « Ils sont conscients que les salaires sont bas, que tout n'est pas parfait, mais ils pensent que personne n'est capable de le remplacer. » Et ils ont raison. En verrouillant l'accès de ses opposants aux médias et aux activités étatiques, le *Batka* s'est assuré que son peuple ne perçoive aucune autre figure politique – de l'opposition mais aussi du régime – comme un chef d'État potentiel. Qui d'autre que notre cher président pourrait augmenter de 30 à 50 % les salaires des employés de l'État et les bourses des étudiants, comme il l'a fait en novembre ? raisonne le téléspectateur de la première chaîne gouvernementale.

Aliona elle-même a profité des largesses pré-électorales du président. Elle a vu sa bourse mensuelle passer de cent quatre-vingt-sept mille à deux cent cinquante-trois mille roubles biélorusses, soit de soixante à quatre-vingt-deux dollars. C'est bien peu pour survivre à Minsk, mais c'est mieux que rien. Il y a longtemps que les Biélorusses ont appris à se contenter du petit peu qu'ils ont. Ça pourrait être bien pire, se disent plusieurs. Sans Loukachenko, qui sait ce qu'il adviendrait de nos avantages sociaux ?

Malgré tout, Aliona n'arrive plus à appuyer le président. Depuis qu'elle a déménagé à Minsk pour étudier, ses horizons se sont élargis. Elle a commencé à comparer le système biélorusse à ceux d'Occident. Elle s'est rendu compte que quelque chose clochait dans son pays. « Je crois que les présidents devraient être limités à deux mandats. Huit ou dix ans au pouvoir, puis ils s'en vont », tranche naïvement Aliona, rappelant ainsi les principes de base de plusieurs démocraties. « Loukachenko est déjà vieux (56 ans). Je l'ai vu jouer au hockey avec son équipe (le président a sa propre équipe dans une ligue biélorusse). Il fait quelques coups de patin et il rentre se reposer au banc ! »

Notre discussion a lieu la veille de l'élection dans un café de l'avenue de l'Indépendance, l'artère principale de Minsk. Dès qu'elle aborde un sujet politique, Aliona regarde de tous les côtés et baisse le ton. Comme toute personne qui vient à peine de prendre conscience d'habiter un régime autoritaire sans en comprendre encore les implications précises, Aliona a peur. Elle ne sait pas ce qui pourrait faire naître le danger ni par où il pourrait surgir.

Je lui dis qu'elle n'a rien à craindre. Dans le café où nous sommes – un repaire d'opposants –, il est peu probable que quelqu'un aime le président. Et puisqu'elle n'est impliquée dans aucun mouvement anti-Loukachenko, les probabilités qu'elle soit prise en filature sont à peu près nulles. De mon côté, si on me suivait, je l'aurais remarqué depuis longtemps. Je m'en assure régulièrement, bien que je n'aie jamais cru que le régime biélorusse pourrait juger nécessaire de consacrer un agent à un humble journaliste de mon espèce.

À ce moment de notre conversation, je me rappelle une interview que j'ai effectuée quelques jours avant l'élection de 2006 avec Aleksander Otrochtchenkov, à l'époque secrétaire de presse du groupe jeunesse d'opposition Zoubr («Bison», l'animal emblématique de la Biélorussie). Le jeune opposant – devenu cette année porte-parole du candidat Andreï Sannikov – m'avait donné rendez-vous devant un restaurant. Lorsque nous nous sommes retrouvés, il m'a entraîné vers un café de l'autre côté de la rue. Je n'ai pas tout de suite compris sa mesure de précaution et, même lorsqu'il affirmait que son téléphone était probablement sur écoute, je suis demeuré sceptique. À la fin de notre discussion, nous nous sommes salués, puis il a quitté le café. Dès qu'il a franchi la porte, un «homme en civil» sirotant un café quelques tables plus loin s'est brusquement levé, sans terminer sa tasse, et s'est mis à le suivre.

Tant qu'Aliona ne pousse pas sa réflexion politique – de plus en plus critique – jusqu'au militantisme actif, elle a peu de chance de se retrouver dans la situation d'Aleksander Otrochtchenkov. Mais cela ne veut pas dire pour autant qu'elle est à l'abri de l'arbitraire du régime.

Aliona habite une chambre des résidences universitaires qu'elle partage avec quatre autres filles. Au cours de la semaine pré-électorale, la responsable des résidences a «fortement incité» les étudiants qui y habitent à aller voter par anticipation. «Elle nous a dit qu'en principe nous pouvions aller voter dimanche (le jour du scrutin), mais que cela l'obligerait à travailler ce jour-là pour vérifier la liste des votants. Bien sûr, elle ne voulait pas venir le dimanche et nous en aurait voulu de l'avoir obligée à se déplacer.»

Bien qu'officiellement le vote ne soit pas obligatoire en Biélorussie, les étudiants, les fonctionnaires, les employés d'usines étatiques (elles le sont presque toutes), les militaires et autres dépendants de l'État sont dans les faits forcés d'exercer leur droit démocratique. Et si on les «incite» à le faire par anticipation, ce n'est pas par hasard. Selon l'opposition, c'est justement durant les cinq jours que dure le vote par anticipation que le pouvoir commence à manipuler les résultats et à bourrer les urnes. Cette année, un énorme 23,1 % de la population a ainsi déposé son bulletin dans l'urne avant la journée de l'élection.

Aliona est de ce nombre. Si elle ne s'était pas retrouvée sur la liste – officieuse et totalement illégale – tenue par la responsable des résidences, elle n'aurait pas nécessairement été jetée à la rue du jour au lendemain. Mais lorsque serait venu le temps d'attribuer les places limitées dans les résidences pour l'année suivante, son nom aurait bien pu ne pas apparaître sur cette autre liste. Du moins, c'est ce que craint Aliona, qui a entendu des histoires similaires. «Un appartement en ville coûte au minimum cent dollars par mois, alors qu'en résidence je ne paie que dix-sept mille roubles (5,50 $). Je ne voudrais pas imposer le fardeau d'un appartement à mes parents.»

Bien que son ressentiment envers le régime grandisse, Aliona reconnaît que la vie n'est pas si mal en Biélorussie. Elle ne manque de rien et arrive parfois à voyager à l'extérieur du pays. Quoique cela puisse être compliqué : pour participer au programme *Work & Travel* l'été prochain, elle devra obtenir son visa à l'ambassade américaine de Moscou, puisque celle de Minsk a été temporairement fermée en raison du froid entre Loukachenko et Washington.

Aliona ne doute pas que l'élection sera falsifiée encore une fois cette année et que le vote par anticipation est l'un des principaux instruments de cette falsification. Elle ne compte pas pour autant suivre l'appel des candidats de l'opposition à sortir sur la place d'Octobre à la fermeture des bureaux de scrutin. Par peur, oui. « Et parce que ça ne changera rien. »

Sa résignation n'a rien d'extraordinaire. C'est celle de millions de Biélorusses qui, craignant de voir leur stabilité s'envoler si jamais le *Batka* protecteur venait à quitter le pouvoir, préfèrent se terrer dans l'illusion que, sans lui, la Biélorussie risque le péril.

En fait, les Biélorusses ne sont pas seuls à raisonner ainsi. Les majorités silencieuses des autres républiques post-soviétiques aux prises avec un régime autoritaire – soit la presque totalité d'entre elles – essaient aussi de se convaincre que la révolution n'en vaut pas la chandelle. Le nouveau dirigeant pourrait certes se révéler meilleur, mais il pourrait aussi être pire. « Celui en place a déjà volé assez dans les caisses de l'État pour assurer ses vieux jours. Un nouveau leader veillerait tout d'abord à s'enrichir, ce qui représenterait un autre appauvrissement pour le pays. Et ensuite seulement, avec un peu de chance, il commencerait à s'occuper des besoins du peuple », ai-je entendu *ad nauseam* dans plusieurs de ces pays.

Comme le veut le proverbe anglo-saxon : « *Better the evil you know than the angel (or the evil) you don't.* » Mieux vaut le diable qu'on connaît que l'ange (ou le diable) qu'on ne connaît pas.

★ ★ ★

20 h. Les bureaux de vote viennent de fermer. Les futurs manifestants, pour l'instant encore de simples « passants », s'approchent timidement de la place d'Octobre. Comme en mars 2006, la peur prendra du temps à laisser place à l'espoir. Parce que, comme en 2006, le pouvoir a annoncé que des terroristes (lire : des opposants) préparent des actions violentes sur la place et chercheront à prendre le pouvoir par la force le soir de l'élection. Au nom de la sécurité publique et de la stabilité de l'État (lire : la survie du régime), les policiers devront empêcher tout rassemblement à cet endroit.

En ce début d'hiver, la place d'Octobre a été transformée en une immense patinoire ornée d'un gigantesque sapin du Nouvel An (l'équivalent du sapin de Noël occidental en Post-Soviétie). À cette heure du soir, des centaines de patineurs s'y amusent toujours. Ce qui donne lieu à une scène cocasse : peu habitués d'enfreindre les lois, les citoyens biélorusses ordinaires venus manifester contre les fraudes électorales n'osent pas franchir le territoire de la patinoire et déranger les patineurs. Ils ne s'y résigneront qu'une fois que les quelques dizaines de mètres carrés sans glace de la place seront insuffisants pour accueillir la foule grandissante.

Les patineurs disparaissent. L'heure est à la contestation.

La masse humaine ne cesse de prendre de l'ampleur. Tellement qu'après quelques dizaines de minutes la circulation sur l'avenue de l'Indépendance, bondée de manifestants, est tout naturellement interrompue. Les quelques policiers présents gardent profil bas.

Ça y est. Le mouvement existe. La réélection de Loukachenko est clairement et fortement contestée. Et, à en juger par le nombre de protestataires, depuis quatre ans et demi la grogne contre le régime n'a fait que croître (ou est-ce la peur qui a diminué ?) : ils sont au moins trois ou quatre fois plus nombreux qu'en 2006. À vue de nez, ils sont trente ou quarante mille.

Sur les marches du palais de la Culture des syndicats, les candidats de l'opposition – huit sur neuf ont appelé à ce rassemblement – prennent tour à tour le micro pour réchauffer la révolution naissante.

Du haut des marches, la vue sur la marée humaine est presque identique à celle que j'avais en 2006. Partout, de jeunes nationalistes agitent leur drapeau blanc-rouge-blanc interdit, certains brandissent celui de l'organisation jeunesse Zoubr et d'autres encore font flotter celui de l'Union européenne, auquel a été ajouté le mot « Belarus ».

Une rumeur fait rapidement le tour de la foule : Vladimir Nekliaïev, l'un des candidats principaux, a été passé à tabac près de son bureau de campagne alors qu'il s'apprêtait à se diriger vers la place. « Par des policiers », précise son représentant venu annoncer la nouvelle à la foule. Le poète de 64 ans a subi un traumatisme crânien et a été transporté à l'hôpital.

La révolution a un demi-martyr.

Je m'éloigne quelques minutes de la manifestation pour une intervention téléphonique à RDI. Oui, les opposants biélorusses et simples manifestants ont répondu en grand nombre à l'appel de leurs leaders, annoncé-je à la présentatrice du bulletin de nouvelles. Par contre, non, nous n'assisterons probablement pas à un renversement du régime ce soir. Quoiqu'on ne sait jamais, ils sont vraiment nombreux...

Mon intervention terminée, je retourne vers la place pour la découvrir presque vide. L'un des quelques manifestants encore présents m'annonce que le mot d'ordre a été donné de défiler sur l'avenue de l'Indépendance. Direction : place de l'Indépendance, où se trouve le siège du gouvernement.

L'opposition vient de franchir un pas de plus. Peut-être les leaders ont-ils une stratégie ? Peut-être ont-ils réellement un plan pour faire tomber Loukachenko ? Je n'arrive pas à y croire, mais il est possible qu'il me manque une variable déterminante pour comprendre cette confiance soudaine du mouvement en ses chances de succès. L'opposition aurait-elle des appuis insoupçonnés dans les hautes sphères du régime qui lui permettraient de croire à une victoire de la rue en cette froide soirée de décembre ?

Sur les balcons, des Minskois regardent la marée humaine avancer sur l'avenue, tantôt avec un regard indifférent, tantôt en manifestant leur appui par des gestes plus ou moins discrets. Sur les trottoirs, des « hommes en civil » filment en silence la foule sans trop se cacher. Personne parmi les protestataires ne prend la peine de narguer ces KGBistes, pourtant individuellement bien vulnérables devant une telle vague populaire. À ce moment-ci de la soirée, l'espoir que le mouvement se transformera en révolution est assez fort pour que la foule ne prête pas attention à ces petits pions du régime. Après la révolution, les images qu'ils tournent ne serviront plus à rien ! Il n'y a rien à craindre !

Je marche à pas rapides sur l'avenue pour rattraper la tête du cortège. Lorsque je l'atteins, je repère une poignée de candidats présidentiels. Ils sont maintenant à l'orée de la place de l'Indépendance. Au bout de ce carré se trouve l'édifice qui abrite à la fois le parlement, le gouvernement et la commission électorale. En seize ans de régime Loukachenko, l'opposition n'a jamais été si près des portes du pouvoir, du moins physiquement.

Or, voilà que les leaders commencent à ralentir le rythme de l'avancée. Comme les premiers manifestants qui n'arrivaient pas à se décider à mettre le pied sur la patinoire, les meneurs de la foule hésitent à entraîner leurs partisans plus loin. Ils savent que chaque pas qu'ils font est un pas de plus dans leur bravade contre le pouvoir. Ils savent que, s'ils n'arrivent à rien ce soir, le retour du balancier que leur réservera le régime sera proportionnel à l'envergure de leur affront à son autorité.

Les candidats défaits (les sondages officiels à la sortie des urnes annoncent une victoire écrasante pour Loukachenko) s'arrêtent constamment pour se consulter. L'air inquiet, ils regardent autour d'eux. Il n'y a plus de doute possible : ils sont dépassés par l'ampleur de la mobilisation. Que faire lorsqu'une foule est prête à vous suivre mais que vous n'avez pas les moyens de réaliser les aspirations que vous avez vous-même fait naître chez elle ?

« Où allons-nous ? » lance soudain un manifestant près de moi, exaspéré par les tergiversations du cortège. Il vient d'exprimer tout haut ce que plusieurs autres taisent afin de ne pas ébranler les espoirs et gâcher l'ambiance de victoire imminente.

Pour entretenir l'enthousiasme, les leaders prennent à l'occasion la parole au mégaphone. Ils répètent invariablement la même revendication : « Nous exigeons un second tour de scrutin. » Selon eux, la propagande a certainement permis à Loukachenko d'obtenir le plus grand nombre de voix, mais certainement pas une majorité dès le premier tour. « La victoire est proche ! » crie l'un des candidats défaits.

Entre les interventions des leaders, la foule scande faiblement quelques slogans. « *Jivié Biélarous !* » (« Vive la Biélorussie ! »), « *Svaboda ! Svaboda !* » (« Liberté ! Liberté ! ») Elle essaie de briser ces silences angoissants qui commencent à ressembler dangereusement à de la stagnation.

Mine de rien, à force d'avancer à petits pas, la foule occupe maintenant les marches du parlement. Monté sur le piédestal de la statue de Lénine qui trône tout près, le candidat Andreï Sannikov prend la parole. « Nous allons attendre ici le ministre de l'Intérieur, le premier ministre et les membres du parlement ! »

Il fait froid. Il est évident que la foule ne pourra pas rester immobile sur cette place en attendant l'improbable venue de ces figures du régime pour d'improbables négociations entre ceux-ci et un mouvement qui n'a pour seul poids que son nombre et sa vertu.

Soudain, un bruit d'éclats de verre se fait entendre, suivi d'une vive clameur. Des jeunes au visage camouflé viennent de casser une vitre du parlement. La foule jubile. Un autre Rubicon a été franchi. Sannikov et un autre leader se précipitent. Ils demandent aux casseurs de cesser immédiatement. La manifestation est pacifique et doit le rester, rappellent-ils. Mais rapidement d'autres vitres sont fracassées. Les candidats constatent leur impuissance. Ils n'interviendront plus pour les arrêter.

La casse est apparue comme la suite naturelle de la lutte. Comme le seul moyen de faire passer à une étape supérieure le combat contre le pouvoir. Si le régime refuse de tomber honnêtement par les urnes, s'il refuse de céder aux pressions pacifiques de la rue, il n'y a plus d'autre choix que de l'attaquer pour le détruire. Or, les meneurs de la foule ont une raison bien terre-à-terre de vouloir s'en tenir à un mouvement pacifique. Ils savent que les chances de succès d'une révolte populaire dans le contexte biélorusse actuel sont nulles. À moins d'avoir des armes – ce que les opposants biélorusses ne possèdent pas – et la volonté de les utiliser, il est impossible de renverser un régime seulement à partir de l'extérieur. Tant que celui-ci maintient son monopole de la violence, il n'a rien à craindre. Les révolutionnaires doivent chercher – ou avoir – des appuis à l'intérieur du régime, prêts à retourner leur veste. Si le mouvement populaire devient assez important pour valoir le risque de le soutenir, ces agents internes pourront peut-être empêcher la répression et utiliser ce monopole de la violence pour mettre sous les verrous le président et les caciques de son régime.

Dans un système autoritaire aussi stable que la Biélorussie loukachenkiste, ces appuis ne sont toutefois pas faciles à obtenir. Les *siloviki*[69] n'ont aucun intérêt à trahir Loukachenko. Le président leur assure de bons salaires et toute l'impunité nécessaire dans l'utilisation de leurs pouvoirs. D'autant plus qu'un changement de régime signifierait que leurs abus passés pourraient leur être reprochés par les nouvelles autorités. À quoi bon prendre des risques ?

Les leaders de la contestation sont pleinement conscients que la marée humaine seule, aussi imposante soit-elle, n'arrivera à rien. Par acquit de conscience et pour pouvoir se tenir la tête haute durant les

---

[69] Littéralement les « détenteurs de la force », soit la police, l'armée et les services de sécurité.

cinq prochaines années inévitables du régime Loukachenko, ils ont malgré cela organisé des manifestations. Ils se devaient de condamner haut et fort les fraudes électorales et ceux qui les ont orchestrées, puis d'espérer que, par miracle, le système autoritaire ressortirait ébranlé de cette démonstration de grogne populaire. Mais les candidats de l'opposition savent tout autant que c'est le mieux qu'ils peuvent faire. Étant exclus depuis des lustres de toutes activités étatiques, ils n'ont aucune entrée dans les coulisses du pouvoir. Visiblement, aucun d'entre eux ne possède le numéro de cellulaire d'un vieil ami qui serait devenu un *silovik* haut placé et qu'il pourrait appeler pour lui dire : « Voilà, nous sommes des dizaines de milliers dans la rue. Le peuple veut un changement. Appuie-nous et convaincs les chefs de la police et de l'armée de nous appuyer aussi. Au nom de la stabilité, nous fermerons les yeux sur vos crimes passés. Vous deviendrez même des héros populaires de notre nouvelle démocratie. »

Au fond d'eux-mêmes, les meneurs de la manifestation espèrent qu'à la fin de la soirée tous pourront rentrer sains et saufs à la maison, fiers d'avoir porté quelques heures leur dignité à bout de bras, sans en subir les conséquences.

Sauf que la foule veut plus. La foule carbure à l'espoir. Pas à la pensée rationnelle.

★   ★   ★

D'autres vitres du parlement volent en éclats sous les acclamations populaires.

Je croise le candidat Sannikov. « Andreï Olegovitch ! Que se passera-t-il maintenant ? » Il se retourne, marque une brève pause et, sans croiser mon regard, répond : « Vous verrez. » Clairement, il n'en a aucune idée. Il y a déjà plusieurs minutes qu'il ne contrôle plus ses partisans. Devant les atermoiements de leurs leaders, les plus téméraires ont pris les devants et sont passés à l'action. Sauf qu'après l'euphorie des premiers carreaux brisés, les casseurs se heurtent à la préparation minutieuse du pouvoir. Ils découvrent que l'édifice a été barricadé. Des meubles en bois ont été empilés devant les fenêtres opaques. Et derrière eux se cachent des hordes d'*omonovtsy* (les policiers des forces spéciales du ministère de l'Intérieur).

Subitement, une centaine de policiers de la force anti-émeute surgissent de nulle part. Ils prennent position à quelques dizaines de mètres du parlement. Face à l'immensité de la mobilisation populaire, leur nombre semble ridicule. Ils sont entourés de manifestants de tous les côtés. Plusieurs protestataires se mettent à les narguer. Ils leur crachent au visage leur haine de ce régime qui ne connaît que la matraque pour interagir avec ceux qui le critiquent. D'autres essaient de convaincre les forces de l'ordre de les rejoindre, au cri de « La police avec le peuple ! » Certains s'approchent de la ligne policière. Trop près. Ils goûtent à la médecine de la matraque. Un jeune homme erre péniblement, tentant en vain d'empêcher avec sa main le sang de couler de son crâne.

Après quelques minutes, pour une raison qui semble à cet instant incompréhensible, les policiers anti-émeutes disparaissent tout aussi subitement qu'ils sont apparus. La casse reprend de plus belle. Les militants les plus farouches organisent un bélier humain pour percer les barricades du parlement. Sans succès. L'accès à l'édifice a été bien verrouillé et les forces spéciales derrière s'assurent de maintenir en place l'amoncellement de mobilier. L'invasion n'aura pas lieu.

Malgré cela, l'ambiance penche vers la victoire. Le mouvement sent qu'il avance chaque seconde un peu plus près de son but – même si ce but en soi reste flou. Il sent que le pouvoir tremble. Il ne comprend pas pourquoi le régime ne réplique pas, mais puisqu'il n'agit pas, alors autant en profiter.

C'est à ce moment qu'une allée royale se forme pour laisser passer Andreï Sannikov. Le candidat défait réapparaît, l'air sévère, flanqué de sa fougueuse femme Irina Khalip, une journaliste militante réputée. Sannikov se rend jusqu'aux fenêtres brisées du parlement pour discuter avec l'escouade de police positionnée à l'intérieur. L'opposition estime avoir établi un rapport de force avec le pouvoir. L'heure est à la négociation.

Je me retourne un instant. Je constate que la foule remplit presque entièrement l'immense place de l'Indépendance. Elle semble même avoir grossi durant la dernière heure. La Biélorussie est à un moment charnière de son histoire, me dis-je. Si on évalue froidement la situation, les chances de succès de l'opposition semblent toujours irréelles. Mais une foule de quarante mille personnes ne peut certainement pas être dispersée en un clin d'œil...

★   ★   ★

Sans crier gare, les forces anti-émeutes refont irruption sur la place. Quelques centaines, puis des milliers de policiers forment des rangs serrés à différents endroits. Pour faire reculer la foule, ils frappent les côtés de leurs boucliers les uns contre les autres ou encore tapent sur ceux-ci avec leur matraque.

Dans un accès de sagesse – avec en tête le souvenir de mon arrestation en 2006 –, je m'éloigne d'une centaine de mètres du parlement. À l'endroit où je me trouve maintenant, devant la tour de l'université pédagogique, il n'y a que quelques policiers – certains en civil, d'autres en uniforme –, des journalistes et des manifestants qui, isolés de la protection de la foule, essaient de se faire oublier. À côté de moi, un policier en civil casse violemment avec son pied la hampe du drapeau blanc-rouge-blanc qu'il vient de saisir à un militant.

Après une dernière intervention téléphonique à RDI – durant laquelle je dois me sauver de ce qui semble un KGBiste souhaitant entamer la conversation –, il ne me reste plus qu'à observer la répression : sur les marches du parlement, les policiers ont encerclé le noyau de manifestants dans lequel se trouvent plusieurs leaders de l'opposition et les casseurs de fenêtres. Ils sont quelques centaines à être coincés et à attendre leur tour pour être battus ou seulement poussés dans les paniers à salade (une denrée qui ne manque jamais en pays autoritaire).

Le reste de la foule, moins déterminée et aussi moins coupable, se disperse sans trop de résistance à la simple vue des policiers chargeant sur eux.

Sur l'avenue de l'Indépendance, noire de monde il y a quelques minutes à peine, la circulation reprend. La tentative de révolution est terminée. Loukachenko sera au pouvoir pour cinq autres années.

Je vais rejoindre mes trois collègues français tout près, dans un restaurant libanais de la rue Karl-Marx. À cette heure, la cuisine est fermée. Je commande une bière et arrive à soutirer du pain pita à la serveuse désagréable. La minceur de la ligne qui sépare la vie quotidienne des événements qui façonnent l'Histoire m'étonnera toujours. Quelques centaines de mètres et me voici dans un autre monde.

★ ★ ★

Un régime dictatorial ne réprime son peuple qu'à contrecœur. Dans un monde autoritaire idéal, l'oppression quotidienne suffirait à maintenir la loi et l'ordre. Le régime ne se résigne généralement à la répression que lorsque ses sujets étouffés non seulement demandent de l'air mais, pire, agissent pour l'obtenir. Cela est d'autant plus vrai quand le régime en question cherche à soigner son image face au monde extérieur, dont il espère une reconnaissance, voire une rétribution pour sa bonne conduite.

Si la manifestation postélectorale n'avait pas dégénéré en casse et qu'il ne s'était pas senti directement menacé par les militants de l'opposition, il est peu probable que le régime biélorusse les aurait aussi violemment réprimés. Pourquoi? C'est la question à trois milliards d'euros: pour obtenir le crédit promis par l'Europe quelques semaines avant le scrutin, le président autoritaire n'avait-il pas «généreusement» permis à ses opposants de faire campagne librement? N'avait-il pas fait des «concessions démocratiques» qui lui paraissaient énormes, précisément pour convaincre ces Européens qu'il était désormais fréquentable? Loukachenko savait les manifestations inévitables. Mais il espérait probablement qu'après quelques heures à se geler les fesses dans la froideur d'un soir d'hiver, pour une cause qu'ils savaient perdue d'avance, les protestataires rentreraient sagement chez eux. Il espérait que les caméras occidentales n'auraient pas d'images de violence à se mettre sous la dent, images qui obligeraient les pays occidentaux à condamner une énième fois son régime et leur enlèveraient le droit moral d'octroyer un quelconque prêt à la «dernière dictature d'Europe».

Personnellement, je ne crois à aucune thèse machiavélique qui expliquerait le fil des événements de cette soirée postélectorale. Les opposants assurent, par exemple, que les casseurs de fenêtres étaient en fait des «provocateurs» envoyés par le régime pour discréditer leur mouvement qui se voulait pacifique. Il y avait en effet des «hommes en civil» près des portes du parlement lorsque les premières vitres ont volé en éclats. Mais à ce que j'ai pu observer, il semble que les manifestants sont bel et bien à l'origine de ces premières casses. En tous les cas, la foule, motivée par cette nouvelle étape franchie dans l'affront contre le pouvoir, a eu tôt fait de soutenir les casseurs de ses cris enthousiastes. La réaction des briseurs de fenêtres était toute naturelle : leurs leaders venaient de les mener jusqu'aux portes du pouvoir, mais leur demandaient d'attendre gentiment un miracle. Chauffés à bloc, les plus impulsifs ont voulu poursuivre l'avancée.

Même s'il voulait faire passer les opposants pour des «terroristes» aux yeux de sa population, le pouvoir savait très bien que cette explication ne passerait pas chez les financiers européens pour justifier la répression. Il n'avait pas intérêt lui non plus à ce que la soirée postélectorale dégénère.

Dans ses conclusions, la mission d'observation électorale de l'Organisation pour la sécurité et la coopération en Europe (OSCE) – dont le ton des déclarations concorde habituellement avec l'humeur politique de ses membres – a jugé que le «décompte des voix manquait de transparence» et que cette élection «n'a pas permis de donner à la Biélorussie le nouveau départ dont elle avait besoin». C'est pourquoi, en se présentant le lendemain devant les journalistes dans le grand auditorium du palais de la République, Aleksander Loukachenko – officiellement réélu pour un quatrième mandat avec 79,65 % des voix – était furieux. Au nom d'un rapprochement, l'Europe semblait prête à noter les «progrès» vers la démocratie effectués durant la campagne et à ne pas critiquer de façon trop virulente les irrégularités prévisibles lors du vote. Mais maintenant, c'était foutu. Un bête enchaînement d'événements plus ou moins fortuits venait de faire perdre au régime un crédit de trois milliards d'euros dont il avait urgemment besoin pour maintenir à flot son économie archaïque.

Fidèle à son habitude, Loukachenko n'assume évidemment aucune responsabilité pour cet échec. Il se positionne plutôt en victime de l'intransigeance européenne. «Tous les candidats ont été enregistrés. *Nous* avons même fermé les yeux sur leurs péchés et leurs violations [de la loi électorale]», argue-t-il. Il omet toutefois de préciser au spectateur non averti ou inattentif que ce «nous» inclut à la fois les membres de la commission électorale – censée être indépendante – et lui-même. Il reconnaît ainsi implicitement avoir téléguidé leurs décisions.

«Nous avons même laissé entrer dans le pays des gens qui n'auraient pas dû entrer», ajoute Loukachenko. À ce moment, je me trouve dans la deuxième rangée de l'auditorium, à une vingtaine de mètres en face de lui. Je ne peux m'empêcher de me sentir visé. C'est donc cela qui expliquerait l'obtention-surprise de mon visa? Merci pour votre bonté, Aleksander Grigorievitch!

Pour justifier l'intervention policière de la veille, Loukachenko souligne que n'importe quel président à sa place aurait agi de la même façon. Et il a bien raison. Même dans le pays le plus démocratique du monde, aucun chef d'État n'aurait laissé des manifestants essayer de s'emparer d'édifices gouvernementaux. N'importe qui à sa place aurait déclenché une opération policière.

Sauf que dans un pays démocratique un tel événement ne se serait tout simplement jamais produit. Les opposants au pouvoir en place n'auraient pas songé à contester dans la rue leur défaite. Ils auraient ravalé leur amertume, louangeant les victorieux et ce système qui permet au peuple de s'exprimer dans les urnes sans craindre que les fondements de l'État ne tremblent chaque fois que le pouvoir change de mains.

Pour assurer la «stabilité» de l'État, le régime biélorusse n'avait pas le choix de réprimer les manifestations. Mais l'opposition doit-elle pour autant être considérée comme coupable d'avoir voulu renverser, même avec des moyens illégaux, un pouvoir illégitime? En brouillant les règles de l'État de droit tout en jurant les respecter, le pouvoir autoritaire s'assure de conserver le bénéfice du doute sur sa légitimité à réprimer.

★ ★ ★

L'avenir biélorusse

Moins de quatre mois après l'élection présidentielle, la Biélorussie s'est engouffrée dans la plus grave crise économique depuis son indépendance. Le choc qu'avaient connu les Russes durant les dures réformes libérales des années 1990 et que Loukachenko avait épargné à son peuple frappait la Biélorussie avec deux décennies de retard.

Vous vous souvenez des généreuses augmentations de salaire et de bourse octroyées par le président sortant quelques semaines avant l'élection ? Selon les économistes biélorusses, elles sont directement liées au déclenchement de cette crise. En défiant toute logique économique pour remplir sa promesse de faire passer le salaire moyen des employés de l'État de trois cent trente à cinq cents dollars US (versé en roubles biélorusses) avant le scrutin, Loukachenko a donné un dur coup à l'économie nationale. C'est que plusieurs des fonctionnaires ont profité de cet argent supplémentaire gentiment attribué par leur *Batka* pour remplir leur bas de laine. Littéralement. Ne faisant pas confiance au système bancaire, ils ont changé leurs roubles en dollars ou en euros – des devises beaucoup plus stables – et les ont conservés à la maison. D'autres ont préféré les dépenser à l'extérieur du pays pour acheter une nouvelle voiture étrangère avant le 1er juillet, date à laquelle les taxes à leur importation allaient considérablement augmenter.

En quelques mois, les réserves d'or et de devises étrangères de la Banque centrale ont fondu comme neige au soleil. Avec une balance commerciale annuelle déjà ultranégative (moins dix milliards de dollars) et une dette extérieure atteignant plus de 50 % du PIB, l'économie biélorusse ne pouvait pas se le permettre.

Sans devises pour se procurer le matériel nécessaire à leur production, plusieurs entreprises ont dû fermer temporairement leurs portes. Au moins six cent mille travailleurs – le pays compte neuf millions d'habitants – ont été mis au chômage technique.

Le 23 mai, les dernières économies en roubles des Biélorusses se sont envolées lorsque la monnaie nationale a été dévaluée d'un coup de plus de 50 %[70]. Craignant d'autres dévaluations, plusieurs se sont précipités dans les magasins d'électroménagers pour acheter des réfrigérateurs, des machines à laver ou des grille-pain afin d'«immobiliser» leurs avoirs avant que le papier des billets de banque ne vaille plus cher que les chiffres imprimés dessus. Et inutile d'aller dans les bureaux de change pour obtenir des devises américaines ou européennes contre de pauvres roubles biélorusses. Ils n'avaient plus rien à échanger.

---

[70] Ce qui arrivera de nouveau quatre mois plus tard.

Dans les supermarchés, eux aussi en manque de devises, les produits importés ont commencé à disparaître.

Comment a réagi Loukachenko ? En victime, bien sûr. Son seul reproche envers lui-même ? Avoir été assez « naïf » pour laisser ses subordonnés – évidemment moins compétents que lui – prendre les décisions ayant mené à cette crise.

Les membres du gouvernement ont été grondés, les propriétaires des épiceries ont été menacés de perdre leur licence s'ils n'arrivaient pas à remplir leurs tablettes. Bref, tout le monde a été montré du doigt, sauf le *Batka*.

Pour obtenir des crédits étrangers, Loukachenko a promis une énième fois des réformes économiques et des privatisations, comme l'exigeaient les créanciers potentiels. Mais du même souffle, il a accusé ces mêmes sauveurs – les Russes surtout – de vouloir profiter d'un moment de faiblesse de son pays pour acheter à rabais les valeureuses compagnies d'État biélorusses.

Pendant ce temps, la machine autoritaire ne s'est pas arrêtée pour autant. Des six cent trente-neuf personnes arrêtées le soir de l'élection, la plupart ont été condamnées à des peines administratives de quinze jours ou moins. Par la suite, une trentaine d'opposants ont dû faire face à des accusations criminelles pour « organisation de troubles massifs contre l'ordre public », dont cinq candidats à la présidentielle. Deux d'entre eux ont été condamnés à des peines avec sursis, mais trois autres passeront les prochaines années en colonie pénitentiaire : Mikalaï Statkevitch (1,05 % des voix, six ans et demi de camp), Dmitri Ouss (0,39 %, cinq ans) et Andreï Sannikov (2,43 %, cinq ans).

En théorie, ils demeureront hors de la vie politique jusqu'à la prochaine présidentielle. Mais le rusé président a bien laissé entendre à l'Europe que, si elle était prête à lui verser un crédit, les prisonniers politiques pourraient comme par magie retrouver leur liberté sur-le-champ.

★   ★   ★

À l'été 2011, motivés notamment par les révolutions dans le monde arabe, les militants biélorusses ont essayé d'organiser un mouvement de protestation par le biais des réseaux sociaux. Tous les mercredis, les citoyens étaient appelés à se rassembler dans différentes villes pour faire connaître leur mécontentement à l'égard des mauvaises politiques économiques de Loukachenko qui avaient, vraisemblablement, mené à la crise.

Le pouvoir s'est assuré de durement réprimer tout rassemblement et, après des mobilisations plutôt importantes durant les premières semaines, le mouvement a fini par s'essouffler.

Mais que faudra-t-il pour déloger Aleksander Loukachenko du pouvoir, si même un crash économique résultant de son entêtement à ne pas réformer un système inefficace n'y parvient pas ?

Des dissensions internes motivées par les ambitions personnelles de caciques du régime ?

Un coup d'État armé ?

Une révolte des *siloviki* après des mois de salaires impayés ?

Ces trois scénarios paraissent pour l'instant peu probables.

Le dictateur ne quittera-t-il ainsi son palais présidentiel que les pieds devant, après s'être éteint paisiblement dans son sommeil dans vingt ou trente ans ? Et alors, qu'arrivera-t-il à cette pauvre Biélorussie, privée de son homme-État ?

Tant que ce pays et les autres régimes autoritaires de la planète ne dépendront que d'un homme et de ses humeurs, leurs lendemains demeureront imprévisibles. Car la stabilité que jure assurer à son peuple le dictateur n'est qu'une illusion. De sa main de fer, il tient certes fermement le couvercle de la boîte de Pandore contenant tous les problèmes du pays. Mais de cette même main, il commet aussi les injustices qui viennent la remplir un peu plus chaque jour. Plus il restera longtemps au pouvoir, plus cette boîte se remplira et plus, à la chute du régime, son ouverture fera mal au pays orphelin de son *Batka*.

Conclusion

La mentalité post-soviétique

La poétesse russe Marina Tsvetaïeva disait que les seuls livres qui valent la peine d'être écrits sont ceux dont l'absence ferait souffrir leur auteur. Ces *Allers simples* sont ainsi nés d'un besoin. Celui de défricher tous ces carnets qui commençaient à me donner le vertige à force de s'empiler sur mes étagères. Je voulais en tirer des enseignements afin de mieux poursuivre ma route.

Chaque nouveau voyage apporte son lot de réflexions, d'anecdotes et d'émotions. C'est en assemblant ces aventures dispersées dans l'espace et dans le temps qu'on arrive le mieux à tirer des conclusions globales sur la nature humaine, sur soi-même et, dans ce cas précis, sur la Post-Soviétie.

J'ai voulu écrire ce récit en me laissant guider par la philosophie qui m'a accompagné durant les voyages qu'il raconte. Au fil des paragraphes et des pages, je savais approximativement vers où je me dirigeais, mais conservais toujours à l'esprit qu'une inspiration momentanée pourrait me faire bifurquer de mon plan initial si elle en valait la peine.

Ce portrait de la Post-Soviétie en ressort géographiquement incomplet. Je raconte en détail mes aventures en Biélorussie et dans la petite Abkhazie non reconnue, mais évoque à peine ou pas du tout celles en Ukraine, en Moldavie, en Azerbaïdjan et en Arménie. Le lecteur n'y verra rien d'autre que les caprices de l'inspiration et une nécessité de faire des choix. J'ai voulu relater les épisodes qui me semblaient les plus significatifs afin de donner une vue d'ensemble de la région, sans prétendre à l'exhaustivité.

Je ne relate pas non plus mes voyages dans les trois États baltes. Dans ce cas, l'omission est voulue. Si elles ont fait partie de l'Union soviétique – qui les avait intégrées de force en son sein à la fin de la Seconde Guerre mondiale –, la Lettonie, l'Estonie et la Lituanie s'en sont illico détournées dès sa chute pour s'engager dans un futur résolument occidental. Aujourd'hui, ce sont des États démocratiques, membres d'une autre union, l'européenne. Ils ne partagent guère plus avec les douze autres républiques ex-soviétiques que des souvenirs – qu'ils considèrent comme amers – et des infrastructures désuètes.

Les trois pays baltes sont l'exception à la règle. Car ailleurs dans l'ex-empire, la Post-Soviétie est bien vivante. Elle n'a peut-être aucun document pour prouver son existence[71], mais elle accompagne bel et bien le quotidien des habitants des douze pays qui la forment. Car avant même d'être un ensemble géopolitique, la Post-Soviétie est une mentalité, un état d'esprit et une vision du monde qui se reflète dans tous les pans du réel.

La Post-Soviétie, c'est cette longue file chaotique qu'on retrouve immanquablement dans les bureaux de poste russes, où des milliers de citoyens perdent des journées de travail entières pour des bouts de papier bourre-classeurs ne servant qu'à nourrir un monstre bureau-cratique boulimique. À l'autre bout de l'ex-pays, à Douchanbé au Tadjikistan, cette même obsession du tampon crée des queues intermi-nables devant les guichets du bureau d'enregistrement des étrangers.

La Post-Soviétie, c'est aussi une mentalité autoritaire. Celle qui explique le bain de sang que fut le massacre d'Andijan de 2005 en Ouzbékistan, tout comme le naturel avec lequel le pouvoir biélorusse réprime à répétition les manifestations de ses opposants.

C'est également une recherche identitaire, généralisée chez les anciens peuples d'URSS. On la décèle dans le regard du néo-nazi de Vladivostok, qui se dit patriote en tabassant un travailleur migrant kirghiz ; on retrouve cette même quête sous une autre forme chez les Centrasiatiques, qui déterrent leurs héros du passé pour justifier leur indépendance du présent.

La Post-Soviétie, c'est cette légèreté avec laquelle le policier de la route tadjik brandit son bâton devant le premier conducteur venu pour obtenir en pots-de-vin le salaire décent que son État corrompu ne lui garantit pas ; ce sont des commandants de l'armée russe qui laissent mourir de faim leurs soldats sur une île isolée, parce qu'ils ont vendu leurs rations pour s'enrichir.

C'est cette vision post-soviétique du monde, ayant Moscou pour centre, qu'on reconnaît dans l'obsession tenace des révolutionnaires ukrainiens et géorgiens pro-occidentaux à l'égard de la Russie (une obsession que cette dernière leur rend bien). Malgré leurs révolutions, ils n'arrivent toujours pas à atteindre ce niveau d'indifférence envers l'ancien dominateur qui leur permettrait de réellement s'en affranchir.

---

[71] Si ce n'est le traité du 8 décembre 1991 officialisant la création de la très souple, peu contraignante et peu efficace Communauté des États indépendants (CEI), dont la Géorgie s'est dissociée en 2009.

En 1991, lorsque l'union « indestructible » (comme l'assurait l'hymne national soviétique) s'est démantelée, chacune des entités qui la composaient a hérité du plein droit de tracer son propre chemin vers le futur. En théorie, chacune avait entre les mains la liberté entière de renier un passé soviétique marqué par l'autoritarisme et d'embrasser la démocratie, les libertés individuelles et l'économie de marché. Mais hormis les pays baltes, force est de constater que, vingt ans plus tard, aucune d'entre elles n'a pleinement réussi à – ou voulu – prendre cette voie.

C'est qu'en pratique le chemin emprunté par chacun de ces États n'a pas dépendu d'une quelconque volonté du peuple. Il a plutôt été décidé – et dicté – par une poignée d'hommes et quelques rares femmes, voire souvent par un seul dirigeant. Or, ces « nouveaux » leaders étaient et sont encore aujourd'hui presque exclusivement d'anciens communistes recyclés en « démocrates » à tendance autocratique. Ceux-ci n'ont connu aucune autre construction socio-politico-économique que le marxisme-léninisme moribond des dernières années de l'empire. Par ignorance et étroitesse intellectuelle, ils se sont rabattus sur les seuls vieux principes usés qu'ils maîtrisaient pour concocter un avenir à leur pays nouvellement indépendant, agrémentant leur règne d'une « touche personnelle » plus ou moins mégalomaniaque.

Et c'est ainsi que la vision du monde soviétique a continué et continue de forger plus de deux cent quatre-vingts millions de destins post-soviétiques.

En démocratie, le peuple a généralement les leaders qu'il mérite. En autocratie, c'est rarement le cas. Aucun peuple ne mérite un Turkmenbachi dilapidant les richesses rapportées par les mannes pétrolière et gazière de son pays pour faire ériger des statues en or à sa propre gloire ; aucun peuple ne mérite la police politique de l'Ouzbek Islam Karimov ou l'isolationnisme en plein cœur de l'Europe du Biélorusse Aleksander Loukachenko.

★   ★   ★

La magie autoritaire

Par peur ou résignation, à tort ou à raison, les habitants de Post-Soviétie se sont rarement révoltés contre leurs autocrates au cours des deux dernières décennies. Lorsqu'ils ont osé le faire, leurs révolutions, comme toute révolution, ont eu des lendemains amers. Rien d'étonnant à cela : les systèmes autoritaires ne tenant qu'à un fil – solide mais unique –, le seul moyen de les faire tomber est de le couper pour de bon. Et après la chute du régime, le tissage d'un nouveau filet social pluriel est inévitablement douloureux. Une fois l'enthousiasme révolutionnaire passé, la tentation du fil unique, celui qui permettrait de combler rapidement le vide laissé par le régime disparu, est forte. D'autant plus que la nature a horriblement peur du vide.

Parlez-en aux Kirghiz qui, en 2005, après le renversement du président Askar Akaïev par un coup d'État pseudopopulaire surnommé la «révolution des Tulipes», ont vu le pouvoir usurpé par Kourmanbek Bakiev, renversé à son tour par ses anciens alliés en 2010. Coincés dans les incertitudes et les tergiversations de leur démocratie «qui n'en finit plus de ne pas naître» (pour citer Gaston Miron), plusieurs d'entre eux en sont venus à envier la relative stabilité des dictatures centrasiatiques qui les entourent.

En Géorgie, les profonds changements instaurés par le président Saakachvili depuis la révolution des roses de 2003 ont eu le mérite de débarrasser le pays de nombreuses scléroses soviétiques. Toutefois, l'autoritarisme s'est vite réinstallé dans les esprits de la nouvelle élite au pouvoir, pourtant en majorité éduquée dans les démocraties occidentales.

En Ukraine, la révolution orange de novembre-décembre 2004 n'a pas encore fait éclore un système durable et démocratique. C'est d'ailleurs dans ce pays que j'ai pris conscience, deux fois plutôt qu'une, de ce qui pouvait pousser des citoyens honnêtes à se plaindre de «libertés» nouvellement acquises.

La première fois, c'était en mars 2006, dans un train entre la capitale Kiev et Donetsk, une ville industrielle d'Ukraine orientale très hostile au mouvement orange. Une pauvre babouchka, à qui je demandais si elle se réjouissait que la révolution ait apporté une plus grande liberté de presse et une justice plus indépendante dans son pays, a eu tôt fait de me ramener les deux pieds sur terre. Non, elle n'appuyait pas la révolution, «car, depuis, le prix de la viande a augmenté». Tout simplement. Et c'était bien assez. Pour elle, l'augmentation du prix du bœuf signifiait qu'elle ne pourrait peut-être plus se permettre d'en manger toutes les semaines. Que les révolutionnaires y soient pour quelque chose ou non, c'est ce qu'elle a retenu des chambardements dans le pays. Elle aurait préféré qu'ils n'arrivent jamais.

Cinq ans plus tard, en mars 2011, dans un autre train, cette fois entre Kiev et Moscou, une conversation m'a permis de mieux comprendre cette attirance naturelle du citoyen moyen pour la baguette magique autoritaire. L'un de mes *spoutniki*, un Ukrainien, se plaignait alors de l'augmentation du prix de l'essence depuis l'arrivée au pouvoir du président Viktor Ianoukovitch un an plus tôt. Il enviait du même coup ses voisins russes d'être dirigés par Vladimir Poutine et sa main de fer. «Poutine, lui, lorsqu'il a vu que l'essence était trop chère en région, il a ordonné une baisse des prix. Ça, c'est un vrai leader!» Mon *spoutnik*, un homme d'affaires plutôt prospère, était intelligent, éduqué et informé. Mais il ne pouvait s'empêcher de croire aux miracles de l'autoritarisme. S'il avait pu voter pour Poutine, il l'aurait fait. Je ne sais toutefois pas comment il a réagi lorsque, quelques mois plus tard, certaines régions de la Russie pétrolifère ont connu des pénuries d'essence parce que leurs fournisseurs avaient choisi de vendre leurs produits à l'étranger à un meilleur prix que celui que leur imposait Poutine dans les coins reculés du pays...

Les habitants de Post-Soviétie, tout comme leurs dirigeants, n'en sont pas à une incohérence près. Deux décennies après la chute de l'Union soviétique, ils continuent d'avancer à tâtons à la recherche de leur identité. Entre la tentation de la magie autoritaire et leurs (rares) élans de libération, tantôt ils s'approchent, tantôt ils s'éloignent d'un futur commun.

REMERCIEMENTS

Merci à tous ceux et celles qui ont relu des passages, des chapitres ou l'entièreté de ce livre afin de confirmer, infirmer, nuancer ou suggérer des réflexions et des faits : Anna Antonova, Alexandre Billette, Lisa Bonatti, Isabelle Cornaz, Veronika Dorman, André Girard, Agnès Gruda, Jérôme Labbé, Jasmin Lavoie, Bruno Maltais, Adeline Marquis, Élise Menand et David Savoie. Vos critiques, parfois dures, souvent justes et toujours honnêtes étaient la plus belle preuve d'amitié qui soit. Grâce à vous, ce livre est plus que ce qu'il aurait pu être.

Merci à Mylène Bouchard, à Simon Philippe Turcot et à toute l'équipe de La Peuplade. Plus que des éditeurs, j'ai trouvé en vous des alliés qui partagent une volonté tenace d'indépendance et d'authenticité, et les aspirations d'une génération.

Glossaire post-soviétique

Babouchka(s) : Grand-mère ou, par extension, toute dame âgée. Elles sont généralement reconnaissables à leur fichu coloré sur la tête et leur visage usé par une vie dure.

Boïevik(i) : « Combattant », en russe. Ce terme a largement été utilisé dans les médias occidentaux pour désigner les rebelles indépendantistes tchétchènes qui combattaient les Russes durant les deux guerres de Tchétchénie (1994-1996 et 1999-2000). Aujourd'hui, les derniers *boïeviki* restants ont adopté un islam radical et revendiquent l'instauration d'un Émirat dans tout le Caucase du Nord.

FSBchnik(i), KGBiste(s) ou autres : Agents des différents services de sécurité de Post-Soviétie. Que leur appellation ait changé ou non depuis l'époque soviétique, la plupart de ces services conservent les pouvoirs extraordinaires dont jouissait le KGB soviétique. Ils peuvent imposer la loi et l'ordre et réprimer les mouvements terroristes ou d'opposition politique sans avoir à répondre de leurs excès ou erreurs devant une cour de justice.

Marchroutka (pl. marchroutki) : Nom donné aux minibus d'une quinzaine de places servant de taxi collectif urbain ou interurbain en ex-URSS. Leur nom est un dérivé de *marchrout*, « itinéraire, parcours ». Il provient lui-même de la combinaison de deux mots français, « marche » et « route ». La *marchroutka* suit généralement un trajet précis. Elle peut toutefois s'arrêter n'importe où à la demande des passagers ou être arrêtée d'un geste de la main par ceux qui désirent y prendre place.

Provodnik(i) – (f. provodnitsa) : Responsable de wagon dans les trains post-soviétiques. En plus de vérifier les billets, il (elle) distribue les draps, sert le thé et essaie de maintenir l'ordre et la propreté. Le *provodnik* loge dans un étroit compartiment en tête de wagon, entre la bouilloire et les toilettes, où il dispose d'une couchette et souvent d'un téléviseur.

Spoutnik(i) : Mot russe signifiant littéralement « celui qui accompagne sur la route ». Il désigne autant les compagnons de voyage que les satellites, artificiels et naturels, comme la Lune, *spoutnik* de la Terre. C'est aussi le nom du premier satellite artificiel, envoyé en orbite par les Soviétiques le 4 octobre 1957.

Zatchistka (pl. zatchistki) : Opération de « nettoyage » effectuée par l'armée russe durant les conflits armés, notamment ceux en Tchétchénie. Elle consiste à faire le tour d'un village ou d'un quartier pour y éliminer de façon extrajudiciaire les rebelles présumés, sans avoir à accumuler de preuves contre eux. Plusieurs civils innocents ont été tués lors de ce type d'opération. Sauf à de très rares exceptions, les soldats qui les mènent jouissent d'une impunité totale.

Note : Pour les mots russes ayant trouvé une place dans les dictionnaires français et dans l'usage courant au fil des années, le pluriel employé dans ce livre est celui de la langue française. Pour les autres, les terminaisons plurielles au nominatif – généralement en « i » (« и », en cyrillique) ou « y » (« ы ») – ont été utilisées.

ALLERS SIMPLES

La Peuplade

POÉSIE

Acquelin, José, Louise Dupré, Teresa Pascual, Victor Sunyol,
  Comme si tu avais encore le temps de rêver, 2012

Bernier, Mélina, *Amour debout*, 2012

Caron, Jean-François, *Des champs de mandragores*, 2006

Dawson, Nicholas, *La déposition des chemins*, 2010

Dumas, Simon, *La chute fut lente interminable puis terminée*, 2008

Gaudet-Labine, Isabelle, *Mue*, 2011

Gravel-Renaud, Geneviève, *Ce qui est là derrière*, 2012

Lussier, Alexis, *Les bestiaires*, 2007

Neveu, Chantal, *mentale*, 2008

Neveu, Chantal, *coït*, 2010

Ouellet Tremblay, Laurance, *Était une bête*, 2010

Sagalane, Charles, *²⁹carnet des indes*, 2006

Sagalane, Charles, *⁶⁸cabinet de curiosités*, 2009

Sagalane, Charles, *⁵¹antichambre de la galerie des peintres*, 2011

Turcot, François, *miniatures   en pays perdu*, 2006

Turcot, François, *Derrière les forêts*, 2008

Turcot, François, *Cette maison n'est pas la mienne*, 2009

ROMANS

Bouchard, Mylène, *Ma guerre sera avec toi*, 2006

Bouchard, Mylène, *La garçonnière*, 2009

Bouchard, Sophie, *Cookie*, 2008

Bouchard, Sophie, *Les bouteilles*, 2010

Caron, Jean-François, *Nos échoueries,* 2010
Caron, Jean-François, *Rose Brouillard, le film,* 2012
Canty, Daniel, *Wigrum,* 2011
Drouin, Marisol, *Quai 31,* 2011
Laverdure, Bertrand, *Bureau universel des copyrights,* 2011
Leblanc, Suzanne, *La maison à penser de P.,* 2010
Turcot, Simon Philippe, *Le désordre des beaux jours,* 2007
Verreault, Mélissa, *Voyage léger,* 2011

RÉCIT

Lavoie, Frédérick, *Allers simples : aventures journalistiques*
    en Post-Soviétie, 2012

HORS SÉRIE

Canty, Daniel, Caroline Loncol Daigneault,
    Chantal Neveu, Jack Stanley, *Laboratoire parcellaire,* 2011
Ducharme, Thierry, *Camera lucida :*
    entretien avec Hugo Latulippe, 2009
Inkel, Stéphane, *Le paradoxe de l'écrivain :*
    entretien avec Hervé Bouchard, 2008

L'art doit peupler le territoire

www.lapeuplade.com

ACHEVÉ D'IMPRIMER SUR LES PRESSES
DE MARQUIS IMPRIMEUR À CAP-SAINT-IGNACE,
EN AOÛT 2012.